Rowohlts Klassiker der Literatur und der Wissenschaft

Herausgegeben von
Ernesto Grassi
unter Mitarbeit von
Walter Hess

Griechische Philosophie
Band 3

Platon

Sämtliche Werke

2

Menon, Hippias I,
Euthydemos, Menexenos, Kratylos,
Lysis, Symposion

In der Übersetzung
von Friedrich Schleiermacher
mit der Stephanus-Numerierung
herausgegeben von
Walter F. Otto † · Ernesto Grassi
Gert Plamböck

Rowohlt

146.–150. Tausend Februar 1990

Veröffentlicht im Rowohlt Taschenbuch Verlag GmbH,
Hamburg, September 1957

Umschlagentwurf Hans Hermann Hagedorn
Gesetzt aus der Linotype-Aldus-Buchschrift
und der Palatino (D. Stempel AG)
Gesamtherstellung Clausen & Bosse, Leck
Printed in Germany
980-ISBN 3 499 45014 3

Platon · Sämtliche Werke 2

Die Ziffern am Rande sind die Seiten- und Abschnittszahlen der dreibändigen Platon-Ausgabe von Henricus Stephanus (Paris 1578), nach denen man Platon allgemein zitiert. Sie sind gegeben nach der gebräuchlichsten modernen Ausgabe, der von Ioannes Burnet (Oxford 1899—1906). In den Gliederungen bedeutet die letzte Ziffer die Zeilenzahl des Stephanus-Abschnitts bei Burnet. Sie stimmt mit der der Übersetzung also nicht notwendig überein.

MENON

GLIEDERUNG

A. Einleitung:

1. Frage des Menon nach der Lehrbarkeit der Tugend (1. Kap., 70 a 1 bis 71 a 7)

2. Problem des Sokrates: Was ist die Tugend selbst? (2. Kap., 71 b 1 bis 71 d 8)

B. Hauptteil:

1. a) Erste Antwort des M.: Aufzählung einer Reihe von Tugenden (3. Kap., 71 e 1—72 c 5); b) Erläuterung der von S. gesuchten wesentlichen Einheit der Tugend (4. Kap., 72 c 6—73 c 5); c) 1. Definitionsversuch des M. und abermaliges Scheitern (5. Kap., 73 c 6— 74 a 10)

2. a) Weitere Erklärung der sokr. Frage am Beispiel von Gestalt und Farbe (6. Kap., 74 a 11—74 e 10); b) 1. sokr. Definition der Gestalt: Was die Farbe begleitet (7. Kap., 74 e 11—75 c 7); c) 2. sokr. Definition der Gestalt: Die Grenze des Körpers (8. Kap., 75 c 8—76 a 7); d) Sokr. Definition der Farbe nach Gorgias (9. Kap., 76 a 8—77 a 2)

3. a) 2. Definition des M.: Tugend ist Streben nach dem Guten. Gibt es ein Streben nach Bösem? (10. Kap., 77 a 3—78 b 2); b) Verbesserung der Def.: Tugend ist Vermögen, das Gute herbeizuschaffen. Ihr Mangel (11. Kap., 78 b 3—79 a 2); c) Unmöglichkeit, die ganze Tugend durch ihre Teile zu erklären (12. Kap., 79 a 3—79 e 4); d) M. über S. als verwirrenden Zitterrochen (13. Kap., 79 e 5—80 d 4)

4. Die Wiedererinnerungs-Lehre. a) Einwand des M.: Kann man suchen, was man nicht kennt? (14. Kap., 80 d 5—81 c 4); b) Überwindung des Einwands durch die Lehre der Wiedererinnerung (15. Kap., 81 c 5 bis 82 b 8); c) Beweis dieser Lehre durch Befragung eines Sklaven (16. Kap., 82 b 9—82 e 11); d) Dessen unvollkommene Lösungsversuche des geometrischen Problems (17. Kap., 82 e 12—84 a 2); e) Nutzen der im Sklaven erzeugten Verwirrung (18. Kap., 84 a 3—84 d 2); f) Sein Finden der Lösung (19. Kap., 84 d 3—85 b 7); g) Folgerung: Der Ursprung der Erkenntnis liegt im Lernenden selbst (20. Kap., 85 b 8—85 e 8); h) Rückschluß daraus auf die Unsterblichkeit (21. Kap., 85 e 9—86 c 3)

5. a) Die Lehrbarkeit der Tugend zu untersuchen mit Hilfe der Voraussetzungs-Methode (22. Kap., 86 c 4—87 b 2); b) Ansatz: Wenn die Tugend Erkenntnis ist, ist sie lehrbar (23. Kap., 87 b 3—87 e 4); c) Die Tugend ist aber Einsicht, denn sie nützt (24. Kap., 87 e 5—88 d 3); d) Die Guten entstehen also nicht von Natur (25. Kap., 88 d 4—89 b 8)

6. a) Zweifel, ob die Tugend Erkenntnis ist. Vorstellung des Anytos (26. Kap., 89 b 9—90 b 4); b) Notwendigkeit, in der Medizin etc. zu den professionellen Lehrern zu gehen (27. Kap., 90 b 4—90 e 9); c) Protest des A. gegen die professionellen Lehrer der Tugend, die Sophisten (28. Kap., 90 e 10—91 c 5); d) Verwunderung des S. über die behauptete Untauglichkeit der Sophisten (29. Kap., 91 c 6—92 a 6); e) Unbekanntschaft des A. mit den Sophisten (30. Kap., 92 a 7—92 e 2); f) Behauptung des

A., daß alle Athener besser erziehen als die Sophisten (31. Kap., 92 e 3 bis 93 b 6); g) Lehrfähigkeit des Themistokles? (32. Kap., 93 b 6—93 e 9); h) Aristeides, Perikles und Thukydides als Erzieher? (33. Kap., 93 e 10—94 c 6); i) Schluß: Die Tugend nicht lehrbar. Drohung des Anytos (34. Kap., 94 c 7—95 a 1)

7. a) Schwankende Meinung des Menon darüber, ob die Tugend lehrbar ist (35. Kap., 95 a 2—95 d 2); b) Gegensätzliche Aussagen des Theognis über die Lehrbarkeit (36. Kap., 95 d 3—96 b 5); c) Wenn es keine Lehrer der Tugend gibt: wie entstehen dann gute Menschen? (37. Kap., 96 b 6—96 e 6); d) Die richtige Vorstellung (Meinung). Ihr Ausreichen zum Handeln (38. Kap., 96 e 7—97 c 8); e) Unterschied der richtigen Vorstellung von der Erkenntnis (39. Kap., 97 c 9—98 a 9); f) Zusammenfassung: Die Tugend nicht lehrbar und nicht Erkenntnis (40. Kap., 98 b 1—99 a 6); g) Göttlichkeit des vernunftlosen richtigen Handelns (41. Kap., 99 a 7—99 e 2)

C. Schluß: Die Tugend als göttliche Schickung (42. Kap., 99 e 3—100 c 2)

MENON, SOKRATES, EIN KNABE DES MENON, ANYTOS

[1. Frage des Menon nach der Lehrbarkeit der Tugend]

70a MENON: Kannst du mir wohl sagen, Sokrates, ob die Tugend gelehrt werden kann? Oder ob nicht gelehrt, sondern geübt? Oder ob sie weder angeübt noch angelernt werden kann, sondern von Natur den Menschen einwohnt oder auf irgendeine andere Art?

SOKRATES: O Menon, vor diesem waren die Thessalier berühmt unter den Hellenen und wurden bewundert ihrer Reitkunst wegen
b und ihres Reichtums, nun aber, wie mir scheint, auch der Weisheit wegen! Und nicht die letzten sind darin die Mitbürger deines Freundes Aristippos des Larisäers. Daran nun ist euch Gorgias schuld. Denn als er in jene Stadt kam, gewann er zu Liebhabern, seiner Weisheit wegen, die ersten unter den Aleuaden sowohl, zu denen auch dein Liebhaber Aristippos gehört, als unter den übrigen Thessaliern. Und so hat er euch auch diese Gewohnheit angewöhnt, daß ihr ohne Scheu und mit edler Zuversicht antwortet, wenn euch jemand etwas fragt, wie auch zu erwarten ist von denen, welche wis-
c sen. Denn auch er selbst bot sich ja dar jedem Hellenen, was nur jeder wollte, ihn zu fragen, und nie ließ er einen ohne Antwort. Hier aber, lieber Menon, steht es ganz entgegengesetzt; es ist ordentlich wie eine Dürre an Weisheit eingetreten, und sie scheint ganz aus
71a unsern Gegenden fort zu euch gezogen zu sein, die Weisheit. Wenigstens wenn du hier jemand so fragen willst, wirst du nicht einen treffen, der nicht lachte und sagte: O Fremdling, du scheinst mich ja für gar glückselig zu halten, daß ich von der Tugend doch wenigstens wissen soll, ob sie lehrbar ist oder auf welche Art man sonst dazu gelangt; ich aber bin so weit davon entfernt, zu wissen, ob sie lehrbar ist oder nicht lehrbar, daß ich nicht einmal dieses, was die Tugend überhaupt ist, ordentlich weiß.

b *[2. Problem des S.: Was ist die Tugend selbst?]* Auch mir selbst, Menon, geht es ebenso: ich teile die Armut in dieser Sache mit meinen Landsleuten und tadle mich genug darüber, daß ich gar nichts von der Tugend weiß. Wovon ich aber gar nicht weiß, was es ist, wie soll ich davon irgendeine besondere Beschaffenheit wissen? Oder dünkt dich das möglich, daß, wer den Menon gar nicht kennt, wer er ist, doch wissen kann, ob er schön ist oder reich oder auch vornehm, oder ob ganz das Gegenteil davon? Dünkt dich das möglich?

MENON: Nein freilich. Aber weißt du in der Tat nicht einmal, was
c die Tugend ist, Sokrates? Und soll ich das von dir auch zu Hause erzählen?

SOKRATES: Nicht nur das, Freund, sondern auch, daß mir auch noch kein anderer vorgekommen ist, der es gewußt hat, soviel mich dünkt.

Menon: Wie? Ist dir Gorgias gar nicht begegnet, als er hier war?

Sokrates: O ja.

Menon: Nun, und es schien dir nicht, daß er es wisse?

Sokrates: Ich habe kein sehr gutes Gedächtnis, Menon, so daß
ich jetzt im Augenblick nicht zu sagen weiß, wie es mir damals
schien. Allein, vielleicht weiß er es, und du, was er gesagt hat.
Bringe mich also darauf, wie er sie erklärte; oder wenn du lieber d
willst, so sage es selbst. Denn du bist doch gewiß derselben Meinung
wie er.

Menon: Das bin ich.

Sokrates: So lassen wir jenen, da er ohnedies abwesend ist. Du selbst aber, Menon, um der Götter willen, was sagst du, daß die Tugend ist? Sprich, und enthalte es mir nicht vor, damit ich die glückseligste Lüge möge gelogen haben, wenn sich zeigt, daß du es weißt und Gorgias, ich aber gesagt habe, mir sei noch nie einer vorgekommen, der es wisse.

[3. Erste Antwort des M.: Aufzählung einer Reihe von Tugenden]

Menon: Das ist ja gar nicht schwer zu sagen, Sokrates. Zuerst, e
wenn du willst, die Tugend des Mannes: so ist es leicht zu sagen, daß
dieses des Mannes Tugend ist, daß er vermöge, die Angelegenheiten
des Staates zu verwalten und in seiner Verwaltung seinen Freunden
wohlzutun und seinen Feinden weh, sich selbst aber zu hüten, daß
ihm nichts dergleichen begegne. Willst du die Tugend des Weibes, so
ist auch nicht schwer zu beschreiben, daß sie das Hauswesen gut verwalten muß, alles im Hause gut im Stande haltend und dem Manne
gehorchend. Eine andere wiederum ist die Tugend eines Kindes, sowohl eines Knaben als eines Mädchens, und eines Alten, sei er ein
Freier, wenn du willst, oder ein Knecht. Und so gibt es noch gar 72a
viele andere Tugenden, so daß man nicht in Verlegenheit sein
kann, von der Tugend zu sagen, was sie ist. Denn nach jeder Handlungsweise und jedem Alter hat für jedes Geschäft jeder von uns
seine Tugend, und ebenso auch, Sokrates, glaube ich, seine Schlechtigkeit.

Sokrates: Ganz besonders glücklich, o Menon, scheine ich es getroffen zu haben, da ich nur eine Tugend suche und einen ganzen
Schwarm von Tugenden finde, die sich bei dir niedergelassen. Allein,
Menon, um bei diesem Bilde von dem Schwarm zu bleiben, wenn ich
dich fragte nach der Natur einer Biene, was sie wohl ist, und du sag- b
test mir, es wären ihrer gar viele und mancherlei; was würdest du
mir antworten, wenn ich dich fragte: Meinst du, insofern wären sie
viele und vielerlei und voneinander unterschieden, als sie Bienen
sind? Oder sind sie hierin wohl nicht unterschieden, sondern nur in
etwas anderem, wie in Schönheit, Größe oder sonst etwas dergleichen? Sage mir, was würdest du antworten auf diese Frage?

Menon: Dieses, daß sie nicht verschieden sind, sofern sie Bienen sind, eine von der andern.

Sokrates: Wenn ich nun hierauf weiter spräche: Sage mir denn c
eben dieses, worin sie nicht verschieden sind, sondern alle einerlei,

was doch dieses ist nach deiner Meinung: so würdest du mir doch wohl etwas zu antworten wissen.

MENON: Das würde ich.

[4. Erläuterung der von S. gesuchten wesentlichen Einheit der Tugend]

SOKRATES: So ist es nun auch mit den Tugenden, daß, wenn sie auch viele und mancherlei sind, sie doch sämtlich eine und dieselbe gewisse Gestalt haben, um derentwillen sie eben Tugenden sind, und eben hierauf wird derjenige hinzusehen haben, der in seiner Antwort auf jene Frage richtig angeben will, was die Tugend eigentlich ist.
d Oder verstehst du nicht, was ich meine?

MENON: Ich glaube es zwar zu verstehen: aber doch habe ich das, wonach gefragt ist, noch nicht so inne, wie ich wollte.

SOKRATES: Meinst du aber dieses etwa nur von der Tugend, Menon, daß es eine andere gibt für den Mann und eine andere für die Frau und so für die übrigen, oder auch von der Gesundheit und von der Größe und Stärke ebenso? Dünkt dich eine andere Gesundheit die des Mannes zu sein und eine andere die der Frau? Oder ist es überall derselbe Begriff, wenn es Gesundheit ist, mag sie in einem
e Manne sein oder in wem sonst immer?

MENON: Dieselbe dünkt mich wohl die Gesundheit des Mannes zu sein und die der Frau.

SOKRATES: Also auch wohl Größe und Stärke? Wenn eine Frau stark ist, wird sie vermöge desselben Begriffs und derselben Stärke stark sein. Dieses «derselben» meine ich aber so, daß es der Stärke keinen Unterschied macht in dem Stärkesein, ob sie in einem Manne ist oder in einer Frau. Oder scheint es dir einen Unterschied zu machen?

MENON: Mir nicht.

73 a SOKRATES: Der Tugend aber soll es in dem Tugendsein einen Unterschied machen, ob sie in einem Knaben ist oder in einem Alten, in einem Manne oder in einer Frau?

MENON: Mir wenigstens schwebt irgendwie vor, daß dieses jenem übrigen nicht mehr ganz ähnlich ist.

SOKRATES: Wie doch? Sagtest du nicht, die Tugend des Mannes wäre, den Staat wohl zu verwalten, die der Frau aber, das Hauswesen?

MENON: Ja.

SOKRATES: Ist es nun wohl möglich, Staat oder Hauswesen oder was irgend sonst gut zu verwalten, wenn man es nicht besonnen und gerecht verwaltet?

MENON: Gewiß nicht.

b SOKRATES: Wenn sie es nun besonnen und gerecht verwalten: so verwalten sie es doch mit Besonnenheit und Gerechtigkeit?

MENON: Notwendig.

SOKRATES: Desselben also bedürfen beide, wenn sie gut sein sollen, das Weib und der Mann, der Gerechtigkeit nämlich und Besonnenheit?

MENON: Offenbar.

Sokrates: Und wie? Ein Kind oder Greis, die zügellos wären und ungerecht, könnten die wohl gut sein?

Menon: Gewiß nicht.

Sokrates: Wohl aber, wenn besonnen und gerecht?

Menon: Ja. c

Sokrates: Alle Menschen also sind auf einerlei Art gut. Denn indem sie dasselbe an sich haben, werden sie gut.

Menon: So scheint es.

Sokrates: Gewiß aber könnten sie, wenn ihre Tugend nicht eine und dieselbe wäre, nicht auf einerlei Art gut sein.

Menon: Nicht füglich.

[5. 1. Definitionsversuch des M. und abermaliges Scheitern]

Sokrates: Da also die Tugend eine und dieselbe ist für alle: so versuche nun auszusprechen und mir in Erinnerung zu bringen, was doch Gorgias sagt, daß sie sei, und du mit ihm.

Menon: Was sonst, als daß man vermöge, über die Menschen zu herrschen, wenn du doch etwas suchst, was durch alles geht. d

Sokrates: Das suche ich freilich. Aber ist eben dieses auch die Tugend eines Kindes, Menon, und eines Knechtes, daß er vermöge zu herrschen über seinen Herrn? Und dünkt dich noch ein Knecht zu sein, wer herrscht?

Menon: Das dünkt mich keineswegs, Sokrates.

Sokrates: Es geht auch freilich nicht, Bester. Denn erwäge auch noch dieses. Du sagst, daß man vermöge zu herrschen. Sollen wir nicht hier gleich hinzusetzen, gerecht nämlich, ungerecht aber nicht?

Menon: Das glaube ich allerdings. Denn die Gerechtigkeit, o Sokrates, ist Tugend.

Sokrates: Die Tugend, o Menon, oder eine Tugend? e

Menon: Wie meinst du das?

Sokrates: Wie bei irgend etwas anderem. Zum Beispiel von der Rundung würde ich sagen, sie sei *eine* Gestalt, nicht so schlechthin *die* Gestalt. Deshalb nämlich würde ich so sagen, weil es auch noch andere Gestalten gibt.

Menon: Und ganz recht würdest du das sagen, denn auch ich nenne nicht die Gerechtigkeit allein Tugend, sondern auch noch viele andere.

Sokrates: Was für welche doch? Sprich. Wie auch ich dir andere 74 a
Gestalten nennen könnte, wenn du es fordertest: so nenne auch du mir andere Tugenden.

Menon: Die Tapferkeit also dünkt mich Tugend zu sein, und die Besonnenheit, und die Weisheit, und die Großmut, und viele andere.

Sokrates: Wiederum also ist uns dasselbe begegnet. Viele Tugenden nämlich haben wir gefunden, da wir nur eine suchen, nur auf eine andere Art als vorhin; die eine aber, die in allen diesen ist, können wir nicht finden.

[6. Weitere Erklärung der sokr. Frage am Beispiel von Gestalt und Farbe]

MENON: Ich kann eben noch nicht, wie du, Sokrates, es suchst, die
b eine Tugend in allen finden, so wie ich es bei den übrigen Dingen konnte.

SOKRATES: Ganz natürlich. Aber ich will einen Versuch machen, uns, wenn ich es vermag, weiter zu bringen. Denn du siehst doch ein, daß es sich so mit jedem verhält. Wenn dich jemand nach dem fragte, was ich eben anführte: «Was ist doch Gestalt, Menon?» und du ihm sagtest, das Runde, und er dann sagte, eben wie ich: «Ist das Runde die Gestalt oder eine Gestalt?» so würdest du wohl sagen, eine Gestalt?

MENON: Freilich.

c SOKRATES: Nicht wahr, deswegen, weil es noch andere Gestalten gibt?

MENON: Ja.

SOKRATES: Und wenn er dich weiter fragte, was für welche: so würdest du sie nennen?

MENON: Das täte ich.

SOKRATES: Und wiederum, wenn er dich über die Farbe gleichermaßen befragte, was sie ist, und auf deine Antwort, das Weiße wäre Farbe, der Fragende dann erwiderte: «Ist das Weiße die Farbe oder eine Farbe?» so würdest du sagen, eine Farbe, weil es noch mehrere gibt?

MENON: Das würde ich sagen.

SOKRATES: Und wenn er dich hieße, andere Farben nennen: so
d würdest du ihm andere nennen, die nicht weniger Farben sind als das Weiße.

MENON: Ja.

SOKRATES: Wenn er nun, wie ich, die Rede herumnähme und sagte: «Immer kommen wir auf vieles; aber nicht also, sondern da du doch dieses Viele insgesamt mit einem Namen benennst und behauptest, jedes davon sei Gestalt, und zwar ungeachtet sie einander entgegengesetzt sind: was ist doch dieses, was das Runde nicht minder unter sich begreift als das Gerade, was du eben Gestalt nennst, und be-
e hauptest, das Runde sei nicht minder Gestalt als das Gerade?» Oder meinst du es etwa nicht so?

MENON: Freilich so.

SOKRATES: Wenn du nun so sagst, meinst du dann etwa, das Runde sei nicht mehr rund als gerade, und das Gerade nicht mehr gerade als rund?

MENON: Keineswegs, Sokrates.

SOKRATES: Aber Gestalt, sagst du, sei das Runde nicht mehr als das Gerade, und das eine nicht mehr als das andere.

MENON: Richtig.

[7. 1. sokr. Definition der Gestalt: Was die Farbe begleitet]

SOKRATES: Was ist nun also das, dem du diesen Namen Gestalt beilegst? Versuche es zu beschreiben. Wenn du nun dem, der so

fragt, sei es nun über die Gestalt oder über die Farbe, sagtest: «Ich 75 a
verstehe gar nicht einmal, was du willst, lieber Mensch, noch weiß ich, was du meinst»: so würde er sich vielleicht wundern und sagen: «Verstehst du nicht, daß ich das suche, was in allen diesen dasselbe ist?» Oder wüßtest du es auch hierin nicht anzugeben, wenn dich jemand fragte, was doch im Runden und Geraden und dem übrigen, was du Gestalt nennst, in allem dasselbe ist? Versuche es anzugeben, damit du daran auch eine Übung hast für die Antwort über die Tugend.

Menon: Nein, sondern gib du es an, Sokrates. b

Sokrates: Soll ich es dir zu Gefallen tun?

Menon: Freilich.

Sokrates: Wirst du mir dann auch das von der Tugend sagen wollen?

Menon: Allerdings.

Sokrates: So will ich mich daran geben; denn es lohnt.

Menon: Allerdings.

Sokrates: Wohlan denn, ich will versuchen, dir zu sagen, was Gestalt ist. Sieh also zu, ob du annimmst, sie sei dieses. Dasjenige nämlich soll uns Gestalt sein, was allein unter allen Dingen überall die Farbe begleitet. Genügt es dir, oder begehrst du es noch anders? Denn ich meines Teils wollte mich schon begnügen, wenn du mir
auch nur so die Tugend erklärtest. c

Menon: Allein dies ist doch sehr einfältig, o Sokrates.

Sokrates: Wie meinst du?

Menon: Daß nach deiner Erklärung dasjenige Gestalt sein soll, was überall der Farbe folgt, mag sein: Wenn nun aber einer leugnete zu wissen, was Farbe ist, sondern darüber ebenso im ungewissen wäre wie über die Gestalt, was meinst du dann geantwortet zu haben?

[8. 2. sokr. Definition der Gestalt: Die Grenze des Körpers]

Sokrates: Doch das Rechte, meine ich. Und wäre der Fragende einer von jenen Weisen, Streitkünstlern und Wortfechtern: so würde
ich ihm sagen: «Ich habe nun gesprochen, und wenn ich nicht richtig d
erklärt habe, so ist es nun deine Sache, das Wort zu nehmen und mich zu widerlegen.» Wäre es aber, daß wir, wie du und ich jetzt, als Freunde miteinander uns zur Belehrung unterhalten wollten, so müßte ich dann freilich sanfter und kunstmäßiger antworten. Dies Kunstmäßigere mag aber wohl sein, daß man nicht nur das Rechte antworte, sondern auch nur durch solche Merkmale, welche der Fragende ebenfalls zu verstehen zugibt. Auf diese Art nun will ich auch
versuchen, es dir zu erklären. Sage mir also, nennst du etwas Ende? e
Ich meine damit etwas wie eine Grenze und ein Letztes – alles dergleichen nehme ich hier für einerlei. Vielleicht nun würde Prodikos uns zuwider sein: du aber nennst doch auch etwas begrenzt sein und ein Ende haben? Nur dieses meine ich und keine krausen Unterschiede weiter.

Menon: O ja, ich nenne etwas so, und glaube zu verstehen, was du meinst.

76a SOKRATES: Auch Fläche nennst du etwas, und etwas anderes wiederum Körper, eben wie die in der Meßkunst?

MENON: Ja, auch das.

SOKRATES: Hieraus wirst du vielleicht schon verstehen, was ich meine unter der Gestalt. Denn in allen Gestalten sage ich, daß, was den Körper begrenzt, eigentlich die Gestalt ist: so daß ich im allgemeinen sagen möchte, die Gestalt sei die Grenze des Körpers.

[9. Sokr. Definition der Farbe nach Gorgias]

MENON: Und was nennst du Farbe, Sokrates?

SOKRATES: Du bist übermütig, Menon! Einem alten Mann legst du schwierige Sachen auf zu beantworten, du selbst aber willst dir
b nicht zurückrufen und mitteilen, was Gorgias sagt, daß die Tugend sei.

MENON: Aber wenn du mir dies erklärt haben wirst, Sokrates, will ich es dir auch gewiß sagen.

SOKRATES: Auch verhüllt, o Menon, kann jeder, sobald du nur sprichst, merken, daß du schön bist und daß du noch Liebhaber hast.

MENON: Wieso?

SOKRATES: Weil du immer nur befiehlst im Gespräch, wie jene Verwöhnten es machen, die ja immer herrisch sind, solange die Ju-
c gend währt. Und vielleicht hast du es auch mir schon abgemerkt, daß ich den Schönen nicht gewachsen bin. Ich will dir also den Willen tun und antworten.

MENON: Allerdings tue mir den Willen.

SOKRATES: Ist es dir also genehm, daß ich dir nach des Gorgias Weise antworte, der du doch am besten folgen wirst?

MENON: Allerdings ist mir das genehm. Wie anders?

SOKRATES: Nicht wahr, ihr nehmt nach Empedokles gewisse Ausflüsse an aus allem, was ist?

MENON: Ganz recht.

SOKRATES: Und Gänge, in welche und durch welche die Ausflüsse gehen?

MENON: Allerdings.

SOKRATES: Und daß von den Ausflüssen einige einigen Gängen
d angemessen sind, andere aber für dieselben zu groß oder zu klein?

MENON: So ist es.

SOKRATES: Nun nennst du doch etwas Gesicht?

MENON: Allerdings.

SOKRATES: Hieraus nun «vernimm, was ich meine», sagt Pindaros. Nämlich Farbe ist der dem Gesicht angemessene und wahrnehmbare Ausfluß aus den Gestalten.

MENON: Ganz vortrefflich, Sokrates, dünkst du mich diese Antwort abgefaßt zu haben.

SOKRATES: Vielleicht ist sie nach einer dir gewohnten Weise abgefaßt. Und überdies, glaube ich, merkst du, daß du aus ihr zugleich
e erklären könntest, was der Schall ist und der Geruch und viel anderes dieser Art.

MENON: Allerdings.

SOKRATES: Es ist nämlich eine gar prächtige Antwort, Menon, darum gefällt sie dir besser als die von der Gestalt.

MENON: Mir wenigstens.

SOKRATES: Aber nicht sie, o Sohn des Alexidemos, wie ich meinesteils mich überzeuge, sondern jene ist die bessere. Und auch du, glaube ich, würdest sie nicht dafür halten, wenn du nicht, wie du gestern sagtest, genötigt wärest, vor den Weihungen fortzugehen, sondern hier bleiben könntest, um dich einweihen zu lassen.

MENON: Gern bliebe ich, Sokrates, wenn du mir viel dergleichen 77a
sagen wolltest.

[10. 2. Definition des M.: Tugend ist Streben nach dem Guten. Gibt es ein Streben nach Bösem?]

SOKRATES: Am guten Willen wollte ich es nicht fehlen lassen, sowohl deinetwegen als meinetwegen, dir dergleichen zu sagen; wenn ich nur nicht unvermögend sein werde, viel dergleichen zu sagen. Allein nun komm und versuche auch du, mir dein Versprechen zu erfüllen und im allgemeinen zu erklären, was die Tugend ist; und höre auf, vieles aus einem zu machen, wie man im Scherz zu denen sagt, die etwas zerstoßen; sondern gesund laß sie und ganz, und so sage, was die Tugend ist. Die Beispiele dazu hast du ja von mir er- b
halten.

MENON: So dünkt mich denn, o Sokrates, Tugend zu sein, wie der Dichter sagt, «sich erfreuen am Schönen und es vermögen». Und dies nenne ich Tugend, daß man, dem Schönen nachstrebend, es herbeizuschaffen vermöge.

SOKRATES: Meinst du mit dem, der dem Schönen nachstrebt, einen Streber nach Gutem?

MENON: Ganz eigentlich.

SOKRATES: Etwa als gäbe es einige, die das Böse begehren, und andere, die das Gute? Und scheinen dir, Bester, nicht alle das Gute c
zu begehren?

MENON: Nein, mir nicht.

SOKRATES: Sondern einige das Böse?

MENON: Ja.

SOKRATES: In der Meinung, daß es gut sei, willst du sagen, oder sogar wissend, daß es böse ist, begehren sie es doch?

MENON: Beides, dünkt mich.

SOKRATES: Glaubst du denn also, Menon, daß jemand, das Böse kennend, daß es böse ist, es dennoch begehrt?

MENON: Allerdings.

SOKRATES: Und was, meinst du, begehre er? Daß es ihm werde?

MENON: Daß es ihm werde. Denn was sonst?

SOKRATES: Etwa glaubend, daß das Böse dem nützt, dem es zuteil d
wird? Oder das Böse kennend, daß es dem schadet, dem es beiwohnt?

MENON: Einige wohl, indem sie glauben, das Böse nütze, andere auch, indem sie es kennen, daß es schadet.

SOKRATES: Und dünkt dich denn, daß diejenigen das Böse erkennen, daß es böse ist, welche glauben, das Böse nütze?

Menon: Das dünkt mich wohl nicht recht.

Sokrates: Offenbar also begehren jene, welche es nicht erkennen,
e schon nicht mehr das Böse; sondern das vielmehr, was sie für gut halten, es ist aber eben böse, so daß die, welche das Böse nicht erkennen, sondern glauben, es sei Gutes, offenbar das Gute begehren. Oder nicht?

Menon: Diese scheinen ja wohl.

Sokrates: Und wie, die das Böse begehren, und doch dafür halten, wie du behauptest, daß das Böse dem schade, dem es zuteil wird, die erkennen ja doch, daß sie Schaden davon haben werden?

Menon: Notwendig.

78a Sokrates: Und diese glauben nicht, daß die Geschädigten elend sind, sofern sie geschädigt werden?

Menon: Auch das ist notwendig.

Sokrates: Und nicht, daß die Elenden unselig sind?

Menon: Ich glaube wohl.

Sokrates: Gibt es nun wohl irgendeinen, der elend sein will und unselig?

Menon: Nein, dünkt mich, Sokrates.

Sokrates: Also, o Menon, will auch niemand das Böse, wenn er doch nicht ein solcher sein will. Denn was hieße wohl anders elend sein, als dem Bösen nachstreben und es erlangen?

b Menon: Du scheinst recht zu haben, Sokrates, und niemand will das Böse.

[11. Verbesserung der Def.: Tugend ist Vermögen, das Gute herbeizuschaffen. Ihr Mangel]

Sokrates: Sagtest du nun nicht eben, die Tugend wäre: das Gute wollen und es vermögen?

Menon: Das sagte ich.

Sokrates: Ist nun dieses gesagt: so kommt das Wollen allen zu; und insofern ist keiner besser als der andere.

Menon: So scheint es.

Sokrates: Sondern offenbar, wenn einer besser ist als der andere, so wäre er in Bezug auf das Können vorzüglicher.

Menon: Allerdings.

Sokrates: Dies also ist, wie es scheint, nach deiner Rede die Tu-
c gend, das Vermögen, das Gute herbeizuschaffen.

Menon: Auf alle Weise, Sokrates, dünkt mich, daß es sich so damit verhalte, wie du es eben vorstellst.

Sokrates: Laß uns also auch dieses in Augenschein nehmen, ob du recht hast, denn vielleicht magst du recht haben. Daß man vermag, das Gute herbeizuschaffen, dies, sagst du, ist Tugend.

Menon: Das sage ich.

Sokrates: Nennst du aber nicht Gutes so etwas wie Gesundheit und Reichtum? Ich meine auch, Gold und Silber besitzen, und Ansehen und Ämter im Staate. Nennst du etwa andere Dinge Gutes als dergleichen?

d Menon: Nein, sondern alles dergleichen meine ich.

Sokrates: Wohl! Gold also und Silber herbeischaffen ist Tugend, wie Menon behauptet, der angestammte Gastfreund des Großkönigs! Setzt du nun zu diesem Verfahren etwa noch hinzu, auf gerechte und fromme Weise, oder macht dir dies keinen Unterschied, sondern auch, wenn es jemand ungerechterweise herbeischafft, nennst du das doch nicht minder Tugend?

Menon: Mitnichten, Sokrates.

Sokrates: Sondern Schlechtigkeit?

Menon: Auf alle Weise.

Sokrates: Es muß also, wie es scheint, bei diesem Erwerb Gerechtigkeit oder Besonnenheit oder Frömmigkeit dabei sein oder ein anderer Teil der Tugend; wo nicht, so wird er nicht Tugend sein, ob- e
schon Gutes herbeischaffend.

Menon: Wie könnte er auch wohl ohne dies Tugend sein!

Sokrates: Aber Gold und Silber nicht herbeischaffen, wenn es nicht gerecht wäre, weder für sich selbst noch für einen andern, wäre nicht auch dieser Nichterwerb und Mangel Tugend?

Menon: Offenbar wohl.

Sokrates: Der Erwerb solcher Güter also wäre um nichts mehr Tugend als ihr Nichterwerb auch; sondern, wie es scheint, was nur mit Gerechtigkeit geschieht, wird Tugend sein, was aber ohne alles dergleichen, das Schlechtigkeit. 79a

Menon: Es dünkt mich notwendig zu sein, so wie du sagst.

[12. Unmöglichkeit, die ganze Tugend durch ihre Teile zu erklären]

Sokrates: Behaupteten wir nun nicht vor kurzem, jedes von diesen sei ein Teil der Tugend, die Gerechtigkeit und die Besonnenheit und alles dieses?

Menon: Ja.

Sokrates: Also, o Menon, scherzt du mit mir?

Menon: Wieso, Sokrates?

Sokrates: Weil, obwohl ich dich gerade eben gebeten, mir die Tugend weder zu zerbrechen noch zu zerkrümeln, und dir Beispiele gegeben habe, wie du antworten solltest, du unbekümmert um dies alles mir sagst, das sei Tugend, wenn man vermöge, Gutes herbeizuschaffen mit Gerechtigkeit, welche, wie du selbst behauptest, ein b
Teil der Tugend ist.

Menon: Das behaupte ich.

Sokrates: Also folgt ja aus dem, was du eingestehst, alles, was man tut, mit einem Teile der Tugend zu tun, das sei Tugend. Denn die Gerechtigkeit, sagst du, sei ein Teil der Tugend, und so jede von diesen.

Warum nun sage ich dies? Weil, obgleich ich dich gebeten, mir die ganze Tugend zu erklären, du weit entfernt bist, mir zu sagen, was sie ist, sondern nur sagst, jede Handlung sei Tugend, wenn sie mit einem Teile der Tugend verrichtet wird; als hättest du schon erklärt, c
was die Tugend ist im ganzen, und als würde ich sie nun schon erkennen, wenn du sie auch nach ihren Teilen zerstückelst. Also bedarf es, wie mich dünkt, noch einmal von Anfang an derselben Frage,

o Menon, was ist denn die Tugend, wenn jede Handlung, in der sich
ein Teil der Tugend findet, Tugend sein soll? Denn das sagt derje-
nige, welcher sagt, daß jede Handlung mit Gerechtigkeit Tugend ist.
Oder dünkt dich nicht, daß es nochmals derselben Frage bedarf, son-
dern glaubst du, einer kenne einen Teil der Tugend, was er ist, der
nicht weiß, was sie selbst ist?
MENON: Das denke ich wohl nicht.
d SOKRATES: Denn wenn du dich nur erinnern willst, als ich dir vor-
her antwortete wegen der Gestalt, verwarfen wir eine solche Ant-
wort, welche durch noch zu Suchendes und noch nicht Eingestandenes
antworten wollte.
MENON: Und mit Recht gewiß verwarfen wir sie, o Sokrates.
SOKRATES: Also meine auch du nicht, Bester, solange noch die
ganze Tugend, was sie ist, gesucht wird, wenn du ihre Teile in die
Antwort hineinbringst, sie dadurch irgend jemandem deutlich ma-
chen zu können, noch auch sonst irgend etwas, wenn du es auf eben
e die Weise wie dieses erklärst; sondern es wird immer die alte Frage
zurückkehren, was denn die Tugend ist, von der du jenes sagst, was
du sagst. Oder dünkt dich dies nichts gesagt?
MENON: Mich dünkt es allerdings richtig gesagt.

[13. M. über S. als verwirrenden Zitterrochen]

SOKRATES: Antworte also nochmals von vorne, was du sagst, daß
die Tugend sei, du und dein Freund!
MENON: O Sokrates, ich habe schon gehört, ehe ich noch mit dir
80a zusammengekommen bin, daß du allemal nichts als selbst in Ver-
wirrung bist und auch andere in Verwirrung bringst. Auch jetzt
kommt mir vor, daß du mich bezauberst und mir etwas antust und
mich offenbar besprichst, daß ich voll Verwirrung geworden bin, und
du dünkst mich vollkommen, wenn ich auch etwas scherzen darf, in
der Gestalt und auch sonst, jenem breiten Seefisch, dem Zitterrochen,
zu gleichen. Denn auch dieser macht jeden, der ihm nahekommt und
ihn berührt, erstarren. Und so, dünkt mich, hast auch du mir jetzt
etwas Ähnliches angetan, daß ich erstarre. Denn in der Tat, an Seele
b und Leib bin ich erstarrt und weiß dir nichts zu antworten; wiewohl
ich schon tausendmal über die Tugend gar vielerlei Reden gehalten
habe vor vielen, und sehr gut, wie mich dünkt. Jetzt aber weiß ich
nicht einmal, was sie überhaupt ist, zu sagen. Daher dünkt es mich
weislich gehandelt, daß du von hier nicht fortreist, weder zur See
noch sonst. Denn wenn du anderwärts dergleichen als Fremder tä-
test: so würde man dich vielleicht als einen Zauberer abführen.
SOKRATES: Schlau bist du, Menon, und hättest mich beinahe über-
listet.
MENON: Wieso, Sokrates?
c SOKRATES: Ich weiß wohl, weshalb du mich so abgebildet hast.
MENON: Weshalb meinst du denn?
SOKRATES: Damit ich dich wieder abbilden möchte. Ich weiß das
von allen Schönen, daß sie gern mögen abgebildet werden. Denn es
gereicht ihnen zum Ruhme, weil auch die Bilder der Schönen, meine

ich, schön sind. Aber ich werde dich nicht wieder abbilden. Ist nun
dein Zitterrochen selbst auch erstarrt, wenn er andere erstarren
macht, dann gleiche ich ihm; wenn aber nicht, dann nicht. Denn kei-
neswegs bin ich etwa selbst in Ordnung, wenn ich die andern in
Verwirrung bringe; sondern auf alle Weise bin ich selbst auch in
Verwirrung und ziehe nur so die andern mit hinein. So auch jetzt, d
was die Tugend ist, weiß ich keineswegs; du aber hast es vielleicht
vorher gewußt, ehe du mich berührtest, jetzt indes bist du einem
Nichtwissenden ganz ähnlich. Dennoch will ich mit dir erwägen und
untersuchen, was sie wohl ist.

[14. Einwand des M.: Kann man suchen, was man nicht kennt?]

MENON: Und auf welche Weise willst du denn dasjenige suchen,
Sokrates, wovon du überhaupt gar nicht weißt, was es ist? Denn als
welches Besondere von allem, was du nicht weißt, willst du es dir
denn vorlegen und so suchen? Oder wenn du es auch noch so gut
träfest, wie willst du denn erkennen, daß es dieses ist, was du nicht
wußtest?

SOKRATES: Ich verstehe, was du sagen willst, Menon! Siehst du, e
was für einen streitsüchtigen Satz du uns herbringst? Daß nämlich
ein Mensch unmöglich suchen kann, weder was er weiß, noch was
er nicht weiß. Nämlich weder was er weiß, kann er suchen, denn er
weiß es ja, und es bedarf dafür keines Suchens weiter; noch was er
nicht weiß, denn er weiß ja dann auch nicht, was er suchen soll.

MENON: Scheint dir das nicht ein schöner Satz zu sein, Sokrates? 81 a

SOKRATES: Mir gar nicht.

MENON: Kannst du sagen, weshalb?

SOKRATES: O ja! Denn ich habe es von Männern und Frauen, die
in göttlichen Dingen gar weise waren.

MENON: Was sagten denn diese?

SOKRATES: Etwas sehr Wahres, meines Erachtens, und Schönes.

MENON: Aber was? Und wer waren die, die es sagten?

SOKRATES: Die es sagen, sind Priester und Priesterinnen, so viele
es deren gibt, denen daran gelegen ist, von dem, was sie verwalten,
Rechenschaft geben zu können. Es sagt es auch Pindaros und viele b
andere Dichter, welche göttlicher Art sind. Und was sie sagen, ist
folgendes — erwäge aber wohl, ob dich dünkt, daß sie wahr reden —:
Sie sagen nämlich, die Seele des Menschen sei unsterblich, so daß sie
zu einer Zeit zwar ende, was man Sterben nennt, zu anderer Zeit
jedoch wieder werde, untergehe aber niemals. Und deshalb müsse
man aufs heiligste sein Leben verbringen. Denn von welchen «Per-
sephone schon die Strafen des alten Elends genommen, deren Seelen
gibt sie der obern Sonne im neunten Jahre zurück, aus welchen dann c
ruhmvolle tatenreiche Könige und an Weisheit die vorzüglichsten
Männer hervorgehn, und von da an als heilige Heroen unter den
Menschen genannt werden.»

*[15. Überwindung des Einwands durch die Lehre der Wiedererin-
nerung]* Weil nun die Seele unsterblich ist und oftmals geboren und,

was hier ist und in der Unterwelt, alles erblickt hat: so ist auch nichts, was sie nicht in Erfahrung gebracht hätte, so daß nicht zu verwundern ist, wenn sie auch von der Tugend und allem andern vermag, sich dessen zu erinnern, was sie ja auch früher gewußt hat.
d Denn da die ganze Natur unter sich verwandt ist und die Seele alles innegehabt hat: so hindert nichts, daß, wer nur an ein einziges erinnert wird, was bei den Menschen Lernen heißt, alles übrige selbst auffinde, wenn er nur tapfer ist und nicht ermüdet im Suchen. Denn das Suchen und Lernen ist demnach ganz und gar Erinnerung. Keineswegs also darf man jenem streitsüchtigen Satze folgen; denn er würde uns träge machen und ist nur den weichlichen Menschen
e angenehm zu hören; dieser aber macht uns tätig und forschend, welchem vertrauend, daß er wahr sei, ich eben Lust habe, mit dir zu untersuchen, was die Tugend ist.

Menon: Ja, Sokrates, aber meinst du dies so schlechthin, daß wir nicht lernen, sondern daß, was wir so nennen, nur ein Erinnern ist? Kannst du mich wohl belehren, daß sich dieses so verhält?

Sokrates: Schon eben sagte ich, daß du schlau bist, Menon; auch
82a jetzt fragst du, ob ich dich lehren kann, der ich doch behaupte, es gebe keine Belehrung, sondern nur Erinnerung, damit ich nur gleich mit mir selbst im Widerspruch erscheine.

Menon: Nein wahrlich, Sokrates, nicht in solcher Absicht sagte ich es, sondern aus Gewohnheit. Wenn du mir also irgendwie zeigen kannst, daß es sich so verhält, wie du sagst, so tue es.

Sokrates: Freilich ist dies nicht leicht, ich will es aber doch unternehmen, dir zuliebe. Rufe mir also von den vielen Dienern hier,
b welche dich begleiten, irgendeinen her, welchen du willst, damit ich es dir an diesem zeige.

Menon: Sehr gern. Du da, komm her.

Sokrates: Er ist doch ein Hellene und spricht hellenisch?

Menon: Sehr gut; er ist im Hause aufgezogen.

Sokrates: Merke also wohl auf, wie er dir erscheinen wird, ob, als erinnerte er sich oder als lernte er von mir.

Menon: Das will ich tun.

[16. Beweis dieser Lehre durch Befragung eines Sklaven]

Sokrates: Sage mir also, Knabe, weißt du wohl, daß ein Viereck eine solche Figur ist?

Knabe: Das weiß ich.

c Sokrates: Gibt es also ein Viereck, welches alle diese Seiten, deren vier sind, gleich hat?

Knabe: Allerdings.

Sokrates: Hat es nicht auch diese beiden, welche durch die Mitte hindurchgehen, gleich?

Knabe: Ja.

Sokrates: Ein solcher Raum nun kann doch größer und kleiner sein.

Knabe: Freilich.

Sokrates: Wenn nun diese Seite zwei Fuß hätte und diese auch zwei; wieviel Fuß enthielte das Ganze? – Überlege es dir so: Wenn es hier zwei Fuß hätte, hier aber nur einen, enthielte dann nicht der ganze Raum einmal zwei Fuß?

KNABE: Ja.

SOKRATES: Da er nun aber auch hier zwei Fuß hat, wird er nicht d
von zweimal zwei Fuß?

KNABE: Das wird er.

SOKRATES: Zweimal zwei Fuß ist er also?

KNABE: Ja.

SOKRATES: Wieviel nun zweimal zwei Fuß sind, das rechne aus und sage es.

KNABE: Vier, o Sokrates.

SOKRATES: Kann es nun nicht einen andern Raum geben, der das doppelte von diesem wäre, sonst aber ein ebensolcher, in dem alle Seiten gleich sind, wie in diesem?

KNABE: O ja.

SOKRATES: Wieviel Fuß muß er enthalten?

KNABE: Acht Fuß.

SOKRATES: Gut! Nun versuche auch, mir zu sagen, wie groß jede
Seite in diesem Viereck sein wird. Nämlich die des ersten ist von e
zwei Fuß; die aber jenes doppelten?

KNABE: Offenbar, o Sokrates, zweimal so groß.

SOKRATES: Siehst du wohl, Menon, wie ich diesen nichts lehre, sondern alles nur frage? Und jetzt glaubt er zu wissen, wie groß die Seite ist, aus der das achtfüßige Viereck entstehen wird. Oder denkst du nicht, daß er es glaubt?

MENON: Allerdings.

SOKRATES: Weiß er es aber wohl?

MENON: Wohl nicht.

SOKRATES: Er glaubt aber doch, es entstehe aus der doppelten?

MENON: Ja.

[17. Dessen unvollkommene Lösungsversuche des geometrischen Problems]

SOKRATES: Sieh nun zu, wie er sich weiter so erinnern wird, wie man sich erinnern muß. – Du aber sage mir, aus der doppelten Seite,
sagst du, entstehe das doppelte Viereck? Ich meine aber ein solches, 83a
nicht etwa eins, das hier lang ist, dort aber kurz; sondern es soll nach allen Seiten gleich sein, wie dieses hier, aber das Zwiefache von diesem, also achtfüßig. Sieh nun zu, ob du noch meinst, dies werde aus der zwiefachen Seite entstehen?

KNABE: So meine ich.

SOKRATES: Wohl! Dies wird doch die zwiefache von dieser, wenn wir hier noch eine ebenso große hinzusetzen?

KNABE: Allerdings.

SOKRATES: Und aus dieser, glaubst du, werde das achtfüßige Viereck entstehen, wenn wir vier solche nehmen?

KNABE: Ja. b

SOKRATES: So laß uns von ihr vier gleiche aufzeichnen. Nicht wahr also, dies wäre, was du für das achtfüßige hältst?

KNABE: Allerdings.

SOKRATES: Sind nun nicht in ihm diese vier, deren jedes diesem Vierfüßigen gleich ist?

KNABE: Ja.

SOKRATES: Wie groß ist es also? Nicht viermal so groß?

KNABE: Nicht anders.

SOKRATES: Ist nun das viermal so große das zwiefache?

KNABE: Nein, beim Zeus.

SOKRATES: Sondern das wievielfache?

KNABE: Das vierfache.

SOKRATES: Aus der zwiefachen Seite also entsteht uns nicht das
c zwiefache, sondern das vierfache Viereck.

KNABE: Du hast recht.

SOKRATES: Denn von vier ist das Vierfache sechzehn. Nicht?

KNABE: Ja.

SOKRATES: Das achtfüßige aber, von welcher Seite entsteht das? Nicht wahr, aus dieser entsteht das vierfache?

KNABE: Das sage ich auch.

SOKRATES: Und das vierfüßige entsteht aus dieser halben?

KNABE: Ja.

SOKRATES: Wohl. Das achtfüßige aber, ist es nicht von diesem hier das Zwiefache, von diesem aber die Hälfte?

KNABE: Allerdings.

SOKRATES: Muß es also nicht aus einer größeren Seite entstehen als diese und aus einer kleineren als diese? Oder nicht?

d KNABE: Ich wenigstens denke so.

SOKRATES: Schön! Denn immer nur, was du denkst, mußt du antworten. Und sage mir, hatte nicht diese zwei Fuß, diese aber vier?

KNABE: Ja.

SOKRATES: Also muß des achtfüßigen Vierecks Seite größer sein als diese zweifüßige und kleiner als die vierfüßige?

KNABE: Das muß sie.

e SOKRATES: So versuche denn zu sagen, wie groß du meinst, daß sie sei.

KNABE: Dreifüßig.

SOKRATES: Gut. Wenn sie dreifüßig sein soll, so wollen wir von dieser noch die Hälfte dazunehmen, so wird sie dreifüßig; denn dies sind zwei Fuß, und dies ist ein Fuß, und auf dieser Seite ebenso sind dies zwei, dies einer. Und dies wird nun das Viereck, welches du meinst.

KNABE: Ja.

SOKRATES: Wenn es nun hier drei Fuß hat und hier auch drei Fuß: so wird das ganze Viereck von dreimal drei Fuß.

KNABE: Offenbar.

SOKRATES: Dreimal drei aber, wieviel Fuß sind das?

KNABE: Neun.

SOKRATES: Wieviel Fuß aber sollte das zwiefache enthalten?

KNABE: Acht.

SOKRATES: Auch nicht aus der dreifüßigen Seite also wird uns das achtfüßige Viereck.

KNABE: Freilich nicht.

SOKRATES: Von welcher also, das versuche doch uns genau zu bestimmen; und wenn du es nicht durch Zählen willst, so zeige uns 84a
nur, von welcher.

KNABE: Aber beim Zeus, Sokrates, ich weiß es nicht.

[18. Nutzen der im Sklaven erzeugten Verwirrung]

SOKRATES: Siehst du wohl, Menon, wie weit er schon fortgeht im Erinnern? Denn zuerst wußte er zwar auch keineswegs, welches die Seite des achtfüßigen Vierecks ist, wie er es auch jetzt noch nicht weiß: allein er glaubte damals, es zu wissen, und antwortete dreist fort als ein Wissender und glaubte nicht, in Verlegenheit zu kommen. Nun aber glaubt er schon in Verlegenheit zu sein, und wie er es
nicht weiß, so glaubt er es auch nicht zu wissen. b

MENON: Du hast recht.

SOKRATES: Steht es also nun nicht besser mit ihm in Bezug auf die Sache, die er nicht wußte?

MENON: Auch das dünkt mich.

SOKRATES: Indem wir ihn also in Verlegenheit brachten und zum Erstarren, wie der Zitterrochen, haben wir ihm dadurch etwa Schaden getan?

MENON: Mich dünkt nicht.

SOKRATES: Vielmehr haben wir vorläufig etwas ausgerichtet, wie es scheint, damit er herausfinden kann, wie sich die Sache verhält. Denn jetzt möchte er es wohl gern suchen, da er es nicht weiß; damals aber glaubte er, ohne Schwierigkeit vor vielen oftmals gut zu
reden über das zwiefache Viereck, daß es auch eine zwiefach so lange c
Seite haben müsse.

MENON: So mag es wohl sein.

SOKRATES: Glaubst du nun, er würde sich vorher bemüht haben, das zu suchen oder zu lernen, was er nichtwissend glaubte zu wissen, ehe er, überzeugt, er wisse nicht, in Verwirrung geriet und sich nach dem Wissen sehnte?

MENON: Nein, dünkt mich, Sokrates.

SOKRATES: Nutzen hat ihm also das Erstarren gebracht?

MENON: So dünkt mich.

SOKRATES: Sieh nun aber auch zu, was er von dieser Verlegenheit aus mit mir suchend auch finden wird, indem ich ihn immer nur
frage und niemals lehre. Und gib wohl acht, ob du mich je darauf d
betriffst, daß ich ihn belehre und ihm vortrage und nicht seine eigenen Gedanken nur ihm abfrage.

[19. Sein Finden der Lösung] Sage mir du, ist dies nicht unser vierfüßiges Viereck? Verstehst du?

KNABE: Ja.

SOKRATES: Können wir nun nicht hier noch ein gleiches daran setzen?

KNABE: Ja.

SOKRATES: Und auch dies dritte, das jedem von den beiden gleich ist?

KNABE: Ja.

SOKRATES: Können wir nun nicht auch das noch hier in der Ecke ausfüllen?

KNABE: Allerdings.

SOKRATES: Sind dies nun nicht vier gleiche Vierecke?

KNABE: Ja.

e SOKRATES: Wie nun? Das wievielfache ist wohl dies Ganze von diesen?

KNABE: Das vierfache.

SOKRATES: Wir sollten aber ein zweifaches bekommen; oder erinnerst du dich nicht?

KNABE: Allerdings.

SOKRATES: Schneidet nun nicht diese Linie, welche aus einem Win-
85a kel in den anderen geht, jedes von diesen Vierecken in zwei gleiche Teile?

KNABE: Ja.

SOKRATES: Und werden nicht dieses vier gleiche Linien, welche dieses Viereck einschließen?

KNABE: Allerdings.

SOKRATES: So betrachte nun, wie groß wohl dieses Viereck ist?

KNABE: Das verstehe ich nicht.

SOKRATES: Hat nicht von diesen vieren von je einem jede Seite die Hälfte nach innen zu abgeschnitten? Oder nicht?

KNABE: Ja.

SOKRATES: Wieviel solche sind nun in diesem?

KNABE: Vier.

SOKRATES: Wieviel aber in diesem?

KNABE: Zwei.

SOKRATES: Vier aber ist von zwei was doch?

KNABE: Das Zweifache.

SOKRATES: Wievielfüßig ist also dieses?

b KNABE: Achtfüßig.

SOKRATES: Von welcher Linie?

KNABE: Von dieser.

SOKRATES: Von der, welche aus einem Winkel in den andern das vierfüßige schneidet?

KNABE: Ja.

SOKRATES: Diese nun nennen die Gelehrten die Diagonale; so daß, wenn diese die Diagonale heißt, alsdann aus der Diagonale, wie du behauptest, das zwiefache Viereck entsteht.

KNABE: Allerdings, Sokrates.

[20. Folgerung: Der Ursprung der Erkenntnis liegt im Lernenden selbst]

SOKRATES: Was dünkt dich nun, Menon? Hat dieser irgendeine Vorstellung, die nicht sein war, zur Antwort gegeben?

c MENON: Nein, nur seine eignen.

SOKRATES: Und doch wußte er es vor kurzem noch nicht, wie wir gestanden?

Menon: Ganz recht.

Sokrates: Es waren aber doch diese Vorstellungen in ihm. Oder nicht?

Menon: Ja.

Sokrates: In dem Nichtwissenden also sind von dem, was er nicht weiß, dennoch richtige Vorstellungen.

Menon: Das zeigt sich.

Sokrates: Und jetzt sind ihm nur wie im Traume diese Vorstellungen eben aufgeregt. Wenn ihn aber jemand oftmals um dies nämliche befragt und auf vielfache Art: so wisse nur, daß er am Ende
nicht minder genau als irgendein anderer um diese Dinge wissen d
wird.

Menon: Das scheint wohl.

Sokrates: Indem ihn also niemand belehrt, sondern nur ausfragt, wird er wissen und wird die Erkenntnis nur aus sich selbst hervorgeholt haben?

Menon: Ja.

Sokrates: Dieses nun, selbst aus sich eine Erkenntnis hervorholen, heißt das nicht sich erinnern?

Menon: Allerdings.

Sokrates: Und hat etwa nicht dieser die Erkenntnis, die er jetzt hat, entweder einmal erlangt oder immer gehabt?

Menon: Ja.

Sokrates: Hat er sie nun immer gehabt, so ist er auch immer wissend gewesen. Hat er sie aber einmal erlangt, so hat er sie wenigstens nicht in diesem Leben erlangt. Oder hat jemand diesen die
Geometrie gelehrt? Denn gewiß wird er mit der ganzen Geometrie e
ebenso verfahren und mit allen andern Wissenschaften auch. Hat nun jemand diesen dies alles gelehrt? Denn du mußt es ja wohl wissen, da er in deinem Hause geboren und erzogen ist.

Menon: Ich weiß sehr gut, daß niemand sie ihn jemals gelehrt hat.

Sokrates: Er hat aber diese Vorstellungen; oder nicht?

Menon: Notwendig, wie man ja sieht.

[21. Rückschluß daraus auf die Unsterblichkeit]

Sokrates: Wenn er sie aber in diesem Leben nicht erlangt hat und
daher nicht wußte: so hat er sie ja offenbar in einer andern Zeit ge- 86a
habt und gelernt.

Menon: Offenbar.

Sokrates: Ist nun nicht dieses die Zeit, wo er kein Mensch war?

Menon: Offenbar.

Sokrates: Wenn also in der ganzen Zeit, wo der Mensch ist, oder auch, wo er es nicht ist, richtige Vorstellungen in ihm sein sollen, welche, durch Fragen aufgeregt, Erkenntnisse werden, muß dann nicht seine Seele von jeher in dem Zustande des Gelernthabens sein? Denn offenbar ist er durch alle Zeit entweder Mensch oder nicht.

Menon: Das ist einleuchtend.

Sokrates: Wenn nun von jeher immer die Wahrheit von allem, b
was ist, der Seele einwohnt, so wäre ja die Seele unsterblich, so

daß du getrost, was du jetzt nicht weißt, das heißt aber, dessen du dich nicht erinnerst, trachten kannst zu suchen und dir zurückzurufen.

MENON: Du scheinst mir, ich weiß nicht wie, vortrefflich zu reden, Sokrates.

SOKRATES: Auch mir selbst scheine ich es, o Menon. Und das übrige freilich möchte ich nicht eben ganz verfechten für diese Rede;
daß wir aber, wenn wir glauben, das suchen zu müssen, was wir
nicht wissen, besser werden und mannhafter und weniger träge, als
c wenn wir glauben, was man nicht wisse, sei nicht möglich zu finden,
und man müsse es also auch nicht erst suchen, dafür möchte ich allerdings streiten, wenn ich es könnte, mit Wort und Tat.

MENON: Auch dies dünkt mich sehr richtig gesagt, Sokrates.

[22. Die Lehrbarkeit der Tugend zu untersuchen mit Hilfe der Voraussetzungs-Methode]

SOKRATES: Da wir nun einig darüber sind, daß gesucht werden muß, was jemand noch nicht weiß: willst du, daß wir miteinander unternehmen zu suchen, was wohl die Tugend ist?

MENON: Gar gern. Jedoch, Sokrates, möchte ich am liebsten jenes,
wonach ich zuerst fragte, untersuchen und hören, ob man ihr als
d etwas Lehrbarem nachstreben muß oder so, als wenn von Natur oder
auf sonst irgendeine Weise die Tugend den Menschen einwohnte.

SOKRATES: Hätte ich zu gebieten, Menon, nicht nur über mich,
sondern auch über dich: so würden wir nicht eher überlegen, ob die
Tugend lehrbar ist oder nicht, bis wir zuvor, was sie ist, untersucht
hätten. Allein da du über dich selbst zwar gar nicht begehrst zu gebieten, um nämlich frei zu bleiben, über mich aber zu gebieten begehrst und auch wirklich gebietest: so muß ich dir nachgeben. Denn
was will ich machen? Wie es scheint also, sollen wir untersuchen, *wie*
e etwas beschaffen ist, wovon wir noch nicht wissen, *was* es ist. Wenn
also auch nicht ganz, so laß mir doch ein wenig nach von deinem
Gebot und gestatte mir, von einer Voraussetzung aus dieses zu betrachten, ob sie lehrbar ist oder was sonst. Dieses «von einer Voraussetzung aus» meine ich aber so, wie die Meßkünstler oft etwas
zur Betrachtung ziehen, wenn ihnen jemand eine Frage vorlegt, wie
etwa von einer Figur, ob es möglich ist, in diesen Kreis dieses Drei-
87a eck einzuspannen, darauf möchte einer sagen: Ich weiß noch nicht,
ob dieses ein solches ist, aber als eine Voraussetzung für die Sache
glaube ich folgendes bei der Hand zu haben: Wenn dieses Dreieck
ein solches ist, daß, wenn man um seine gegebene Grundlinie den
Kreis herumzieht, noch ein ebensolcher Raum übrigbleibt, als der
umspannte selbst ist, alsdann, dünkt mich, wird etwas anderes erfolgen, und wiederum etwas anderes, wenn dies unmöglich ist. In
Beziehung auf diese Voraussetzung nun will ich dir sagen, wie es mit
b der Einspannung desselben in den Kreis steht, ob sie unmöglich ist
oder nicht.

[23. Ansatz: Wenn die Tugend Erkenntnis ist, ist sie lehrbar] So auch wir in Beziehung auf die Tugend; da wir gar nicht wissen, was sie ist, noch wie beschaffen, wollen wir eine Voraussetzung machend dieses erwägen, ob sie lehrbar ist oder nicht lehrbar, indem wir so sagen: Wenn sie was doch von dem in der Seele Vorkommenden ist, wird sie lehrbar sein oder nicht lehrbar? Zuerst also, wenn sie etwas ganz anderes ist als Erkenntnis, kann sie dann gelehrt werden oder nicht, oder, wie wir eben sagten, in Erinnerung gebracht? Denn es
soll uns gleich gelten, welches Wortes wir uns bedienen. Also ist sie c
dann lehrbar? Oder ist das wohl jedem klar, daß nichts anderes dem Menschen gelehrt werden kann als Erkenntnis?

MENON: Mir wenigstens scheint es so.

SOKRATES: Wenn nun die Tugend eine Erkenntnis ist, offenbar ist sie dann lehrbar.

MENON: Wie sollte sie nicht.

SOKRATES: Damit also sind wir bald fertig geworden, daß, wenn sie ein solches ist, so ist sie lehrbar; wenn nicht, so nicht.

MENON: Freilich.

SOKRATES: Nächstdem nun, wie es scheint, müssen wir untersuchen, ob die Tugend Erkenntnis ist oder etwas ganz Verschiedenes von der Erkenntnis.

MENON: Allerdings müssen wir dies zunächst untersuchen. d

SOKRATES: Wie nun, sagen wir nicht, daß die Tugend gut ist, und bleibt uns nicht diese Voraussetzung, daß sie gut ist?

MENON: Allerdings.

SOKRATES: Also, wenn es noch irgend anderes Gutes gibt, was gänzlich getrennt ist von der Erkenntnis, dann könnte vielleicht auch die Tugend nicht Erkenntnis sein; gibt es aber gar kein Gutes, was die Erkenntnis nicht unter sich begreift, so dürften wir, wenn wir vermuten, sie sei irgendeine Erkenntnis, ganz richtig vermuten.

MENON: Das mag so sein.

SOKRATES: Gewiß doch sind wir vermöge der Tugend gut?

MENON: Ja. e

SOKRATES: Und wenn gut, auch nützlich; denn alles Gute ist nützlich. Nicht so?

MENON: Ja.

SOKRATES: Also ist auch die Tugend nützlich?

MENON: Notwendig aus dem Eingestandenen.

[24. Die Tugend ist aber Einsicht, denn sie nützt]

SOKRATES: Betrachten wir also, das einzelne durchnehmend, was doch für Dinge es sind, die uns nützen. Gesundheit, sagen wir, und Stärke und Schönheit und Reichtum doch wohl. Dieses und dergleichen nennen wir doch nützlich. Nicht so?

MENON: Ja.

SOKRATES: Diese nämlichen Dinge aber, sagen wir, schaden auch 88 a
bisweilen. Oder behauptest du es anders als so?

MENON: Nein, sondern ebenso.

SOKRATES: Bedenke also, was wohl alle diese Dinge regieren muß, wenn sie uns nützen sollen, und was, wenn sie uns schaden? Nicht so, wenn rechter Gebrauch, dann nützen sie, wenn unrechter, dann schaden sie?

Menon: Freilich.

Sokrates: Auch das, was in der Seele ist, laß uns betrachten. Du nennst doch etwas Besonnenheit und Gerechtigkeit und Tapferkeit, und Fassungskraft und Edelsinn und alles dergleichen?

b Menon: Jawohl.

Sokrates: Betrachte nun hiervon, was dir nicht Erkenntnis zu sein scheint, sondern etwas anderes als Erkenntnis, ob das nicht bisweilen schadet und bisweilen nützt? Wie die Tapferkeit, wenn sie nicht Einsicht ist, sondern nur wie eine gewisse Kühnheit; nicht so, wenn ein Mensch ohne Vernunft kühn ist, so hat er Schaden; wenn mit Vernunft, dann Nutzen?

Menon: Ja.

Sokrates: Sind nicht auch die Besonnenheit ebenso und die Gelehrigkeit, wenn mit Vernunft gelernt und Ordnung gehalten wird, nützlich, ohne Vernunft aber schädlich?

Menon: Ganz gewiß.

c Sokrates: Also auch überhaupt alles, was die Seele unternimmt und aushält, endet, wenn Einsicht dabei regiert, in Glückseligkeit, wenn aber Torheit, in das Gegenteil?

Menon: So scheint es.

Sokrates: Ist nun die Tugend etwas in der Seele, dem notwendig zukommt, nützlich zu sein: so muß sie Einsicht sein, weil alles übrige in der Seele an und für sich weder nützlich ist noch schädlich und
d nur durch Hinzukommen der Einsicht oder Torheit schädlich und nützlich wird. Also diesem zufolge, wenn die Tugend nützlich ist, muß sie Einsicht sein.

Menon: So scheint es mir.

[25. Die Guten entstehen also nicht von Natur]

Sokrates: So auch mit dem übrigen, Reichtum und dergleichen, von dem wir vorhin erwähnten, daß es bisweilen gut, bisweilen schädlich wäre: wird nicht, eben wie die Vernunft, wenn sie die übrige Seele regiert, das in der Seele nützlich machte, die Unvernunft aber schäd-
e lich, so wiederum die Seele diese Dinge, wenn sie sie richtig gebraucht und regiert, nützlich machen, wenn aber unrichtig, dann schädlich?

Menon: Freilich.

Sokrates: Recht aber regiert die vernünftige, fehlerhaft und verkehrt die unvernünftige?

Menon: So ist es.

Sokrates: Kann man nun nicht im allgemeinen sagen, daß dem Menschen alles andere, ob es ihm gut sein wird, von der Seele abhänge, was aber in der Seele selbst ist, dieses von der Vernunft? Und
89a nach dieser Rede wäre überhaupt Vernunft das Nützliche. Und wir sagen, die Tugend sei nützlich?

Menon: Freilich.

Sokrates: Vernunft also, sagen wir, sei Tugend, entweder die ganze oder ein Teil von ihr.

Menon: Mir scheint das Gesagte, o Sokrates, gut gesagt zu sein.

Sokrates: Wenn sich nun dieses so verhält, so wären die Guten es wohl nicht von Natur.

Menon: Nein, dünkt mich.

Sokrates: Auch dieses würde wohl der Fall sein: Wenn die Guten b
es von Natur wären, so würde es auch welche unter uns geben, welche die von Natur Guten unter der Jugend zu unterscheiden wüßten, welche wir dann, sobald jene sie angezeigt hätten, aussondern und in der Burg verwahren würden, weit sorgfältiger sie besiegelnd als das Gold, damit niemand sie uns verderben könne, sondern, sobald sie das gehörige Alter erreicht hätten, sie dem Staat nützlich würden.

Menon: Ganz natürlich.

[26. Zweifel, ob die Tugend Erkenntnis ist. Vorstellung des Anytos]

Sokrates: Werden nun etwa die Guten, wenn sie nicht von Natur
gut sind, es durch Belehrung? c

Menon: Das dünkt mich nun schon notwendig, Sokrates, und es ist auch klar nach unserer Voraussetzung, wenn die Tugend Erkenntnis ist, daß sie lehrbar sein muß.

Sokrates: Vielleicht, beim Zeus! Aber daß wir nur dieses nicht etwa mit Unrecht zugegeben haben!

Menon: Es schien uns ja doch noch eben sehr richtig gesagt.

Sokrates: Wenn das nur nicht etwa zu wenig ist, daß es uns noch eben richtig dünkte, sondern es uns auch jetzt und hernach so dünken muß, wofern etwas Gesundes daran sein soll.

Menon: Was nun wieder? Was hast du vor Augen, weshalb es d
dir nicht mehr recht ist und du bezweifelst, ob die Tugend Erkenntnis ist?

Sokrates: Das will ich dir sagen, Menon. Daß die Tugend lehrbar ist, wenn sie Erkenntnis ist, das nehme ich nicht zurück, als wäre es nicht richtig gesagt; daß sie aber Erkenntnis ist, sieh zu, ob ich dir scheine, dies mit Recht zu bezweifeln. Nämlich sage mir nur dieses, wenn irgendeine Sache lehrbar ist, nicht nur die Tugend, muß es dann nicht auch Lehrer darin geben und Schüler?

Menon: Das denke ich wohl.

Sokrates: Und im Gegenteil, wovon es weder Lehrer noch Schü- e
ler gibt, würden wir davon nicht ganz recht vermuten, wenn wir vermuteten, es sei auch nicht lehrbar?

Menon: Das ist wohl richtig. Aber dünkt dich, es gäbe keine Lehrer der Tugend?

Sokrates: Oftmals schon habe ich gesucht, ob es Lehrer derselben gäbe, und habe alles mögliche getan und kann sie nicht finden, wiewohl ich sie mit vielen gemeinschaftlich suche, und zwar mit solchen vorzüglich, von denen ich glaube, daß sie am erfahrensten sind in der Sache. So sitzt auch jetzt, Menon, wohl ganz zur gelegenen Zeit dieser Anytos hier bei uns, dem wir Anteil geben wollen an unserer
Untersuchung. Und wohl mit Recht können wir ihn mit dazuziehen. 90a

Denn zuerst hat er selbst einen reichen und verständigen Vater, den Anthemion, welcher reich geworden ist nicht von ungefähr oder durch ein Geschenk, wie der Thebaner Ismenias, der erst neulich die Schätze des Polykrates bekommen hat; sondern durch eignen Verstand und Sorgfalt hat er ihn erworben. So auch im übrigen steht er nicht im Ruf, ein hochmütiger Bürger zu sein, aufgeblasen und gehässig, sondern in dem eines sittsamen und stattlichen Mannes.
b Nächstdem hat er auch diesen sehr wohl erzogen und gebildet, wie das athenische Volk glaubt; sie wählen ihn ja wenigstens zu den größten Würden. Billig also ist es, gerade mit solchen die Untersuchung anzustellen über die Lehrer der Tugend, ob es welche gibt oder nicht und wer sie sind.

[27. Notwendigkeit, in der Medizin etc. zu den professionellen Lehrern zu gehen] Untersuche also mit uns, Anytos, mit mir und hier deinem Gastfreund Menon, was für Lehrer es wohl für diese Sache geben mag. Erwäge es aber so. Wenn wir wollten, dieser Menon
c sollte ein guter Arzt werden, zu was für Lehrern möchten wir ihn wohl schicken? Nicht zu den Ärzten?

ANYTOS: Freilich.

SOKRATES: Und wollten wir, er solle ein guter Schuhmacher werden, nicht dann zu den Schuhmachern?

ANYTOS: Ja.

SOKRATES: Und ebenso im übrigen?

ANYTOS: Freilich.

SOKRATES: Auch das sage mir noch hierüber. Wir sagen, wir würden recht daran tun, ihn zu Ärzten zu schicken, wenn wir wollten, er solle ein Arzt werden. Wenn wir dies sagen, meinen wir, es sei
d doch verständiger gehandelt, ihn zu denen zu schicken, welche diese Kunst betreiben, als zu denen, die es nicht tun? Und zu denen, die eben hierfür Bezahlung nehmen und sich ankündigen als Lehrer einem jeden, der kommen und lernen will? Nicht wahr, deshalb würden wir gut tun, ihn hinzuschicken.

ANYTOS: Ja.

SOKRATES: Wird es nun nicht mit dem Flötenspiel und allem ande-
e ren ebenso sein, daß es großer Unverstand wäre, wenn man einen zum Flötenspieler machen wollte, ihn doch zu denen, welche diese Kunst zu lehren versprechen und sich dafür bezahlen lassen, nicht schicken zu wollen, sondern irgend anderen beschwerlich zu fallen und bei denen Unterricht zu suchen, welche sich weder für Lehrer ausgeben noch irgend Schüler haben in der Kunst, worin wir den gern unterrichten ließen, den wir zu ihnen schicken? Dünkt dich das nicht großer Unverstand zu sein?

ANYTOS: Beim Zeus, mir gewiß, und große Ungeschicklichkeit dazu.

[28. Protest des A. gegen die professionellen Lehrer der Tugend, die Sophisten]

SOKRATES: Wohl gesprochen, und nun kannst du gemeinschaftlich
91a mit mir Rat pflegen über diesen unsern Gastfreund Menon. Denn

dieser, o Anytos, sagt schon lange zu mir, es verlange ihn nach der-
jenigen Weisheit und Tugend, vermöge der die Menschen ihr Haus-
wesen und ihren Staat gut verwalten, ihre Eltern und Verwandten
pflegen und Bürger und Freunde aufzunehmen und zu entlassen wis-
sen, wie es eines rechtlichen Mannes würdig ist. Überlege dir also,
zu wem wir ihn dieser Tugend wegen am besten hinschicken. Oder b
offenbar ja nach der vorigen Rede zu denen, welche sich für Lehrer
der Tugend ausgeben und sich allen Hellenen insgemein dazu an-
bieten, wer nur lernen will, auch Bezahlung dafür festsetzen und
annehmen?

Anytos: Und was für welche meinst du denn hierunter, Sokrates?

Sokrates: Du weißt es ja wohl auch, daß es die sind, welche man
Sophisten nennt.

Anytos: Beim Herakles, Sokrates, sprich besser. Daß doch keinen c
Verwandten oder Angehörigen und Freund unter den Einheimischen
oder Fremden solche Raserei ergriffe, zu diesen zu gehen und sich zu
verderben. Denn diese sind doch das offenbare Verderben und Un-
glück derer, die mit ihnen umgehen.

[29. Verwunderung des S. über die behauptete Untauglichkeit der Sophisten]

Sokrates: Wie meinst du das, Anytos? Diese allein unter allen
denen, welche sich dafür ausgeben, etwas Gutes erzeigen zu können,
sollten so weit von allen übrigen verschieden sein, daß sie nicht nur
dem keinen Vorteil, wie doch die andern, bringen, was ihnen einer
übergibt, sondern es ganz im Gegenteil verderben und sich dafür d
doch ohne Hehl Geld geben lassen? Das weiß ich meines Teils nicht,
wie ich es dir glauben soll. Denn ich weiß, daß der einzige Protago-
ras mit dieser Weisheit mehr Geld erworben hat als Pheidias, der
doch so ausgezeichnet schöne Werke verfertigte, und noch zehn an-
dere Bildhauer dazu. Und wunderbar wäre doch, was du sagst, wenn
von Schuhflickern und denen, die Kleider ausbessern, nicht einen
Monat lang verborgen bleiben könnte, wenn sie Schuhe und Klei- e
der schlechter zurückgäben, als sie sie empfangen haben, sondern
diese, wenn sie es so machten, gewiß bald Hungers sterben müßten,
vom Protagoras aber ganz Griechenland nicht gemerkt hätte, daß er
seine Schüler verderbte und sie schlechter wegschickte, als er sie emp-
fangen hatte, und das länger als vierzig Jahre. Denn, wie ich glaube,
ist er nahe an siebzig Jahre alt gestorben und nachdem er vierzig
Jahre seine Kunst ausgeübt. Und in dieser ganzen Zeit bis auf den
heutigen Tag hat er nicht aufgehört, gepriesen zu werden. Und nicht
nur Protagoras, sondern noch gar viele andere, teils ältere, teils noch 92a
jetzt lebende. Sollen wir nun sagen nach deiner Meinung, daß diese
wissentlich die Jünglinge hintergehen und verstümmeln, oder auch
ohne es selbst zu wissen? Und so töricht sollen wir glauben, daß
diejenigen sind, welche von einigen für die weisesten unter den Men-
schen angesehen werden?

[30. Unbekanntschaft des A. mit den Sophisten]

Anytos: Weit gefehlt, daß diese töricht wären, Sokrates; sondern nur die Jünglinge, welche ihnen Geld geben, und noch mehr als diese
b ihre Angehörigen, die es ihnen gestatten. Am allermeisten aber unter allen die Städte, welche sie hereinkommen lassen und nicht vielmehr jeden austreiben, welcher dergleichen zu tun unternimmt, mag es ein Fremder sein oder ein Bürger.

Sokrates: Hat dir etwa einer von den Sophisten etwas zuleide getan, Anytos? Oder weshalb bist du ihnen so böse?

Anytos: Nein, beim Zeus, ich habe mich auch niemals mit irgendeinem von ihnen eingelassen und wollte es auch keinem von den Meinigen gestatten.

Sokrates: Du bist also ganz und gar unbekannt mit den Männern?

Anytos: Und wünsche es auch zu bleiben.

c Sokrates: Wie kannst du denn aber, du Wunderlicher, von dieser Sache wissen, ob sie etwas Gutes an sich hat oder nur Schlechtes, wenn du ganz unbekannt damit bist?

Anytos: Gar leicht. Diese kenne ich ja doch wohl, was für Menschen sie sind, mag ich auch selbst mit ihnen unbekannt sein oder nicht.

Sokrates: Du bist eben vielleicht ein Wahrsager, Anytos. Denn wie du sonst etwas über diese wissen kannst, nach dem, was du selbst sagst, begreife ich nicht. Allein wir fragten ja gar nicht danach, wer diejenigen wären, durch die Menon, wenn er zu ihnen ginge,
d schlecht werden würde. Denn dies, wenn du willst, sollen die Sophisten sein. Sondern jene nenne uns, und mache dich um diesen deinen väterlichen Gastfreund verdient durch Bezeichnung derer, zu welchen er gehen muß in dieser großen Stadt, um in der Tugend, welche ich eben beschrieb, etwas Würdiges zu leisten.

Anytos: Warum hast du sie ihm denn nicht bezeichnet?

Sokrates: Die ich für Lehrer hierin hielt, habe ich genannt; aber es war nichts gesagt, wie du behauptetest, und darin hast du vielleicht
e recht. Nun sage du ihm aber doch deinerseits, zu welchem unter den Athenern er gehen soll. Nenne ihm irgendeinen Namen, welchen du willst!

[31. Behauptung des A., daß alle Athener besser erziehen als die Sophisten]

Anytos: Was braucht er dazu den Namen eines einzelnen Menschen zu hören! Denn auf welchen guten und rechtschaffenen Athener er auch treffe, da ist wohl keiner, der ihn nicht besser machen sollte als die Sophisten, wenn er ihm nur folgen will.

Sokrates: Sind denn aber diese guten und rechtschaffenen es von selbst so geworden, ohne bei jemand gelernt zu haben: und doch im-
93 a stande, andern dasjenige zu lehren, was sie selbst nicht gelernt haben?

Anytos: Auch sie, denke ich, haben es von den Früheren gelernt, die auch gut und rechtschaffen waren. Oder meinst du nicht, daß es viele rechtschaffene Männer gegeben hat in dieser Stadt?

Sokrates: Ich meinesteils glaube, daß es hier noch jetzt solche gibt, die gut und tüchtig sind in bürgerlichen Dingen, und ehedem gewiß nicht minder gegeben hat als jetzt: sind sie aber etwa auch gute und tüchtige Lehrer gewesen in dieser ihrer Tugend? Denn das ist es ja eben, wovon jetzt unter uns die Rede ist; nicht, ob es hier rechtschaffene Männer gibt oder nicht, noch ob es deren vorher gegeben hat, sondern ob die Tugend lehrbar ist, das untersuchen wir b
schon so lange. Und bei dieser Untersuchung untersuchen wir nun auch dieses, ob die rechtschaffenen Männer von jetzt und von ehedem diese Tugend, in welcher sie sich selbst auszeichneten, auch anderen mitzuteilen wußten; oder ob dies nicht mitteilbar ist und nicht übertragbar von einem auf den andern. Das ist es, wonach wir schon so lange fragen, ich und Menon.

[32. Lehrfähigkeit des Themistokles?] Und dies erwäge du nun nach deiner eigenen Rede so. Würdest du nicht vom Themistokles sagen, er sei ein tüchtiger Mann gewesen? c

Anytos: Ganz vorzüglich.

Sokrates: Also auch ein tüchtiger Lehrer, wenn irgendein anderer ein Lehrer in seiner eigenen Tugend war, sei er gewesen?

Anytos: Das glaube ich allerdings, wenn er gewollt hätte.

Sokrates: Aber meinst du etwa, er habe nicht gewollt, daß auch andere gut und rechtschaffen werden sollten, vorzüglich sein eigener Sohn? Oder meinst du, er habe es ihm mißgönnt und ihm absichtlich die Tugend nicht mitgeteilt, in welcher er selbst vollkommen d
war? Und hast du nicht gehört, daß Themistokles seinen Sohn Kleophantos gar trefflich im Reiten unterrichten ließ, so daß er aufrecht auf dem Pferde stehen und so stehend auch vom Pferde herab schießen und sonst viel wunderbar Künstliches machen konnte, worin jener ihn unterrichten und vollkommen machen ließ, soweit es nur irgend von guten Lehrern abhing. Oder hast du dies nicht gehört von den Älteren?

Anytos: Ich habe es gehört.

Sokrates: Also kann wohl niemand der Natur seines Sohnes schuld geben, daß sie untauglich gewesen wäre.

Anytos: Vielleicht wohl nicht. e

Sokrates: Und wie nun? Daß Kleophantos, der Sohn des Themistokles, ein tüchtiger und weiser Mann geworden wäre darin, worin sein Vater es war, hast du das je von irgend jemand, jung oder alt, gehört?

Anytos: Freilich nicht.

Sokrates: Sollen wir also glauben, er habe in jenen Dingen zwar seinen Sohn unterrichten wollen, in der Weisheit aber, die er selbst besaß, ihn um nichts besser machen als einen seiner Nachbarn, wenn doch die Tugend lehrbar wäre?

Anytos: Nicht füglich, beim Zeus.

[33. Aristeides, Perikles und Thukydides als Erzieher?]

Sokrates: Ein solcher Lehrer in der Tugend ist also dieser, von

dem du doch gestehst, daß er zu den trefflichsten der älteren Zeit
94a gehöre! Laß uns noch einen andern betrachten, Aristeides, den Sohn des Lysimachos. Oder stimmst du nicht darin bei, daß dieser rechtschaffen gewesen?

Anytos: Ich auf alle Weise.

Sokrates: Ließ nun nicht auch dieser seinen Sohn Lysimachos in allem, wobei es nur auf Lehrer ankam, ganz vorzüglich unter allen Athenern unterrichten: aber dünkt dich, er habe ihn zu einem besseren Manne als irgendeinen gemacht? Denn mit diesem bist du wohl selbst umgegangen und siehst, was für einer er ist. Willst du den
b Perikles, diesen so herrlich weisen Mann, so weißt du ja, daß er zwei Söhne erzogen hat, den Paralos und Xanthippos.

Anytos: Das weiß ich.

Sokrates: Diese nun hat er, wie auch du weißt, im Reiten unterrichten lassen nicht schlechter als irgendein Athener, und die Tonkunst und die Leibesübungen und was nur Kunst ist, ließ er sie lehren nicht schlechter als einer; aber zu tüchtigen Männern wollte er sie etwa nicht machen? Ich denke wohl, er wollte; aber das läßt sich vielleicht nicht lehren! Und damit du nicht glaubst, nur wenige und etwa die schlechtesten unter den Athenern wären unvermögend ge-
c wesen hierzu: so erinnere dich, daß Thukydides eben auch zwei Söhne erzogen hat, den Melesias und Stephanos, und auch diese übrigens gut unterrichtet, daß sie namentlich die besten Ringer waren in Athen. Denn den einen übergab er dem Xanthias, den andern dem Eudoros, welche damals für die vortrefflichsten Ringer galten. Oder erinnerst du dich dessen nicht?

Anytos: Gar wohl, vom Hörensagen.

[34. Schluß: Die Tugend nicht lehrbar. Drohung des Anytos]

Sokrates: Ist nun nicht offenbar, daß dieser gewiß nicht seinen
d Söhnen nur darin, worin der Unterricht Aufwand erforderte, würde Lehrer gehalten haben, das aber, wozu es gar keines Aufwandes bedurfte, sie zu tüchtigen Männern zu machen, gerade dieses sie nicht würde gelehrt haben, wenn es lehrbar wäre? Aber vielleicht war Thukydides nur ein gemeiner Mann und hatte etwa nicht viel Freunde unter den Athenern und Bundesgenossen. Wohl war er aus einem großen Hause und vielvermögend in der Stadt und unter den andern Hellenen; so daß, wenn dies nur lehrbar wäre, er gewiß, um seine Söhne tugendhaft zu machen, einen gefunden hätte unter den Ein-
e heimischen oder Fremden, wenn er selbst nicht Zeit hatte wegen der Geschäfte des Staates. Aber eben, lieber Anytos, die Tugend mag wohl nicht lehrbar sein.

Anytos: O Sokrates, du scheinst mir sehr leichthin schlecht von den Menschen zu reden. Ich nun möchte dir wohl raten, wenn du mir folgen willst, dich vorzusehen. Denn auch anderwärts mag es leichter sein, jemandem Böses anzutun als Gutes, hier in dieser Stadt
95a ist es gar vorzüglich leicht. Und ich denke, daß du das auch selbst weißt.

[35. Schwankende Meinung des Menon darüber, ob die Tugend lehrbar ist]

Sokrates: O Menon, Anytos scheint mir böse zu sein. Das wundert mich auch nicht. Denn erstlich glaubt er, daß ich diese Männer lästere, und dann hält er sich selbst auch für einen von ihnen. Allein, wenn er einmal einsehen wird, was es sagen will, Übles nachreden, dann wird er schon aufhören, böse zu sein, jetzt aber weiß er es nicht. Du aber sage mir, gibt es nicht auch bei euch gute und rechtschaffene Männer?

Menon: Allerdings.

Sokrates: Wie nun? Werfen sich diese wohl zu Lehrern auf für b
die Jugend und sagen, sie wären Lehrer und die Tugend lehrbar?

Menon: Nein, wahrlich nicht, sondern manchmal würdest du von ihnen hören, sie wäre lehrbar, manchmal auch wieder, sie wäre es nicht.

Sokrates: Und die sollten wir als Lehrer in dieser Sache ansehen, die hierüber noch nicht einmal einig sind!

Menon: Nein, dünkt mich.

Sokrates: Oder wie, diese Sophisten, die sich allein dafür ausgeben, dünken dich diese Lehrer der Tugend zu sein?

Menon: Eben das, Sokrates, bewundere ich so vorzüglich am c
Gorgias, daß du ihn gewiß nie dergleichen versprechen hörst: vielmehr lacht er auch über die andern, wenn er sie es versprechen hört. Nur im Reden meint er andere stark machen zu können.

Sokrates: Also auch du hältst die Sophisten nicht für Lehrer?

Menon: Ich kann nichts darüber sagen, Sokrates. Denn es ergeht mir wie den meisten; bisweilen glaube ich es, bisweilen auch wieder nicht.

Sokrates: Und du weißt doch, daß nicht nur dir und andern Staatsmännern so bisweilen scheint, dies sei lehrbar, bisweilen auch wieder
nicht; sondern auch der Dichter Theognis, weißt du doch, sagt das- d
selbe.

Menon: In was für Versen?

[36. Gegensätzliche Aussagen des Theogenis über die Lehrbarkeit]

Sokrates: In den Elegien, wo er sagt:

Also zu denen beim Trunk und beim Mahle geselle dich, denen
Suche gefällig zu sein, welche die trefflichsten sind.
Denn von den Guten ist Gutes zu lernen, doch in der Gesellschaft
Schlechter verlierest du leicht auch den Verstand, den du hast. e

Merkst du wohl, daß er hier von der Tugend spricht, als wäre sie lehrbar?

Menon: Offenbar.

Sokrates: Anderwärts aber weicht er davon ab und sagt: «Ließ der Verstand sich machen und fest einpflanzen den Menschen, Großen und herrlichen Lohn trügen dann jene davon», die dies verstünden; und «Nimmer aus gutem Geblüt würde dann einer verrucht,
in heilbringender Zucht aufwachsend! Allein durch Belehrung 96 a
schaffst du den schlechteren Mann nimmer zum Guten dir um»

Siehst du, wie er hier über dieselbe Sache wiederum das Gegenteil sagt?

Menon: Das ist klar.

Sokrates: Kannst du nun wohl irgend etwas anderes nennen, worin die, welche sich für Lehrer ausgeben, ich will nicht sagen: nicht für Lehrer der andern anerkannt werden, sondern nicht einmal dafür, daß sie es selbst verstehen, vielmehr für untauglich in eben der
b Sache, worin sie Lehrer zu sein behaupten? Und wiederum wovon die, welche selbst für gut und tüchtig darin erkannt werden, bald sagen, die Sache sei lehrbar, bald wieder es leugnen? Und die in solcher Verwirrung wären über irgend etwas, die, würdest du behaupten, wären ganz eigentlich die Lehrer darin?

Menon: Beim Zeus, das möchte ich nicht.

[37. Wenn es keine Lehrer der Tugend gibt: Wie entstehen dann gute Menschen?]

Sokrates: Wenn also weder die Sophisten noch die, welche selbst gut und rechtschaffen sind, Lehrer der Tugend sind: so gibt es doch wohl offenbar auch keine anderen?

Menon: Nein, dünkt mich.

c Sokrates: Und wenn keine Lehrer, dann auch keine Schüler?

Menon: Das dünkt mich so zu sein, wie du sagst.

Sokrates: Und darüber waren wir einig, daß etwas, worin es weder Lehrer gäbe noch Schüler, auch nicht lehrbar wäre.

Menon: Darüber waren wir einig.

Sokrates: Und es zeigen sich doch nirgends Lehrer der Tugend.

Menon: So ist es.

Sokrates: Und wenn keine Lehrer, dann doch auch keine Schüler!

Menon: So scheint es.

Sokrates: Also wäre die Tugend nicht lehrbar.

d Menon: Es scheint nicht, wenn wir nämlich unsere Untersuchung richtig geführt haben. So daß ich mich wundere, Sokrates, ob es etwa überhaupt keine tugendhaften Männer gibt, oder welches wohl die Art und Weise ist, wie sie es werden.

Sokrates: Wenigstens, Menon, scheint es fast, daß wir beide, ich und du, eben nicht sonderliche Leute sind und daß weder dich Gorgias gehörig unterrichtet hat noch mich Prodikos. Desto mehr also laß uns für uns selbst Sorge tragen und nachforschen, wer uns auf irgendeine Art doch besser machen kann. Ich sage dies nämlich mit
e Bezug auf unsere bisherige Untersuchung, wobei uns lächerlich genug entgangen ist, daß nicht dann allein, wenn die Erkenntnis herrscht, die Angelegenheiten der Menschen richtig und gut gehen; weswegen uns vermutlich auch die Einsicht entgeht, auf welche Weise die Menschen tugendhaft werden.

Menon: Wie meinst du dies, Sokrates?

[38. Die richtige Vorstellung (Meinung). Ihr Ausreichen zum Handeln]

Sokrates: So: Daß die tugendhaften Männer nützlich sein müs-

sen, dieses haben wir doch wohl mit Recht zugegeben, daß es nicht 97a
anders sein könne. Nicht wahr?

MENON: Ja.

SOKRATES: Und daß sie nützlich sein werden, wenn sie richtig unsere Angelegenheiten leiten, auch das haben wir wohl mit Recht zugestanden?

MENON: Ja.

SOKRATES: Daß es aber einem nicht möglich ist, richtig zu leiten, der nicht Erkenntnis hat, dies mögen wir wohl nicht mit Recht festgesetzt haben.

MENON: Wie meinst du es dann mit dem «richtig»?

SOKRATES: Das will ich dir sagen. Wenn einer, der den Weg nach Larissa weiß, oder wohin du sonst willst, vorangeht und die andern führt, wird er sie nicht richtig und gut führen?

MENON: Gewiß.

SOKRATES: Wie aber, wenn einer nur eine richtige Vorstellung da- b
von hätte, welches der Weg wäre, ohne ihn jedoch gegangen zu sein
oder ihn eigentlich zu wissen, wird nicht dennoch auch der richtig
führen?

MENON: Allerdings.

SOKRATES: Und solange er nur eine richtige Vorstellung hat von dem, wovon der andere Erkenntnis: so wird er kein schlechterer Führer sein, er, der nur richtig vorstellt, als jener Wissende?

MENON: Freilich nicht.

SOKRATES: Wahre Vorstellung also ist zur Richtigkeit des Han-
delns keine schlechtere Führerin als wahre Einsicht. Und dies ist es
nun eben, was wir vorhin übergangen haben bei unserer Untersu-
chung über die Tugend, wie sie wohl beschaffen wäre, als wir sagten,
daß Einsicht allein führen müsse beim richtigen Handeln; dies tut c
aber auch richtige Vorstellung.

MENON: So scheint es.

SOKRATES: Richtige Vorstellung ist also nicht minder nützlich als Erkenntnis?

MENON: Außer jedoch um soviel, o Sokrates, daß, wer die Erkenntnis hat, immer zum Ziele trifft, wer aber die richtige Vorstellung, es bisweilen trifft, bisweilen auch fehlt.

[39. Unterschied der richtigen Vorstellung von der Erkenntnis]

SOKRATES: Wie sagst du? Wer immer die richtige Vorstellung hat, der sollte es nicht immer treffen, solange er doch richtig vorstellt?

MENON: Notwendig, das leuchtet ein; so daß ich mich wundere,
o Sokrates, wenn sich dieses so verhält, weshalb denn doch die Er- d
kenntnis um soviel höher geschätzt wird als die richtige Vorstellung,
ja warum überhaupt die eine von ihnen etwas anderes ist und die
andere wiederum etwas anderes.

SOKRATES: Weißt du auch schon, weshalb du dich wunderst? Oder soll ich es dir sagen?

MENON: Allerdings sage es mir.

SOKRATES: Weil du auf die Bildwerke des Daidalos nicht achtgegeben hast. Vielleicht aber habt ihr auch keine bei euch.

MENON: Worauf geht nur dieses?

SOKRATES: Weil auch diese, wenn sie nicht gebunden sind, davongehen und fliehen; sind sie aber gebunden, so bleiben sie.

e MENON: Was also weiter?

SOKRATES: Also ein losgebundenes Werk von ihm zu besitzen, das ist nicht eben sonderlich viel wert, gerade wie ein herumtreiberischer Mensch, denn es bleibt doch nicht, ein gebundenes aber ist viel wert, denn es sind gar schöne Werke. Worauf das nun geht? Auf die richtigen Vorstellungen. Denn auch die richtigen Vorstellungen sind eine schöne Sache, solange sie bleiben, und bewirken alles Gute; lange
98a Zeit aber pflegen sie nicht zu bleiben, sondern gehen davon aus der Seele des Menschen, so daß sie doch nicht viel wert sind, bis man sie bindet durch begründendes Denken. Und dies, Freund Menon, ist eben die Erinnerung, wie wir im vorigen zugestanden haben. Nachdem sie aber gebunden werden, werden sie zuerst Erkenntnisse und dann auch bleibend. Und deshalb nun ist die Erkenntnis höher zu schätzen als die richtige Vorstellung, und es unterscheidet sich eben durch das Gebundensein die Erkenntnis von der richtigen Vorstellung.

MENON: Beim Zeus, Sokrates, so etwas muß es auch sein.

[40. Zusammenfassung: Die Tugend nicht lehrbar und nicht Erkenntnis]

b SOKRATES: Wiewohl ich auch dies keineswegs sage, als wüßte ich es, sondern ich vermute es nur. Daß aber richtige Vorstellung und Erkenntnis etwas Verschiedenes sind, dies glaube ich nicht nur zu vermuten; sondern wenn ich irgend etwas behaupten möchte zu wissen, und nur von wenigem möchte ich dies behaupten, so würde ich als eines auch dies hierher setzen unter das, was ich weiß.

MENON: Und gewiß hast du recht daran, Sokrates.

SOKRATES: Und wie? Hierin nicht auch recht, daß nämlich, wenn richtige Vorstellung leitet, sie das Werk einer jeden Handlung nicht schlechter vollbringt als die Erkenntnis?

MENON: Auch das dünkt mich wahr zu sein.

c SOKRATES: Also ist für das Handeln die richtige Vorstellung um nichts schlechter oder weniger nützlich als die Erkenntnis, noch wer die richtige Vorstellung besitzt, als wer die Erkenntnis.

MENON: So ist es.

SOKRATES: Und der rechtschaffene Mann, das stand uns fest, ist nützlich?

MENON: Ja.

SOKRATES: Wenn nun nicht nur durch Erkenntnis die Menschen tugendhaft sind und den Staaten nützlich, die es eben sind, sondern auch durch richtige Vorstellung, und von beiden keines den Menschen von Natur beiwohnt, weder die Erkenntnis noch die richtige
d Vorstellung; auch keines von beiden erwerblich — oder denkst du, irgendeines von beiden sei schon von Natur vorhanden?

MENON: Nein, ich nicht.

SOKRATES: Wenn also nicht von Natur, so können auch die Guten es nicht von Natur sein?

MENON: Freilich nicht.

SOKRATES: Wenn aber nicht von Natur: so untersuchten wir demnächst, ob es lehrbar wäre.

MENON: Ja.

SOKRATES: Und lehrbar, glaubten wir, würde es, wenn die Tugend Einsicht wäre?

MENON: Ja.

SOKRATES: Und wenn sie lehrbar wäre, würde sie auch Einsicht sein?

MENON: Allerdings.

SOKRATES: Und wenn es Lehrer für sie gäbe, würde sie lehrbar e
sein, wenn aber nicht, dann auch nicht lehrbar?

MENON: So war es.

SOKRATES: Allein wir kamen überein, es gäbe keine Lehrer für sie?

MENON: Richtig.

SOKRATES: Wir kamen also überein, daß sie weder lehrbar wäre noch Einsicht.

MENON: Allerdings.

SOKRATES: Aber daß sie gut wäre, stellten wir doch fest?

MENON: Ja.

SOKRATES: Und nützlich und gut wäre das richtig Leitende?

MENON: Freilich.

SOKRATES: Und richtig leiten könnten nur diese zwei allein, die 99a
wahre Vorstellung und die Erkenntnis, und der Mensch, der diese besitzt, leite richtig. Denn was durch Zufall wird, wird nicht durch menschliche Leitung; wodurch aber der Mensch Führer ist zum Rechten, das seien nur diese beiden, die wahre Vorstellung und die Erkenntnis?

MENON: So scheint es mir.

[41. Göttlichkeit des vernunftlosen richtigen Handelns]

SOKRATES: Wenn nun die Tugend nicht lehrbar ist: so ist sie auch nicht mehr Erkenntnis.

MENON: Offenbar nicht.

SOKRATES: Von dem beiden, was gut und nützlich ist, löst sich also b
das eine ab, und im bürgerlichen Handeln wäre also die Erkenntnis nicht Führerin.

MENON: Nein, dünkt mich.

SOKRATES: Nicht also durch irgendeine Weisheit noch als Weise haben diese Männer die Staaten geleitet, Themistokles und die andern, die Anytos vorher anführte. Daher waren sie auch nicht imstande, andere zu solchen zu machen, wie sie selbst sind, da sie selbst nicht durch Erkenntnis solche waren.

MENON: Es scheint sich wohl so zu verhalten, Sokrates, wie du sagst.

SOKRATES: Also wenn nicht durch Erkenntnis: so ist richtige Vorstellung das Übrigbleibende, vermittels dessen die staatskundigen c

Männer die Staaten verwalten, ohne, was wahre Einsicht betrifft, besser daran zu sein als die Orakelsprecher und Wahrsager. Denn auch diese sagen viel Wahres, wissen aber nichts von dem, was sie sagen.

Menon: So mag es wohl sein.

Sokrates: Ist es nun nicht recht, Menon, diese Männer göttlich zu nennen, welche, ohne Vernunft zu gebrauchen, vielerlei Großes richtig vollbringen von dem, was sie reden und tun?

Menon: Freilich.

Sokrates: Mit Recht also würden wir sowohl die göttlich nennen,
d die wir eben erwähnten, die Orakelsprecher und Wahrsager, als auch
alle Dichtenden: und auch den Staatsmännern könnten wir nicht am unverdientesten unter diesen dasselbe beilegen, daß sie göttlich sind und begeistert, angehaucht und bewohnt von dem Gotte, wenn sie durch Reden viele große Geschäfte glücklich vollbringen, ohne etwas eigentlich zu wissen von dem, worüber sie reden.

Menon: Allerdings wohl.

Sokrates: Auch die Weiber, Menon, nennen ja tugendhafte Männer göttlich, und die Lakedaimonier, wenn sie einen preisen wollen als einen tugendhaften Mann, so sagen sie, das ist ein göttlicher Mann.

e Menon: Und es zeigt sich ja, daß es ganz recht gesagt ist, Sokrates; wiewohl Anytos dir vielleicht böse ist über die Rede.

[42. Die Tugend als göttliche Schickung]

Sokrates: Das kümmert mich wenig. Und mit diesem, o Menon,
wollen wir noch ein andermal reden. Wenn wir aber jetzt in unserer
ganzen Untersuchung richtig zu Werke gegangen sind und geredet
haben: so entstände die Tugend weder von Natur, noch wäre sie
lehrbar, sondern durch göttliche Schickung wohnte sie denen bei,
100a und ohne Vernunft, denen sie beiwohnt. Es müßte denn einer von
den staatskundigen Männern ein solcher sein, der auch vermöchte, einen andern zum Staatsmann zu machen. Gäbe es aber so einen, den möchte man fast als einen solchen unter den Lebenden beschreiben, wie Homeros sagt, daß Teiresias unter den Toten sei, daß er allein wahrnimmt, «denn andre sind flatternde Schatten». Denn gerade so verhielte sich auch dieser zu den andern, wie zu Schatten ein wirkliches Ding, in Beziehung auf die Tugend.

b Menon: Ganz vortrefflich, dünkt mich, redest du, Sokrates.

Sokrates: Zufolge dieser Untersuchung also, o Menon, scheint
die Tugend durch eine göttliche Schickung denen einzuwohnen, de-
nen sie einwohnt. Das Bestimmtere darüber werden wir aber erst
dann wissen, wenn wir, ehe wir fragen, auf welche Art und Weise
die Menschen zur Tugend gelangen, zuvor an und für sich unter-
suchen, was die Tugend ist. Jetzt aber ist Zeit, daß ich wohin gehe.
Du aber suche das, wovon du selbst überzeugt bist, auch deinem
Gastfreund Anytos deutlich zu machen, damit er sanftmütiger wer-
c de. Denn wenn du ihn überzeugst, wirst du auch den Athenern nütz-
lich sein.

HIPPIAS

Das größere Gespräch dieses Namens

GLIEDERUNG

A. Einleitung:

1. Vollkommenheit des Hippias in der Betreibung der Staatsgeschäfte (1. Kap., 281 a 1—281 d 2)
2. Fortschritt der sophistischen Kunst gegenüber der alten Weisheit (2. Kap., 281 d 3—282 d 5)
3. Gelderwerb als Weisheits-Kriterium (3. Kap., 282 d 6—283 b 3)

B. Hauptteil:

1. a) Problem der Ablehnung dieser Kunst in Lakedaimon (4. Kap., 283 b 3—284 a 4); b) Ist die fremde Erziehung in Sparta «ungesetzlich»? (5. Kap., 284 a 4—284 e 9); c) Anteilnahme der Spartaner an den Altertümern (6. Kap., 284 e 10—285 e 8); d) Beispiel einer Rede des Hippias über schöne Fertigkeiten (7. Kap., 285 e 9—286 c 2); e) Verlegenheit des S. über das Wesen des Schönen und Frage danach (8. Kap., 286 c 3 bis 287 b 3)
2. a) Suche nach dem Schönen selbst und Abgleiten des Hippias in Einzelschönes (9. Kap., 287 b 4—288 b 7); b) Mannigfaltigkeit des Einzelschönen (10. Kap., 288 b 8—289 a 7); c) Relativität des Einzelschönen. Versuch einer allgemeinen Antwort (11. Kap., 289 a 8—290 a 2); d) Ungenügen der Angabe eines als Material allgemeinen Schönen (12. Kap., 290 a 3—290 d 9); e) Abhängigkeit dieses Schönen vom Schicklichen. Neue Antwort des H. (13. Kap., 290 d 10—291 e 2); f) Eine Antwort, die Schläge verdient? (14. Kap., 291 e 3—292 c 2); g) Darstellung des Ungenügens dieser Antwort (15. Kap., 292 c 3—293 a 1); h) Von seinen Kindern begraben zu werden ist nicht für alle und immer schön (16. Kap., 293 a 2—293 c 8)
3. a) 1. Antwortsvorschlag des Sokrates: Was alles Schöne schön sein und scheinen läßt, ist das Schickliche (17. Kap., 293 c 8—294 c 7); b) Scheitern der Antwort an der Unvereinbarkeit des schön sein und des schön scheinen Machens (18. Kap., 294 c 8—295 a 6); c) 2. Antwort des S.: Das Schöne ist das Brauchbare (19. Kap., 295 a 7—295 e 4); d) Einschränkung der These: Nicht das Brauchbare schlechthin ist das Schöne (20. Kap., 295 e 5—296 d 5); e) 3. Antwort: Das Schöne ist das Nützliche als die Ursache des Guten. Also das Schöne nicht gut? (21. Kap., 296 d 6—297 d 2)
4. a) 4. Antwort: Das Schöne ist das durch Gesicht und Gehör Vergnügen Bereitende (22. Kap., 297 d 3—298 c 4); b) Problem der Abtrennung des Angenehmen der anderen Sinne (23. Kap., 298 c 5—299 b 7); c) Was macht das Schöne der beiden Sinne sowohl einzeln als auch beiderseits schön? (24. Kap., 299 b 8—300 c 3); d) Problematik von Qualitäten, die zwei Einzelwesen getrennt nicht eigen sind, wohl aber beiden (25. Kap., 300 c 4—301 c 3); e) Aufzeigung der Möglichkeit solcher Qualitäten (26. Kap., 301 c 4—302 b 4); f) Grund des Schönen der beiden Sinne, ihre Beiderseitigkeit? Folge: Einzeln sind sie nicht schön (27. Kap., 302 b 5—303 a 1); g) Unmöglichkeit der Folgerung und Scheitern dieser Erklärung (28. Kap., 303 a 2—303 d 10); h) Rückfall der These zur schon widerlegten dritten. Unmut des H. (29. Kap., 303 d 11—304 b 6)

C. Schluß: Die Lage des Sokrates (30. Kap., 304 b 7—304 e 9)

Sokrates, Hippias

[1. Vollkommenheit des Hippias in der Betreibung der Staatsgeschäfte]

Sokrates: Hippias, du Herrlicher und Weiser, nach wie langer 281 a
Zeit kommst du uns endlich einmal wieder nach Athen!

Hippias: Ich hatte eben nicht Muße, Sokrates. Denn wenn Elis
irgend etwas auszurichten hat bei einer anderen Stadt, so kommt sie
immer unter allen Bürgern zuerst zu mir und wählt mich zum Ge-
sandten, weil sie mich für den besten Beurteiler und Berichterstatter
dessen hält, was von jeder Stadt vorgetragen wird. So bin ich schon b
oft auch zu andern Städten abgeschickt worden, am meisten aber und
in den meisten und wichtigsten Angelegenheiten nach Lakedaimon.
Daher komme ich denn, was dich wundert, nicht häufig in diese
Gegenden.

Sokrates: Soviel hat es auf sich, Hippias, in der Tat ein weiser und
vollkommener Mann zu sein! Denn du kannst sowohl für dich viel
Geld von den jungen Leuten nehmen, wofür du ihnen doch noch mehr
leistest als du nimmst, als auch wiederum in öffentlichen Angelegen-
heiten vermagst du deiner Vaterstadt nützlich zu sein, wie es der muß, c
der nicht gering geschätzt werden will, sondern in großem Ansehen
stehen bei den Leuten. Jedoch, o Hippias, was mag wohl die Ursache
sein, daß jene Alten, deren Namen so hoch berühmt sind ihrer Weis-
heit wegen, Pittakos und Bias und Thales, der Milesier, und auch noch
die späteren bis auf den Anaxagoras herab entweder alle oder doch
die meisten sich aller Staatsgeschäfte enthalten zu haben scheinen?

Hippias: Was anders meinst du wohl, Sokrates, als daß sie nicht
fähig dazu waren und nicht geschickt, beides mit ihrer Einsicht zu d
umfassen, die gemeinsamen Angelegenheiten und ihre besonderen?

[2. Fortschritt der sophistischen Kunst gegenüber der alten Weisheit]

Sokrates: Also, beim Zeus, sollen wir, wie die anderen Künste
zugenommen haben und mit den heutigen Meistern verglichen die
alten nur schlecht sind, eben so auch von eurer, der Sophisten, Kunst
sagen, daß sie fortgeschritten ist und daß die alten Weisen gegen
euch nur schlecht sind?

Hippias: Allerdings, vollkommen richtig ist das.

Sokrates: Wenn uns also jetzt Bias wiederauflebte, so würde er
lächerlich erscheinen neben euch; eben wie die Bildhauer sagen, daß, 282 a
wenn Dädalos jetzt lebte und dergleichen Werke bildete, als durch
welche er berühmt geworden ist, man ihn auslachen würde.

Hippias: Es verhält sich allerdings, Sokrates, so wie du sagst. In-
des pflege ich meinesteils die Alten und die vor uns waren, auch vor
den jetzigen und mehr als sie zu preisen, aus Scheu vor der Abgunst
der Lebenden und aus Furcht vor dem Zorn der Verstorbenen.

b SOKRATES: Ganz richtig, o Hippias, meinst und bedenkst du es, wie
mir scheint. Und ich muß es dir bezeugen, daß du Recht hast und daß
eure Kunst wirklich so weit fortgeschritten ist, daß ihr nun auch die
öffentlichen Angelegenheiten zu behandeln versteht neben euren eige-
nen. Denn da ist der Sophist Gorgias der Leontiner hierher gekom-
men von Staats wegen, von Hause als Gesandter, also doch als der
tüchtigste unter allen Leontinern, um die öffentlichen Angelegenhei-
ten zu betreiben, und hat sich sowohl den Ruhm erworben, vor dem
Volke ganz vortrefflich gesprochen zu haben, als auch dadurch, daß
er sich anderwärts hören läßt und den Jünglingen Unterricht gibt,
c viel Geld verdient und empfangen in dieser Stadt. Auch, wenn du
willst, unser Freund Prodikos ist nicht nur sonst öfters in öffentlichen
Angelegenheiten hier gewesen, sondern auch noch das letztemal kam
er erst neulich von Staats wegen aus Kea und hat sich nicht nur durch
eine Rede vor dem Rate großen Ruhm erworben, sondern ebenfalls
auch vor andern sich hören lassen und die Jünglinge um sich ver-
sammelt und damit wer weiß wieviel Geld gewonnen. Von jenen
Alten aber begehrte keiner, je Geld zu verdienen als Lohn, noch auch
d sich hören zu lassen vor allerlei Leuten mit seiner Weisheit. So ein-
fältig waren sie und merkten nicht einmal, wieviel das Geld wert
wäre. Diese beiden aber haben jeder mehr Geld mit ihrer Weisheit
verdient als irgendein anderer Meister welcher Kunst du willst, und
noch vor ihnen Protagoras ebenfalls.

[3. Gelderwerb als Weisheits-Kriterium]

HIPPIAS: Du weißt noch gar nicht das Rechte von dieser Sache,
Sokrates. Denn wenn du wüßtest, wieviel Geld *ich* verdient habe,
würdest du dich erst wundern. Anderes übergehe ich, aber ich kam
e einst nach Sizilien, als eben Protagoras sich dort aufhielt, der sehr
berühmt und älter war als ich, und dort habe ich, der viel jüngere,
in ganz kurzer Zeit mehr als hundert und fünfzig Minen verdient,
ja in einem einzigen, ganz kleinen Städtchen, Inykos, mehr als zwan-
zig Minen. Und dies brachte ich mit nach Hause, als ich zurückkam,
und gab es meinem Vater, so daß er und alle meine Landsleute sich
wunderten und erstaunten. Ja ich glaube, daß ich mehr Geld ver-
dient habe als welche zwei Sophisten du sonst willst zusammen.

SOKRATES: Das ist ja ein herrlicher und großer Beweis der Weis-
283 a heit, Hippias, deiner eigenen sowohl wie überhaupt der unserer jet-
zigen Männer, wie weit sie die Alten übertreffen. Denn die früheren
beschreibt man doch als sehr dumm nach deiner Rede. Gleich dem
Anaxagoras, sagt man, sei ganz das Gegenteil begegnet wie euch;
er habe nämlich ein großes Vermögen, was ihm hinterlassen worden,
ganz vernachlässigt und alles verloren, so unverständig habe er die
Weisheit getrieben. Und ähnliches erzählt man auch von andern
unter den Alten. Dies dünkt mich also ein schöner Beweis, den du
beibringst für die heutige Weisheit im Vergleich mit der früheren,
b und viele sind gewiß derselben Meinung, daß nämlich der Weise vor-
züglich für sich selbst weise sein müsse. Und davon ist ja die natür-
liche Erklärung, wer das meiste Geld verdient.

[4. Problem der Ablehnung dieser Kunst in Lakedaimon] Doch hiervon sei es nun genug. Das sage mir aber, wo hast du wohl das meiste Geld verdient unter allen Städten, in die du zu gehen pflegst? Doch wohl gewiß in Lakedaimon, wo du auch am häufigsten warst?

HIPPIAS: Nein, beim Zeus, Sokrates.

SOKRATES: Wie denn? Wohl gar am wenigsten?

HIPPIAS: Ganz und gar nichts jemals. c

SOKRATES: Wunderbar ist ja das und unbegreiflich, o Hippias. Denn sage mir doch, ist deine Weisheit nicht eine solche, daß sie die, welche mit ihr umgehen und sie erlernen, in der Tugend weiterbringt?

HIPPIAS: Gar sehr, Sokrates.

SOKRATES: Also der Inykiner Söhne konntest du wohl besser machen, bei den Spartanern aber vermochtest du es nicht?

HIPPIAS: Das nun ganz und gar nicht.

SOKRATES: Also haben wohl die Sizilier Lust, besser zu werden, die Lakedaimonier aber nicht?

HIPPIAS: Auf alle Weise, o Sokrates, auch die Lakedaimonier. d

SOKRATES: So vermieden sie wohl aus Geldmangel deinen Umgang?

HIPPIAS: Keineswegs; denn davon haben sie genug.

SOKRATES: Was kann das also wohl sein, daß, obschon sie Lust haben und auch Geld und du im Stande bist, ihnen den größten Nutzen zu schaffen, sie dich nicht mit Geld beladen entlassen? Aber wie ist es damit, ob nicht die Lakedaimonier ihre Söhne selbst besser als du unterrichten mögen? Oder wollen wir dies so erklären, und gibst du es zu?

HIPPIAS: Nicht im mindesten. e

SOKRATES: Warst du nun in Lakedaimon nicht im Stande, die jungen Leute zu überreden, daß sie durch den Umgang mit dir bessere Fortschritte in der Tugend machen würden als durch den mit den Ihrigen, oder vermochtest du nicht ihre Väter zu überreden, daß sie lieber dir ihre Söhne übergeben müßten, als sich ihrer selbst annehmen, wenn ihnen irgend an ihnen gelegen wäre? Denn mißgönnt werden sie es doch wohl ihren Söhnen nicht haben, daß sie so vortrefflich würden als möglich?

HIPPIAS: Das glaube ich wohl nicht, daß sie es ihnen mißgönnten!

SOKRATES: Und gut regiert ist doch Lakedaimon?

HIPPIAS: Wie sollte es nicht.

SOKRATES: Und in wohl regierten Staaten ist doch das Allergeachtetste die Tugend? 284 a

HIPPIAS: Freilich.

SOKRATES: Und eben sie verstehst du besser als irgend jemand anderen Menschen beizubringen?

HIPPIAS: Bei weitem besser, Sokrates.

[5. Ist die fremde Erziehung in Sparta «ungesetzlich»?]

SOKRATES: Wer nun am besten verstände, die Reitkunst zu lehren, würde der nicht unter allen hellenischen Ländern am meisten in

Thessalien geehrt und belohnt werden, und wo man sich sonst auf diese Sache vorzüglich legte?

HIPPIAS: Wahrscheinlich doch.

SOKRATES: Und wer diejenigen Kenntnisse beizubringen weiß, die am meisten förderlich sind zur Tugend, der wird nicht in Lakedai-
b mon am meisten geehrt werden und das meiste Geld verdienen, wenn er will, und in anderen hellenischen Städten, welche gut regiert werden, sondern mehr, meinst du, in Sizilien, Freund, und in Inykos? Das sollen wir glauben, Hippias? Denn wenn du es befiehlst, muß man es glauben.

HIPPIAS: Es ist eben nicht hergebracht bei den Lakedaimoniern, o Sokrates, an ihren Einrichtungen zu rühren oder anders als nach der bestehenden Weise ihre Söhne zu unterrichten.

SOKRATES: Wie sagst du? Es ist nicht hergebracht bei den Lake-
c daimoniern, richtig zu handeln, sondern Fehler zu begehen?

HIPPIAS: Das möchte ich nicht behaupten, Sokrates.

SOKRATES: Würden sie denn nicht richtig handeln, wenn sie ihre jungen Leute besser und nicht schlechter unterrichteten?

HIPPIAS: Richtig allerdings: allein einen ausländischen Unterricht zu geben ist bei ihnen nicht gesetzlich. Denn das wisse nur, wenn irgend jemand jemals dort mit dem Unterricht der Jugend Geld verdient hätte, so würde ich bei weitem das meiste verdient haben. Sie mögen mich wenigstens sehr gern reden hören und loben mich. Aber wie gesagt, das Gesetz gestattet es nicht.

d SOKRATES: Das Gesetz aber, Hippias, meinst du denn, das sei ein Verderben für den Staat oder ein Nutzen?

HIPPIAS: Gegeben wird das Gesetz, glaube ich, allerdings des Nutzens wegen, bisweilen aber schadet doch, wenn es schlecht gegeben wird, auch das Gesetz.

SOKRATES: Wie? Die die Gesetze anordnen, setzen die sie nicht ein als das größte Gut für den Staat, und ist es nicht ohne dieses unmöglich, in guter Ordnung zu leben?

HIPPIAS: Ganz recht.

SOKRATES: Wenn also die, welche unternehmen, Gesetze zu geben, das Gute verfehlen, so haben sie ja auch das Gesetz und das Gesetzliche verfehlt. Oder wie meinst du?

e HIPPIAS: Wenn man es recht genau nimmt, Sokrates, ist es allerdings so; allein die Menschen pflegen doch nicht so zu reden.

SOKRATES: Welche, Hippias, die Kundigen oder die Unkundigen?

HIPPIAS: Die Leute.

SOKRATES: Sind diese wohl des Wahren kundig, die Leute?

HIPPIAS: Wohl nicht.

SOKRATES: Aber die Kundigen werden doch wohl gewiß das Nützlichere für in Wahrheit gesetzmäßiger als das Unnützere halten, und zwar für alle Menschen. Oder gibst du das nicht zu?

HIPPIAS: Für in Wahrheit gesetzmäßiger, ja das gebe ich zu.

SOKRATES: Und es ist doch und verhält sich wirklich so, wie die Kundigen dafür halten?

HIPPIAS: Allerdings.

[6. Anteilnahme der Spartaner an den Altertümern]

Sokrates: Nun ist es ja aber für die Lakedaimonier, wie du behauptest, nützlicher, nach deiner, obgleich ausländischen Anweisung 285 a
erzogen zu werden, als nach der einheimischen.

Hippias: Und darin habe ich gewiß recht.

Sokrates: Und daß das Nützlichere auch das Gesetzmäßigere ist, auch dieses behauptest du, Hippias?

Hippias: Das sagte ich.

Sokrates: Nach deiner Rede also ist es für die Söhne der Lakedaimonier auch gesetzmäßiger, von dem Hippias unterwiesen zu werden, von ihren Vätern aber, das wäre das Gesetzwidrigere, wenn sie doch in der Tat durch dich werden besser gefördert werden.

Hippias: Das werden sie wahrlich besser, Sokrates.

Sokrates: Gesetzwidrig also handeln die Lakedaimonier, wenn b
sie dir nicht Geld geben und dir ihre Söhne überlassen.

Hippias: Das gebe ich zu; denn du scheinst zu meinem Vorteil zu reden, und dem darf ich ja nicht widersprechen.

Sokrates: Als gesetzwidrige also finden wir die Lakedaimonier, und zwar in den wichtigsten Dingen, obwohl sie doch sonst für die Rechtlichsten gelten. Und dich also, bei den Göttern, loben sie, o Hippias, und hören dich gern reden, wovon doch? Oder gewiß davon, was du am besten verstehst, von den Sternen und dem, was am c
Himmel vorgeht?

Hippias: Keineswegs. Das mögen sie gar nicht leiden.

Sokrates: Aber von der Meßkunst mögen sie gern etwas hören?

Hippias: Mitnichten. Denn viele von ihnen, um es mit einem Worte zu sagen, können nicht einmal zählen.

Sokrates: Daran ist also nicht zu denken, daß sie dir zuhören sollten, wenn du dich in schwierigen Rechnungen zeigtest?

Hippias: Gar nicht, beim Zeus.

Sokrates: Aber jenes, was unter allen Menschen du am genauesten zu bestimmen verstehst, von den Eigenschaften der Buchstaben d
und Silben, der Tonverhältnisse und Silbenmaße?

Hippias: Was sprichst du Guter von Tonverhältnissen und Buchstaben?

Sokrates: Aber was ist es denn, wobei sie dir gern zuhören und weshalb sie dich loben? Sage es mir doch selbst, da ich es nicht finde.

Hippias: Wenn ich ihnen spreche von den Geschlechtern der Heroen sowohl als der Menschen, und von den Niederlassungen, wie vor alters die Städte sind angelegt worden, und alles überhaupt, was zu den Altertümern gehört, das hören sie am liebsten; so daß ich um ihretwillen genötigt worden bin, dergleichen Dinge zu erforschen e
und einzulernen.

Sokrates: Beim Zeus, Hippias, da ist es ja ein Glück für dich, daß es den Lakedaimoniern nicht auch Vergnügen macht, wenn ihnen jemand alle unsere Archonten, vom Solon an, herzählt. Denn sonst hättest du viel Mühe, um sie zu lernen.

Hippias: Woher, Sokrates? Wenn ich fünfzig Namen einmal höre, will ich sie behalten.

[7. Beispiel einer Rede des H. über schöne Fertigkeiten]

SOKRATES: Das ist wahr! Ich bedachte nicht, daß du auch die Gedächtniskunst besitzt, und merke nun wohl, daß die Lakedaimonier
286 a recht haben, dich gern zu hören, da du soviel weißt, und daß sie sich deiner bedienen, wie die Kinder der alten Mütterchen, um ihnen allerlei Anmutiges zu erzählen.

HIPPIAS: Ja, aber beim Zeus, Sokrates, auch von allen löblichen und schönen Kenntnissen und Fertigkeiten, deren sich die Jugend befleißigen müsse, habe ich noch neulich dort mit großem Ruhme gesprochen. Denn ich habe eine gar herrliche Rede darüber aufgesetzt, die auch sonst, besonders aber was die Worte betrifft, vortrefflich gestellt ist. Die Einkleidung und der Anfang der Rede aber ist so: Nachdem Troja eingenommen worden, heißt es in der Rede, habe
b Neoptolemos den Nestor gefragt, welches die rechten Übungen wären, die ein junger Mann üben müsse, um zu großem Ruhme zu gelangen. Darauf wird denn Nestor redend eingeführt und gibt ihm gar viel Löbliches und gar Schönes an die Hand. Diese Rede habe ich dort vorgetragen und werde sie auch hier übermorgen vortragen in des Pheidostratos Schule, und noch viel anderes Hörenswürdiges. Denn Eudikos, der Sohn des Apemantos, hat mich hierum gebeten. Stelle du dich nur auch ein und bringe noch andere mit, die auch im-
c stande sind, was geredet wird zu beurteilen.

[8. Verlegenheit des S. über das Wesen des Schönen und Frage danach]

SOKRATES: Das soll geschehen, so Gott will, Hippias. Jetzt aber beantworte mir nur ein weniges hiervon, was du mir gar zur schönen Stunde in Erinnerung gebracht hast. Denn neulich, bester Mann, hat mich einer recht in Verlegenheit gesetzt, als ich an gewissen Reden einiges tadelte als schlecht, anderes lobte als schön, indem er mich, und das ganz spöttisch, so etwa fragte: Aber woher, Sokrates, weißt
d du denn, was schön ist und was schlecht? Denn sprich, könntest du wohl sagen, was das Schöne ist? Da ward ich mit meiner Unfähigkeit verlegen und wußte nicht gehörigerweise zu antworten. Wie ich nun weggegangen war aus der Versammlung, schmähte und zürnte ich mir selbst und drohte, daß, wo ich zuerst einem von euch Weisen begegnete, den wollte ich hierüber hören, und wenn ich es wohl aufgefaßt und durchgedacht hätte, wollte ich wieder zu dem Frager hingehen, um die Rede durchzufechten. Nun kamst du mir also, wie gesagt, ganz gelegen, und belehre mich nur gründlich über das Schöne selbst,
e was es ist, und suche es mir so genau als möglich zu beantworten, damit ich nicht, wenn ich das zweite Mal wieder zu Schanden werde, mir Gelächter bereite. Denn du weißt es gewiß genau, und es ist wohl nur etwas Geringes unter den vielen Kenntnissen, die du besitzt.

HIPPIAS: Etwas gar Geringes, o Sokrates, und nichts wert, muß ich dir sagen.

SOKRATES: Also werde ich es leicht lernen, und niemand wird mich mehr widerlegen.

HIPPIAS: Niemand gewiß, sonst stände es mit meiner Sache schlecht und es wäre gar nichts damit. 287 a

SOKRATES: Herrlich bei der Hera, Hippias, wenn wir den Mann bezwängen. Aber hindert es dich wohl nicht, wenn ich es jenem nachtue und, wenn du mir geantwortet hast, der Rede etwas anzuhaben suche, damit du es mir desto gründlicher beibringst? Denn vielleicht verstehe ich mich etwas auf Einwendungen; wenn es dir also keinen Unterschied macht, so will ich dir Einwendungen machen, damit ich desto fester und sicherer werde in der Sache.

HIPPIAS: Tue das nur. Denn, wie ich schon sagte, diese Frage ist gar nichts Großes, und ich wollte dich viel Schwereres als dieses be- b antworten lehren, so daß dich kein Mensch sollte widerlegen können.

[9. Suche nach dem Schönen selbst und Abgleiten des H. in Einzelschönes]

SOKRATES: O welche herrliche Verheißung! Wohlan denn, weil du es so willst, so lasse mich so gut als möglich jenen vorstellen und versuchen, dich zu fragen. Wenn du ihm also jene Rede vorgetragen hättest, deren du erwähnst, die von den schönen Übungen und Kenntnissen; so würde er dich, wenn du geendigt hättest, nach nichts anderem eher fragen als eben nach dem Schönen, denn das ist so seine Art, und würde sagen: O Fremdling aus Elis, sind nicht die Gerech- c ten durch die Gerechtigkeit gerecht? Antworte also, Hippias, als ob jener dich fragte.

HIPPIAS: Ich werde antworten, allerdings durch die Gerechtigkeit.

SOKRATES: Also ist dieses doch etwas, die Gerechtigkeit?

HIPPIAS: Freilich.

SOKRATES: Und die Weisen sind durch die Weisheit weise, und alles Gute durch das Gute gut?

HIPPIAS: Wie anders?

SOKRATES: So nämlich, daß dieses alles etwas ist, und keineswegs doch, daß es nichts wäre?

HIPPIAS: Freilich, daß es etwas ist!

SOKRATES: Ist also nicht auch alles Schöne durch das Schöne schön?

HIPPIAS: Ja, durch das Schöne. d

SOKRATES: Welches also doch auch etwas ist?

HIPPIAS: Allerdings etwas. Aber was will er nur?

SOKRATES: So sage mir denn, Fremdling, wird er sprechen, was ist denn dieses, das Schöne?

HIPPIAS: Will der nun nicht wissen, wer dieses fragt, Sokrates, was schön ist?

SOKRATES: Nein, dünkt mich; sondern was das Schöne ist, Hippias.

HIPPIAS: Und wie ist denn dies verschieden von jenem?

SOKRATES: Dünkt es dich etwa gar nicht verschieden?

HIPPIAS: Nein, gar nicht.

SOKRATES: Du weißt es freilich gewiß besser. Indessen sieh nur, Guter, er fragt dich ja nicht, was schön ist, sondern was das Schöne e ist.

HIPPIAS: Ich verstehe, Guter, und will ihm beantworten, was das

Schöne ist, und er soll gewiß nichts dagegen haben. Nämlich wisse nur, Sokrates, wenn ich es dir recht sagen soll, ein schönes Mädchen ist schön.

SOKRATES: Herrlich, o Hippias, beim Zeus, und sehr annehmlich hast du geantwortet. Also nicht wahr, wenn ich dies antworte, werde
288 a ich die Frage beantwortet haben, und zwar richtig, und werde nicht widerlegt werden?

HIPPIAS: Wie sollte dir wohl widerlegt werden, o Sokrates, was alle ebenso meinen und wovon dir alle, die es hören, bezeugen werden, daß es recht ist?

SOKRATES: Wohl! Freilich auch! Aber laß mich doch, Hippias, noch einmal für mich selbst überdenken, was du sagst. Jener wird mich so ungefähr fragen: Komm, Sokrates, und antworte mir. Alles das, was du schön nennst, wenn das Schöne selbst was doch ist, wird es schön sein? Und darauf werde ich antworten, wenn eine schöne Jungfrau schön ist, dann ist das, wodurch alles jenes schön ist.

b HIPPIAS: Glaubst du also, er werde wagen, dich zu widerlegen, daß das nicht schön ist, was du anführst, oder wenn er es wagte, werde er sich nicht lächerlich machen?

SOKRATES: Daß er es wagen wird, Bester, weiß ich gewiß, ob er sich aber, wenn er es wagt, lächerlich machen wird, das muß die Sache zeigen. Was er indessen sprechen wird, will ich dir wohl sagen.

HIPPIAS: So sage es denn.

[10. Mannigfaltigkeit des Einzelschönen]

SOKRATES: Wie sinnreich du bist, Sokrates, wird er sagen. Eine schöne Stute aber, ist die nicht schön, die doch der Gott selbst im
c Orakel gelobt hat? Was sollen wir sagen, Hippias? Müssen wir nicht sagen, auch eine Stute sei schön, eine schöne nämlich? Denn wie wollten wir es wagen zu leugnen, daß etwas Schönes schön sei?

HIPPIAS: Du hast recht, Sokrates, und ganz richtig hat auch der Gott dieses gesagt. Denn sehr schöne Stuten gibt es bei uns.

SOKRATES: Wohl, wird er also sagen. Aber wie eine schöne Leier, ist die nicht schön? Sollen wir es bejahen, Hippias?

HIPPIAS: Ja.

SOKRATES: Darauf — ich kann es mir recht denken, denn ich kenne seine Weise — wird er sagen: Aber, du Bester, wie eine schöne Kanne? Ist die nicht schön?

d HIPPIAS: O Sokrates, wer ist der Mensch? Wie ungeschliffen muß er sein, daß er so gemeine Dinge vorzubringen wagt bei einer ernsthaften Sache.

SOKRATES: Es ist eben so einer, Hippias, gar kein feiner Mann, sondern so aus dem Haufen, der sich um nichts kümmert als um das Wahre. Aber antworten müssen wir ihm doch schon, und also trage ich vor: Wenn die Kanne von einem guten Töpfer gedreht ist, hübsch glatt und rund, und dann schön gebrannt, wie es solche schönen zweihenkligen Kannen gibt, von denen, die sechs Maß halten, welche sehr schön sind, wenn er eine solche Kanne meint, werden wir

wohl gestehen müssen, daß sie schön ist, denn wie sollten wir sagen, e
daß etwas Schönes nicht schön sei?

HIPPIAS: Das wollen wir auch nicht, Sokrates.

SOKRATES: Also, wird er sagen, auch eine schöne Kanne ist schön? Antworte!

HIPPIAS: Allein, o Sokrates, es verhält sich, glaube ich, so. Auch ein solches Gefäß ist freilich schön, wenn es schön gearbeitet ist; aber die ganze Sache verdient nicht mitgerechnet zu werden als etwas Schönes im Vergleich mit Pferden, Mädchen und allem sonstigen Schönen.

SOKRATES: Wohl! Nun verstehe ich, Hippias, daß wir dem, wel- 289 a
cher dergleichen fragt, so entgegnen müssen: Weißt du denn nicht, Mensch, daß Herakleitos recht hat, daß der schönste Affe häßlich ist, mit dem menschlichen Geschlecht verglichen? Und so ist auch die schönste Kanne häßlich mit Mädchen verglichen, wie der weise Hippias sagt. Nicht so, Hippias?

HIPPIAS: Ganz vortrefflich, o Sokrates, hast du geantwortet.

[11. Relativität des Einzelschönen. Versuch einer allgemeineren Antwort]

SOKRATES: Höre nur. Hierauf nämlich, weiß ich gewiß, wird er sagen: Wie aber, Sokrates, wenn jemand nun die Mädchen im allgemeinen mit den Göttinnen vergliche, wird es ihnen nicht ebenso b
ergehen wie den Kannen im Vergleich mit den Mädchen? Wird nicht das schönste Mädchen häßlich erscheinen? Oder sagt nicht Herakleitos, den du selbst angeführt hast, gerade dieses, daß der weiseste Mensch gegen Gott nur als ein Affe erscheinen wird, sowohl an Weisheit als an Schönheit und allem übrigen? Sollen wir das zugeben, Hippias, daß das schönste Mädchen, mit Göttinnen verglichen, häßlich ist?

HIPPIAS: Wer könnte dem wohl widersprechen, Sokrates?

SOKRATES: Wenn wir ihm nun das zugeben, wird er lachen und c
sagen: Besinnst du dich wohl, Sokrates, was du gefragt worden bist? — Freilich, werde ich sagen, was nämlich das Schöne selbst eigentlich ist. — Und also, wird er sagen, nach dem Schönen gefragt antwortest du etwas, was, wie du selbst sagst, um nichts mehr schön ist als häßlich? — Das scheint freilich, werde ich sagen. Oder was rätst du mir, Lieber, daß ich sagen soll?

HIPPIAS: Dasselbe, rate ich. Denn daß das menschliche Geschlecht im Vergleich mit den Göttern nicht schön ist, darin hat er ganz recht.

SOKRATES: Wenn ich dich nun von Anfang an gefragt hätte, wird er sagen, was ist wohl schön und auch häßlich, und du hättest mir d
ebenso geantwortet, hättest du dann nicht recht geantwortet? Und dünkt dich noch immer das Schöne selbst, wodurch alles andere geschmückt wird und als schön erscheint, wenn jener Begriff ihm zukommt, dünkt dich das noch immer ein Mädchen zu sein oder ein Pferd oder eine Leier?

HIPPIAS: Aber, Sokrates, wenn er danach fragt, das ist ja am allerleichtesten zu beantworten, was das Schöne ist, wodurch alles ge-

schmückt wird und, wenn jenes ihm zukommt, als schön erscheint.
e Der Mensch ist gewiß ganz einfältig und versteht nichts von schönen
Sachen. Denn wenn du ihm antwortest: Dieses Schöne, wonach du
fragst, ist nichts anderes als das Gold, so wird er in die Enge ge-
bracht sein und nicht weiter versuchen, dich zu widerlegen. Denn das
wissen wir ja alle, daß, wo dieses nur hinkommt, alles, wenn es auch
vorher noch so häßlich war, schön erscheint, wenn es durch Gold
geschmückt ist.

SOKRATES: Du kennst den Mann nicht, Hippias, wie unartig er ist
und nicht leicht etwas annimmt.

HIPPIAS: Wieso das, Sokrates? Denn was richtig gesagt ist, muß
290 a er doch annehmen, oder wenn er es nicht annimmt, macht er sich
lächerlich.

[12. Ungenügen der Angabe eines als Material allgemeinen Schönen]

SOKRATES: Doch aber wird er gewiß diese Antwort, o Bester, nicht
nur nicht annehmen, sondern mich gar verspotten und sagen: Du
ganz Vernagelter, hältst du etwa den Pheidias für einen schlech-
ten Meister? – Da werde ich, denke ich, sagen, das täte ich keines-
wegs.

HIPPIAS: Und daran wirst du ganz recht sagen, o Sokrates.

SOKRATES: Ganz recht freilich. Aber wenn ich dann zugegeben
habe, daß Pheidias ein trefflicher Künstler ist, wird jener sagen:
b Und du glaubst also, daß Pheidias das Schöne, was du mir nennst,
nicht gekannt habe? – Da werde ich fragen, wieso? – Weil er, so
wird er antworten, seiner Athene die Augen nicht golden gemacht
hat, auch sonst weder das Angesicht noch Hände, noch Füße, wenn
es doch golden am schönsten würde erschienen sein, sondern elfen-
beinern. Offenbar hat er das aus Einfalt verfehlt, weil er nicht wuß-
te, daß Gold das ist, was alles schön macht, wo es hinkommt. Wenn
er nun das sagt, was sollen wir ihm antworten, Hippias?

c HIPPIAS: Das ist nicht schwer. Wir wollen sagen, er hätte recht
getan. Denn Elfenbeinernes, denke ich, ist auch schön.

SOKRATES: Weshalb aber, wird er dann sagen, hat er nicht das
Innere der Augen auch elfenbeinern gemacht, sondern steinern, und
einen soviel nur möglich dem Elfenbein ähnlichen Stein dazu aufge-
funden? Ist etwa auch ein schöner Stein schön? Sollen wir das be-
jahen, Hippias?

HIPPIAS: Wir wollen es bejahen, wenn er nämlich schicklich ist.

SOKRATES: Wenn aber nicht schicklich, dann häßlich? Soll ich das
zugeben oder nicht?

HIPPIAS: Gib es zu, wenn er nicht schicklich ist.

d SOKRATES: Wie aber das Elfenbein und das Gold, wird er sagen,
du Weiser, werden nicht auch diese nur, wenn sie sich schicken, ma-
chen, daß etwas schön erscheint, wenn aber nicht, häßlich? – Wollen
wir das leugnen oder wollen wir gestehen, daran habe er recht?

HIPPIAS: Das können wir ja zugeben, das, was sich für jedes
schickt, das macht jedes schön.

SOKRATES: Wenn nun aber jemand, wird er sagen, in der schönen

Kanne, von der wir vorher sprachen, schönen Hirsebrei kocht, schickt sich dann ein goldener Quirl hinein oder einer von Feigenholz?

[13. Abhängigkeit des Schönen vom Schicklichen. Neue Antwort des H.]

Hippias: Herakles, was für ein Mensch ist das, Sokrates! Willst
du mir nicht sagen, wer er ist? e

Sokrates: Du kennst ihn ja doch nicht, wenn ich dir auch den Namen sage.

Hippias: Dafür kenne ich ihn nun doch schon, daß es ein dummer Mensch ist.

Sokrates: Krittelich ist er gar sehr, Hippias. Aber doch, welcher
Quirl, wollen wir sagen, schicke sich für den Hirsebrei und die Kan-
ne? Offenbar doch der von Feigenholz? Denn er gibt nicht nur dem
Hirsebrei einen besseren Geruch, Freund, sondern zugleich sind wir
auch sicher, daß er uns nicht die Kanne zerschlägt und den Hirsebrei
verschüttet und das Feuer auslöscht und die, welche bewirtet werden
sollen, um ein gar schönes Gemüse bringt. Der goldne aber könnte
das alles tun, so daß mich dünkt, wir müssen sagen, der Quirl von
Feigenholz schicke sich besser als der goldene, wenn du nicht etwas 291 a
anderes meinst.

Hippias: Freilich schickt sich der besser, Sokrates; aber ich möchte doch mit einem Menschen kein Gespräch führen, der nach solchen Dingen fragt.

Sokrates: Da hast du auch recht, Lieber. Denn für dich schickt es
sich wohl nicht, dich mit solchen Wörtern zu befassen, der du so
schön bekleidet bist und so schön beschuht und berühmt in jeder Art
von Weisheit unter allen Hellenen, mir aber macht es nichts aus,
mich mit dem Menschen abzugeben. Lehre du mich also nur ein und b
antworte mir zuliebe. – Wenn also der von Feigenholz sich besser
schickt als der goldene, wird der Mensch sagen, so muß er ja wohl
auch schöner sein, da du ja einmal zugegeben hast, o Sokrates, daß
das Schickliche schöner ist als das nicht Schickliche? Also wollen wir
zugeben, Hippias, der von Feigenholz sei schöner als der goldene?

Hippias: Soll ich dir sagen, Sokrates, was du sagen mußt, daß das Schöne sei, um ihn von allen diesen Weitläufigkeiten abzubringen?

Sokrates: Allerdings; nur ja nicht, bevor du mir erst gesagt hast, c
welcher von den beiden Quirlen, von denen ich vorhin sagte, ich
antworten soll, daß der schicklichere und der schönere sei?

Hippias: Wenn du willst, so antworte ihm denn, der aus Feigenholz gearbeitete.

Sokrates: Nun sage mir also, was du eben sagen wolltest. Denn aus dieser Antwort, die ich geben soll, daß das Schöne Gold sei, kommt mir, wie es scheint, heraus, daß Gold um nichts schöner ist als ein Stück Feigenholz. Jetzt aber, was willst du wiederum erklären, daß das Schöne sei?

Hippias: Das will ich dir sagen, denn du dünkst mich darauf aus- d
zugehen, ein solches Schönes zu antworten, was niemals irgendwo
irgend jemandem häßlich erscheinen kann.

SOKRATES: Eben das, Hippias, und jetzt hast du es recht getroffen.

HIPPIAS: So höre denn. Und merke dir, daß, wenn hiergegen jemand noch etwas einzuwenden hat, ich dann sagen will, daß ich gar nichts verstehe.

SOKRATES: Sage es nur geschwind, bei den Göttern.

HIPPIAS: Ich sage also, daß es immer für jeden und überall das schönste ist, wenn ein Mann, reich, gesund, geehrt unter den Hellenen, in einem hohen Alter und nachdem er seine verstorbenen Eltern
e ansehnlich bestattet, selbst wiederum von seinen Kindern schön und prachtvoll begraben wird.

[14. Eine Antwort, die Schläge verdient?]

SOKRATES: Ho ho! Hippias, wahrlich wunderbar und herrlich und deiner würdig hast du da gesprochen! Und, bei der Hera, ich freue mich über dich. Denn du scheinst mit dem besten Willen, soviel du nur vermagst, mir zu Hilfe zu kommen. Allein den Mann treffen wir doch nicht; sondern nun wird er uns erst am ärgsten auslachen, das wisse nur.

HIPPIAS: Das wäre doch ein schlechtes Lachen, Sokrates. Denn wenn er hiergegen zwar nichts zu sagen weiß, aber doch lacht, so lacht er
292 a sich selbst aus und wird von allen, die zugegen sind, belacht werden.

SOKRATES: Vielleicht steht es so; vielleicht aber wird er mich, wie mir ahnt, über diese Antwort am Ende nicht nur auslachen –

HIPPIAS: Sondern was denn?

SOKRATES: Ja, wenn er zufällig einen Stock hat, und ich mich nicht hüte und ihm aus dem Wege gehe, so wird er suchen, mir tüchtig beizukommen.

HIPPIAS: Was sagst du? Ist der Mensch dein Herr, daß er so etwas tun kann, ohne daß es ihm übel bekomme und er Strafe leiden
b müsse? Oder gibt es kein Recht in eurer Stadt, sondern man leidet, daß die Bürger einander unrechtmäßigerweise schlagen?

SOKRATES: Gar nicht leidet man das.

HIPPIAS: So muß er ja gestraft werden, wenn er dich ohne Ursache schlägt.

SOKRATES: Das dünkt mich nun gar nicht, Hippias, wenn ich so antworte, sondern sehr mit Recht.

HIPPIAS: Nun, so glaube ich es denn auch, Sokrates, da du es ja selbst meinst.

SOKRATES: Soll ich dir nun sagen, weshalb ich glaube, daß ich mit Recht geschlagen würde, wenn ich so antwortete? Oder willst du mich auch ungehört schlagen? Oder willst du die Rede annehmen?

c HIPPIAS: Das wäre ja arg, Sokrates, wenn ich das nicht täte. Wie meinst du es also?

[15. Darstellung des Ungenügens dieser Antwort]

SOKRATES: Ich will es dir sagen auf dieselbe Art wie eben, indem ich jenen nachahme, damit ich nicht zu dir so rede, wie er mich gewiß anlassen wird, in harten und bösen Worten. Denn wisse nur, so wird er sprechen: Sage mir doch, Sokrates, glaubst du ungerech-

terweise Schläge zu bekommen, der du mir einen so langen Dithyrambus vorsingst und dabei gar unmusikalisch von der Frage weit abspringst? – Wieso? werde ich fragen. – Wie? wird er sagen, kannst du dich denn nicht erinnern, daß ich nach dem Schönen selbst fragte, wodurch allem, bei dem es sich befindet, dieses zukommt, daß es d
schön ist, sei es nun Stein oder Holz oder Mensch oder Gott oder auch jede Handlung und jede Fertigkeit? Denn nach der Schönheit selbst frage ich dich ja, Mensch, und ich könnte ja nicht mehr schreien, wenn du auch ein Stein wärest, der bei mir säße, und zwar ein Mühlstein ohne Ohren und ohne Hirn. – Würdest du wohl nicht böse werden, Hippias, wenn ich in Furcht gejagt hierauf dieses sagte? «Aber Hippias sagt doch, ungeachtet ich ihn ebenso gefragt habe, e
wie du mich, daß dieses das Schöne sei, was immer und für alle schön ist.» Was sagst du nun? Wirst du böse werden, wenn ich dieses sage?

HIPPIAS: Das weiß ich doch gewiß, Sokrates, daß das, was ich sagte, für alle schön ist und so erscheinen wird.

SOKRATES: Ob es aber auch sein wird? wird jener sagen. Denn das Schöne ist doch immer schön?

HIPPIAS: Freilich.

SOKRATES: Also auch war? wird er sagen.

HIPPIAS: Auch war.

SOKRATES: Auch für den Achilles also, wird er fragen, sagte der Fremde aus Elis, daß es schön sei, nach seinen Ahnen begraben zu werden, und für seinen Großvater Aiakos und für die anderen, die von den Göttern abstammen, und für die Götter selbst? 293 a

[16. Von seinen Kindern begraben zu werden ist nicht für alle und immer schön]

HIPPIAS: Was ist das wieder? In die Grube mit ihm! Die Fragen des Menschen sind ja ganz frevelhaft!

SOKRATES: Aber wie? Wenn ein anderer fragt, zu sagen, daß es sich so verhält, ist das nicht ebenso frevelhaft?

HIPPIAS: Vielleicht wohl.

SOKRATES: Vielleicht also bist du der, wird er sagen, der du ja behauptest, es sei immer und für alle insgesamt schön, von seinen Kindern begraben zu werden und seine Eltern zu begraben. Oder war nicht auch Herakles einer von diesen allen insgesamt und alle, die wir jetzt erwähnten?

HIPPIAS: Aber für die Götter habe ich nicht gemeint.

SOKRATES: Auch für die Heroen nicht, wie es scheint? b

HIPPIAS: Nicht für die, welche Kinder der Götter waren.

SOKRATES: Aber für die, die es nicht waren?

HIPPIAS: Freilich.

SOKRATES: Also nach deiner Rede wiederum ist dies, wie es scheint, unter den Heroen für den Tantalos und Dardanos und Zethos böse, unheilig und schlecht; für den Pelops aber und die eine ähnliche Abstammung haben, schön?

HIPPIAS: So dünkt mich.

SOKRATES: Also meinst du nun, wird er sagen, was du eben vorhin nicht meintest, daß die Voreltern begraben zu haben und von den Kindern begraben zu werden manchmal und für manche schlecht
c ist; ja, was noch mehr ist, wie mir scheint, daß dies unmöglich für alle könne schön sein und gewesen sein. So daß es diesem ja ergangen ist gerade wie vorher dem Mädchen und der Kanne, und noch lächerlicher ist dies für einige schön, für andere nicht schön. Und, wird er sagen, du wirst wohl auch heute noch nicht imstande sein, Sokrates, die Frage wegen des Schönen, was es ist, zu beantworten. Diese Vorwürfe und dergleichen mehr wird er mir mit Recht machen, wenn ich ihm so antworte.

[17. 1. Antwortvorschlag des S.: Was alles Schöne schön sein und scheinen läßt, ist das Schickliche] Meistenteils freilich, Hippias, spricht
d er auf diese Weise mit mir; bisweilen aber erbarmt er sich gleichsam meiner Ungeschicktheit und Unwissenheit, so daß er mir selbst etwas vorlegt und fragt, ob mich etwa dies dünkte das Schöne zu sein, oder wonach eben sonst geforscht wird und wovon die Rede ist.

HIPPIAS: Wie meinst du das, Sokrates?

SOKRATES: Das will ich dir erzählen. Du wunderlicher Sokrates, spricht er dann, dergleichen und auf diese Weise zu antworten höre nur auf; denn das ist gar zu einfältig und gar zu leicht zu widerle-
e gen. Sondern so etwas überlege dir, ob du etwa meinst, schön sei das, worauf wir auch gestoßen sind bei unseren Antworten, als wir nämlich sagten, das Gold sei da schön, wo es sich hinschicke, wohin aber nicht, da nicht, und so auch alles andere, dem dieses zukomme. Eben dieses also betrachte dir, das Schickliche, und das Wesen des Schicklichen, ob etwa dieses das Schöne ist. Ich nun pflege ihm bei dergleichen immer beizustimmen, denn ich weiß nicht, was ich sonst sagen soll. Dir aber, deucht das Schickliche schön zu sein?

HIPPIAS: Auf alle Weise, Sokrates.

SOKRATES: So laß uns zusehen, daß wir nicht auch wieder damit betrogen werden.

HIPPIAS: Das müssen wir freilich sehen.

SOKRATES: Sieh also zu. Sollen wir nun von dem Schicklichen sa-
294 a gen, es sei das, was alles und jedes, bei dem es sich findet, schön scheinen macht, oder auch schön sein, oder keines von beiden?

HIPPIAS: Mir scheint das, was schön scheinen macht; wie zum Beispiel, wenn einer angemessene Kleider und Schuhe antut, dann erscheint er, wenn er auch ein lächerlicher Mensch ist, doch schöner.

SOKRATES: Wäre nun nicht, wenn das Schickliche etwas schöner scheinen macht als es ist, das Schickliche eine Täuschung in bezug auf das Schöne und nicht das, was wir suchen, Hippias? Denn wir
b suchen ja wohl jenes, wodurch alle schönen Sachen schön sind — so wie das, wodurch alle großen Dinge groß sind, durch Überragung. Denn dadurch ist alles groß, und auch wenn es nicht so erscheint, ragt aber über anderes, so ist es notwendig groß. Dasselbe wollen wir nun auch von dem Schönen sagen, wodurch alles schön ist, es

mag nun so erscheinen oder nicht, was das wohl sein mag. Denn das Schickliche kann es nicht sein, da ja dies nach deiner Rede etwas schöner erscheinen macht, als es ist, und es nicht so, wie es ist, auch erscheinen läßt. Sondern das schön sein Machende, wie ich eben sagte, mag etwas nun so erscheinen oder nicht, das wollen wir ver- c
suchen zu beschreiben, was es wohl ist. Denn dies suchen wir, wenn wir das Schöne suchen.

Hippias: Aber das Schickliche, Sokrates, macht, wo es ist, sowohl schön sein als schön scheinen.

Sokrates: Also wäre es unmöglich, daß etwas, was in der Tat schön ist, nicht auch schön zu sein scheine, wenn es doch das scheinen Machende an sich hat?

Hippias: Unmöglich.

[18. Scheitern der Antwort an der Unvereinbarkeit des schön sein und des schön scheinen Machens]

Sokrates: Wollen wir das also zugeben, Hippias, daß alle in Wahrheit schönen Einrichtungen und Handlungsweisen auch immer von allen dafür gehalten werden und so erscheinen? Oder vielmehr ganz im Gegenteil, daß sie verkannt werden, und daß mehr als über d
irgend etwas über sie Streit und Zank ist sowohl zwischen den Einzelnen als auch öffentlich zwischen den Staaten?

Hippias: Das letztere vielmehr, Sokrates, daß sie verkannt werden.

Sokrates: Das könnten sie aber nicht, wenn sie auch das Scheinen an sich hätten, und das hätten sie, wenn das Schickliche das Schöne wäre und nicht nur schön sein machte, sondern auch scheinen. So daß das Schickliche, wenn es das schön sein Machende ist, allerdings das Schöne sein wird, was wir suchen, dann jedoch nicht zugleich auch das schön scheinen Machende. Wenn aber wiederum das Schickliche das schön scheinen Machende ist: so wird es nicht das Schöne sein, e
welches wir suchen; denn das soll schön sein machen. Beides aber, das Scheinen und das Sein zugleich, kann weder, wenn vom Schönen die Rede ist, eins und dasselbige bewirken, noch auch, wenn von irgend etwas anderem. So laß uns demnach wählen, welches von beiden das Schickliche uns zu sein dünkt, das schön scheinen Machende oder das schön sein?

Hippias: Das scheinen Machende, wie mich dünkt, Sokrates.

Sokrates: O weh! so ist es uns ja schon wieder entschlüpft, Hippias, zu erfahren, was das Schöne ist, nun sich ja gezeigt hat, daß das Schickliche etwas anderes ist als das Schöne.

Hippias: Ja beim Zeus, Sokrates, und das zu meinem großen Erstaunen.

Sokrates: Dennoch wollen wir es noch nicht fahren lassen, Freund. 295 a
Denn ich habe einige Hoffnung, daß es doch noch zum Vorschein kommen wird, was das Schöne denn ist.

Hippias: Ganz gewiß, Sokrates! Es ist ja auch gar nicht schwer zu finden. Denn das weiß ich sicher, wenn ich nur auf kurze Zeit allein gehen und es bei mir selbst überlegen könnte, so wollte ich es dir auf ein Haar genau sagen.

[19. 2. Antwort des Sokrates: Das Schöne ist das Brauchbare]

Sokrates: Sprich ja nicht groß, Hippias! Du siehst ja, wieviel es
uns schon zu schaffen gemacht; daß es uns nur nicht gar böse wird
b und uns noch weiter entflieht! Doch das ist nichts gesagt. Denn du,
das glaube ich wohl, wirst es leicht finden, wenn du allein bist. Aber
um der Götter willen, finde es doch in meiner Gegenwart, oder suche
es wie bis jetzt mit mir. Finden wir es dann, so ist das ganz vor-
trefflich; wo nicht, so werde ich mich wohl in mein Schicksal fügen
müssen, du aber wirst fortgehen und es sehr leicht herausbringen.
Und finden wir es jetzt, so werde ich dir offenbar hernach nicht be-
schwerlich fallen und dich fragen, was doch das gewesen ist, was du
für dich selbst herausgebracht hast. Nun betrachte also einmal die-
c ses, ob du meinst, es sei das Schöne. Ich behaupte also es sei — aber
überlege es ja und gib sehr wohl Achtung, daß ich nicht etwas Tö-
richtes vorbringe. Nämlich das soll uns das Schöne sein, was brauch-
bar ist. Ich sagte das aber hierauf sehend. Schön sind doch, sagen
wir, nicht die Augen, die so aussehen, als ob sie nicht sehen könn-
ten, sondern die, welche es können und brauchbar sind zum Sehen.
Nicht wahr?

Hippias: Ja.

Sokrates: Sagen wir nicht auch vom ganzen Leibe so, daß er schön
sei, der eine zum Laufen, der andere zum Ringen, und so auch alle
d Tiere nennen wir schön, Pferde und Hühner und Wachteln und alle
Gefäße und Fahrzeuge zu Lande und zur See, Frachtschiffe und
Kriegsschiffe, und alle Werkzeuge, die für die Tonkunst und die für
andere Künste, ja wenn du willst, auch alle Beschäftigungen und
Einrichtungen, dies eben alles nennen wir schön in demselben Sinne;
darauf sehend bei jedem, wie es geartet ist, wie es ausgearbeitet ist,
in welchem Zustande es sich befindet, sagen wir, das Brauchbare, in-
e wiefern es brauchbar ist, und wozu und wann, sei schön; was aber
so überall unbrauchbar ist, das sei häßlich. Dünkt dich das nicht auch
so, Hippias?

Hippias: O ja.

[20. Einschränkung der These: Nicht das Brauchbare schlechthin ist das Schöne]

Sokrates: Richtig also erklären wir es nun, daß ganz gewiß das Brauchbare das Schöne ist.

Hippias: Ganz richtig sicherlich, Sokrates.

Sokrates: Und nicht wahr, was etwas zu verrichten vermag, das ist zu dem, was es vermag, auch brauchbar, das Unvermögende aber unbrauchbar?

Hippias: Freilich.

Sokrates: Vermögen also ist schön, Unvermögen ist häßlich.

Hippias: Gar sehr auch in anderen Dingen, o Sokrates; vorzüglich
296 a aber beweist uns, daß es sich wirklich so verhält, auch das bürger-
liche Leben. Denn in öffentlichen Dingen in seinem eigenen Staat
vermögend sein, das ist das Schönste von allem, unvermögend aber
bei weitem das Schlechteste.

Sokrates: Wohl gesprochen. Ist also etwa auch, bei den Göttern, Hippias, eben deshalb die Weisheit bei weitem das Schönste und die Torheit das Häßlichste?

Hippias: Was wolltest du anders meinen, Sokrates?

Sokrates: Halt nur stille, lieber Freund, denn mir wird bange, was wir schon wieder vorbringen.

Hippias: Wieso ist dir wieder bange, Sokrates, da dir ja jetzt die b
Rede herrlich vorwärts geht?

Sokrates: Ich wünschte es wohl; aber überlege nur das mit mir: könnte wohl einer etwas tun, was er weder verstünde noch vermöchte?

Hippias: Keineswegs! Denn wie sollte er tun, was er nicht vermöchte?

Sokrates: Die also Fehler begehen und Schlechtes wider Willen verrichten und tun, nicht wahr, die würden doch dies nicht getan haben, wenn sie es nicht vermocht hätten?

Hippias: Offenbar.

Sokrates: Und nicht wahr, wer etwas vermag, vermag es durch ein Vermögen? Denn durch ein Unvermögen doch gewiß nicht! c

Hippias: Freilich nicht.

Sokrates: Es vermögen also doch alle, welche etwas tun, das zu tun, was sie tun.

Hippias: Ja.

Sokrates: Nun aber tun alle Menschen weit mehr Schlechtes als Gutes von Kindheit an und fehlen immer wider Willen.

Hippias: So ist es.

Sokrates: Wie also? Dieses Vermögen und dieses Brauchbare, was brauchbar ist, um etwas Schlechtes zu verrichten, sollen wir sagen, das sei schön, oder nichts weniger?

Hippias: Nichts weniger freilich, dünkt mich. d

Sokrates: Also nicht das Vermögende, Hippias, und das Brauchbare ist uns das Schöne.

Hippias: Doch, Sokrates, wenn es Gutes vermag und dazu brauchbar ist.

[21. 3. Antwort: Das Schöne ist das Nützliche als die Ursache des Guten. Also das Schöne nicht gut?]

Sokrates: Das ist also doch fort, daß das Vermögende und Brauchbare schlechthin schön ist; sondern das war es wohl eigentlich, Hippias, was unsere Seele sagen wollte, daß das Brauchbare und Vermögende, um etwas Gutes zu verrichten, das Schöne sei.

Hippias: Das glaube ich auch. e

Sokrates: Das ist aber doch das Nützliche. Oder nicht?

Hippias: Freilich.

Sokrates: So sind wohl auch die schönen Körper und die schönen Einrichtungen und die Weisheit und alles, was wir jetzt erwähnten, schön, weil nützlich?

Hippias: Offenbar.

Sokrates: Das Nützliche also zeigt sich uns nun das Schöne zu sein, o Hippias.

Hippias: Auf alle Weise, Sokrates.

Sokrates: Aber das Nützliche ist doch das Gutes Hervorbringende.

Hippias: Das ist es.

Sokrates: Das Hervorbringende aber ist doch wohl nichts anderes als die Ursache. Nicht wahr?

Hippias: Richtig.

Sokrates: Die Ursache des Guten also ist das Schöne.

297 a Hippias: So ist es.

Sokrates: Aber die Ursache, Hippias, und dasjenige, wovon eine Ursache Ursache ist, sind zweierlei. Denn die Ursache ist doch wohl nicht der Ursache Ursache. Überlege es so. Zeigte sich die Ursache nicht offenbar als ein Wirkendes?

Hippias: Allerdings.

Sokrates: Von dem Wirkenden wird aber doch offenbar das Werdende bewirkt, nicht aber das Wirkende?

Hippias: So ist es.

Sokrates: Also ein anderes ist das Werdende, ein anderes das Wirkende?

Hippias: Ja.

Sokrates: Also ist die Ursache nicht der Ursache Ursache, son-
b dern des durch sie Werdenden.

Hippias: Freilich.

Sokrates: Wenn also das Schöne die Ursache des Guten ist, so entstände aus dem Schönen das Gute; und wir bemühen uns deshalb, wie es scheint, um Einsicht und um alles andere Schöne, weil desselben Werk und Erzeugnis, nämlich das Gute, der Mühe wert ist, und so mag am Ende nach dem, was wir gefunden haben, das Schöne gleichsam den Vater des Guten vorstellen.

Hippias: Allerdings sehr richtig, Sokrates.

Sokrates: So ist auch wohl das sehr richtig, daß der Vater nicht
c Sohn ist, noch auch der Sohn Vater?

Hippias: Richtig freilich.

Sokrates: Ebensowenig also ist auch die Ursache Bewirktes noch das Bewirkte die Ursache.

Hippias: Wahr gesprochen.

Sokrates: Beim Zeus, Bester, so ist also auch das Schöne nicht gut noch das Gute schön. Oder dünkt es dich möglich zufolge des Gesagten?

Hippias: Nein, beim Zeus, mir scheint es nicht.

Sokrates: Kann uns nun wohl das gefallen, und möchten wir es behaupten, daß das Schöne nicht gut ist noch auch das Gute schön?

Hippias: Nein, beim Zeus, mir gefällt es gar nicht.

Sokrates: Wahrlich, beim Zeus, Hippias, mir gefällt es am wenig-
d sten unter allem, was wir gesagt haben.

Hippias: So scheint es freilich.

[22. 4. Antwort: Das Schöne das durch Gesicht und Gehör Vergnügen Bereitende]

Sokrates: Also mag wohl keineswegs, wie uns eben dies die

schönste Erklärung schien, daß das Nützliche und das um etwas Gutes zu bewirken Brauchbare und Vermögende das Schöne sei, keineswegs mag es sich so verhalten, sondern diese noch lächerlicher sein womöglich als die vorigen, da wir glaubten, ein Mädchen wäre das Schöne, und was wir vorher nacheinander gesagt haben.

Hippias: So scheint es.

Sokrates: Und ich meines Teils weiß nicht mehr, Hippias, wohin ich mich wenden soll, sondern bin ratlos. Hast du aber etwas zu sagen?

Hippias: Jetzt im Augenblick wohl nicht; aber, wie ich eben sagte, e
wenn ich darüber nachdenke, weiß ich wohl, daß ich es finden werde.

Sokrates: Ich aber glaube, daß ich aus Begierde, es zu wissen, gar nicht imstande bin, dein Zaudern abzuwarten. So glaube ich jetzt auch schon wieder etwas ausgesonnen zu haben. Sieh nur, wenn wir sagten, das, was uns Vergnügen macht, nicht jede Art von Lust meine ich, sondern vermöge des Gehörs und des Gesichtes, das wäre das Schöne; wie würden wir dann wohl kämpfen? Weil doch schöne 298 a
Menschen, o Hippias, und so auch alle Kunstwerke, Gemälde und Bildnereien, wenn sie schön sind, uns ergötzen, wenn wir sie sehen; so auch schöne Töne, die gesamte Musik und Reden und Dichtungen bewirken ebendasselbe. So daß, wenn wir jenem verwegenen Menschen antworten: Teuerster, das Schöne ist das durch Augen und Ohren uns zukommende Angenehme, meinst du nicht, daß wir dann seiner Verwegenheit etwas Einhalt tun würden?

Hippias: Mir wenigstens scheint jetzt das Schöne ganz vortrefflich erklärt zu sein, was es ist. b

Sokrates: Aber wie? Sollen wir sagen, daß schöne Handlungsweisen und Einrichtungen, weil sie uns durch Gehör oder Gesicht vergnügen, schön sind, oder daß die unter einen anderen Begriff gehören?

Hippias: Vielleicht denkt der Mensch daran gar nicht, Sokrates.

Sokrates: Beim Hunde, Hippias, von dem ist das nicht zu erwarten, vor dem ich mich am meisten scheuen würde, wenn ich albern wäre und mir einbildete, etwas zu sagen, da ich doch nichts sagte.

Hippias: Wer ist denn das?

Sokrates: Sokrates, der Sohn des Sophroniskos, der mir ebensowenig gestattet, etwas, ohne daß ich es gründlich erforscht habe, c
obenhin zu sagen, als was ich nicht weiß, als wüßte ich es.

Hippias: Mir scheint selbst dieses, nachdem du es gesagt hast, etwas anderes zu sein mit den Gesetzen.

[23. Problem der Abtrennung des Angenehmen der anderen Sinne]

Sokrates: Sachte, Hippias. Denn ich besorge, wir sind mit dem Schönen in dieselben schlechten Umstände geraten wie vorher, und glauben nur, uns in anderen guten zu befinden.

Hippias: Wie meinst du das, Sokrates?

Sokrates: Ich will dir sagen, wie es mir vorkommt, ob ich vielleicht Recht habe. Denn dieses mit den Handlungsweisen und Ge- d

setzen könnte vielleicht gar nicht außerhalb der Wahrnehmung zu liegen scheinen, die uns durch das Gehör und das Gesicht kommt. Sondern laß uns die Erklärung festhalten, daß das auf diese Weise entstehende Angenehme schön sei, ohne etwas von Gesetzen dabei vorzubringen. Aber wenn uns nun, sei es dieser, den ich meine, oder irgendein anderer fragte: Warum aber, o Hippias und Sokrates, habt ihr doch von dem Angenehmen überhaupt diese bestimmte Weise des Angenehmen abgesondert, welche euch nun das Schöne sein soll,
e was aber durch andere Empfindungen entsteht bei Speise und Trank und der Geschlechtslust, und alles andere dieser Art, sagt ihr, soll nicht schön sein? Sagt ihr denn auch, daß dies nicht angenehm ist und daß überhaupt keine Lust in dergleichen ist und auch nicht in irgend etwas anderm als dem Sehen und Hören? Was sollen wir sagen, Hippias?

HIPPIAS: Auf alle Weise müssen wir sagen, daß es auch in diesem andern sehr große Lust gibt.

SOKRATES: Warum also, wird er sagen, wenn sie ebensogut Lust sind als jene, beraubt ihr sie dieses Namens und sprecht ihnen ab,
299 a daß sie schön sind? – Weil uns, wollen wir sagen, jedermann ohne Ausnahme auslachen würde, wenn wir sagten, Essen wäre nicht angenehm, sondern schön, und Wohlgeruch wäre nicht angenehm, sondern schön. Was aber die Liebes-Sachen betrifft: so würden alle dafür streiten, daß dieses das allerangenehmste sei, wenn aber jemand dergleichen tut, muß er es doch so tun, daß es niemand sieht, weil es das Schändlichste ist, dabei gesehen zu werden. – Wenn wir dies sagen, wird er vielleicht sprechen: Ich merke wohl, Hippias, daß ihr euch schon lange schämt zu sagen, solche Genüsse wären schön, weil
b die Menschen es nicht dafür halten; aber ich fragte danach gar nicht, was die meisten Menschen für schön halten, sondern was schön ist. Dann werden wir wohl sagen, meine ich, was wir schon aufgestellt haben, daß wir behaupten, dieser Teil des Angenehmen, welcher durch Gesicht und Gehör entsteht, sei das Schöne. Aber weißt du hiermit etwas zu machen, oder sollen wir etwa noch sonst etwas sagen, Hippias?

HIPPIAS: Wir dürfen, wenigstens dem bisherigen gemäß, nichts anderes reden als dieses.

[24. Was macht das Schöne der beiden Sinne sowohl einzeln als auch beiderseits schön?]

SOKRATES: Schön! wird er dann sagen, wenn also das durch Gesicht
c und Gehör entstehende Angenehme schön ist, so muß das nicht hierzu gehörige Angenehme offenbar nicht schön sein. Wollen wir das zugeben?

HIPPIAS: Ja.

SOKRATES: Ist also wohl das dem Gesicht zugehörige Angenehme durch das Gesicht und Gehör zugleich angenehm oder das dem Gehör zugehörige durch das Gehör und Gesicht zugleich? – Wir werden sagen, keineswegs entstehe ja das, was aus dem einen entsteht, aus beiden, denn das scheinst du zu sagen; sondern wir sagten, daß jedes einzelne von diesen für sich schön sei und also auch beide. Wollen wir nicht so antworten?

Hippias: Freilich. d

Sokrates: Dann wird er sagen: Ist denn ein Angenehmes vom andern dadurch unterschieden, daß es angenehm ist? Ich frage nicht, ob eine Lust wohl größer oder kleiner, stärker oder schwächer ist als die andere, sondern ob eine eben dadurch von der anderen unterschieden ist, daß die eine Lust Lust ist, die andere aber nicht Lust? — Das dünkt uns wohl nicht, nicht wahr?

Hippias: Nein, das dünkt mich freilich nicht.

Sokrates: Also, wird er sagen, habt ihr aus einem andern Grun-
de, als weil sie Lust sind, diese Arten der Lust aus den anderen her-
ausgehoben, weil ihr etwas an beiden entdeckt habt, was sie unter- e
scheidendes von den übrigen an sich haben, in Beziehung worauf ihr eben sagt, sie wären schön? Denn nicht deshalb ist die durch das Gesicht entstehende Lust schön, weil sie durch das Gesicht entsteht. Denn wenn dies die Ursache wäre, weshalb sie schön ist: so wäre ja die andere aus dem Gehör entstehende nicht schön; denn die ist ja nicht mehr die Lust durch das Gesicht. — Da hast du Recht, werden wir sagen müssen. —

Hippias: Das werden wir müssen.

Sokrates: Ebenso ist auch die Lust durch das Gehör nicht deshalb, 300 a
weil sie durch das Gehör entsteht, schön; denn sonst wäre die durch das Gesicht nicht schön, weil diese doch nicht mehr die Lust durch das Gehör ist. Sollen wir nun sagen, Hippias, der Mann habe Recht, wenn er dies sagt?

Hippias: Gewiß.

Sokrates: Aber beide sind doch schön, wie ihr sagt? Denn das sagen wir doch.

Hippias: Ja.

Sokrates: Es ist also etwas einerlei in beiden, was eben macht,
daß sie schön sind, dies Gemeinsame, was ihnen beiden gemein-
schaftlich zukommt und jeder einzelnen für sich. Denn sonst wären b
sie nicht beide schön und auch jede einzeln. Antworte mir nun wie jenem.

Hippias: Ich antworte, es dünkt mich auch so zu sein, wie du sagst.

Sokrates: Wenn also diesen Arten der Lust beiden etwas zukäme, jeder einzelnen aber nicht: so wären sie vermöge dieser Eigenschaft nicht schön.

Hippias: Wie sollte das aber wohl zugehen, daß keiner von beiden einzeln irgend was es auch sei zukäme und dann doch ebendasselbe, was keiner von beiden zukommt, beiden zukäme?

Sokrates: Das glaubst du nicht? c

Hippias: Ich müßte denn gar nichts verstehen, weder von der Natur dieser Dinge noch von den Ausdrücken unserer jetzigen Reden.

[25. Problematik von Qualitäten, die zwei Einzelwesen getrennt nicht eigen sind, wohl aber beiden]

SOKRATES: Das kann gern sein, Hippias, und vielleicht bilde ich mir nur ein, etwas zu sehen, womit es sich so verhält, wie du es für möglich erklärst, sehe es aber doch wirklich nicht.

HIPPIAS: Nicht nur vielleicht, sondern ganz offenbar mußt du falsch sehen.

SOKRATES: Und doch schwebt mir gar viel dergleichen vor der Seele, aber ich traue ihnen allen zusammen nicht, weil du es nicht auch siehst, der Mann, der unter allen Jetztlebenden am meisten
d Geld mit der Weisheit verdient hat, sondern nur ich, der ich nie das mindeste verdient habe. Nur besinne ich mich, ob du nicht Spott mit mir treibst und mich wissentlich hintergehst, so deutlich und so zahlreich erscheint es mir.

HIPPIAS: Niemand kann ja sicherer erfahren als du, Sokrates, ob ich Scherz treibe oder nicht, wenn du nur versuchen willst zu sagen, was dir denn so erscheint. Denn so wirst du gleich sehen, daß es nichts ist. Denn gewiß wirst du niemals finden, daß, was weder mir zukommt noch dir, dieses doch uns beiden zukomme.

e SOKRATES: Was sagst du, Hippias? Vielleicht hast du recht, und ich verstehe es nur nicht. Höre aber noch deutlicher von mir, was ich sagen will. Denn mir scheint, was mir nicht zukommt zu sein und ich nicht bin und auch du nicht bist, doch uns beiden zukommen zu können, und anderes wiederum, was uns beiden zugeschrieben werden kann, daß wir es wären, jedem einzelnen nicht zuzukommen.

HIPPIAS: Noch größere Wunder hast du da wieder ausgesprochen, als du eben vorher aussprachst. Denn bedenke nur, wenn wir beide gerecht sind, müßte es dann nicht auch jeder von uns beiden sein, oder wenn jeder von uns ungerecht wäre, wären wir es dann nicht auch beide, oder wenn beide gesund, dann nicht auch jeder? Oder
301 a wenn jeder von uns beiden krank wäre, verwundet, geschlagen, oder was sonst jedem von uns müßte begegnet sein, käme dann nicht auch dasselbe uns beiden zu? Ebenso, wenn wir beide golden wären oder silbern oder elfenbeinern oder, wenn du willst, edel, weise, geehrt, alt, jung, oder was du sonst willst, was Menschen sein können, wenn wir das beide wären, ist nicht ganz notwendig, daß auch jeder von uns es sein müßte?

b SOKRATES: Allerdings freilich.

HIPPIAS: Aber niemals, Sokrates, siehst du auf das Ganze, und ebenso wenig die, mit denen du zu reden gewohnt bist, sondern ihr nehmt euch das Schöne und so auch jedes andere abgesondert vor, um daran zu klopfen in euren Reden, und zerlegt es. Darum entgehen euch ganz große Hauptstücke in dem Wesen der Dinge. Und jetzt bist du so unbedacht gewesen, daß du meinst, es könne irgendeine Beschaffenheit oder Eigenschaft geben, die zwei Dingen zusam-
c men wohl zukomme, jedem einzelnen aber nicht, oder wieder jedem einzelnen zwar von zweien, beiden zusammen aber nicht. So unnachdenklich und unüberlegt und einfältig und unverständig seid ihr.

[26. Aufzeigung der Möglichkeit solcher Qualitäten]

SOKRATES: So müssen wir uns behelfen, o Hippias, wie die Leute im Sprichwort zu sagen pflegen, nicht wie einer will, sondern wie er kann. Aber du besserst uns jedesmal um vieles, wenn du uns zurechtweist. So auch jetzt, soll ich dir noch deutlicher zeigen, wie einfältig wir waren, ehe du uns zurechtgewiesen hast, indem ich
dir sage, was wir über die Sache denken; oder soll ich es dir nicht d
sagen?

HIPPIAS: Neues wirst du mir freilich nicht sagen, Sokrates. Denn ich weiß schon von allen, die sich mit Reden abgeben, wie es mit ihnen steht. Wenn es dir aber lieber ist, so sage es nur.

SOKRATES: Lieber ist es mir freilich. Wir nämlich, Bester, waren, ehe du uns das gesagt hattest, so weit zurück, daß wir in der Meinung standen von mir und dir zum Beispiel, daß jeder von uns beiden einer wäre, und daß dieses, was jeder von uns wäre, beide zusammen nicht wären – denn wir sind nicht einer, sondern zwei –
so einfältig waren wir. Nun aber sind wir von dir belehrt, daß, wenn e
wir beide zwei sind, auch jeder von uns beiden zwei sein muß, und wiederum, wenn jeder von uns beiden einer ist, auch notwendig beide nur einer sind. Denn nach den Hauptstücken vom Wesen der Dinge, wie Hippias sagt, kann es sich unmöglich anders verhalten, sondern was beide sind, das ist auch jeder von beiden, und was jeder, das sind auch beide. Davon also jetzt durch dich überzeugt, sitze ich hier. Nur das zeige mir noch zuvor, Hippias, ob wir beide, ich und du, nur einer sind, oder ob du zwei bist und ich auch zwei?

HIPPIAS: Was meinst du nur, Sokrates?

SOKRATES: Eben dieses, was ich sage. Denn ich fürchte mich, vor
dir deutlich zu reden, weil du mir böse bist, da du recht zu haben 302 a
glaubtest. Aber doch sage mir das noch, ist nicht jeder von uns einer und hat dies wirklich an sich, einer zu sein?

HIPPIAS: Freilich.

SOKRATES: Und nicht wahr, wenn einer, so ist auch jeder von uns ungerade? Oder hältst du eins nicht für ungerade?

HIPPIAS: Ich gewiß.

SOKRATES: Sind wir also auch beide zusammen ungerade, da wir doch zwei sind?

HIPPIAS: Unmöglich, Sokrates.

SOKRATES: Sondern gerade sind wir beide. Nicht wahr?

HIPPIAS: Freilich.

SOKRATES: Ist nun etwa, weil wir beide gerade sind, deshalb auch jeder von uns beiden gerade?

HIPPIAS: Wohl nicht. b

SOKRATES: Also ist es wohl nicht ganz notwendig, wie du doch eben sagtest, daß, was beide sind, auch jeder einzelne, und was jeder einzelne, auch beide sein müssen.

HIPPIAS: In solchen Dingen nicht, aber in allem, was ich anführte.

[27. Grund des Schönen der beiden Sinne ihre Beiderseitigkeit? Folge: Einzeln sind sie nicht schön]

SOKRATES: Das ist mir genug, Hippias. Denn ich bin auch mit diesen Dingen schon zufrieden, wenn nur einiges sich so zu verhalten scheint, anderes aber auch nicht. Denn ich sagte ja selbst, wenn du dich noch erinnerst, woher uns diese Rede gekommen ist, daß die Lust durch das Gesicht und die durch das Gehör nicht vermöge
c desjenigen schön sein könnten, was jeder von beiden zwar zukäme, beiden zusammen aber nicht, noch auch vermöge dessen, was beide zusammen zwar wären, jede einzeln aber nicht, sondern vermöge dessen, was beiden zusammen und auch jeder einzeln zukäme, weil du doch zugabst, daß sie beide schön wären und auch jede einzeln. Darum meinte ich, daß sie vermöge des ihnen beiderseits einwohnenden Wesens schön wären, da sie doch beide schön sein sollen, nicht aber vermöge des einer von ihnen fehlenden; und das glaube ich auch noch. Also sage mir wie von Anfang: Wenn die Lust durch
d das Gesicht und die durch das Gehör beide schön sind und auch jede, muß nicht das, was sie schön macht, beiden gemeinschaftlich einwohnen und auch jeder?

HIPPIAS: Freilich.

SOKRATES: Können sie nun etwa deshalb schön sein, weil beide und auch jede einzeln Lust sind? Oder müßten nicht alsdann die übrigen alle ebensogut schön sein als diese? Denn für Lust erkannten wir sie doch ebensosehr, wenn du dich erinnerst.

HIPPIAS: Ich erinnere mich.

SOKRATES: Sondern weil sie durch das Gesicht und durch das Ge-
e hör kommen, deshalb, ward gesagt, wären sie schön.

HIPPIAS: Das wurde gesagt.

SOKRATES: So überlege denn, ob ich recht habe. Wir sagten nämlich, wie ich in Gedanken habe, dieses Angenehme wäre schön, nicht alles, sondern was durch das Gesicht und durch das Gehör käme.

HIPPIAS: Richtig.

SOKRATES: Ist nun dies nicht etwas, was beiden gemeinschaftlich zukommt, jeder von beiden aber nicht? Denn wie wir auch schon vorher sagten, jede von beiden entsteht doch nicht aus beiden, sondern beide aus beiden, jede von beiden aber nicht. Ist es nicht so?

HIPPIAS: So ist es.

SOKRATES: Nicht also dadurch ist doch jede von beiden schön, was nicht auch jeder von beiden zukommt. Die Entstehung aus beiden kommt aber nicht jeder für sich zu. So daß man von dieser Erklärung aus zwar sagen darf, daß beide zusammen schön sind,
303 a daß aber jede von beiden, darf man nicht. Oder was sollen wir sagen? Folgt das nicht?

HIPPIAS: Es scheint wohl.

[28. Unmöglichkeit der Folgerung und Scheitern dieser Erklärung]

SOKRATES: Sollen wir also sagen, beide zusammen seien zwar schön, jede von beiden aber nicht?

HIPPIAS: Was hindert uns?

SOKRATES: Dieses, dünkt mich, wird uns hindern, Lieber, weil es einiges gab, was den Dingen so zukommt, daß, wenn es beiden zukommt, es auch jedem einzelnen zukommen muß, und wenn jedem einzeln, auch beiden, alles nämlich, was du anführtest. Nicht wahr?

HIPPIAS: Ja.

SOKRATES: Was ich aber anführte, damit verhielt es sich nicht so, wozu eben dieses, das «einzeln» und «beides» selbst, auch gehörte. Ist es so?

HIPPIAS: So ist es.

SOKRATES: Zu welchem von beiden, o Hippias, dünkt dich nun das b
Schöne zu gehören? Zu denen, welche du anführtest, wie wenn ich und du stark sind, wir es auch beide sind, und wenn ich und du gerecht, auch beide, und wenn beide, dann auch jeder einzeln, ist es so auch, wenn ich und du jeder schön sind, daß wir es dann auch beide sind, und wenn beide, dann auch jeder von beiden? Oder hindert nichts, daß, sowie wenn zwei Dinge zusammen gerade sind, doch jedes von ihnen sowohl ungerade sein kann als gerade, und wenn von zwei Dingen jedes einzeln unbestimmbar ist, doch beide zusammen sowohl bestimmbar sein können als auch ebenfalls unbestimmbar, und viel anderes dergleichen, was mir, wie ich dir c
sagte, vorschwebte. Zu welchen von beiden willst du nun das Schöne rechnen? Kommt es dir etwa ebenso vor wie mir? Denn mir scheint es sehr unvernünftig, daß wir beide sollten schön sein können und doch jeder von uns einzeln nicht, oder jeder von uns einzeln wohl, beide zusammen aber nicht. Wählst du also dieselbe Seite wie ich oder die andere?

HIPPIAS: Ich gewiß dieselbe, Sokrates.

SOKRATES: Daran tust du sehr wohl, Hippias, damit wir noch von einer weiteren Untersuchung loskommen. Denn wenn das Schö- d
ne zu diesen Dingen gehört, so kann nicht das durch Auge und Ohr kommende Angenehme schön sein. Denn dieses durch Auge und Ohr macht nur beides schön, jedes für sich aber nicht. Dies war aber unmöglich, wie wir beide übereingekommen sind, Hippias.

HIPPIAS: Darin sind wir übereingekommen.

SOKRATES: Unmöglich also ist das durch Auge und Ohr kommende Angenehme schön, weil, wenn dies schön sein soll, etwas Unmögliches folgt.

HIPPIAS: So ist es.

[29. Rückfall der These zur schon widerlegten dritten. Unmut des H.]

SOKRATES: So sagt denn, wird er sprechen, noch einmal von Anfang, weil ihr doch dies verfehlt habt, was behauptet ihr denn, daß e
dieses Schöne sei in den beiden Arten der Lust, weshalb ihr diese vor andern ehrt und sie schön nennt? — Mich dünkt, Hippias, wir müssen sagen, daß sie die unschädlichsten und besten Arten der Lust sind, sowohl beide als jede für sich. Oder weißt du etwas anderes zu sagen, wodurch sie sich von den übrigen unterscheiden?

HIPPIAS: Gar nicht, denn sie sind in der Tat die besten.

Sokrates: Das also, wird er sprechen, sagt ihr, sei das Schöne, die nützliche Lust? – So scheint es, würde ich sagen. Und du?

Hippias: Auch ich.

Sokrates: Aber das Nützliche, wird er sagen, ist das Gutes Bewirkende, und das Bewirkende und Bewirkte hatte sich uns als verschieden gezeigt, und so kommt uns die Rede wieder auf die vorige
304 a zurück. Denn weder das Gute kann schön sein noch das Schöne gut, wenn jedes von ihnen etwas anderes ist. – Das werden wir auf alle Weise zugeben müssen, Hippias, wenn wir vernünftig sind. Denn es ist unerlaubt, was einer richtig sagt, ihm nicht einzuräumen.

Hippias: Aber, Sokrates, was soll doch dies alles sein? Das sind ja nur Brocken und Schnitzel von Reden, wie ich schon vorher sagte, ganz ins kleine zerpflückt. Aber das ist sowohl schön als viel wert, wenn man im Stande ist, eine ganze Rede gut und schön vorzutragen vor Gericht oder im Rat oder vor einer anderen öffentlichen Gewalt,
b an welche die Rede sich wendet, und diese so zu überreden, daß man zuletzt nicht etwa unbedeutende, sondern die höchsten Preise davonträgt, nämlich Sicherheit für sich selbst und für sein Eigentum und seine Freunde. Darauf mußt du dich legen und diese Kleinigkeiten fahrenlassen, damit du dich nicht allzu unverständig ausnimmst, wenn du dich wie jetzt immer mit Possen und leerem Geschwätz abgibst.

[30. Die Lage des Sokrates]

Sokrates: Ja, lieber Hippias, du bist freilich glücklicher dran, daß du nicht nur weißt, worauf ein Mensch Fleiß wenden soll, sondern auch schon Fleiß genug darauf gewendet hast, wie du sagst. Mich
c aber, wie es scheint, hat ein böses höheres Geschick in seiner Gewalt, so daß ich immer irre und immer verlegen bin, und wenn ich meine Verlegenheit euch Weisen zeige, wieder von euch mit Worten gemißhandelt werde, wenn ich sie euch gezeigt habe. Denn ihr sagt mir immer, was du mir auch jetzt sagst, daß ich mich mit albernen und geringfügigen und nichtswürdigen Dingen abgebe. Wenn ich aber, von euch überzeugt, dasselbe sage wie ihr, daß es bei weitem vortrefflicher ist, wenn man versteht, eine gut und schön gesetzte Rede vorzutragen vor Gericht oder sonst einer öffentlichen Versamm-
d lung, so habe ich wiederum von einigen andern hier, vorzüglich aber von diesem Menschen, der mich immer züchtigt, alles Üble zu hören. Denn er ist mir gar nahe verwandt und wohnt mit mir zusammen. Wenn ich nun zu mir nach Hause komme und er hört mich sprechen, so fragt er mich, ob ich mich denn nicht schäme, davon, was man Schönes lernen und treiben soll, zu reden, der ich so offenbar überführt worden bin, daß ich eben dieses Schöne selbst gar nicht einmal weiß, was es ist. Wie willst du also wohl wissen, spricht er, ob je-
e mand eine Rede schön ausgeführt hat oder nicht, oder irgendeine andere Handlung, der du von dem Schönen selbst nichts weißt? Und wenn es so um dich steht, meinst du, daß es dir besser sei, zu leben als tot zu sein? So geht es mir also, wie gesagt, von euch werde ich bescholten und beschimpft und von jenem auch. Aber ich werde wohl

eben das alles ertragen müssen, und es wäre auch gar nicht merkwürdig, wenn es mir nützte. Ich nun, Hippias, glaube allerdings Nutzen zu haben von euer beider Umgang. Was wenigstens das Sprichwort meint, daß das Schöne schwer ist, das glaube ich nun zu verstehen.

EUTHYDEMOS

GLIEDERUNG

A. Einleitung: Herkunft des Euthydem und des Dionysodoros und Größe ihrer Weisheit (1. Kap., 271 a 1—272 d 6)

B. Hauptteil: Erzählung des Sokrates an Kriton

1. Der Beginn des Geschehens: a) Glückliches Zusammentreffen; Irrtum des S. über das Geschäft der beiden (2. Kap., 272 d 7—273 d 9); b) Aufforderung an E. und D., ihre Weisheit zu zeigen (3. Kap., 273 e 1 bis 274 d 3); c) Versprechen, an Kleinias eine Probe ihrer Fähigkeit zu geben, zum Weisheitsstreben zu ermuntern (4. Kap., 274 d 4—275 c 4)

2. a) 1. Probestück sophistischer Streitkunst: Die Dummen lernen, die Klugen lernen (5. Kap., 275 c 5—276 c 7); b) 2. Probestück: Man lernt, was man weiß, man lernt, was man nicht weiß (6. Kap., 276 d 1—277 c 7)

3. Vorführung einer beispielhaften Aufforderung zum Philosophieren durch Sokrates: a) Auflösung der Zweideutigkeit und Ablehnung des dialektischen Spiels (7. Kap., 277 d 1—278 e 2); b) Aufstellung der menschlichen Güter. Die Weisheit als Ursache des Glücks (8. Kap., 278 e 3 bis 280 a 8); c) Weisheit und Wissen als das Gute an sich (9. Kap., 280 b 1—281 e 5); d) Notwendigkeit, vor allem nach Weisheit zu streben (10. Kap., 282 a 1—282 e 6)

4. a) These des D.: Wollen, daß jemand weise wird, bedeutet den Wunsch nach seinem Untergang (11. Kap., 283 a 1—283 d 8) b) Entrüstung des Ktesippos. Kann man lügen? (12. Kap., 283 e 1—285 a 1); c) Vermittelndes Eingreifen des S. (13. Kap., 285 a 2—285 d 6); d) These des D., daß ein Widersprechen nicht möglich ist (14. Kap., 285 d 7—286 b 6); e) Frage des S.: Wenn es Irrtum und Unwissenheit nicht gibt, wieso dann Lehrer? (15. Kap., 286 b 7—287 b 1); f) Aufzeigung des bei Leugnung des Irrtums entstehenden Widerspruchs (16. Kap., 287 b 2—288 d 4)

5. Fortführung des sokratischen Beispiels, zum Philosophieren anzutreiben: a) Das Wissen vom rechten Gebrauch (17. Kap., 288 d 5—290 d 8); b) Ist Staatskunst die höchste Kunst? (18. Kap., 290 e 1—291 d 4); c) Scheitern der Suche auch bei der königlichen Kunst (19. Kap., 291 d 5—293 a 9)

6. a) These des E. und D.: Jeder weiß alles (20. Kap., 293 b 1—294 b 10); b) Unglaube des Ktesippos und des S. an diese Allwissenheit (21. Kap., 294 b 11—295 a 9); c) Mit Schwierigkeiten verbundener Beweis des E., daß S. immer alles weiß (22. Kap., 295 a 10—296 d 4); d) Weiß S. auch, daß rechtschaffene Männer ungerecht sind? (23. Kap., 296 d 5—297 d 2)

7. Aristie des Ktesippos: a) Verwandtschaftsverhältnisse (24. Kap., 297 d 3—298 e 5); b) K. im Kampf gegen weitere Weisheitsstücke (25. Kap., 298 e 6—300 a 8); c) Schweigend reden und redend schweigen. Triumph des K. (26. Kap., 300 b 1—300 d 9)

8. Aufgeben des Sokrates: a) Verschiedenheit des Verschiedenen und was jedem zukommt (27. Kap., 300 e 1—301 d 8); b) Was ist tierisches Eigentum? Völlige Überwindung des S. (28. Kap., 301 e 1—303 a 9); c) Preisung und abschließende Ratschläge des S. an E. und D. (29. Kap., 303 b 1—304 b 5)

C. Epilog: a) Bedenken gegen das Verhalten des S. (30. Kap., 304 b 6 bis 305 b 3); b) S. über die Weisheit der Männer, die zwischen Staatskunst und Philosophie die Mitte halten wollen (31. Kap., 305 b 4—306 d 1); c) Schlechte Philosophen und echte Philosophie (32. Kap., 306 d 2—307 c 4)

KRITON, SOKRATES

[1. Herkunft des Euthydem und des Dionysodoros und Größe ihrer Weisheit]

KRITON: Wer war doch der, Sokrates, mit dem du gestern im Ly- 271 a
keion Gespräch führtest? Wahrlich, eine so große Menge Menschen
stand um euch her, daß, als ich auch hinzuging, um zu hören, ich
nichts deutlich verstehen konnte. Doch beugte ich mich über, um
wenigstens zu sehen, und da dünkte es mich ein Fremder zu sein,
mit dem du sprachst. Wer war es?

SOKRATES: Welchen magst du nur meinen? Denn nicht einer, sonder zwei waren es.

KRITON: Der, den ich meine, saß als der dritte von dir zur Rechten,
und zwischen euch saß des Axiochos Jüngling. Der schien mir gar b
sehr gewachsen zu sein, o Sokrates, und den Jahren nach wohl nicht
sehr unterschieden von meinem Kritobulos; aber der ist nur schmächtig, jener aber ganz vollständig und von gar hübschem Ansehen.

SOKRATES: Der also, o Kriton, nach welchem du fragst, ist Euthydemos, und der neben mir zur Linken saß, sein Bruder Dionysodoros, der auch seinen Teil hat am Gespräch.

KRITON: Ich kenne keinen von beiden, Sokrates. Auch dies sind
wieder, wie es scheint, ganz neue Sophisten. Aber woher? Und was c
für Weisheit bringen sie?

SOKRATES: Ursprünglich sind sie, soviel ich weiß, hier wo her aus
Chios; sie waren aber mit zu den Thuriern gezogen, und seitdem sie
von dort geflüchtet sind, halten sie sich schon mehrere Jahre in diesen Gegenden auf. Was aber ihre Weisheit betrifft, nach der du
fragst, o Kriton, so ist es zu verwundern, was für Alleswisser sie
sind. So daß ich meinesteils bis jetzt noch gar nicht wußte, was ein
wahrer Kunstfechter wäre. Diese aber sind die rechten Unüberwindlichen in jeder Art, gar nicht wie jene Akarnanischen Brüder, die
sich auch im Fechten zeigten. Denn die verstanden nur körperlich zu d
fechten. Jene aber sind zuerst körperlich ganz vollkommene Meister,
und zwar in der Art zu fechten, die vor allen andern den Vorzug hat,
indem sie vortrefflich verstehen, in der Rüstung zu fechten und auch
einen andern, wer nur bezahlen will, geschickt darin zu machen. 272 a
Dann aber auch im Kampf vor Gericht verstehen sie ganz vollkommen selbst den Streit auszufechten und auch andere zu unterrichten
im Reden und auch Reden zu schreiben zum Gebrauch an der Gerichtsstätte. Bis jetzt nämlich waren sie nur hierin Meister, nun aber
haben sie ihrer kunstfechterischen Meisterschaft die Krone aufgesetzt. Denn auch in dem Kampf, der ihnen noch unversucht war,
haben sie sich jetzt so eingeübt, daß auch nicht einer sich gegen sie
auch nur wird erheben können, solche Meister sind sie geworden, im

Gespräch zu streiten und zu widerlegen, was jedesmal gesagt wird,
b gleichviel ob es falsch ist oder wahr. Daher nun, Kriton, bin ich auch willens, mich den Männern in die Lehre zu geben; denn sie versprechen, daß sie in kurzer Zeit auch jeden andern eben hierin auslehren wollen.

Kriton: Wie, Sokrates? Fürchtest du nicht deine Jahre, ob du nicht schon zu alt bist?

Sokrates: Nichts weniger, Kriton! Denn ich habe genug, worauf ich mich berufen und verlassen kann, um mich nicht zu fürchten. Denn diese beiden selbst haben sozusagen erst als alte Leute den Anfang gemacht in dieser Kunst, nach der ich strebe, in dieser Streitkunst, vor einem Jahr aber oder vor zwei Jahren waren sie noch gar
c nicht weise. Nur vor dem einen ist mir bange, daß ich den Männern nicht etwa selbst Spott zuziehe, wie dem Lyraspieler Konnos, der mir noch jetzt Unterricht gibt im Lyraspielen. Denn die Knaben, die mit mir zur Schule gehen, lachen immer über mich, und den Konnos nennen sie den Altenmannslehrer. Wenn also nur nicht auch den Fremden jemand einen ebensolchen Spottnamen gibt und sie, sich vielleicht eben davor fürchtend, mich deshalb nicht annehmen wollen! Dort nun beim Konnos habe ich schon noch einige andere Alte
d überredet, mit mir zum Unterricht zu gehen, und hier möchte ich es gern ebenso machen. Komm du also doch auch mit, und als Lockspeise können wir vielleicht deine Söhne dazunehmen; denn gewiß, um nur die zu bekommen, werden sie uns auch schon unterrichten.

Kriton: Warum das nicht, Sokrates, wenn du meinst! Zuvor aber erzähle mir doch, worin denn der Männer Weisheit besteht, damit ich sehe, was wir eigentlich lernen werden.

[2. Glückliches Zusammentreffen; Irrtum des S. über das Geschäft der beiden]

Sokrates: Das soll dir nicht fehlen zu hören; denn ich dürfte wahrlich nicht sagen, daß ich nicht acht auf sie gegeben hätte. Sondern gar sehr habe ich acht gegeben und alles wohl behalten, so daß ich versuchen will, dir von Anfang an alles zu erzählen. Nämlich
e gewiß durch eines Gottes Gunst saß ich noch da, wo du mich sahst, wo sie sich zu entkleiden pflegen, allein, und war schon im Begriff gewesen aufzustehen; indem ich es aber tun wollte, kam mir das gewohnte Zeichen, das göttliche. Also setzte ich mich wieder, und bald
273 a darauf traten diese beiden herein, Euthydemos und Dionysodoros, und mit ihnen noch viele andere, Schüler glaube ich. Wie sie gekommen waren, gingen sie im bedeckten Gange umher, und sie mochten kaum zwei oder drei Gänge gemacht haben, als Kleinias kam, von dem du sagst, er habe sich so sehr herausgewachsen, was auch ganz richtig ist. Hinter diesem nun kamen viele von seinen Verehrern, unter andern auch Ktesippos, ein junger Mann aus der Paianischen Zunft von ganz schönen Naturgaben, nur etwas übermütig, wie die
b Jugend pflegt. Als nun Kleinias am Eingange sah, daß ich allein saß, ging er gerade durch und setzte sich rechts zu mir, wie du auch sagst. Und als Dionysodoros und Euthydemos seiner ansichtig wurden,

blieben sie zuerst stehen und sprachen miteinander, wobei sie von
Zeit zu Zeit nach uns hinsahen – denn ich gab gar genau Achtung
auf sie; endlich kamen sie, und der eine, Euthydemos, setzte sich zu
dem Knaben, der andere zu mir, linker Hand, die andern, wie es sich
gerade traf. Ich begrüßte sie also als solche, die ich seit langer Zeit c
nicht gesehen, und sagte dann zum Kleinias: Diese Männer, o Klei-
nias, sind große Meister, hier Euthydemos und Dionysodoros, und
das gar nicht in kleinen Dingen, sondern in sehr wichtigen. Alles
nämlich, was zum Kriege gehört, verstehen sie, was nur einem, der
ein großer Feldherr werden will, nötig ist, die Anordnung und Füh-
rung der Heere und was, wer in Waffen fechten will, lernen muß.
Auch sind sie imstande, einen dahin zu bringen, daß er vermöge,
sich selbst zu helfen vor Gericht, wenn ihm jemand unrecht tut. Wie
ich nun dieses gesagt, wurde ich von ihnen verachtet; wenigstens d
lachten sie sich einander zu, und Euthydemos sprach: Das ist gar
nicht mehr unser Hauptgeschäft, o Sokrates, sondern nur noch bei-
läufig betreiben wir es. – Darüber verwunderte ich mich und sagte:
Dann müßt ihr ja ein ganz herrliches Geschäft haben, wenn solche
Dinge euch nur noch das Beiläufige sind. Bei den Göttern also, sagt
mir, was ist dieses Herrliche? – Die Tugend, o Sokrates, sagte er,
glauben wir einem jeden aufs beste und schnellste mitteilen zu kön-
nen.

[3. Aufforderung an E. und D., ihre Weisheit zu zeigen] O Zeus, e
sprach ich, was für ein großes Wort redet ihr! Wie seid ihr zu diesem
Funde gekommen? Ich dachte noch immer von euch, wie ich eben
sagte, daß ihr hierin vorzüglich Meister wäret, in Waffen zu fechten,
und rühmte das auch von euch. Denn als ihr beim vorigen Mal euch
hier aufhieltet, erinnere ich mich, daß ihr dies ankündigtet. Wenn ihr
aber jetzt in der Tat diese Wissenschaft besitzt: so seid mir gnädig
und barmherzig. Denn ordentlich als Götter muß ich euch anreden
und euch bitten, das vorher Gesagte zu verzeihen. Aber seht doch zu, 274 a
Euthydemos und Dionysodoros, ob ihr auch wahr gesprochen habt.
Denn die Verheißung ist so groß, daß es kein Wunder ist, ungläubig
zu sein. – Sei nur ganz gewiß, Sokrates, sagten sie, daß sich dies so
verhält. – Dann preise ich euch glückselig wegen dieses Besitzes,
weit mehr als den Großkönig wegen seiner Macht. Das aber sagt
mir nur, ob ihr gesonnen seid, euch mit dieser Weisheit zu zeigen,
oder was ihr hierüber beschlossen habt? – Eben dazu sind wir ge-
kommen, o Sokrates, um sie zu zeigen und zu lehren, wenn jemand b
lernen will. – Daß dieses alle wollen werden, welche sie noch nicht
besitzen, dafür leiste ich euch Bürgschaft, zuerst ich, dann dieser Klei-
nias und nächst uns Ktesippos hier und diese andern auch, sprach ich,
indem ich auf die Liebhaber des Kleinias zeigte, die sich schon um
uns her gestellt hatten. Denn Ktesippos hatte weit vom Kleinias ge-
sessen, wie mich dünkt; wie aber Euthydemos, indem er mit mir
sprach, sich vorbeugte, weil nämlich Kleinias zwischen uns saß, be-
nahm er dem Ktesippos die Aussicht auf ihn. Ktesippos also, der teils c
seinen Liebling sehen wollte, teils auch gern genau zuhören mag,

sprang zuerst auf und stellte sich uns gerade gegenüber. Das taten
denn hernach auch die übrigen, die Liebhaber des Kleinias sowohl als
die Freunde des Dionysodoros und Euthydemos. Diese also zeigte
ich dem Euthydemos und sagte, sie alle hätten Lust zu lernen. Kte-
d sippos nun bekannte sich sehr bereitwillig dazu und auch die übri-
gen, und alle insgesamt redeten ihnen zu, zu zeigen, was ihre Weis-
heit eigentlich vermöge.

[4. Versprechen, an Kleinias eine Probe ihrer Fähigkeit zu geben]
Darauf sagte ich: O Euthydemos und Dionysodoros, auf alle Weise
seid doch sowohl gegen diese gefällig, als auch mir zuliebe gebt
uns eine Probe. Zwar alles Wesentliche der Sache selbst uns hier vor-
zutragen wäre offenbar kein kleines Geschäft; allein soviel sagt mir
wenigstens, ob ihr nur den, welcher schon überzeugt ist, daß er es
von euch lernen muß, zu einem tugendhaften Manne zu machen
e vermögt, oder auch jenen, der noch nicht davon überzeugt ist, weil
er entweder überhaupt die ganze Sache nicht glaubt, daß die Tugend
lehrbar ist, oder doch nicht, daß ihr Lehrer derselben seid? Sprich, ist
dies das Geschäft derselben Kunst, auch den so Denkenden zu über-
zeugen, daß sowohl die Tugend lehrbar ist als auch ihr diejenigen
seid, bei denen einer sie am besten lernen könnte, oder einer andern?
— Eben derselben, o Sokrates, sprach Dionysodoros. — Ihr also,
sprach ich, o Dionysodoros, verständet unter den jetzt lebenden Men-
275 a schen am besten, zum Streben nach Weisheit und zum Fleiß in der
Tugend aufzumuntern? — Das glauben wir allerdings, Sokrates. —
Von allem übrigen also, sagte ich, mögt ihr uns ein andermal eine
Probe ablegen; nur eben dies eine zeigt uns jetzt. Überzeugt uns
diesen Jüngling hier, daß man die Weisheit suchen und Fleiß auf die
Tugend wenden müsse, und werdet dadurch mir und allen diesen
gefällig. Denn so steht es mit diesem Knaben: ich und alle diese tra-
gen gar großes Verlangen, daß er ein recht vortrefflicher Mann wer-
den möge. Er ist nämlich des Axiochos Sohn, ein Enkel also des älte-
b ren Alkibiades und ein leiblicher Vetter des jetzigen, und heißt Klei-
nias. Nun ist er noch jung; also tragen wir Sorge für ihn, wie billig
für die Jugend, daß nicht etwa jemand früher sein Gemüt zu andern
Bestrebungen hinlenke und er uns verderbt werde. Ihr beide kommt
uns daher höchst gelegen; also wenn ihr nichts dawider habt, so
macht einen Versuch mit dem Knaben und unterredet euch mit ihm
in unserer Gegenwart. — Als ich ungefähr eben dieses gesagt, sprach
Euthydemos ganz beherzt und zuversichtlich: Gewiß, wir haben
c nichts dawider, Sokrates, wenn der junge Mensch nur wird antwor-
ten wollen. — Daran, sagte ich, ist er uns ja schon gewöhnt. Denn
gar oft reden ihn diese an und fragen ihn vielerlei und besprechen
sich mit ihm, so daß er schon ziemlich furchtlos ist im Antworten.

[5. 1. Probestück sophistischer Streitkunst: Die Dummen lernen, die Klugen lernen]
Was also nun folgt, o Kriton, wie soll ich dir das nur gut genug
erzählen? Denn wahrlich, es ist keine kleine Sache, so unerdenklich

tiefe Weisheit ordentlich und gehörig wieder vortragen zu können:
so daß ich, wie die Dichter, wohl nötig habe, beim Anfang der Er-
zählung die Musen anzurufen und die Mnemosyne. — Euthydemos d
also begann damit ungefähr, wie ich glaube: O Kleinias, welche von
beiden unter den Menschen sind denn die, welche lernen, die Klugen
oder die Dummen? — Der Knabe aber, wie es denn eine schwere
Frage war, errötete und sah mich verlegen an. Und da ich merkte,
daß er verwirrt war, sprach ich: Nur Mut, Kleinias, und antworte
wacker eins von beiden, welches dir einleuchtet; denn wahrscheinlich e
wirst du großen Nutzen davon haben. — Indem bückte sich Diony-
sodoros zu mir und sagte mir leise ins Ohr mit ganz lächelndem An-
gesicht: Ganz sicher, Sokrates, sage ich dir vorher, was der junge
Mensch auch antwortet, er wird zuschanden gemacht werden. — Und
noch indem er mir das sagte, hatte auch Kleinias schon geantwortet,
so daß ich nicht einmal dem Jüngling zurufen konnte, sich vorzu- 276 a
sehen. Er hatte aber geantwortet, die Klugen wären die Lernenden. —
Da fragte Euthydemos weiter: Gibt es auch Lehrer, oder nicht? —
Das gab er zu. — Und die Lehrer sind doch der Lernenden Lehrer,
wie zum Beispiel der Musikmeister und der Schreibmeister doch
deine und der anderen Knaben Lehrer waren, und ihr wart Schüler?
— Das bejahte er. — Nicht wahr nun, als ihr lerntet, wußtet ihr das
noch nicht, was ihr lerntet? — Nein, sagte er. — Wart ihr nun etwa
klug damals, als ihr das nicht wußtet? — Nein freilich, sagte er. — b
Wenn also nicht klug, dann dumm? — Freilich wohl. — Ihr also, als
ihr lerntet, was ihr nicht wußtet, lerntet als Dumme? — Der Knabe
winkte zu. — Die Dummen also lernen, o Kleinias, und nicht die
Klugen, wie du meinst. — Als er dies gesagt hatte, erhoben, wie ein
Chor, wenn der, welcher es einübt, das Zeichen gegeben hat, so ein-
mütig alle jene, die den Euthydemos und den Dionysodoros begleitet
hatten, ein großes Getümmel und Gelächter. — Und ehe noch der c
junge Mensch wieder gehörig zu Atem kommen konnte, nahm Dio-
nysodoros das Wort auf und sagte: Wie doch, Kleinias, wenn euch
nun der Lehrer etwas vorsagte, welche Knaben lernten dann das
Vorgesagte, die Klugen oder die Dummen? — Die Klugen, sprach
Kleinias. — Die Klugen also lernen und nicht die Dummen, und nicht
richtig hast du eben dem Euthydemos geantwortet.

*[6. 2. Probestück: Man lernt was man weiß, man lernt was man nicht
weiß]* Auch hier wiederum lachten und lärmten die Verehrer der bei- d
den Männer, und zwar ganz ausnehmend, aus Bewunderung ihrer
Weisheit. Wir andern aber waren ganz betäubt und schwiegen. — Als
nun Euthydemos merkte, daß wir so betäubt waren, ließ er, damit
wir ihn noch mehr bewundern sollten, den Knaben noch nicht los,
sondern fragte weiter, und wie gute Tänzer drehte er die Frage zwei-
mal auf derselben Stelle herum und sagte: Welches von beiden ler-
nen denn aber die Lernenden, was sie wissen oder was sie nicht wis-
sen? — Da flüsterte mir Dionysodoros abermals ganz leise zu und
sagte: Auch das, Sokrates, ist wiederum ein solches Stück wie das e
vorige. — O Zeus, sprach ich, auch das vorige ja schien uns eine gar

herrliche Frage! – Ja Sokrates, sagte er, wir fragen lauter solche unausweichlichen Fragen. – Daher, sprach ich, habt ihr auch, wie man sieht, großen Ruhm unter euren Schülern. – Unterdessen nun hatte Kleinias dem Euthydemos geantwortet, die Lernenden lernten, was
277 a sie nicht wüßten. – Jener aber fragte ihn nach derselben Weise, wie beim vorigen: Wie, sagte er, weißt du nicht die Buchstaben? – Ja, sprach er. – Und zwar alle? – Das bejahte er. – Wenn nun jemand etwas vorsagt, was es auch sei, sagt er nicht Buchstaben vor? – Das gestand er ein. – Von dem also, was du weißt, sagt er etwas vor, wenn du sie doch alle weißt? – Auch das gestand er ein. – Wie also, sprach er, lernst denn du etwa nicht, was einer vorsagt, wer aber die Buchstaben nicht weiß, der lernt es? – Nein, antwortete er, sondern
b ich lerne es. – Also was du weißt, sprach er, lernst du, wenn du doch sämtliche Buchstaben weißt? – Das gab er zu. – Also hast du nicht richtig geantwortet, sagte er.

Und noch hatte Euthydemos dieses nicht völlig ausgesprochen, als Dionysodoros die Rede wie einen Ball abfing und wieder nach dem Knaben hinwarf und sagte: Euthydemos hintergeht dich, o Kleinias; denn sage mir, heißt nicht lernen eine Erkenntnis desjenigen bekommen, was man lernt? – Das gab Kleinias zu. – Und wissen, sprach er, heißt das etwas anderes, als eine Erkenntnis schon haben? –
c Darin stimmte er ein. – Nichtwissen also heißt noch nicht Erkenntnis haben? – Das gestand er ihm ein. – Welche von beiden nun sind die, die etwas bekommen? Die es schon haben oder die nicht? – Die es nicht haben. – Und du hast doch eingestanden, daß zu diesen auch die Nichtwissenden gehören, zu den Nichthabenden? – Er winkte zu. – Und zu den Bekommenden gehören doch die Lernenden, aber nicht zu den Habenden? – Das bejahte er. – Die Nichtwissenden also, sprach er, lernen, o Kleinias, aber nicht die Wissenden.

[7. Auflösung der Zweideutigkeit durch S.; seine Ablehnung dieses Spiels]

d Hierauf nun fiel Euthydemos, gleichsam den dritten Gang beginnend, noch einmal gegen den Jüngling aus. Ich aber, da ich sah, wie der Knabe schon ganz zugedeckt war, wollte ihm einige Ruhe verschaffen, damit er nicht verzagte; ich redete ihm daher zu und sagte: Wundere dich nicht, Kleinias, wenn diese Reden dir ungewohnt scheinen. Denn du merkst vielleicht nicht, was eigentlich die Fremden mit dir vornehmen, dasselbe nämlich, was bei der Weihung der Korybanten geschieht, wenn sie die Einthronung mit demjenigen vornehmen, den sie einweihen wollen. Denn auch dabei ist doch ein Tanz und Scherz, wenn du anders schon eingeweiht bist. So tun auch
e diese beiden jetzt nichts, als daß sie den Chor um dich herumführen und gleichsam im Scherz dich umtanzen, bis sie dich hernach einweihen. Jetzt also denke dir, daß du nur den ersten Anfang der sophistischen Heiligtümer hörst. Denn das erste muß sein, wie Prodikos sagt, daß man den richtigen Gebrauch der Worte erlerne, wie dir die Fremden nun eben zeigen, daß du nicht wußtest, wie die Menschen das Wort Lernen zwar davon gebrauchen, wenn einer, der bis dahin

noch gar keine Kenntnis eines Gegenstandes hatte, die Kenntnis da- 278a
von nun bekommt, wie sie aber auch dasselbe gebrauchen, wenn einer, der diese Kenntnis schon hat, mit dieser Kenntnis eben diesen Gegenstand betrachtet, wenn er behandelt oder besprochen wird. Zwar nennt man dies häufiger erfahren als lernen, bisweilen aber doch auch lernen. Dies nun, wie sie dir zeigen, ist dir entgangen, daß dasselbe Wort auf ganz entgegengesetzt beschaffene Menschen geht, auf Wissende und Nichtwissende. Fast ebenso war auch das bei der
zweiten Frage, als sie dich fragten, welches von beiden wohl die b
Menschen lernten, ob was sie wissen oder was nicht. Dergleichen nun ist in der Beschäftigung mit Kenntnissen nur Spiel; darum sage ich auch, daß diese mit dir spielen. Spiel nenne ich es aber deshalb, weil, wenn einer auch vieles und alles dergleichen lernte, er doch von den Gegenständen selbst um nichts besser wüßte, wie sie sich verhalten; sondern er würde nur geschickt sein, sein Spiel mit andern zu treiben, indem er ihnen durch die Vieldeutigkeit der Worte ein Bein unterschlagen und sie umwerfen könnte; wie wenn jemand einem, der sich setzen will, den Sessel unten wegzieht, und sich dann
freut und lacht, wenn er ihn rücklings hinfallen sieht. Dieses also c
denke dir, daß die Männer dir nur zum Scherz angetan haben. Nun aber nach diesem werden sie dir gewiß auch das rechte Ernsthafte zeigen. Und das will ich ihnen jetzt vorzeichnen, damit sie mir leisten, was sie mir versprochen haben. Sie sagten nämlich, sie wollten uns etwas zeigen von ihrer Kunst, das Gemüt anzutreiben; nun aber, dünkt mich, haben sie eben geglaubt, erst mit dir scherzen zu müssen. Dieses also möge von euch gescherzt gewesen sein, o Dionysodoros
und Euthydemos, und vielleicht ist es zur Genüge. Nun aber nach d
diesem zeigt uns auch wirklich eure Kunst, indem ihr den jungen Menschen aufmuntert, wie man auf Weisheit und Tugend Fleiß verwenden muß. Zuvor aber will ich euch zeigen, wie ich es mir denke und in welcher Art ich es von euch zu hören wünsche. Wenn euch nun dünkt, daß ich mich als ein Unkundiger auf eine lächerliche Art dabei anstelle: so lacht mich dennoch nicht aus. Denn nur aus Verlangen, eure Weisheit zu hören, will ich mir ein Herz fassen, vor euch aufs Geratewohl und unvorbereitet zu reden. Nehmt euch also
zusammen und hört mich ohne Gespött an, ihr selbst und eure Schü- e
ler, und du, Sohn des Axiochos, antworte mir.

[8. Aufstellung der menschlichen Güter. Die Weisheit als Ursache des Glücks]

Wollen wohl wir Menschen alle uns wohl befinden? Oder gehört schon diese Frage zu dem, wovor mir eben bange war, dem Belachenswerten? Denn unverständig ist es ja wohl, dergleichen auch nur zu fragen; denn welcher Mensch wollte sich nicht wohl befinden?
– Gewiß keiner, antwortete Kleinias. – Gut, sprach ich. Nun aber 279a
weiter, da wir uns also wohl befinden wollen, wie können wir es denn? Etwa wenn wir viel Gutes hätten? Oder ist dies noch einfältiger als jenes? Denn auch das ist ja deutlich genug, daß es sich so verhält. – Darin stimmte er mir bei. – Wohlan denn, was aber unter

allen Dingen ist uns wohl gut? Oder ist auch das nicht schwer und
gehört keineswegs ein außerordentlicher Mann dazu, um es zu fin-
den? Denn jeder würde uns ja wohl sagen, reich sein wäre gut. Nicht
wahr? — Freilich, sagte er. — Nicht auch gesund sein und schön sein
b und das übrige, was den Leib betrifft, in gutem Stande haben? — Das
dünkte ihn ebenfalls. — Aber ausgezeichnete Geburt und Macht und
Ansehen in seinem Vaterlande ist doch offenbar auch etwas Gutes? —
Das gab er zu. — Was, sprach ich, ist uns nun wohl noch Gutes
übrig? Denn was ist wohl besonnen sein und gerecht und tapfer?
Wie, um Zeus' willen, glaubst du, Kleinias? Werden wir das Rich-
tige setzen, wenn wir auch dies als Gutes setzen, oder wenn nicht?
Denn dies könnte vielleicht manchem zweifelhaft sein. Du aber, wie
c meinst du? — Gut ist es, sagte Kleinias. — Wohl, sprach ich, und die
Weisheit, in welche Reihe wollen wir die stellen? Unter das Gute,
oder wie meinst du? — Unter das Gute. — Besinne dich nun, daß wir
ja nicht vielleicht etwas Gutes auslassen, das der Rede wert wäre. —
Ich denke ja nicht, sagte Kleinias. — Da besann ich mich noch und
sprach: Beim Zeus, hätten wir doch bald das größte unter allen Gü-
tern ausgelassen. — Welches doch? fragte er. — Das gute Glück, o
Kleinias, welches alle, auch die ganz Schlechten, für das größte un-
ter allem Guten halten. — Du hast recht, sprach er. — Da besann ich
d mich wieder anders und sagte: Beinahe hätten wir uns lächerlich ge-
macht vor diesen Fremden, ich und du, Sohn des Axiochos! — Wieso
denn? sprach er. — Weil wir das Glück schon im vorigen gesetzt hat-
ten und nun noch einmal von demselben reden wollten. — Wie ist
nur wieder dieses? — Das ist ja doch lächerlich, sagte ich, was schon
lange dasteht, noch einmal hinstellen wollen und zweimal dasselbe
sagen. — Wie meinst du das aber? sprach er. — Die Weisheit ist ja
eben gutes Glück, das kann ja jedes Kind einsehen. — Darüber wun-
derte er sich, so jung und arglos ist er noch. — Und ich, da ich merk-
e te, daß er sich wunderte, sprach: Weißt du etwa nicht, Kleinias, daß
im guten Flötenspielen die Flötenspieler die glücklichsten sind? —
Das gab er zu. — Und, sprach ich, im Schreiben und Lesen der Buch-
staben die Schulmeister? — Freilich. — Und wie in Gefahren zur See,
glaubst du, daß irgendein anderer glücklicher ist als ein weiser Steu-
ermann, so im ganzen gesehen? — Gewiß nicht. — Und wie, wenn
du zu Felde gezogen wärest, mit welchem von beiden möchtest du
280 a am liebsten Gefahr und Glück teilen, mit einem weisen Heerführer
oder mit einem ungeschickten? — Mit einem weisen. — Und wenn du
krank wärest, mit wem möchtest du es lieber wagen, mit einem wei-
sen Arzt oder mit einem ungeschickten? — Mit einem weisen. — Nicht
wahr, weil du glaubst, besseres Glück zu haben, wenn du mit einem
weisen zu schaffen hast als wenn mit einem ungeschickten? — Das
gab er zu. — Die Weisheit also macht, daß die Menschen in allen
Dingen Glück haben. Denn nie wird die Weisheit etwas verfehlen,
sondern immer richtig handeln und es erlangen. Denn sonst wäre es
ja keine Weisheit mehr.

[9. Weisheit und Wissen als das Gute an sich] Und so wurden wir b
uns am Ende einig darüber, ich weiß nicht wie, überhaupt verhielte
es sich immer so: wenn Weisheit da wäre, bei wem sie wäre, der be-
dürfe weiter keines guten Glückes. Nachdem wir nun hierin über-
eingekommen, befragte ich ihn noch einmal um das vorher Einge-
standene, wie es wohl damit stände. Wir hatten nämlich eingestan-
den, sprach ich, wenn wir viel Gutes hätten, dann würden wir glück-
selig sein und uns wohl befinden. – Das gab er zu. – Würden wir
also glückselig sein vermöge des vorhandenen Guten, wenn es uns
nützte oder wenn es uns nicht nützte? – Wenn es uns nützte, sprach
er. – Und würde es uns wohl nützen, wenn wir es nur hätten und c
es nicht gebrauchten? Wie wenn wir viel Speisen hätten, äßen aber
nicht, oder Getränke und tränken nicht, hätten wir dann einen Nut-
zen davon? – Nicht füglich, sprach er. – Und wie? Alle Künstler,
wenn ihnen alle Erfordernisse zur Hand wären, jedem zu seinem
Werk, sie bedienten sich deren aber nicht, würden sich diese dann
wohl befinden und wohl handeln vermöge dieses Besitzes, weil sie
doch alles haben, was ein Künstler haben muß? Wie zum Beispiel
der Zimmermann, wenn er alle Werkzeuge in Bereitschaft hätte und
auch Holz genug, zimmerte aber nicht; hätte er wohl irgend Nutzen
von seinem Besitz? – Ganz und gar keinen, sprach er. – Wie nun, d
wenn jemand Reichtum besäße und alles Gute, dessen wir vorhin
erwähnten, gebrauchte es aber nicht; würde der glückselig sein durch
den Besitz dieses Guten? – Nicht eben, Sokrates. – Wer also glück-
selig sein soll, sprach ich, der muß, wie es scheint, dergleichen Güter
nicht nur besitzen, sondern auch gebrauchen, oder der Besitz wird
ihm zu nichts nutz. – Du hast recht. – Ist nun dieses etwa schon
hinlänglich, Kleinias, um jemand glückselig zu machen, daß er das e
Gute habe und gebrauche? – Mich dünkt ja. – Etwa nur, sprach ich,
wenn er es recht gebraucht, oder auch wenn nicht? – Wenn recht. –
Wohl gesprochen, sagte ich. Denn weit ärger, denke ich, ist es, wenn
jemand irgend etwas unrecht gebraucht, als wenn er es ganz beiseite
läßt. Denn jenes ist übel, dieses aber weder gut noch übel. Oder wol- 281 a
len wir nicht so sagen? – Er räumte es ein. – Wie nun? In jener Be-
handlung und jenem Gebrauch der Hölzer, gibt es da etwas anderes,
was den rechten Gebrauch bewirkt, als die Wissenschaft des Zim-
merns? – Wohl nicht, sagte er. – Ebenso auch wohl in der Behand-
lung der Gefäße ist es das Wissen, was die Richtigkeit bewirkt. –
Das dünkte ihn auch. – Also auch wohl, sprach ich, im Gebrauch der
zuerst angeführten Güter, des Reichtums, der Gesundheit und Schön-
heit, war es das Wissen, was zum richtigen Gebrauch aller dieser
Dinge die Behandlung derselben anführt und leitet, oder etwas an- b
deres? – Das Wissen, sagte er. – Nicht nur gut Glück also, sondern
auch gut Geschäft, wie es scheint, gewährt die Erkenntnis dem Men-
schen bei jedem Besitz und Betrieb. – Er gestand es ein. – Ist also
wohl, beim Zeus, sprach ich, irgendein anderer Besitz etwas nutz
ohne Einsicht und Weisheit? Würde wohl ein Mensch Vorteile haben,
wenn er auch noch so viel besäße und täte, der keine Vernunft hat,
oder mehr, wenn er weniges besitzt, aber Vernunft hat? Überlege es

c nur so. Würde er nicht, wenn er weniger täte, auch weniger fehlen,
und wenn er weniger fehlte, sich auch weniger schlecht befinden, und
wenn er weniger schlecht lebte, auch weniger elend sein? – Gewiß,
sagte er. – In welchem Falle nun würde einer wohl weniger tun,
wenn er arm wäre oder reich? – Wenn arm, sagte er. – Und wenn
er schwach wäre oder wenn stark? – Wenn schwach. – Und wenn
angesehen oder unangesehen? – Wenn unangesehen. – Und würde
wohl ein Tapferer und Besonnener weniger tun oder ein Feiger? –
Ein Feiger. – Auch ein Träger täte wohl eher weniger als ein Täti-
ger? – Das räumte er ein. – Und ein Langsamer als ein Behender,
d und wer schlecht sieht und hört, eher als wer scharf? – Dergleichen
alles gaben wir einander zu. Im allgemeinen also, sprach ich, scheint
es, o Kleinias, daß von allem insgesamt, was wir zuerst Güter nann-
ten, nicht in der Art könne die Rede sein, als ob es an und für sich
von Natur gut wäre. Sondern, wie es scheint, verhält es sich so:
Wenn Torheit darüber gebietet, sind diese Dinge um so größere Übel
als ihr Gegenteil, je mehr sie imstande sind, dem Gebietenden, wel-
cher schlecht ist, Dienst zu leisten; wenn aber Einsicht und Weisheit,
dann sind sie größere Güter; an und für sich aber sind weder die
e einen noch die andern irgend etwas wert. – Offenbar, sprach er,
scheint es sich zu verhalten, wie du sagst. – Was folgt uns nun aus
dem Gesagten? Etwas anderes, als daß von allem übrigen nichts
weder gut ist noch übel, von diesen zweien aber die Weisheit das
Gute ist und die Torheit das Übel? – Das gestand er zu.

282 a *[10. Notwendigkeit, vor allem nach Weisheit zu streben]* So laß uns,
sagte ich, nun auch noch das übrige betrachten. Da wir nämlich glück-
selig zu sein alle streben und sich gezeigt hat, daß wir dies werden
durch den Gebrauch der Dinge, und zwar den richtigen Gebrauch,
diese Richtigkeit aber und das glückliche Gelingen uns die Erkennt-
nis zusichert: so muß demnach, wie man sieht, auf jede Weise ein
jeder Mensch dafür sorgen, daß er so weise werde als möglich. Oder
nicht? – Ja, sagte er. – So daß er glaubt, hiermit gebühre ihm weit
mehr von seinem Vater versorgt zu werden als mit Geld, und von
b seinen Vormündern und Freunden, andern sowohl als solchen, die
sich seine Liebhaber nennen, und von Fremden sowohl als Bürgern,
und daß er also bittet und fleht, ihm Weisheit mitzuteilen, und es
für nichts Schändliches oder Strafbares hält, o Kleinias, um deswillen
dienstbar und unterworfen zu sein dem Liebhaber sowohl als jedem
andern Menschen, freiwillig zu jedem ehrenvollen Dienst bereit, um
nur weise zu werden. Oder, sprach ich, dünkt es dich nicht so? –
Allerdings, sagte er, dünkt mich vollkommen richtig, was du sagst.
c – Wenn nämlich, o Kleinias, sprach ich, die Weisheit lehrbar ist und
sich nicht etwa nur von selbst bei den Menschen einstellt. Denn dies
haben wir noch zu erwägen, und es ist noch nichts darüber festge-
setzt zwischen dir und mir. – Ich wenigstens, o Sokrates, denke, daß
sie lehrbar ist. – Darüber war ich erfreut und sagte: Sehr schön ge-
sprochen, bester Mann, und sehr wohl hast du daran getan, mich
einer großen Untersuchung eben dieses Gegenstandes zu überheben,

ob nämlich die Weisheit lehrbar ist oder nicht. Nun also, da du so-
wohl glaubst, daß sie lehrbar ist, als auch, daß sie allein unter allen
Dingen den Menschen selig und glücklich macht, kannst du wohl
anders als behaupten, daß man die Weisheit suchen müsse, und selbst d
auch gesonnen sein, dieses zu tun? — Allerdings, sagte er, so sehr
als irgend möglich. — Als ich nun dieses zu meiner Freude vernom-
men, sprach ich: Dies also wäre mein Beispiel, o Dionysodoros und
Euthydemos, wie ich wünsche, daß eine ermahnende Rede sein soll,
ganz unkünstlerisch vielleicht und nur mit Not gar weitläufig zu-
stande gebracht. Welcher von euch beiden nun aber will, der zeige
sich uns, indem er eben dieses nach der Kunst tut. Oder wenn ihr
das nicht wollt: so zeigt dem jungen Menschen, was nun zunächst
darauf folgt, wobei ich stehengeblieben bin, ob er nämlich jede Er- e
kenntnis erwerben muß oder ob es irgendeine einzelne gibt, welche
er bekommen und dadurch glückselig und zu einem trefflichen Manne
werden muß und welche dies ist. Denn wie ich schon am Anfang
sagte, gar viel ist uns daran gelegen, daß dieser Jüngling weise und
gut werde.

[11. These des D.: Wollen, daß jemand weise wird, der es nicht ist, bedeutet den Wunsch nach seinem Untergang]

Dies also sagte ich, o Kriton, und war sehr begierig zu sehen, was 283 a
nun hierauf folgen würde, und gab recht acht, auf welche Art sie
die Rede angreifen und wobei sie anfangen würden, dem Jüngling
zuzureden, daß er Weisheit und Tugend üben solle. Der ältere von
ihnen also, Dionysodoros, begann zuerst die Rede, und wir alle sa-
hen auf ihn in der Erwartung, ganz wunderbare Dinge sogleich zu
vernehmen. Was uns denn auch begegnete; denn eine ganz bewun- b
dernswürdige Rede, o Kriton, begann der Mann, welche dir wohl
lohnen wird zu hören, wie anregend zur Tugend die Rede war. Sage
mir doch, sprach er, Sokrates und ihr übrigen, die ihr zu wünschen
äußert, daß dieser junge Mensch weise werden möge, scherzt ihr nur,
indem ihr dieses sagt, oder meint und wünscht ihr es wirklich im
Ernst? — Da dachte ich, sie hätten wohl auch zuerst schon geglaubt,
daß wir scherzten, als wir sie beide aufforderten, sich mit dem Kna-
ben zu unterreden, und daß sie eben deshalb mit ihm gescherzt und
nichts Ernstliches getrieben hätten. Weil ich nun dies dachte, be- c
teuerte ich noch kräftiger, daß wir es im höchsten Ernste meinten. —
Da sagte Dionysodoros: Bedenke dir es wohl, Sokrates, damit du
nicht hernach verleugnen mußt, was du jetzt sagst. — Ich habe es
schon bedacht, sprach ich, und es hat keine Not, daß ich es jemals
ableugnen sollte. — Was sagt ihr also? sprach er; ihr wollt, daß er
weise werde? — Allerdings. — Jetzt aber, sprach er, was ist wohl Klei-
nias, weise oder nicht? — Nein, sagt er ja selbst, er ist aber, sprach
ich, eben kein Prahler. — Und ihr, sprach er, wollt, er soll weise d
werden und nicht unweise sein? — Das gestanden wir ein. — Also
der er nicht ist, wollt ihr, daß er werde; der er aber jetzt ist, daß er
nicht mehr sei? — Als ich das hörte, geriet ich schon ganz in Ver-
wirrung. Er aber benutzte sogleich meine Verwirrung und sagte wei-

ter – Aber wenn ihr wollt, daß er nicht mehr sei, der er ist: so wollt ihr ja, wie es scheint, daß er untergehe. Und das sind mir doch vortreffliche Freunde und Liebhaber, welche so über alles darauf ausgehen, daß ihr Liebling untergehe.

e *[12. Entrüstung des Ktesippos. Kann man lügen?]* Und als Ktesippos
das hörte, verdroß es ihn seines Lieblings wegen, und er sagte: Du
Thurischer Fremdling, wenn es nicht zu unfein wäre zu sagen: so
wollte ich dir auf den Kopf zusagen, was für eine Absicht du dabei
hast, mir und den andern das anzulügen, was, wie ich meine, schon
zu sagen frevelhaft ist, daß ich wollte, dieser käme um! – Wie doch,
Ktesippos, sprach Euthydemos, glaubst du, es sei möglich zu lügen?
– Beim Zeus, ja, antwortete er, wenn ich nicht toll bin. – Indem man
den Gegenstand ausspricht, von dem die Rede ist, oder indem man
284 a ihn nicht ausspricht? – Indem man ihn ausspricht, sagte er. – Indem
er ihn nun ausspricht, spricht er doch nicht etwas anderes aus von dem,
was ist, sondern eben jenes, was er ausspricht? – Wie anders? sprach
Ktesippos. – Und jenes, was er ausspricht, gehört doch auch zu dem,
was ist, und ist eins davon, abgesondert von dem Übrigen? – Allerdings. – Wer also jenes ausspricht, spricht aus, was ist, und wer
spricht, was ist, der spricht auch Wahres, so daß Dionysodoros, wenn
er spricht was ist, auch wahr spricht und dir nichts anlügt. – Ja, sagte
b Ktesippos, aber wer das sagt, o Euthydemos, der sagt nicht, was ist. –
Darauf sagte Euthydemos: Aber das Nichtseiende, nicht wahr, ist
nicht? – Es ist nicht. – Nicht wahr also, das Nichtseiende ist nirgend
seiend? – Nirgend. – Kann nun wohl jemand mit diesem Nichtseienden irgend etwas tun, so daß er jenes mache, wer es auch sei, das
nirgend Seiende? – Mich dünkt wohl nicht, sprach Ktesippos. – Wie
nun? Die Redner, wenn sie vor dem Volke sprechen, tun sie nichts? –
Sie tun allerdings etwas. – Und wenn sie tun, so machen sie auch? –
c Ja. – Das Sprechen ist also ein Tun und Machen? – Das gab er zu. –
Also spricht auch niemand das, was nicht ist, denn er machte es alsdann; du aber hast eingestanden, daß niemand das Nichtseiende machen könne. So daß nach deiner Rede niemand Falsches spricht, sondern spricht Dionysodoros, so spricht er auch Wahres und was ist. –
Beim Zeus, Euthydemos, sagte Ktesippos, gewissermaßen spricht er
freilich von dem, was ist, aber nicht so, wie es sich verhält. – Was
sagst du, Ktesippos, sprach Dionysodoros, gibt es welche, die von
d den Dingen so sprechen, wie sie sich verhalten? – Freilich, sagte
jener, alle Rechtlichen, und die wahr sprechen. – Wie nun? Verhält
sich nicht das Gute gut und das Schlechte schlecht? – Das gab er zu.
– Und rechtliche Leute, behauptest du, sprechen von den Dingen,
wie sie sich verhalten? – Das behaupte ich. – Also schlecht sprechen
die Guten vom Schlechten, wenn sie davon sprechen, wie es sich verhält? – Ja, beim Zeus, sprach jener, gar sehr, von allen schlechten
Menschen, unter welche du, wenn du mir folgst, dich hüten wirst zu ge-
e hören, damit die Guten nicht schlecht von dir sprechen. Denn das wisse
nur, daß die Guten allerdings von den Schlechten schlecht sprechen. –
Sprechen sie, sagte Euthydemos, etwa auch von den Großen groß

und den Warmen warm? – Allerdings freilich, sprach Ktesippos; und gewiß sprechen sie auch von den Frostigen frostig und sagen auch, daß ihre Unterhaltung so ist. – Du schimpfst, Ktesippos, sprach Dionysodoros, du schimpfst. – Beim Zeus, Dionysodoros, ich nicht, sprach Ktesippos; denn ich bin dir gut. Sondern ich ermahne dich nur als Freund und gebe mir Mühe, dich zu bewegen, daß du nie wieder in meiner Gegenwart so ungeschliffen sagen mögest, ich wollte, daß diejenigen umkämen, die ich am höchsten achte. 285 a

[13. Vermittelndes Eingreifen des S.] Da mir nun schien, als würden sie zu heftig gegeneinander: so machte ich einen Scherz mit dem Ktesippos und sagte: Mich dünkt, Ktesippos, wir sollten von den Fremden annehmen, was sie sagen, wenn sie uns davon mitteilen wollen, und uns nicht um Worte streiten. Denn wenn sie verstehen, Menschen auf solche Weise untergehen zu lassen, daß sie sie aus schlechten und unvernünftigen zu guten und vernünftigen machen; mögen sie nun einen solchen Tod und Untergang selbst erfunden oder von b
andern gelernt haben, daß sie einen als einen Schlechten untergehen und als einen Guten wieder hervorkommen lassen; wenn sie dies verstehen, und offenbar verstehen sie es, denn sie sagten ja, dies wäre ihre neuerdings erfundene Kunst, die Menschen aus Schlechten zu Guten zu machen: so wollen wir ihnen beiden dies zugestehen. Mögen sie uns den Knaben umbringen und ihn dann vernünftig machen und uns übrige insgesamt dazu. Wenn aber ihr Jüngeren euch fürchtet: so mag wie am Karier an mir der Versuch gemacht werden. c
Denn ich, da ich ohnedies schon alt bin, bin bereit, die Gefahr zu bestehen, und übergebe mich hier dem Dionysodoros wie der Kolchischen Medeia; er bringe mich um, ja er koche mich, wenn er will, und alles, was er will, soll ihm freistehen, nur bringe er mich als einen Guten wieder zum Vorschein. – Darauf sagte Ktesippos: Auch ich, o Sokrates, bin bereit, mich den Fremden hinzugeben, sogar, wenn sie wollen, mich zu gerben, ärger als sie es schon jetzt tun, wenn nur am Ende nicht aus meinem Fell wie aus dem des Marsyas ein Schlauch wird, d
sondern Tugend. Dionysodoros glaubt freilich, ich wäre ihm böse; ich bin ihm aber gar nicht böse, sondern ich widerspreche ihm nur auf das, was er, gar nicht schön, wie mich dünkt, gegen mich gesagt hat. Also Dionysodoros, fuhr er fort, nenne das Widersprechen nicht Schimpfen; denn Schimpfen ist ganz etwas anderes.

[14. These des D., daß ein Widersprechen nicht möglich ist] Darauf fiel Dionysodoros ein: Also, Ktesippos, du redest, als gäbe es wirklich ein Widersprechen? – Allerdings, sagte er, gar sehr. Und du, e
Dionysodoros, glaubst etwa nicht, daß es ein Widersprechen gibt? – Du wirst doch gewiß nicht zeigen können, sagte jener, daß du je einen dem andern hast widersprechen hören! – Meinst du wirklich? sagte er; laß uns doch hören, ob ich dir nicht jetzt zeige, daß Ktesippos dem Dionysodoros widerspricht. – Willst du mir also hierüber Rede stehen? – Gern, sagte er. – Wie also, sprach jener, man kann doch über alle Dinge sprechen? – Allerdings. – Doch wie jedes ist,

286 a oder auch wie es nicht ist? — Wie es ist. — Denn, wenn du dich er-
innerst, wir haben auch eben gezeigt, daß niemand spricht, wie etwas
nicht ist. Es zeigte sich nämlich, daß niemand das Nichtseiende aus-
spricht. — Und was soll das? sprach Ktesippos, widersprechen wir ein-
ander deshalb weniger, ich und du? — Etwa dann, fragte jener, werden
wir einander widersprechen, wenn wir beide die Rede über dieselbe
Sache machen? Oder würden wir in diesem Falle doch gewiß einerlei
sagen? — Das räumte er ein. — Aber wenn keiner von uns sagt, was
b über die Sache zu sagen ist, würden wir dann einander widerspre-
chen? Oder würde ja so überhaupt die Sache gar nicht erwähnt, von
keinem von uns? — Auch das gab er ebenfalls zu. — Also etwa, fuhr
er fort, wenn ich sage, was über diese Sache zu sagen ist, du aber,
was über eine andere, widersprechen wir dann wohl einander? Oder
spreche ich dann zwar von der Sache, du aber sprichst ganz und gar
nicht davon? Und wie kann nun wohl, wer gar nicht von etwas
spricht, dem widersprechen, der davon spricht?

*[15. Frage des S.: Wenn es Irrtum und Unwissenheit nicht gibt, wieso
dann Lehrer?]* Hierauf schwieg Ktesippos. Ich aber war verwundert
über die Rede und sprach: Wie meinst du das, Dionysodoros? Denn
c ich habe diese Rede schon von gar vielen gehört und wundere mich
immer darüber. Denn schon die Schule des Protagoras bediente sich
dieses Satzes gar sehr, und noch Ältere. Mich aber dünkt es immer
eine ganz wunderliche Sache damit zu sein, und daß er nicht nur
alle andern umstößt, sondern auch sich selbst. Ich glaube aber, daß
ich die eigentliche Bewandtnis davon durch dich am besten erfahren
werde. Nicht wahr, man kann nicht Falsches sprechen, dies besagt
eigentlich der Satz? Nicht so? Sondern man spricht entweder, und
dann auch Wahres, oder man spricht nicht? — Er gab zu, daß es so
d wäre. — Soll nun etwas Falsches zu sprechen zwar nicht möglich sein,
vorzustellen aber wohl möglich? — Auch nicht vorzustellen, sagte
er. — Also, sprach ich, gibt es auch überhaupt keine falsche Vor-
stellung? — Nein, sagte er. — Also auch keinen Unverstand und keine
unverständigen Menschen? Oder wäre nicht eben das der Unver-
stand, wenn es welchen gäbe, das Sich-Irren an den Gegenständen? —
Freilich, sagte er. — Dies aber findet nicht statt? fragte ich. — Nein,
sagte er. — Sagst du nun dies etwa nur, um zu reden, Dionysodoros,
und um etwas Wunderliches zu sagen? Oder denkst du in der Tat,
e daß kein Mensch unverständig ist? — So widerlege du es, sagte er. —
Findet das denn statt nach deiner Meinung, sprach ich, Widerlegen,
wenn sich doch niemand irrt? — Das findet nicht statt, sagte Euthy-
demos. — So hieß also nicht, sagte ich, gerade jetzt Dionysodoros
mich widerlegen? — Wie könnte auch jemand etwas fordern, was
nicht ist? Forderst du es? — O Euthydemos, sprach ich, diese über-
weisen und vortrefflichen Dinge lerne ich freilich nicht recht, son-
dern ich sehe sie nur im Groben ein. Vielleicht werde ich dich daher
287 a etwas Plumpes fragen, allein verzeihe es mir; sieh aber. Denn wenn
man weder Unwahres sprechen kann, noch Unrichtiges vorstellen,
noch unverständig sein, nicht wahr, so kann man ja auch nicht feh-

len, wenn man etwas tut? Denn was einer tut, das kann er doch
nicht verfehlen, indem er es tut. Meint ihr es nicht so? – Freilich,
sagte er. – Und hier kommt nun, sprach ich, meine beschwerliche
Frage. Denn wenn wir gar nicht fehlen, weder im Handeln noch im
Reden noch Denken, wenn sich dies so verhält: so sagt doch, beim
Zeus, ihr, als wessen Lehrer seid ihr denn hierher gekommen? Oder
sagtet ihr nicht eben, ihr verständet am besten jedem Menschen, der b
nur lernen wollte, Tugend mitzuteilen?

[16. Aufzeigung des bei Leugnung des Irrtums entstehenden Widerspruchs] Also, Sokrates, nahm Dionysodoros das Wort, so altväte-
risch bist du, daß du jetzt wieder vorbringst, was wir vorher sagten?
Auch wenn ich vor einem Jahr etwas gesagt hätte, würdest du es
wieder vorbringen; mit dem aber, was gegenwärtig gesprochen wird,
weißt du nichts anzufangen? – Es ist eben sehr schwer, sagte ich.
Ganz natürlich; wird es doch von weisen Männern gesprochen. Denn
auch mit diesem letzten ist sehr schwer etwas anzufangen, was du
eben sagtest. Nämlich eben dieses «Ich weiß nichts damit anzufan-
gen», wie meinst du dies, Dionysodoros? Offenbar doch wohl so, daß
ich es nicht zu widerlegen weiß? Oder sage, was diese Redensart dir c
sonst sagen will, nicht wissen, was man mit einer Rede anfangen
soll? – Aber was du da sagst, sprach er, damit ist nicht schwer etwas
anzufangen. Antworte mir! – Ehe du geantwortet hast? fragte ich. –
Antwortest du nicht? sprach er. – Ist das wohl recht so? sprach ich. –
Ganz recht, antwortete er. – Aus welchem Grunde doch? sprach ich.
Oder offenbar aus dem, daß du jetzt als ein hochweiser Mann im
Reden zu uns gekommen bist und gar wohl weißt, wann man ant-
worten muß und wann nicht; und eben daher auch jetzt nicht das d
mindeste antwortest, wohl wissend, daß du es jetzt nicht mußt. –
Du schwätzt, sagte er, und denkst nicht ans Antworten. Allein, du
Guter, gehorche hübsch und antworte, da du doch zugibst, daß ich
weise bin. – Ich werde wohl müssen, wie es scheint, sprach ich; denn
du hast zu befehlen, also frage nur. – Also, was etwas sagen will,
muß das eine Seele haben, oder will auch das Unbeseelte etwas sagen?
– Es muß eine Seele haben. – Kennst du also etwa, sprach er, eine
Redensart, die eine Seele hat? – Beim Zeus, ich nicht. – Wie konn-
test du also eben fragen, was mir wohl die Redensart sagen wollte? – e
Wie anders, sprach ich, als daß ich gefehlt habe aus Dummheit! Oder
habe ich nicht gefehlt, und war auch das recht gesagt, daß die Re-
densart etwas sagen wollte? Was meinst du, habe ich gefehlt oder
nicht? Denn habe ich nicht gefehlt, so wirst du mich auch nicht wi-
derlegen, wiewohl du sehr weise bist, und weißt dann auch nichts
mit der Rede anzufangen. Habe ich aber gefehlt: so hast du auch so
nicht recht, indem du ja behauptest, man könne nicht fehlen. Und das 288 a
geht nicht gegen etwas, was du vor einem Jahre gesagt hast. Also,
o Dionysodoros und Euthydemos, scheint dieser Satz immer auf dem-
selben Fleck zu bleiben und noch immer, wie vor alten Zeiten, indem
er umwirft, mitzufallen; und dagegen, daß ihm dies nicht begegne,
scheint nicht einmal eure Kunst ein Mittel ausgefunden zu haben,

die doch so ganz bewundernswürdig ist in der Genauigkeit des Re-
dens. — Darauf sagte Ktesippos: Wunderliche Dinge redet ihr thu-
b rischen Männer oder chiischen, oder woher und wie ihr sonst am
liebsten genannt werden mögt, denen so gar nichts darauf an-
kommt, Unsinn zu reden. — Da besorgte ich, es möchte ein Zank
entstehen, und besänftigte den Ktesippos wieder und sagte: O Kte-
sippos, was ich eben zum Kleinias sagte, eben dasselbe sage ich auch
zu dir, du begreifst nur die Weisheit dieser Fremdlinge nicht, wie
bewundernswürdig sie ist und wie sie nur noch nicht Ernst machen
wollen, sie uns zu zeigen, sondern den Proteus nachahmen, den
ägyptischen Sophisten, und uns bezaubern. Wir also wollen den Me-
c nelaos nachahmen und nicht ablassen von den Männern, bis sie uns
das sehen lassen, womit es ihnen Ernst ist. Denn ich glaube, sie wer-
den uns etwas gar Herrliches erscheinen lassen, wenn sie erst anfan-
gen, Ernst zu machen. Also wollen wir sie bitten und flehen und
ihnen zureden, daß sie es uns sehen lassen.

Daher, denke ich, will ich ihnen selbst noch einmal vorzeichnen,
wie ich wünsche, daß sie uns erscheinen mögen. Wo ich nämlich
d vorher stehenblieb, von da will ich versuchen ihnen das Folgende, so
gut ich kann, durchzunehmen, ob ich sie etwa damit herauslocke, daß
sie aus Mitleid und Erbarmen mit mir, wie ich mich anstrenge und
es ernstlich nehme, auch selbst Ernst machen.

[17. Das Wissen vom rechten Gebrauch] Du aber, Kleinias, sprach
ich, erinnere mich doch, wo wir vorher stehenblieben. Wie ich
glaube, dabei: man müsse die Weisheit suchen und philosophieren,
wurde zuletzt festgesetzt. Nicht wahr? — Ja, sagte er. — Die Philoso-
phie aber ist der Besitz einer Erkenntnis. Nicht so? sprach ich. — Ja.
— Was für eine Erkenntnis müssen wir aber wohl haben, um die
e rechte zu haben? Ist nicht soviel wenigstens ganz unbedingt gewiß,
daß es diejenige sein muß, die uns etwas nützt? — Freilich, sagte er. —
Würde es uns nun etwas nützen, wenn wir verständen herumzuge-
hen und zu erkennen, wo das meiste Gold vergraben ist? — Viel-
leicht, sagte er. — Aber vorher, sprach ich, haben wir doch dieses er-
wiesen, daß es uns nichts hülfe, wenn auch ohne weiteres und ohne
erst in der Erde zu graben, uns alles zu Gold würde; so daß, wenn
wir auch die Steine zu Gold zu machen wüßten, diese Erkenntnis
289 a uns nichts wert wäre. Denn wenn wir nicht auch wüßten, das Gold
zu brauchen: so würde es uns, wie sich gezeigt hatte, gar nichts nutz
sein. Oder erinnerst du dich dessen nicht? sprach ich. — Sehr wohl,
sagte er, erinnere ich mich dessen. — Ebensowenig, wie es scheint,
werden die übrigen Erkenntnisse uns zu etwas nutz sein, weder die
Erwerbkunst noch die Heilkunst, noch sonst irgendeine, welche et-
was hervorzubringen weiß, nicht aber auch das zu gebrauchen, was
sie hervorgebracht hat. Nicht so? — Er stimmte ein. — Ja, auch nicht
b einmal, wenn es eine Kunst gäbe, unsterblich zu machen, ohne daß
man wüßte, die Unsterblichkeit zu gebrauchen: so scheint, auch nicht
einmal diese würde etwas nutz sein, wenn man aus dem Eingestan-
denen schließen darf. — Über alles dieses kamen wir überein. —

Einer solchen Erkenntnis also bedürfen wir, schöner Knabe, sprach ich,
in welcher das Hervorbringen und das Gebrauchenwissen des Her-
vorgebrachten beides zusammenfällt. — Das scheint wohl, sagte er.
— Weit gefehlt also, daß wir müßten Kitharenmacher sein und nach
einer solchen Erkenntnis trachten. Denn hier ist bei demselben Ge- c
genstand die hervorbringende Kunst für sich und die gebrauchende
auch für sich, jede abgesondert von der andern. Denn die Kunst, eine
Kithara zu machen, und die, sie zu spielen, sind ganz verschieden
voneinander. Nicht so? — Er bejahte es. — Auch des Flötenmachens
also bedürfen wir wohl nicht; denn damit ist es wieder ebenso? —
Das dünkte ihn auch. — Aber bei den Göttern, sprach ich, wenn wir
nun die Kunst, Reden zu machen, lernten, ob diese es etwa ist, durch
welche wir glückselig sein müßten, wenn wir sie besäßen? — Das
denke ich wohl nicht, fiel mir Kleinias ein. — Aus welchem Grunde? d
sprach ich. — Ich sehe, sagte er, einige Redenmacher, welche ihre
eigenen Reden, die sie machen, nicht zu gebrauchen wissen, eben wie
die Kitharenmacher ihre Kitharen; sondern auch hier sind andere ge-
schickt, das, was jene verfertigt haben, zu gebrauchen, welche selbst
ihrerseits des Redenmachens unkundig sind. Offenbar also ist auch
bei den Reden die Kunst des Verfertigens abgesondert von der des
Gebrauchs. — Du scheinst mir einen hinlänglichen Grund angegeben
zu haben, sprach ich, daß die Kunst der Redenmacher nicht diese sein
kann, durch deren Besitz einer glückselig würde. Wiewohl ich dachte,
hier würde sich uns gewiß die Erkenntnis zeigen, die wir so lange e
schon suchen. Denn die Männer selbst, die Redenschreiber, o Klei-
nias, wenn ich unter ihnen bin, dünken mich immer gar weise, und
ihre Kunst eine gar göttliche und erhabene. Und das ist auch kein
Wunder; denn sie ist ein Teil der Beschwörungskunst, nur um ein
weniges beschränkter als jene. Denn die Beschwörungskunst ist eine
Besänftigung der Schlangen, Spinnen, Skorpione und anderer Tiere 290 a
und Übel, jene aber ist für Richter und Gemeindemänner und andere
Versammlungen die Besänftigung und Besprechung. Oder, sprach
ich, dünkt es dich anders? — Nein, sagte er, sondern so leuchtet es
mir ein, wie du es vorträgst. — Wohin also, sprach ich, können wir
uns noch wenden, zu welcher Kunst? — Ich weiß keinen Rat, sagte
er. — Aber ich, sprach ich, glaube sie gefunden zu haben. — Was für
eine? fragte Kleinias. — Die Kriegskunst nämlich dünkt mich vor je- b
der andern die zu sein, deren Besitz glückselig macht. — Das scheint
mir doch nicht. — Wieso? fragte ich. — Sie ist ja wohl eine Kunst,
Jagd zu machen auf Menschen? — Nun? Und weiter? sprach ich. —
Keine Art der Jagd aber, sprach er, geht doch auf etwas weiteres als
eben auf das Erjagen und Einfangen. Haben sie aber eingefangen,
was sie jagten: so sind sie selbst nicht imstande, es zu gebrauchen;
sondern die Jäger und Fischer übergeben es den Köchen, die Meß-
künstler aber und Rechner und Sternkundigen — denn auch diese c
sind Jagende, weil sie ja ihre Figuren und Zahlenreihen nicht machen,
sondern diese sind schon, und sie finden sie nur auf, wie sie sind —;
wie also nun diese auch nicht selbst verstehen, sie zu gebrauchen,
sondern nur zu jagen: so übergeben sie, so viele ihrer nicht ganz un-

verständig sind, ihre Erfindungen den Dialektikern, um Gebrauch davon zu machen. – Wohl, sprach ich, du schönster und weisester Kleinias! Verhält sich dies so? – Freilich, sagte er, und die Heerfüh-
d rer, wenn sie eine Stadt erjagt haben oder ein Heer, übergeben es ja auf dieselbe Weise den Staatsmännern. Denn sie selbst wissen das nicht zu gebrauchen, was sie erjagt haben, eben wie die Wachtelfänger, meine ich, den Wachtelmästern ihren Fang übergeben. Wenn wir also, fuhr er fort, eine solche Kunst gebrauchen, welche, was sie, es sei nun hervorbringend oder auffindend, erworben hat, auch selbst zu gebrauchen weiß, und eine solche nur uns glückselig machen kann: so müssen wir, sprach er, eine andere suchen als die Kriegskunst.

[18. Ist Staatskunst die höchste Kunst?]

e Kriton: Was sagst du, Sokrates? So hätte dieser Knabe gesprochen?

Sokrates: Glaubst du es nicht, Kriton?

Kriton: Nein, beim Zeus, denn ich denke, wenn er das gesagt hätte, bedürfte er weder des Euthydemos noch sonst irgendeines Menschen zu seiner Unterweisung.

Sokrates: Ob etwa, beim Zeus, der Ktesippos es war, der es sagte, und ich entsinne mich nur nicht recht?

291 a Kriton: Was doch Ktesippos!

Sokrates: Aber das weiß ich doch, daß es weder Dionysodoros war noch Euthydemos, der das sagte. Oder, bester Kriton, war auch etwa ein ganz anderer dabei, der dies gesprochen hat? Denn daß ich es gehört habe, weiß ich doch ganz gewiß.

Kriton: Ja, beim Zeus, Sokrates, ein ganz anderer muß es wohl gewesen sein, und ein weit Besserer. Aber was für eine Kunst suchtet ihr nun noch nach diesen? Und habt ihr jene gefunden oder habt ihr sie nicht gefunden, nach der ihr suchtet?

b Sokrates: Woher, Bester, sollten wir sie gefunden haben? Sondern wir machten uns ganz lächerlich. Wie die Kinder, welche den Schwalben nachlaufen, glaubten wir, jede Wissenschaft nun gleich zu fangen, und dann flogen sie uns immer weg. Was soll ich dir von den andern erst erzählen? Aber als wir an die königliche Kunst kamen und diese in Betrachtung zogen, ob sie etwa die wäre, welche Glückseligkeit gewährt und bewirkt: so gerieten wir eben da erst in ein neues Labyrinth, und wo wir glaubten, am Ende zu sein, mußten wir wieder umwenden und befanden uns wie am Anfang der Untersu-
c chung, indem uns noch immer ebensoviel fehlte, als da wir zuerst die Frage aufwarfen.

Kriton: Wie ist euch das doch begegnet?

Sokrates: Das will ich dir erklären. Eine und dieselbe schienen uns diese beiden zu sein, die Staatskunst und die königliche Kunst.

Kriton: Und weiter?

Sokrates: Und daß dieser Kunst die Kriegskunst und die übrigen die Werke, welche sie verfertigen, in ihre Gewalt übergeben, als

welche allein wisse, sie zu gebrauchen. Ganz klar also schien sie uns die zu sein, die wir suchten, und die Ursache alles Richtighandelns im Staate, ja recht nach des Aischylos Vers alles lenkend sie allein d
am Steuer zu sitzen des Staats und über alles herrschend alles nützlich zu machen.

Kriton: Und war das nicht ganz recht gedacht, Sokrates?

[19. Scheitern der Suche auch bei der königlichen Kunst]

Sokrates: Du sollst es richten, Kriton, wenn du auch hören willst, wie es uns nach diesem erging. Wir überlegten es nämlich auch wiederum so. Wohlan, diese alles beherrschende königliche Kunst, was für ein Werk bewirkt sie uns denn? Oder etwa keines? Ganz gewiß e
doch eins, sagten wir zueinander. Hättest du nicht auch so gesagt, Kriton?

Kriton: Ich gewiß.

Sokrates: Was, würdest du also sagen, wäre ihr Werk? Wie wenn ich dich fragte, indem die Heilkunst nun alles regiert, was sie zu regieren hat, was für ein Werk schafft sie uns? Würdest du nicht antworten, die Gesundheit?

Kriton: Ich gewiß.

Sokrates: Und eure Kunst, die Landwirtschaft, wenn die alles regiert, was sie zu regieren hat, was bewirkt sie uns? Würdest du 292 a
nicht sagen, sie verschaffe uns die aus der Erde hervorgehende Nahrung?

Kriton: Ja.

Sokrates: Wie also die königliche Kunst? Wenn sie alles regiert, worüber sie zu regieren hat, was bewirkt sie? Vielleicht weißt du nicht sonderlich etwas zu sagen.

Kriton: Nein, beim Zeus.

Sokrates: Auch wir nicht, Kriton. Allein soviel weißt du doch, daß, wenn sie die ist, die wir suchen, sie uns nützlich sein muß?

Kriton: Gewiß.

Sokrates: Also muß sie uns doch etwas Gutes verschaffen?

Kriton: Notwendig, Sokrates.

Sokrates: Und gut, waren wir übereingekommen, ich und Klei- b
nias, sei nichts anderes als eine gewisse Erkenntnis.

Kriton: Ja, so sagtest du.

Sokrates: Und nicht wahr, alles andere, was man als Werke der Staatskunst nennen könnte, und deren wären nun viele, als die Bürger reich zu machen und frei und ruhig, alles dieses hatte sich gezeigt als weder gut noch böse. Weise aber mußte sie uns machen und Erkenntnis mitteilen, wenn sie die nutzenschaffende sein soll und die glückselig machende. c

Kriton: So ist es. Wenigstens damals hattet ihr dies festgesetzt, nach dem, was du von dem Gespräch erzählt hast.

Sokrates: Macht also wohl die königliche Kunst die Menschen weise und gut?

Kriton: Warum nicht, Sokrates?

Sokrates: Aber etwa alle und gut zu allem? Und ist sie es etwa, die alle Erkenntnis, auch die von der Lederbereitung und vom Zimmern und alle die anderen, verleiht?

KRITON: Das glaube ich nicht, Sokrates.

d SOKRATES: Also was denn für eine Erkenntnis? Mit der wir was doch anfangen? Denn auf alle jene Werke soll sie sich nicht verstehen, die weder gut noch böse sind, und auch keine andere Erkenntnis mitteilen als nur sich selbst. So müssen wir doch sagen, was sie ist und was wir mit ihr anfangen? Sollen wir also etwa sagen, sie sei die, wodurch wir andere gut machen?

KRITON: Gewiß.

SOKRATES: Und wozu sollen uns diese gut sein und wozu nützlich? Oder sollen wir noch weiter sagen, diese sollen wieder andere gut machen, und die wieder andere? Worin sie aber gut sind, das wird uns
e nirgends zum Vorschein kommen, da wir ja alles, was für ein Werk der Staatskunst gehalten wird, verworfen haben. Also wird dies offenbar, wie man sagt, das ewige Einerlei, und, wie ich sagte, es fehlt uns noch ebensoviel oder gar mehr als zuvor daran, daß wir wüßten, welches doch jene Erkenntnis ist, die uns glückselig machen würde.

KRITON: Beim Zeus, Sokrates, wie es scheint, seid ihr in große Verlegenheit geraten?

SOKRATES: Deshalb auch, Kriton, weil ich in diese Verlegenheit
293 a geraten war, ging ich durch alle Töne und bat die Fremdlinge und flehte sie an wie die Dioskuren, uns zu retten, mich und den jungen Menschen, aus dieser Brandung unseres Gesprächs, und nun auf alle Weise Ernst zu machen und uns im Ernst zu zeigen, welches doch die Erkenntnis ist, die wir erlangen müßten, um das übrige Leben schön zu verbringen.

KRITON: Und wie? Verstand Euthydemos sich dazu, sich hierüber hören zu lassen?

SOKRATES: Wie sollte er nicht? und begann gar vornehm seine Rede so.

[20. These des E. und D.: Jeder weiß alles]

b Soll ich dich, o Sokrates, diese Erkenntnis, über welche ihr schon so lange in Verlegenheit seid, lehren, oder soll ich dir zeigen, daß du sie hast? – O Glückseliger, sprach ich, hängt denn dies von dir ab? – Freilich, sagte er. – Nun, so zeige mir, beim Zeus, sprach ich, daß ich sie schon habe; denn das ist ja weit leichter, als wenn ich alter Mann sie erst noch lernen sollte. – Wohlan denn, so antworte mir, sprach er. Weißt du wohl etwas? – Freilich, sagte ich, und recht viel, Kleinigkeiten wenigstens. – Das genügt, sprach er. Dünkt dich nun möglich, daß irgend etwas das, was es ist, zugleich auch nicht
c sei? – Nein, sondern unmöglich. – Und du, sprach er, weißt doch etwas? – Ja. – Also bist du wissend, wenn du weißt? – Ja freilich, in diesem. – Einerlei. Aber bist du nicht gezwungen, alles zu wissen, wenn du wissend bist? – Nein bei Gott, sagte ich, da ich ja so vieles andere nicht weiß. – Also, wenn du etwas nicht weißt, bist du nichtwissend? – Ja, in jenem wohl, Lieber, sprach ich. – Bist du deshalb weniger nichtwissend? Und eben sagtest du, du wärest wissend: und

so bist du, was du bist, und bist es auch wieder nicht, ganz auf die- d
selbe Weise? — Wohl, sprach ich, Euthydemos. Denn bei dir ist doch
einmal alles schön gesprochen, wie man zu sagen pflegt. Wie besitze
ich also jene Erkenntnis, welche wir suchten, weil nun also unmöglich
ist, daß man dasselbe sei und nicht sei? Nämlich wenn ich eins weiß,
weiß ich alles; denn ich kann ja nicht zugleich wissend sein und nicht-
wissend. Wenn ich aber alles weiß: so habe ich also auch jene Er-
kenntnis? Meinst du es so, und ist das die Weisheit davon? — Du
widerlegst dich ja selbst, Sokrates, sagte er. — Und wie, Euthydemos? e
sprach ich, befindest du dich nicht ganz in demselben Falle? Ich
meinesteils, was mir auch immer begegne mit dir gemeinschaftlich
und mit unserm Dionysodoros, dem teuren Haupte, das soll mich
gar nicht verdrießen. Sage mir doch, wißt ihr nicht auch einiges und
anderes nicht? — Keineswegs, Sokrates, sagte Dionysodoros. — Wie
meint ihr? sprach ich. Also wißt ihr etwa nichts? — O wohl, sprach
er. — Alles also, sprach ich, wißt ihr, wenn doch irgend etwas? — 294 a
Alles, sagte er, und du ebenfalls, wenn du auch nur eines weißt,
weißt alles. — O Zeus, sprach ich, was sagst du Wunderbares, und
welch großes Gut kommt da ans Licht! Und wissen etwa auch alle
andern Menschen alles oder nichts? — Sie können ja doch nicht, sagte
er, einiges wissen und anderes nicht wissen und so zugleich wissend
sein und nichtwissend. — Sondern wie ist es nun? fragte ich. — Alle,
sagte er, wissen alles, sobald sie eins wissen. — O, um der Götter b
willen, Dionysodoros, sprach ich, denn nun sehe ich offenbar, daß
ihr es im Ernst meint und daß ich euch endlich dahin gebracht habe,
Ernst zu machen, ihr zwei also wißt in der Tat alles; zum Beispiel
Zimmern und Gerben? — Freilich, sagte er. — Auch Schustern? —
Auch, beim Zeus, und Schuhflicken dazu. — Etwa auch dergleichen,
wieviel Sterne es gibt und wieviel Sand? — Freilich, sagte er. Also du
glaubtest wohl, wir würden dies nicht bejahen?

[21. Unglaube des Ktesippos und des S. an diese Allwissenheit] Da
nahm Ktesippos das Wort und sagte: Um Zeus' willen, Dionysodo-
ros, zeige mir doch einen Beweis hiervon, woran ich erkennen kann, c
daß ihr die Wahrheit redet. — Was soll ich dir zeigen? sprach er. —
Weißt du, wieviel Zähne Euthydemos hat, und Euthydemos, wieviele
du? — Ist es dir nicht genug, sprach nun jener, zu hören, daß wir alles
wissen? — Keineswegs, sagte er, sondern dieses eine wenigstens be-
antwortet und zeigt, daß ihr die Wahrheit redet. Und wenn ihr jeder
sagt, wieviel der andere hat, und es sich zeigt, daß ihr es wußtet,
wenn wir sie hernach zählen: so wollen wir euch dann auch das
übrige glauben. — Da sie nun dachten, er triebe Spott, so wollten sie d
nicht, sondern blieben nur immer dabei, sie wüßten alle Dinge, als
Ktesippos sie einzeln darum befragte. Denn der ging nun ganz un-
verhohlen vor, und ich weiß nicht, wonach er sie zuletzt nicht fragte,
auch nach dem Allerunschicklichsten, ob sie es auch wüßten. Sie aber
gingen immer ganz dreist auf die Fragen los, eingestehend, sie wüß-
ten es, wie die wilden Schweine, die auf das Messer auflaufen. So
daß auch ich, o Kriton, zuletzt aus Unglauben mich nicht enthalten

e konnte, zu fragen, ob Dionysodoros auch das Tanzen verstände? –
Und er sagte, allerdings. – Doch nicht auch den Messertanz, fragte
ich, und das Scheibendrehen, in deinem Alter? So weise bist du? –
Nichts, sprach jener, was er nicht könnte. – Und, sprach ich, wußtet
ihr etwa nur jetzt alles oder auch immer? – Auch immer. – Auch als
ihr kleine Kinder wart und gleich nach eurer Geburt wußtet ihr es? –
295 a Auch da alles, sagten sie beide zugleich. – Und uns dünkte das Ding
unglaublich zu sein. Da sagte Euthydemos: Du glaubst es wohl nicht,
Sokrates? – Nur, sprach ich, das sehe ich wohl, daß ihr weise Män-
ner seid. – Aber, sagte er, wenn du mir antworten willst, will ich
zeigen, daß auch du diese wunderbaren Dinge von dir eingestehst. –
O, sprach ich, das wird mir große Freude machen, dessen überführt
zu werden. Denn wenn ich, ohne es gewußt zu haben, weise bin und
du mir dieses zeigen kannst, daß ich alles weiß und immer, was für
einen größeren Fund könnte ich tun in meinem ganzen Leben?

[22. Mit Schwierigkeiten verbundener Beweis des E., daß S. immer
b *alles weiß]* Antworte also, sagte er. – Frage nur, sprach ich, ich will
gewiß antworten. – Bist du irgend um einiges wissend, Sokrates,
oder nicht? – Das bin ich. – Und womit du wissend bist, eben damit
weißt du auch? Oder mit etwas anderem? – Eben damit, sagte ich.
Denn ich denke doch, du meinst die Seele, oder meinst du die nicht?
– Schämst du dich nicht, Sokrates? sprach er, du bist der Gefragte
und machst Gegenfragen? – Gut, sprach ich. Aber wie soll ich es
machen? Ich will es gern so machen, wie du befiehlst. Wenn ich also
nicht weiß, was du fragst, befiehlst du, daß ich dann dennoch ant-
c worten soll und nicht nachfragen? – Du denkst dir doch etwas bei
dem, was ich frage? sagte er. – O ja. – Nun so antworte, sprach er,
nach dem, was du dir dabei denkst. – Wie aber, fragte ich, wenn du
nun etwas anderes bei deiner Frage im Sinne hattest und ich wieder
etwas anderes dabei denke und in Beziehung hierauf antworte, wirst
du dann zufrieden damit sein, wenn ich, was gar nicht zur Sache ge-
hört, antworte? – Ich wohl, sprach er, aber du freilich nicht, wie ich
glaube. – Nun, so will ich, beim Zeus, nicht eher antworten, sprach
ich, bis ich es gehörig erforscht habe. – Du willst, sagte er, nur des-
halb nicht so antworten, wie du es jedesmal verstanden hast, weil du
d faselst und alberner bist, als sich schickt. – Da merkte ich, daß er
mir böse war, weil ich das Gesagte auseinandersetzte, da er mich
mit Worten umstellen und fangen wollte. Und ich dachte an den
Konnos, wie der mir auch jedesmal böse ist, wenn ich ihm nicht folge,
und sich dann weniger Mühe mit mir gibt, weil er mich für unge-
lehrig hält. Da ich nun im Sinne hatte, auch bei diesen zur Schule
zu gehen: so glaubte ich folgen zu müssen, damit sie mich nicht für
widerspenstig hielten und mich abwiesen. Ich sagte also: Nun, wenn
e du meinst, Euthydemos, daß ich es so machen soll: so will ich es so
machen. Denn wie man die Untersuchung im Gespräch führen muß,
verstehst ja auf alle Weise du kunstreicher Mann besser als ich Un-
gelehrter. Frage mich also noch einmal von Anfang. – So antworte
noch einmal, sprach er, ob du mit etwas weißt, was du weißt, oder

nicht? – Ja, sagte ich, mit der Seele. – Schon wieder, sagte er, setzt
der Mann etwas hinzu zur Antwort auf die Frage. Ich frage ja nicht, 296a
womit du weißt, sondern nur, ob mit etwas? – Da habe ich schon
wieder, sprach ich, mehr als ich sollte geantwortet aus Ungeschick.
Aber verzeihe es mir, ich will auch nun ganz schlicht antworten, daß
ich immer mit etwas weiß, was ich weiß. – Auch immer, sprach er,
mit demselbigen, oder bisweilen mit diesem, bisweilen mit etwas
anderem? – Immer, wenn ich weiß, sprach ich, mit diesem. – Wirst
du denn niemals, sagte er, aufhören hinzuzusetzen? – Daß uns sonst
nur nicht dieses «Immer» einen Streich spiele. – Uns gewiß nicht,
sagte er; sondern wenn ja, so geschieht es dir. Also antworte! Weißt b
du immer mit demselbigen? – Immer, sprach ich, da doch nun das
«Wenn» weg soll. – Also immer weißt du hiermit; und immer wis-
send weißt du etwa einiges hiermit, womit du weißt, anderes mit
etwas anderem? Oder alles hiermit? – Hiermit, sprach ich, alles ins-
gesamt, was ich nur weiß. – Da haben wir es! sagte er, schon wieder
kommt derselbe Zusatz. – Ich nehme es schon wieder zurück, sprach
ich, dieses «Was ich nur weiß». – Gar nichts, sagte er, sollst du da-
von zurücknehmen; ich verlange es gar nicht. Antworte mir nur.
Könntest du wohl alles insgesamt wissen, wenn du nicht alles wüß- c
test? – Das wäre freilich ein Wunder! sagte ich. – Darauf sagte er:
Nun setze immer hinzu, was du nur willst! Hast du doch eingestan-
den, daß du alles wüßtest. – So scheint es, sprach ich; wenn nämlich
dies gar nichts bedeuten soll, das «Was ich nur weiß», so weiß ich
freilich alles. – Also hast du auch eingestanden, daß du immer weißt
mit demselbigen, womit du weißt, sei's nun, wenn du weißt oder wie
du sonst willst, du hast doch eingestanden, daß du immer weißt und
auch alles. Also ist offenbar, daß du auch wußtest, als du ein Kind d
warst und als du geboren und gezeugt wurdest, ja auch ehe du warst
und ehe Himmel und Erde war, wußtest du alles insgesamt, wenn
du immer weißt. Und wirst auch, beim Zeus, immer wissen, und
alles insgesamt, wenn ich nur will.

[23. Weiß S. auch, daß rechtschaffene Männer ungerecht sind?] Möch-
test du es dann immer wollen, du vielverehrter Euthydemos! sagte
ich, wenn du anders in der Tat recht hast. Aber ich traue dir nicht
recht, daß du dazu imstande bist, wenn nicht auch dieser dein Bruder
Dionysodoros mit will; dann aber vielleicht wohl. Sagt mir aber
doch, sprach ich, – denn im übrigen weiß ich freilich nicht, wie ich e
euch das bestreiten soll, die ihr solche Wunder von Weisheit seid,
daß ich nicht alles weiß, da ihr es ja sagt; dergleichen aber, Euthy-
demos, wie soll ich sagen, daß ich das weiß, daß rechtschaffene Män-
ner ungerecht sind? Komm, sage mir, weiß ich das auch, oder weiß
ich es nicht? – Du weißt es freilich, sagte er. – Wie denn? fragte
ich. – Daß die Rechtschaffenen nicht ungerecht sind. – Das freilich,
sagte ich, schon lange. Aber das frage ich nicht, sondern daß die 297a
Rechtschaffenen ungerecht sind, wo ich das gelernt habe? – Nirgends,
sagte Dionysodoros. – Also, sprach ich, weiß ich doch dieses nicht. –
Du verdirbst uns alles, sagte nun Euthydemos zum Dionysodoros.

Denn nun wird herauskommen, daß er nicht weiß und daß er zu-
gleich wissend ist und nichtwissend. — Da errötete Dionysodoros. —
Aber du, sprach ich, wie meinst du, Euthydemos? Dünkt dich, daß
b er nicht richtig spreche, dieser Bruder, der alles weiß? — Geschwind
nahm Dionysodoros hier das Wort und fragte: Also bin ich etwa des
Euthydemos Bruder? — Laß das, Bester, sprach ich, bis Euthydemos
mich gelehrt hat, daß ich weiß, die Rechtschaffenen sind ungerecht,
und mißgönne mir das Kunststück nicht. — Du entläufst, Sokrates,
sagte Dionysodoros, und willst nicht antworten. — Ganz natürlich,
sprach ich. Denn ich bin schon schwächer als einer von euch, so daß
ich vor beiden zugleich wohl nicht umhin kann zu fliehen. Denn ich
c bin ja um vieles schlechter als Herakles, der ja nicht imstande war,
gegen die Hydra zu kämpfen, diese Sophistin, die so klug war, wenn
ihrem Satz ein Kopf abgeschnitten wurde, viele neue statt des einen
herauszustrecken, und zugleich auch gegen den andern Sophisten,
den Seekrebs, der eben erst, dünkt mich, seewärts her angeschwom-
men gekommen war; sondern als dieser ihn nun auch noch ängstig-
te und ihn so von links her ansprach und biß, rief Herakles seinen
Brudersohn Joleos zu Hilfe. Und der half ihm freilich genug; wenn
d aber mein Joleos käme, der würde nur Übel ärger machen.

[24. Verwandtschaftsverhältnisse] Antworte also, sagte Dionysodo-
ros, da du doch dieses selbst vorgebracht hast, ob wohl Joleos mehr
des Herakles Brudersohn war als der deinige? — Es wird wohl das
beste sein, Dionysodoros, sprach ich, daß ich dir antworte; denn du
läßt doch nicht ab mit Fragen, wiewohl ich fast weiß, du tust es nur
aus Neid, um zu hindern, daß Euthydemos mich jenes Kunststück
lehren soll. — Antworte also, sprach er. — So antworte ich denn, daß
Joleos des Herakles Brudersohn allerdings war, der meinige aber,
e meines Erachtens, ganz und gar nicht ist. Denn nicht Patrokles, mein
Bruder, war sein Vater, sondern der seinige hieß freilich ähnlich ge-
nug Iphikles, des Herakles Bruder. — Patrokles aber, sprach er, ist
der deinige? — Ja, sagte ich, von mütterlicher Seite, nicht aber von
väterlicher. — Also ist er dein Bruder und auch nicht dein Bruder? —
Von Vaterseite nämlich nicht, Bester; denn sein Vater war Chaire-
demos, der meinige aber Sophroniskos. — Vater also, sprach er, war
Sophroniskos und auch Chairedemos? — Allerdings, sprach ich, je-
298 a ner der meinige und der andere seiner. — Also, fragte er, war Chaire-
demos ein anderer als Vater? — Als der meinige, ja, sprach ich. —
War er also etwa Vater, da er doch ein anderer war als Vater? Oder
bist du einerlei mit einem Stein? — Ich fürchte wohl, sprach ich, un-
ter deinen Händen könnte ich es werden; ich denke aber doch nicht.
— Also bist du ein anderer als der Stein? — Ein anderer. — Und nicht
wahr, weil du ein anderer bist als der Stein, bist du nicht Stein? Und
weil ein anderer als Gold, bist du nicht Gold? — Richtig. — Also
auch Chairedemos, sagte er, wenn er ein anderer ist als Vater, ist
nicht Vater. — Er scheint, sprach ich, nicht Vater zu sein. — Und wenn
b Chairedemos Vater ist, nahm Euthydemos das Wort, so ist wiederum
Sophroniskos ein anderer als Vater und nicht Vater, so daß du, o

Sokrates, vaterlos wärest. – Da fiel Ktesippos ein und sagte: Eurem
Vater aber begegnet wohl nicht das nämliche? Ist er nicht ein anderer
als mein Vater? – Weit gefehlt, sprach Euthydemos. – Also, fragte
jener, derselbe? – Derselbe freilich. – Das wollte ich nicht gar gern.
Aber, Euthydemos, fuhr er fort, ist er etwa nur mein Vater oder auch c
der übrigen Menschen? – Auch der übrigen, antwortete er. Oder
meinst du, derselbe sei Vater und auch nicht Vater? – Das meinte
ich freilich, sagte Ktesippos. – Wie, fragte jener, also wäre auch Gold
zugleich nicht Gold, und ein Mensch nicht Mensch? – Wenn du nur
nicht, sagte Ktesippos, Gerissenes wieder mit Gerissenem zusammen-
knüpfst. Denn das ist auch eine üble Sache, wenn dein Vater aller
Vater ist. – Das ist er aber doch, sagte jener. – Etwa nur der Men-
schen, fragte Ktesippos, oder auch der Pferde und aller übrigen Tiere?
– Aller, sagte er. – Auch deine Mutter ebenso die Mutter von allem? d
– Auch die Mutter. – Also ist deine Mutter auch die Mutter der
Schweinigel? – Auch deine, sagte er. – Und du bist also der Bruder
der Stinte und der jungen Hunde und der Ferkel? – Aber auch du,
sagte er. – Ein Eber also ist dein Vater und ein Hund? – Auch dei-
ner, sagte er. – Sogleich, Ktesippos, wenn du mir antworten willst,
sagte Dionysodoros, sollst du das zugestehen. Sage mir, hast du
einen Hund? – Und das einen recht bösen, sprach Ktesippos. – Hat
er auch Junge? – Ja, sprach er, eben solche. – Deren Vater ist also e
doch der Hund. – Jawohl, sprach er, ich habe selbst gesehen, wie er
die Hündin beschwängerte. – Wie nun, ist der Hund nicht dein? –
Freilich, sagte er. – Und so wie dein, ist er auch Vater; so daß der
Hund dein Vater wird, und du der jungen Hunde Bruder.

[25. Ktesippos im Kampf gegen weitere Weisheitsstücke] Und so-
gleich fuhr Dionysodoros weiter fort, damit Ktesippos nicht zuvor et-
was sagen könnte, und sprach: Und noch dies einzige beantworte
mir: Schlägst du wohl diesen Hund? – Da lachte Ktesippos und ant-
wortete: Ja bei den Göttern, denn dich kann ich nicht. – Also schlägst
du deinen Vater? – Mit weit besserem Recht, sagte Ktesippos, möch- 299 a
te ich wohl euren Vater schlagen, was er sich doch gedacht hat, so
weise Söhne zu zeugen. Aber gewiß, o Euthydemos, hat wohl euer
und der Hündchen Vater schon sehr viel Gutes dieser eurer Weisheit
zu verdanken? – Er braucht gar nicht viel Gutes, Ktesippos, weder
er noch du. – Noch auch du selbst, Euthydemos? – Noch auch irgend-
ein anderer Mensch. Denn sage mir nur, Ktesippos, ob du es einem
Kranken für gut hältst, Arzenei zu nehmen, wenn er ihrer bedarf, b
oder nicht? Oder wenn einer in den Krieg zieht, lieber mit Waffen
zu gehen als unbewaffnet? – Ich denke so, antwortete er, wiewohl
ich glaube, du wirst wieder etwas Herrliches sagen. – Das wirst du
am besten wissen, sagte er, antworte nur. Denn da du zugibst, daß
es einem Menschen gut ist, wenn er ihrer bedarf, Arzenei zu neh-
men: so muß er also recht viel von diesem Guten nehmen, und es
wird ihm vortrefflich bekommen, wenn ihm einer ein ganzes Fuder
voll Nieswurz klein stieße und eingäbe? – Gar vortrefflich, Euthy-
demos, wenn der Einnehmende so groß wäre wie die delphische Bild- c

säule. – Und, fuhr jener fort, wenn es im Kriege gut ist, Waffen zu tragen: so muß man ja wohl so viel als nur möglich Spieße und Schilde haben, wenn es ja gut ist? – Gewiß, sagte Ktesippos. Und du, Euthydemos, glaubst das wohl nicht, sondern nur einen, und einen Spieß? – Ja, so glaube ich. – Würdest du etwa auch den Geryones und Briareus so bewaffnen? Hierauf, hatte ich geglaubt, verständest du dich besser, da ihr ja Fechtmeister seid, du und dieser Freund. – Da schwieg Euthydemos; Dionysodoros aber fragte den
d Ktesippos in bezug auf das vorher Geantwortete: Dünkt es dich nicht auch gut, Gold haben? – Freilich, und zwar viel, antwortete Ktesippos. – Und bist du nicht der Meinung, daß man gute Sachen immer haben muß und überall? – Gar sehr. – Und das Gold hältst du doch auch für gut? – Das habe ich freilich zugegeben. – Also muß man es immer haben und überall, und vornehmlich bei sich. Und der
e wäre also der glückseligste, der drei Talente Gold im Bauch hätte und ein Talent im Schädel und einen Stater in jedem Auge. – Sagt man doch auch, sprach Ktesippos, daß das die glücklichsten und trefflichsten Männer sind unter den Skythen, die recht viel Gold haben in ihren Schädeln, auf die Art, wie du vorher den Hund meinen Vater nanntest; und was das wunderbarste ist, sie trinken auch aus diesen ihren eignen vergoldeten Schädeln und sehen inwendig hinein, indem sie ihren eignen Schopf in der Hand halten. – Was für Dinge
300 a sehen aber wohl die Skythen und alle anderen Menschen, fragte Euthydemos, die sich zeigen lassen oder die sich nicht zeigen lassen? – Die sich zeigen lassen, offenbar. – Also auch du? – Auch ich. – Siehst du wohl unsere Kleider? – Ja. – Lassen sich die nun wohl zeigen? – Allerdings, ganz ungemein, sprach Ktesippos. – Was denn, fragte jener, lassen sie sich zeigen? – Nichts. Du aber glaubtest, es ginge ganz und gar nicht, so gut bist du. Aber, Euthydemos, mich dünkt, du träumst, ohne zu schlafen, und wenn es irgend möglich ist, zu reden, ohne etwas zu sagen, so tust du es gewiß.

[26. Schweigend reden und redend schweigen. Triumph des Ktesip-
b *pos]* Ist das etwa, sprach Dionysodoros, nicht möglich für Schweigende zu reden? – Ganz und gar nicht, sagte Ktesippos. – Auch nicht für Redende zu schweigen? – Noch weniger. – Wenn du also für Steine, Holz oder Eisen redest, redest du da nicht für Schweigende? – Keineswegs, antwortete er, wenn ich dabei in der Schmiede herumgehe; denn da schreit das Eisen gewaltig, wenn man es anrührt, so daß dir hier doch aus übergroßer Weisheit entgangen ist, daß du nichts sagst. Aber zeigt mir nun auch das andere, wie es wiederum für Redende möglich ist, zu schweigen. Und Ktesippos
c schien mir sehr in Eifer zu sein wegen seines Lieblings. – Wenn du schweigst, sprach Euthydemos, schweigst du nicht für alle? – Ja. – Also auch für Redende zugleich schweigst du, wenn doch die Redenden unter den allen begriffen sind. – Wie, fragte Ktesippos, schweigen denn nicht alle? – Nein doch, sagte Euthydemos. – Also, Bester, reden etwa alle? – Ja, die Redenden. – Aber, sagte jener, danach fragte ich ja nicht, sondern alle, ob die reden oder schweigen? –

Keines von beiden, und beides, sagte hurtig einfallend Dionysodoros, d
denn mit der Antwort, das weiß ich gewiß, wirst du nichts anfangen
können. – Da lachte, wie er pflegt, Ktesippos laut auf und sagte:
o Euthydemos, dein Bruder hat die Frage doppelt genommen und
ist verloren und überwunden. – Da freute sich Kleinias sehr und
lachte, so daß dem Ktesippos noch mehr als zehnfach der Mut wuchs.
Wie mich aber dünkt, hatte der schlaue Ktesippos schon von ihnen
selbst eben dieses abgehört. Denn es gibt nirgend sonst noch solche
Weisheit unter den Menschen.

[27. Verschiedenheit des Verschiedenen und was jedem zukommt]

Und ich sagte darauf: Warum lachst du doch, Kleinias, über so wich- e
tige und schöne Dinge? – Hast du denn schon jemals ein schönes
Ding gesehen, Sokrates? fragte Dionysodoros. – O ja, sagte ich, vie-
le. – Waren die verschieden von dem Schönen, sprach er, oder einer- 301 a
lei mit dem Schönen? – Da war ich nun wieder auf jeden Fall in
der Klemme und dachte, mir geschähe Recht dafür, daß ich gemuckst
hätte. Dennoch aber sagte ich: Verschieden von dem Schönen selbst;
aber jedes hat doch eine gewisse Schönheit bei sich. – Also, sprach
er, wenn du einen Ochsen bei dir hast, bist du ein Ochs? Und weil
du jetzt mich bei dir hast, bist du Dionysodoros? – Sprich wenigstens
nichts Ruchloses, wie das letzte, sagte ich. – Aber auf welche Weise,
sprach er, kann denn, wenn nun ein verschiedenes Ding zu einem
verschiedenen hinzukommt, dies verschiedene das verschiedene sein?
– Also dagegen, sagte ich, findest du Bedenken? Denn nun unterfing b
ich mich schon, den Männern ihre Weisheit nachzuahmen, weil ich
so großes Vergnügen daran fand. – Wie, sprach er, sollte ich nicht
Bedenken haben, ich und alle andern Menschen, gegen das, was nicht
ist? – Wie meinst du, sprach ich, ist nicht das Schöne schön und das
Häßliche häßlich? – Wenn ich es dafür halte, sprach er. – Hältst du
es also dafür? – Freilich, sagte er. – Also ist doch auch das Einerlei
einerlei und das Verschiedene verschieden. Denn das Verschiedene
ist doch wohl nicht das Einerlei. Dagegen, dachte ich, würde kein
Kind Bedenken finden, daß das Verschiedene verschieden ist! Doch c
Dionysodoros, dies hast du nur mit Willen so übersehen. Denn
übrigens dünkt mich, daß, wie jeder ausgelernte Künstler, was ihm
zu fertigen zukommt, so auch ihr das Gespräch ganz vortrefflich aus-
arbeitet. – Weißt du also, sprach er, was jedem Künstler zukommt?
Zuerst, wem kommt das Schmieden zu? – Ich weiß, dem Schmied. –
Wem Töpfe machen? – Dem Töpfer. – Und schlachten und abledern,
und das kleine Fleisch zerlegen, kochen und braten? – Dem Koch,
sprach ich. – Wenn man nun einem tut, was ihm zukommt, so tut d
man doch recht? – Gewiß. – Und dem Koch, sagst du, kommt
Schlachten und Abledern zu? Hast du das zugegeben oder nicht? –
Freilich habe ich es zugegeben, aber sieh es mir nur nach. – Offen-
bar also, fuhr er fort, wenn jemand den Koch schlachtet, zerlegt,
kocht und brät: so tut er ihm, was ihm zukommt. Und wenn jemand
den Schmied schmiedet und den Töpfer auf der Scheibe dreht: so tut
er ihm, was ihm zukommt.

[28. Was ist tierisches Eigentum? Völlige Überwindung des S.] O Po-
e seidon! rief ich aus, jetzt hast du deiner Weisheit die Krone aufge-
setzt! Werde ich die wohl je so gewinnen, daß sie mir eigen wird? –
Würdest du sie wohl erkennen, Sokrates, wenn sie dir eigen geworden
wäre? – Wenn du es willst, sprach ich, dann gewiß. – Und wie,
sprach er, du glaubst zu erkennen, was dein ist? – Wenn du nicht
etwa anderes meinst, sagte ich; denn mit dir muß man anfangen und
mit dem Euthydemos endigen. – Glaubst du also etwa, daß das dein
302 a ist, worüber du zu gebieten hast und womit du anfangen kannst, was
du willst? Zum Beispiel, würdest du glauben, diejenigen Ochsen und
Schafe wären dein, welche du verkaufen, verschenken und schlachten
dürftest, welchem Gott du wolltest? Und mit denen es sich nicht so
verhielte, die wären nicht dein? – Da merkte ich schon, daß hieraus
wieder eins von jenen herrlichen Fragestücken herausspringen würde,
und da ich es gern baldmöglichst hören wollte, antwortete ich: Aller-
dings, so verhält es sich, dergleichen allein ist mein. – Und wie?
Tiere nennst du doch das, was eine Seele hat? – Ja, sprach ich. – Du
b gibst also zu, von den Tieren seien allein diejenigen dein, womit du
Macht hast, alles das zu tun, was ich eben erwähnte? – Das gebe ich
zu. – Darauf hielt er spöttisch verstellterweise inne, als ob er auf
etwas Großes sänne, und fragte dann: Sage mir, Sokrates, hast du
einen väterlichen Zeus? – Da ahnte mir schon, daß es kommen wür-
de, wie es zuletzt auch kam, und ich drehte und wendete mich ratlos
und vergeblich wie im Netze gefangen und sagte: Nein, den habe ich
nicht, Dionysodoros. – So bist du ja ein ganz erbärmlicher Mensch
c und gar nicht ein Athener, wenn du weder väterliche Götter hast,
noch Heiliges, noch sonst etwas Schönes und Gutes. – Halt, sagte
ich, Dionysodoros, sprich besser und laß mich nicht so hart an als
Lehrer. Denn ich habe ja allerdings Altäre und Heiligtümer, häus-
liche und väterliche, und alles, was andere Athener von der Art ha-
ben. – Also andere Athener haben keinen väterlichen Zeus? – Nein,
sagte ich, diesen Namen führt er bei keinen Ioniern, weder bei denen,
die von dieser Stadt aus anderwärts hingezogen sind, noch bei uns
d selbst. Sondern väterlich heißt uns Apollon wegen Erzeugung des
Ion. Zeus aber wird bei uns nicht väterlich genannt, sondern der
Zeus des Gehöftes und der Brüderschafts-Zeus, und so auch Athene,
die Athene der Brüderschaften. – Das ist ja genug, sprach Dionyso-
doros; so hast du doch, wie es scheint, einen Apollon und Zeus und
Athene. – Jawohl, sagte ich. – Also sind doch auch diese deine Göt-
ter? – Ja, Ahnherrn, sagte ich, und Gebieter. – Immer doch deine,
sprach er, oder hast du nicht eingestanden, daß sie dein sind? – Ich
habe es eingestanden, sagte ich, denn was will ich machen? – Nun
e sind doch diese Götter Tiere? Denn du hast eingestanden, was eine
Seele habe, sei Tier. Oder haben diese Götter keine Seele? – Sie
haben, sprach ich. – Also sind sie doch auch Tiere? – Das sind sie. –
Und von Tieren, gestandest du, wären nur diejenigen dein, welche
du Macht hättest zu verschenken, zu verkaufen und zu schlachten
welchem Gott du wolltest. – Ich habe es eingestanden, sprach ich.
Denn ich kann ja doch nicht entschlüpfen, Euthydemos. – So komm

denn, fuhr er fort, und sage mir gleich, da du bekennst, Zeus sei
dein und die andern Götter, ob du sie wohl verschenken oder ver- 303 a
kaufen dürftest oder was du sonst mit ihnen anfangen wolltest wie mit andern Tieren? – Da lag ich nun, Kriton, von der Rede getroffen, sprachlos da. Ktesippos aber wollte mir zu Hilfe kommen und sagte: Der Popanz Herakles! Was für ein schönes Stück! – Wie doch, sprach Dionysodoros, ist Herakles der Popanz, oder der Popanz Herakles? – Da rief Ktesippos aus: O Poseidon! Was für gewaltige Reden! Ich lasse ab; denn die Männer sind unbezwinglich.

[29. Preisung und abschließende Ratschläge des S. an E. und D.]

Und hier, lieber Kriton, war auch nicht einer unter den Anwesen- b
den, der die Rede nicht über die Maßen gelobt hätte, und die beiden erlagen fast dem Lachen und dem lauten Beifall und der Freude. Denn beim vorigen entstand zwar auch schon jedesmal gar schönes Getümmel, jedoch allein unter den Freunden des Euthydemos. Hierbei aber wollten fast die Säulen im Lykeion mit einstimmen in das Getümmel und sich freuen an den Männern. Und ich selbst war so
ergriffen, daß ich gestehen mußte, nie so weise Männer gesehen zu c
haben, und ganz bezwungen und gefangen von ihrer Weisheit, wendete ich mich dazu, sie beide zu preisen und zu verherrlichen, und sagte: O ihr glückseligen beiden über eure wunderbaren Gaben, daß ihr eine so große Sache so leicht und in so weniger Zeit zustande gebracht! Denn unter vielem andern Schönen, das sich in euren Reden findet, o Euthydemos und Dionysodoros, ist dieses fast das Erhabenste, daß ihr euch um die meisten Menschen, und um die ernst-
haften zumal und die für etwas gehalten werden, nicht kümmert, d
sondern um die, welche euch gleichen, nur. Denn das weiß ich gewiß, daß mit diesen Reden nur wenig Menschen recht zufrieden sein möchten, die euch gleichen; die andern aber haben wohl so wenig Verstand davon, daß ich gewiß weiß, sie würden sich mehr schämen, mit solchen Reden andere zu widerlegen, als selbst dadurch widerlegt zu werden. Auch dies ist noch etwas recht Leutseliges und Gutmütiges in euren Reden, daß, wenn ihr nun behauptet, es sei überall gar nichts schön oder gut oder auch weiß und was irgend von der Art, oder auch, es sei überall nichts vom andern verschieden, ihr
dann freilich recht ordentlich den Leuten den Mund zusammennäht, e
wie ihr auch selbst sagt; aber nicht nur anderer ihrem scheint ihr dies anzutun, sondern auch eurem eignen, das ist eben das Hübsche dabei und benimmt diesen Reden alles Verhaßte. Das Größte aber ist, daß diese Sache so beschaffen und von euch recht kunstreich so ausgedacht ist, daß es in gar weniger Zeit jeder Mensch lernen kann. Das habe ich bemerkt und recht acht gehabt auf den Ktesippos, wie schnell er aus dem Stegreif imstande war, euch nachzuahmen. Diese
künstliche Eigenschaft eures Geschäftes ist nun für das schnellere 304 a
Überliefern freilich gar schön, aber vor vielen Menschen betrieben zu werden, eignen sich diese Reden deshalb weniger; sondern, wenn ihr mir wenigstens folgen wollt, werdet ihr euch hüten, vor vielen so zu reden, damit sie nicht die Kunst allzu schnell erlernen und euch

dann wenig Dank dafür wissen. Sondern redet hübsch meist nur unter euch so; oder wenn ja vor jemand anderm, nur vor dem, der euch bezahlt. Und eben dies müßt ihr auch, wenn ihr verständig han-
b deln wollt, euren Schülern raten, ja nie vor einem andern Menschen, sondern immer nur vor euch und unter sich diese Kunst zu treiben. Denn es ist nun einmal so, Euthydemos, das Seltene ist das Geltende, und das Wasser ist das Allerwohlfeilste, unerachtet es das Vortrefflichste ist, wie Pindaros sagt. Aber kommt, sprach ich, damit ihr auch mich und diesen Kleinias hier gleich aufnehmt.

[30. Bedenken gegen das Verhalten des S.]

Dies, o Kriton, und einiges wenige andere sprachen wir noch und gingen dann. Sieh also nun zu, wie du auch zu den beiden kommst,
c da sie verhießen, daß sie es jeden lehren könnten, der nur bezahlen wollte, und daß sie keine Gemütsart noch Alter ausschließen wollten. Ja, was dir besonders wichtig sein muß, sie sagten, auch den, der mit dem Erwerb beschäftigt wäre, hindere nichts, ihre Weisheit sich sehr leicht anzueignen.

Kriton: Gewiß, Sokrates, bin ich ein großer Redefreund und mag gern etwas lernen. Indes scheint es fast, daß auch ich einer von denen bin, die dem Euthydemos nicht gleichen; sondern von jenen, von denen du auch sagtest, daß sie lieber durch solche Reden wider-
d legt werden möchten als selbst widerlegen. Und obschon es mir gar lächerlich vorkommt, dich zurechtzuweisen: so muß ich dir doch, was ich gehört habe, wieder erzählen. Höre also, daß einer von denen, die von euch gingen, mir begegnete, als ich umherging, ein Mann, der sich sehr klug dünkt, von jenen einer, die stark sind in den gerichtlichen Reden, der fragte mich: Nun, Kriton, du hörst nicht zu bei dieser Weisheit? – Nein, beim Zeus, sagte ich, denn auch als ich dabei stand, konnte ich nichts verstehen wegen des Gedränges. – Schade! sprach er, es lohnte wohl, es zu hören. – Wieso? fragte ich.
e – So hättest du, sagte er, Männer reden gehört, welche jetzt die weisesten sind in dergleichen Reden. – Darauf sagte ich: Wie sind sie dir denn vorgekommen? – Wie anders, antwortete er, als wie man diese Leute immer hört Possen treiben und sich um nichtswerte Dinge eine unwürdige Mühe geben. – So sagte er wörtlich. Da sprach ich: Aber es ist doch eine schöne Sache um die Philosophie. – Wie
305 a doch schön, sagte er, du Guter? Gar nichts wert. Vielmehr wenn du jetzt auch zugegen gewesen wärest, würdest du dich, glaube ich, recht geschämt haben für deinen Freund, so abgeschmackt war er, sich solchen Menschen hingeben zu wollen, denen gar nichts daran liegt, was sie sagen, die sich aber an jedes Wort hängen. Und diese, wie ich eben sagte, sind von den besten jetzt. Aber eben, lieber Kriton, die Sache selbst und die Menschen, die sich damit abgeben, sind ganz schlecht und lächerlich. – Mich indes, o Sokrates, dünkt, die Sache
b selbst könne wohl weder dieser mit Recht tadeln noch wer sie sonst tadelt. Allein mit solchen Menschen sich vor vielen andern einlassen zu wollen, das schien er mir mit Recht zu mißbilligen.

[31. S. über die Weisheit der Männer, die zwischen Staatskunst und Philosophie die Mitte halten wollen]

SOKRATES: O Kriton, wunderlich sind solche Menschen. Allein, ich weiß noch nicht, was ich sagen soll. Zu welchen gehörte der, der dir begegnete und die Philosophie tadelte? War er einer von denen, die selbst vor Gericht zu streiten verstehen, ein Redner? Oder von denen, die solche hinschicken, ein Verfertiger der Reden, mit denen die Redner streiten?

KRITON: Keineswegs ein Redner, beim Zeus, ich glaube nicht, daß c
er jemals die Gerichtsstätte betreten hat. Aber man sagt, daß er die Sache versteht und stark darin ist und vortreffliche Reden ausarbeitet.

SOKRATES: Ich verstehe schon, und eben von diesen wollte ich auch selbst reden. Das sind die Leute, von denen Prodikos sagt, sie ständen auf der Grenze zwischen Philosophen und Staatsmännern. Sie glauben aber die Weisesten unter allen zu sein und außer dem, daß sie es sind, auch bei den meisten dafür zu gelten, so daß, wenn sie nicht bei allen diesen Ruhm davontrügen, ihnen hierbei niemand im Wege stehe, als die sich mit der Philosophie beschäftigen. Sie d
glauben daher, wenn sie diese nur in den Ruf bringen könnten, daß man sie für nichts wert hielte, daß alsdann sie selbst unbestritten überall den Sieg davontragen müßten im Rufe der Weisheit. Denn die Weisesten wären sie doch in der Tat; wenn sie aber in der Unterhaltung den kürzeren zögen, so wären es die aus des Euthydemos Schule, von denen sie eingeengt würden. Für weise aber halten sie sich mit großem Scheine des Rechtes, weil sie sich nämlich mäßig mit der Philosophie einließen und mäßig mit den Staatsgeschäften, und das aus einem recht scheinbaren Grunde; denn sie ließen sich e
mit beiden soviel ein als nötig und könnten ohne alle Gefahr und Streit die Früchte der Weisheit ernten.

KRITON: Und wie? Dünkt dich etwas damit gesagt zu sein, Sokrates? Denn gewiß doch hat der Männer Rede einen recht stattlichen Schein.

SOKRATES: Das hat sie auch in der Tat, Kriton, mehr Schein als Gedeihn. Denn es ist nicht leicht, sie zu überzeugen, daß ein Mensch 306 a
oder was irgend sonst in der Mitte steht zwischen zwei Dingen und an beiden teilhat, wenn diese aus einem Gut und einem Übel zusammengesetzt ist, alsdann besser als das eine sein wird, aber schlechter als das andere; wenn aber aus zweierlei Gutem, das sich nicht auf denselben Gegenstand bezieht, dann schlechter als jedes von beiden dazu, wozu jedes einzelne von jenen, woraus es besteht, gut ist; und daß nur, was aus zwei Übeln bestehend, die es nicht in derselben Beziehung sind, sich in der Mitte zwischen beiden befindet, besser sein wird als jedes von den beiden, woran es teilhat. Ist nun also die b
Philosophie gut und die ausübende Staatskunst auch, aber jede in einer andern Beziehung, und diese wollen in der Mitte zwischen beiden stehen: so ist nichts damit gesagt; denn sie sind alsdann schlechter als beide. Ist aber die eine etwas Gutes und die andere dagegen etwas Übles: so sind sie freilich besser als die einen, aber auch schlechter als die andern. Und nur wenn beide etwas Schlechtes

wären, in diesem Falle allein hätten sie recht; sonst aber auf keine
c Weise. Allein, ich glaube nicht, daß sie eingestehen werden, weder
daß beide schlecht sind, noch daß die eine schlecht ist und nur die
andere gut. Also sind in der Tat diese, welche an beiden Anteil ha-
ben wollen, schlechter als jeder von beiden darin, in Beziehung wor-
auf eben Staatskunst und Philosophie ihren Wert haben; und uner-
achtet sie der Wahrheit nach die dritten sind, suchen sie doch als die
ersten zu erscheinen. Verzeihen muß man ihnen nun wohl dieses
Verlangen und ihnen nicht darum zürnen, sie aber doch nur für das
ansehen, was sie wirklich sind. Denn man muß mit jedem vorlieb-
nehmen, der nur irgend etwas Vernünftiges behandelt und mit wak-
d kerem Ernst durcharbeitet.

[32. Schlechte Philosophen und echte Philosophie]

KRITON: Wegen meiner Söhne nun, o Sokrates, bin ich ja gewiß,
wie ich dir auch jedesmal sage, in rechter Verlegenheit, was ich mit
ihnen beginnen soll. Der jüngere zwar ist noch klein, Kritobulos aber
wächst schon heran und bedarf eines Mannes, der ihm forthilft.
Sooft ich nun mit dir zusammenkomme, ist mir so zumute, daß es
mich große Torheit dünkt, meiner Söhne wegen für viele andere
Dinge soviel Sorge getragen zu haben, sowohl für meine Verheira-
e tung, um sie mit einer recht wohlgearteten Mutter zu erzeugen, als
auch für mein Vermögen, um sie so wohlhabend als möglich zu ma-
chen, wenn ich nun nicht auch für ihren Unterricht sorgen wollte.
Sooft ich aber auf einen von denen hinsehe, die sich dafür ausgeben,
Jünglinge zu unterrichten und zu bilden: so werde ich ganz irre, und
sie dünken mich insgesamt, wenn ich sie recht betrachte, ganz ver-
308 a kehrt zu sein, damit ich dir doch die Wahrheit geradeheraus sage, so
daß ich nicht weiß, wie ich den jungen Menschen zur Philosophie
aufmuntern kann.

SOKRATES: Lieber Kriton, weißt du denn nicht, daß in jedem Ge-
schäft der Schlechten viele sind, und diese nichts wert, der Trefflichen
hingegen nur wenige, diese dann aber auch alles wert? Oder hältst
du die Turnkunst nicht für etwas Schönes, und die Haushaltungs-
kunst, und die Redekunst, und die Kriegskunst?

KRITON: Jawohl, recht sehr.

SOKRATES: Und wie nun? Siehst du nicht die meisten zu jedem Ge-
b schäft sich ganz erbärmlich und lächerlich anstellen?

KRITON: Ja, beim Zeus, da sprichst du sehr wahr.

SOKRATES: Und wolltest nun deshalb du selbst dich allen diesen
Geschäften entziehen und sie auch deinen Söhnen nicht gestatten?

KRITON: Das wäre wohl keineswegs recht, Sokrates!

SOKRATES: Tue also ja nicht, was sich nicht gebührt, Kriton! Son-
dern die laß ganz beiseite, die sich der Philosophie befleißigen, ob sie
gut sind oder schlecht, und nur die Sache selbst prüfe recht gut und
c gründlich; und erscheint sie dir als schlecht, so mahne jedermann
davon ab, nicht nur deinen Söhnen, erscheint sie dir aber so, wie sie
auch mir vorkommt, so gehe ihr getrost nach und übe sie, du selbst,
wie man zu sagen pflegt, und deine Kinder.

MENEXENOS

GLIEDERUNG

A. Einleitung:

1. Vor der Wahl eines Leichenredners (1. Kap., 234 a 1—234 b 10)

2. Preisung der bezaubernden Macht der Redner durch S. (2. Kap., 234 c 1—235 c 5)

3. Seine eigene Redebefähigung als Schüler der Aspasia (3. Kap., 235 c 6—236 a 6)

4. Ankündigung einer von Aspasia aufgesetzten Leichenrede (4. Kap., 236 a 7—236 c 10)

B. Hauptteil: Die Leichenrede

1. Art und Aufbau der Rede (5. Kap., 236 c 11—237 b 2)

2. Wohlgeborenheit der Athener: a) Ihre Herkunft aus dem Lande selbst (6. Kap., 237 b 2—237 c 4); b) Ausgezeichnetheit dieses Landes (7. Kap., 237 c 5—238 b 6)

3. Angemessenheit und Grund der aristokratischen Gleichheits-Verfassung (8. Kap., 238 b 7—239 a 4)

4. Die Taten Athens: a) Der Perserkrieg; α) Größe der persischen Macht (9. Kap., 239 a 5—240 a 4); β) Unglück der Eretrier und Sieg bei Marathon (10. Kap., 240 a 4—240 e 6); γ) Der Seesieg bei Salamis und seine Bedeutung (11. Kap., 240 e 6—241 c 3); δ) Platää und Krönung durch die Schlacht am Eurymedon (12. Kap., 241 c 4—241 e 5); b) Freiheitskämpfe für Hellenen gegen Hellenen (13. Kap., 241 e 6—242 e 4); c) Ruhmvolles Verhalten im und unmittelbar nach dem Peloponnesischen Krieg (14. Kap., 242 e 4—244 b 3); d) Die Gesinnung Athens nach dem Krieg (15. Kap., 244 b 3—244 d 1); e) Wiederum Zuflucht und Unterstützerin der Bedrängten (16. Kap., 244 d 1—245 b 2); f) Weitere Standhaftigkeit gegen die Barbaren (17. Kap., 245 b 2—246 a 4)

5. a) Die Verpflichtung der Hinterbliebenen (18. Kap., 246 a 5—246 c 8); b) Ermahnungen der Gefallenen an die Söhne (19. Kap., 246 d 1 bis 247 c 4); c) Tröstung und Rat für die Väter und Mütter (20. Kap., 247 c 5—248 d 6)

6. Schlußverweis auf die helfende Tätigkeit des Staates (21. Kap., 248 d 7—249 c 8)

C. Schluß: Bewunderung der Rede und Dank des Menexenos (22. Kap., 249 d 1—249 e 7)

[1. Vor der Wahl eines Leichenredners]

SOKRATES: Vom Markte, Menexenos, oder woher sonst? 234 a

MENEXENOS: Vom Markte, o Sokrates, und aus der Ratsversammlung.

SOKRATES: Was hast du doch bei der Ratsversammlung? Oder offenbar, daß du mit deiner Unterweisung und Wissenschaft fertig zu sein glaubst und, weil du weit genug bist, dich nun zu dem Höheren zu wenden gedenkst und unternimmst, du Wundervoller, über uns Alte zu herrschen in solcher Jugend, damit euer Haus nicht ermangele, uns immer einen Berater zu geben. b

MENEXENOS: Wenn du es zugibst, o Sokrates, und mir auch rätst, an der Regierung teilzunehmen, so will ich danach streben, sonst aber nicht. Jetzt jedoch ging ich in die Ratsversammlung, weil ich erfahren, daß der Rat einen wählen würde, der den Gebliebenen die Standrede halten sollte. Denn du weißt, daß sie eine öffentliche Bestattung feiern wollen.

SOKRATES: Freilich! Aber wen haben sie gewählt?

MENEXENOS: Keinen; sondern sie haben es auf morgen verschoben. Ich glaube indes, Archinos oder Dion wird gewählt werden.

[2. Preisung der bezaubernden Macht der Redner durch S.]

SOKRATES: Es ist doch in vieler Hinsicht eine herrliche Sache, Menexenos, im Kriege zu bleiben. Denn ein schönes und prachtvolles Leichenbegängnis bekommt, wer auch als ein armer Mann gestorben ist, und gelobt wird ebenfalls, wer auch nichts taugt, und das von kunstreichen Männern, die nicht aufs Geratewohl loben, sondern schon lange vorher ihre Rede angeordnet haben und die so vortrefflich loben, daß sie, was jeder an sich gehabt hat und auch was nicht, ihm nachrühmend, mit dem herrlichsten Schmuck der Worte verziert, unsere Seelen bezaubern, indem sie sowohl den Staat auf alle Weise verherrlichen als auch die im Kriege Gebliebenen und unsere Vorfahren insgesamt, ja auch uns selbst preisen, die wir noch leben. So daß mir wenigstens, o Menexenos, ganz erhaben zumute ist, wenn ich von ihnen gerühmt werde, und ich stehe jedesmal ganz versunken im Zuhören und bezaubert, meinend, ich sei zusehends größer und edler und trefflicher geworden. Und wie denn größtenteils manche Fremde mich begleiten und mit mir zuhören, werde ich gegen die zusehends vornehmer; denn auch ihnen, dünkt mich, begegnet dasselbe mit mir und der ganzen Stadt, daß sie ihnen viel wundervoller erscheint als zuvor, weil sie von dem Redner beredet sind. Und dieses Selbstgefühl bleibt mir wohl länger als drei Tage; so einsiedeln kann sich die Rede und der Ton des Redners in den Oh-

(margin: c … 235 a … b … c)

ren, daß ich mich kaum am vierten oder fünften Tage wieder besinne und merke, wo in der Welt ich bin, solange aber fast glaube, in der Seligen Inseln zu wohnen, so geschickt sind unsere Redner.

[3. Seine eigene Redebefähigung als Schüler der Aspasia]

Menexenos: Immer bespöttelst du die Redner, o Sokrates. Diesmal indes, denke ich, wird der Gewählte nicht allzu wohl daran sein. Denn mit der Wahl ist es so plötzlich gekommen, daß, wer reden soll, es fast unvorbereitet wird tun müssen.

d Sokrates: Woher doch, Bester? Jeder von diesen hat ja seine Rede
immer schon fertig; und dergleichen wäre ja auch unvorbereitet nicht einmal schwer. Ja, wenn man Athener sollte vor Peloponnesiern rühmen oder Peloponnesier vor Athenern, da bedürfte es wohl eines guten Redners, um zu überreden und Beifall zu finden; wenn einer aber vor denen seine Kunst geltend zu machen hat, die er zugleich rühmt, da ist es nichts Großes, wenn man gut zu reden scheint.

Menexenos: Meinst du nicht, o Sokrates?

Sokrates: Gar nicht, beim Zeus.

e Menexenos: Glaubst du wohl selbst imstande zu sein zu reden,
wenn du müßtest und der Rat dich wählte?

Sokrates: Von mir wäre es wohl gar nicht zu wundern, Menexenos, daß ich imstande wäre, die Rede zu halten, der ich eine gar nicht schlechte Lehrerin habe in der Redekunst, sondern eine, die auch viele andere treffliche Redner gebildet hat, einen aber, der es allen Hellenen zuvortut, den Perikles.

Menexenos: Wer ist die? Oder du meinst wohl gewiß die Aspasia?

Sokrates: Die meine ich, und dann auch Konnos, den Sohn des
236 a Metrobios. Denn dies sind meine zwei Lehrer, er in der Tonkunst,
sie in der Redekunst. Von einem so erzogenen Manne ist wohl nicht zu verwundern, wenn er gewaltig ist im Reden. Aber wer auch minder gut unterrichtet wäre als ich, etwa von Lampros in der Tonkunst und in der Redekunst von Antiphon dem Rhamnusier, auch ein solcher müßte immer noch, wenn er Athener unter Athenern lobte, Beifall finden.

[4. Ankündigung einer von A. aufgesetzten Leichenrede]

Menexenos: Und was würdest du wohl zu sagen wissen, wenn du die Rede halten müßtest?

Sokrates: Ich von mir selbst vielleicht nichts. Aber der Aspasia
b habe ich noch gestern zugehört, wie sie eine Standrede für eben die-
sen Fall vortrug. Sie hatte nämlich gehört, eben was du sagst, daß die Athener einen Redner dazu wählen wollten; da hat sie mir dann vorgetragen, einiges aus dem Stegreif, wie man es sagen müßte, anderes auch wohl früher Überlegtes, als sie, denke ich, jene Standrede ausarbeitete, welche Perikles hielt, so daß sie hier einiges dort Übriggelassene zusammenkittete.

Menexenos: Könntest du dich wohl erinnern, was Aspasia sagte?

Sokrates: Wenn ich nicht ganz schlecht bin; denn ich habe ja bei
c ihr gelernt und beinahe Schläge bekommen, weil ich vergeßlich war.

MENEXENOS: Warum trägst du es also nicht vor?

SOKRATES: Daß mir die Meisterin nur nicht zürnt, wenn ich ihre Reden ausbringe.

MENEXENOS: Gewiß nicht, o Sokrates; sondern sprich nur. Du wirst mir den größten Gefallen erweisen, magst du nun eine Rede der Aspasia vortragen oder wessen sonst; allemal sprich nur.

SOKRATES: Aber du wirst mich auslachen, wenn ich alter Mann dir vorkomme, als triebe ich noch Kinderei.

MENEXENOS: Keineswegs, Sokrates, sondern sprich nur auf jede Weise.

[5. Art und Aufbau der Rede]

SOKRATES: Dir muß ich freilich gefällig sein; und es fehlt wenig,
wenn du haben wolltest, ich sollte mich entkleiden und tanzen, daß d
ich es täte: da wir ja allein sind. So höre denn. Sie redete nämlich, wie ich glaube, indem sie ihre Rede anhub von den Verstorbenen selbst, also.

Was Tat betrifft, so haben diese zwar, was ihnen gebührt, und gehen, nachdem es vollbracht ist, ihren bestimmten Weg, geleitet alle gemeinsam von der Stadt und jeglicher insbesondere von den Seinigen. Durch Rede aber gebietet das Gesetz den Männern die noch
fehlende Ehre zu erzeigen, und das gebührt sich. Denn nach wohl- e
verrichteten Taten erwirbt wohlgesprochene Rede den Tätern Gedächtnis und Ehre bei den Hörern. Es bedarf also eines solchen Vortrages, welcher den Verstorbenen selbst rühmlich nachrede, den Lebenden aber gelinde zurede; Kinder nämlich und Brüder, es jenen in der Tugend nachzutun, ermahnend, Väter aber und Mütter und, wenn ihnen noch höhere Vorfahren zurückgeblieben sind, diese be-
ruhigend. Welches wäre uns nun wohl ein solcher Vortrag, oder wo- 237 a
mit könnten wir am besten anfangen, wackere Männer zu loben, welche im Leben den Ihrigen zur Freude gereichten durch ihre Tugend und nun für das Heil der Lebenden den Tod überkommen haben? Mich dünkt nun, man müsse der Entstehung nach, wie sie gut geworden sind, so auch sie loben. Gut aber sind sie geworden wegen ihrer Abkunft von Guten. Ihre Wohlgeborenheit also laßt uns zuerst verherrlichen, zum zweiten dann ihre Auferziehung und Unterwei-
sung; und nach diesem wollen wir ihrer Taten Verrichtung darstel- b
len, wie herrlich und des allen würdig sich diese bewährt.

[6. Herkunft der Athener aus dem Lande selbst] Zu ihrer Wohlgeborenheit nun gehörte zuerst die Herkunft ihrer Vorfahren, welche nicht eine auswärtige ist noch diese ihre Nachkommen ausweist als Fremdlinge in diesem Lande, weil jene anderwärts hergekommen, sondern als wahrhaft Eingeborene und solche, die in der Tat in ihrem Vaterlande wohnen und leben, nicht als von einer Stiefmutter Auferzogene wie andere, sondern als von einer Mutter von dem
Lande, in welchem sie wohnten, und die jetzt nach ihrem Ende in c
dem verwandten Schoß ihrer Gebärerin und Ernährerin wieder aufgenommen liegen. Darum ist es am billigsten, zuerst die Mutter

selbst zu preisen, denn so findet sich von selbst auch die Wohlgeborenheit jener gepriesen.

[7. Ausgezeichnetheit dieses Landes]

Wert aber ist dieses Land sogar von allen Menschen gepriesen zu
werden, nicht allein von uns, und zwar auch auf vielerlei andere Wei-
se, zuerst aber und um des Größten willen, weil es von den Göttern
geliebt ist; und dieser Rede gibt Zeugnis der über sie entzweiten
d Gottheiten Streit und Vergleich. Welches also die Götter gerühmt ha-
ben, wie sollte das nicht billig von allen Menschen insgesamt ge-
rühmt werden? Und der zweite Ruhm desselben wäre mit Recht die-
ser, daß in jener Zeit, in welcher jegliches Land hervorbrachte und
erzeugte allerlei Lebendiges, fleischfressende Tiere und grasfressende,
in dieser das unsrige wilde Tiere nicht erzeugte und sich rein von
ihnen erhielt, von allen Lebendigen aber sich auswählte und erzeugte
den Menschen als dasjenige, welches an Verstand alle übrigen über-
trifft und Recht und Götter allein annimmt. Für diese Rede aber, daß
e dieses Land hier ihre und unsere Vorfahren erzeugt hat, ist dieses
ein großer Beweis. Jedes Gebärende nämlich hat angemessene Nah-
rung für das Geborene; woran auch jede Frau zu erkennen ist, ob sie
in der Tat geboren hat oder nicht, sondern das Kind sich nur unter-
schiebt, wenn sie nicht Quellen der Nahrung hat für das Erzeugte.
Und eben hierdurch legt unser Mutterland einen deutlichen Beweis
ab, daß es Menschen gezeugt hat. Denn dies allein brachte schon da-
238 a mals und zuerst menschliche Nahrung hervor, die Frucht des Weizens
und der Gerste, wovon sich das menschliche Geschlecht am schönsten
und besten nährt; so daß gewiß dieses Geschlecht der Lebendigen
von ihm selbst erzeugt ist. Und mehr noch von der Erde als von
einer Frau muß man solche Beweise annehmen. Denn die Erde hat
nicht den Frauen nachgeahmt Schwangerschaft und Geburt, sondern
diese ihr. Diese Frucht aber hat es nicht vorenthalten, sondern sie
auch den übrigen mitgeteilt. Nächstdem hat es auch die Erzeugung
des Öls, dieses Balsams für Mühen, seinen Sprößlingen hinterlassen.
b Und nachdem es sie so ernährt und aufgezogen zur Mannbarkeit, hat
es ihnen zu Herrschern und Lehrern Götter herbeigeführt, deren
Namen uns hier ziemt zu übergehen. Denn wir wissen, welche von
ihnen unser Leben angeordnet haben sowohl für das tägliche Bedürf-
nis durch die erste Anweisung in Künsten, als auch für die Beschüt-
zung des Landes durch Unterricht in Verfertigung und Gebrauch der
Waffen.

[8. Angemessenheit und Grund der aristokratischen Gleichheits-Verfassung]

Also nun erzeugt und unterrichtet, haben die Vorfahren dieser
eine Staatsverfassung angeordnet und befolgt, deren billig ist hier
c mit wenigem zu erwähnen. Denn die Staatsverfassung ist die Erzie-
hung der Menschen, die gute trefflicher, die entgegengesetzte schlech-
ter. Wie nun in einer trefflichen Verfassung unsere Vorfahren aufge-
zogen worden, ist notwendig zu zeigen, vermöge deren sowohl jene

gut wurden als auch die heutigen es sind, zu denen auch diese Ver-
storbenen gehören. Denn die Verfassung war dieselbe damals wie
jetzt, aristokratisch, auf welche Weise wir uns jetzt regieren und
auch die ganze Zeit von damals an größtenteils; es nennt sie aber
der eine die Volksherrschaft, der andere anders, wie es jedem beliebt, d
in Wahrheit aber ist sie eine Herrschaft der Besseren mit dem guten
Willen des Volkes. Denn Könige haben wir ja immer, nur bald erb-
liche, bald gewählte, das meiste hängt aber ab in der Stadt von dem
Volke, welches Ämter und Gewalt denen gibt, die ihm jedesmal dün-
ken die Besten zu sein, und weder durch Schwächlichkeit noch durch
Armut noch durch der Väter Unberühmtheit ist irgendeiner ausge-
schlossen noch auch begünstigt durch das Gegenteil wie in anderen
Staaten, sondern nur die eine Bestimmung gibt es, wer im Rufe steht,
weise und tüchtig zu sein, der hat den Vorzug und regiert. Ihren
Grund aber hat bei uns diese Verfassung in der Gleichheit der Ge- e
burt. Denn andere Staaten sind aus vielerlei und ungleichen Men-
schen gebildet, weswegen auch ihre Verfassungen die Ungleichheit
darstellen in willkürlicher Herrschaft eines einzelnen oder weniger.
Sie sind daher so eingerichtet, daß einige die andern für Knechte und
diese jene für Herren halten. Wir aber und die unsrigen, von *einer* 239 a
Mutter alle als Brüder entsprossen, begehren nicht, Knechte oder
Herren einer des andern zu sein; sondern die natürliche Gleichbür-
tigkeit nötigt uns, auch Rechtsgleichheit gesetzlich zu suchen und um
nichts anderen willen uns einander unterzuordnen als wegen des
Rufes der Tugend und Einsicht.

[9. Der Perserkrieg. Größe der persischen Macht]

Daher denn unsere und dieser Verstorbenen Väter, so wie diese
selbst in aller Freiheit auferzogen und edel schon geboren, viele und
schöne Taten ausgeübt haben vor allen Menschen, sowohl jeder für
sich als im öffentlichen Leben, indem sie sich immer für verpflichtet b
hielten, um der Freiheit willen sowohl mit Hellenen für Hellenen zu
streiten als auch mit Barbaren für alle Hellenen insgesamt. Wie sie
nun den Eumolpos und die Amazonen, als diese das Land feindlich
überzogen, und noch frühere abgewehrt, und wie sie den Argeiern
geholfen gegen die Kadmeer und den Herakliden gegen die Argeier,
dies nach Würden durchzugehen, ist die Zeit zu kurz, und auch
Dichter haben schon aufs herrlichste die Tugend jener Zeiten, mit
der Tonkunst Hilfe sie besingend, allen kundgemacht. Wollten wir
nun unternehmen, dasselbe in bloßer Rede darzustellen, so dürften c
wir wohl nur als die zweiten erscheinen. Dieses also glaube ich des-
halb übergehen zu dürfen, da es auch ohnedies schon seine Gebühr
hat. Was aber Hohes noch keinem Dichter hohen Ruhm gebracht hat
und noch in Gefahr der Vergessenheit schwebt, hiervon dünkt mich
Erwähnung tun zu müssen, lobpreisend und andere anwerbend, daß
sie es in Gesängen und anderer Dichtung niederlegen, würdig der
Täter. Das erste aber von dem, was ich meine, ist dieses. Den Perser,
der über Asien herrschte und Europa unterjochen wollte, haben die
Abkömmlinge dieses Landes und unsere Voreltern abgehalten, wel-

ches billig zuerst zu erwähnen und ihre Tugend zu preisen ist, und
so will ich es auch. Man muß sie aber betrachten, wenn man sie ge-
hörig rühmen will, in jene Zeit sich in der Rede versetzend, als ganz
Asien schon dem dritten Könige gehorchte, von welchen der erste,
Kyros, nachdem er die Perser, seine Landsleute, befreit, durch seine
e Klugheit zugleich die Meder, ihre Herren, unterwarf und das übrige
Asien bis gen Ägypten beherrschte, sein Sohn aber auch Ägypten
und Libyen, soviel davon durchzogen werden konnte, der dritte aber,
Dareios, durch seine Landmacht das Reich bis zu den Skythen aus-
240 a dehnte, mit seinen Schiffen aber das Meer und die Inseln beherrschte,
so daß auch keiner mehr gedachte, sein Widersacher zu sein, sondern
aller Menschen Sinne in Knechtschaft gehalten waren. So viele und
große und streitbare Geschlechter hatte der Perser Macht sich unter-
worfen.

[10. Unglück der Eretrier und Sieg bei Marathon] Dareios nun, wel-
cher uns und die Eretrier beschuldigte wegen des Überfalls von Sar-
des, nahm diesen zum Vorwand, und indem er fünfzig Myriaden in
Schiffen sandte und dreihundert Kriegsschiffe und den Datis als An-
führer, befahl er ihm, die Eretrier und Athener gefangen mitzubrin-
b gen, wenn er seines Kopfes sicher sein wolle. Der nun schiffte nach
Eretria gegen Männer, welche unter den Hellenen damals zu den
vorzüglichsten gehörten im Kriegswesen und nicht schwach waren
an Zahl; diese bezwang er in drei Tagen und durchsuchte ihr ganzes
Land, damit ihm keiner entkäme, auf folgende Weise. Seine Kriegs-
männer nämlich, nachdem sie die Grenzen von Eretria erreicht hat-
ten, stellten sich von einem Meere zum andern auseinander und dann,
mit den Händen sich verbindend, durchzogen sie so das ganze Land,
c damit sie dem König sagen könnten, daß ihnen keiner entkommen
sei. Mit demselben Vorhaben nun zogen sie von Eretria gen Mara-
thon, als könne es ihnen nicht fehlen, auch die Athener auf die glei-
che Weise wie die Eretrier bezwungen fortzuführen. Hierbei nun,
wie jenes vollbracht und dieses begonnen wurde, half weder den
Eretriern irgendein Hellene noch den Athenern, die Lakedaimonier
ausgenommen, diese aber kamen erst den Tag nach der Schlacht.
Alle andern waren in Schrecken gesetzt und hielten sich ruhig, mit
d der Sicherheit des Augenblicks zufrieden. Und dieses vor Augen ha-
bend, kann nun jemand erkennen, welche Tugend in denen muß ge-
wesen sein, welche zu Marathon der Macht der Barbaren sich entge-
genstellten, den Übermut des ganzen Asien züchtigten und, zuerst
Siegeszeichen von den Barbaren aufrichtend, allen übrigen Vorgänger
und Lehrer hierin wurden, daß die Macht der Perser nicht unüber-
windlich sei, sondern daß jegliche Zahl und jeglicher Reichtum doch
der Tugend weiche. Daher behaupte ich nun, daß jene Männer nicht
e allein unsere leiblichen Väter sind, sondern auch die Väter der Frei-
heit, unserer und aller insgesamt in diesem Festlande. Denn auf jene
Tat sehend, wagten die Hellenen auch die nachherigen Schlachten
durchzufechten für ihr Heil, als Lehrlinge derer von Marathon.

[11. Der Seesieg bei Salamis und seine Bedeutung] Der erste Preis
also ist jenen zu weihen, der zweite aber denen, welche bei Salamis 241 a
und Artemision zur See gefochten und gesiegt haben. Denn auch von
diesen Männern wäre viel zu sagen, welche Angreifer sie zu Lande
und zur See bestanden und wie sie sie abgewehrt. Was mir aber das
Trefflichste zu sein scheint auch an ihnen, will ich erwähnen, daß sie
nämlich zu der Tat der Marathonier das nächste vollbracht haben.
Denn die Marathonier hatten den Hellenen nur dieses bewiesen, daß
es zu Lande möglich sei, die Barbaren abzuwehren, mit wenigen b
viele; zu Schiffe aber war es noch unklar, und die Perser standen im
Ruf, unüberwindlich zu sein zur See durch Zahl und Reichtum, Ge-
schick und Stärke. Dieses also ist des Lobes wert an jenen damals
zur See fechtenden Männern, daß sie die Furcht, welche an den Hel-
lenen noch haftete, lösten, daß sie sich nun nicht mehr fürchteten
vor der Menge der Schiffe und Männer. Von beiden also, denen, die
bei Marathon, und denen, die bei Salamis gefochten, sind die übrigen c
Hellenen unterrichtet worden, von den einen zu Lande, von den an-
dern zur See, und haben gelernt und sich gewöhnt, sich nicht zu
fürchten vor den Barbaren.

[12. Platää und Krönung durch die Schlacht am Eurymedon] Die
dritte Tat aber der Zahl und der Trefflichkeit nach für das Heil der
Hellenen ist jene schon den Lakedaimoniern und Athenern gemein-
same bei Platää. Das Größte und Schwerste also haben diese sämt-
lich abgewehrt und werden dieser Tugend wegen jetzt von uns ge-
priesen und in der künftigen Zeit noch von den Nachkommen. Nach d
diesem aber hielten es noch viele hellenische Städte mit den Barbaren,
und von dem Könige selbst erfuhr man, daß er im Sinne habe, aufs
neue gegen die Hellenen auszuziehen. Darum ist es billig, auch derer
zu gedenken, welche jenen Taten der Früheren zur Befreiung die
Krone aufsetzten, indem sie alles, was nur barbarisch war, aus dem
Meere aufjagten und vertrieben. Dies waren nämlich die, welche die
Seeschlacht beim Eurymedon fochten und den Feldzug nach Kypros e
unternahmen, und die nach Ägypten schifften und an viele andere
Orte; deren man gedenken muß und es ihnen Dank wissen, daß sie
den König dahin brachten, eingeschreckt auf sein eignes Heil Bedacht
zu nehmen und nicht auf das Verderben der Hellenen zu sinnen.

[13. Freiheitskämpfe für Hellenen gegen Hellenen] Diesen ganzen
Krieg nun hatte die Stadt zu bestehen für sich selbst und ihre Sprach-
genossen gegen die Barbaren. Nachdem aber der Friede geschlossen 242 a
und die Stadt zu solchen Ehren gekommen war, entstand gegen sie,
was wohl den Glücklichen pflegt von den Menschen zu widerfahren,
zuerst Eifersucht und aus der Eifersucht Haß, was auch diese Stadt
wider Willen in Krieg gegen die Hellenen verwickelte. Als nun hier-
auf der Krieg ausbrach, trafen sie zuerst bei Tanagra für die Freiheit
der Böotier mit den Lakedaimoniern fechtend zusammen; und da das
Gefecht zweifelhaft blieb, so entschied die Folge, indem jene abzogen, b
die, denen sie zu Hilfe gekommen waren, im Stich lassend, die uns-

rigen aber, nachdem sie am dritten Tag bei den Weinbergen gesiegt,
diejenigen dem Recht gemäß wieder zurückführten, welche ungerech-
terweise waren vertrieben worden. Diese also sind die ersten nach
dem persischen Kriege, welche, nun schon Hellenen in Sachen der
Freiheit zu Hilfe kommend gegen Hellenen, nachdem sie sich als
c wackre Männer erwiesen und die, denen sie zu Hilfe kamen, befreit
hatten, geehrt von der Stadt in diesem Grabmal zuerst beigesetzt
worden sind. Da aber nach diesem ein gewaltiger Krieg ausbrach und
alle Hellenen zu Felde zogen und das Land verwüsteten und der
Stadt einen Dank erstatteten, wie sie ihn nicht verdient hatte, be-
siegten die unsrigen sie zur See; und nachdem sie ihre Anführer, die
Lakedaimonier, bei Sphagia gefangen genommen und es in ihrer Ge-
walt stand, sie zu verderben, schonten sie ihrer und gaben sie zurück
d und schlossen Frieden, in der Meinung, daß man gegen Stammesge-
nossen nur bis zum Siege Krieg führen müsse und nicht wegen be-
sonderen Zornes einer Stadt das allgemeine Wesen der Hellenen ver-
derben, mit den Barbaren hingegen bis zur Zerstörung. Diese Män-
ner verdienen, daß man sie preise, welche, nachdem sie in jenem
Kriege gefochten, hier liegen, weil sie gezeigt haben, wenn etwa
einer noch zweifelte, ob nicht in dem ersten Kriege, dem gegen die
Barbaren, irgend andere trefflicher gewesen wären als die Athener,
daß der mit Unrecht zweifele. Denn diese, indem sie, als Hellas in
e sich selbst entzweit war, im Kriege obsiegten, haben gezeigt, da sie
die Anführer der übrigen Hellenen überwältigten, daß sie diejenigen,
mit denen sie vorher gemeinschaftlich gesiegt hatten, nun allein be-
siegten.

*[14. Ruhmvolles Verhalten im und unmittelbar nach dem Pelopon-
nesischen Krieg]* Ein dritter heftiger Krieg aber entstand unerwartet
nach diesem Frieden, in welchem viele wackere Männer geblieben
sind und hier liegen. Viele sind gefallen in Sizilien, nachdem sie
243 a schon viele Siegeszeichen errichtet hatten in der Sache der Freiheit
der Leontiner, zu deren Beistand sie dem geschworenen Bündnisse
gemäß in jene Gegenden geschifft waren; da aber wegen Länge der
Fahrt die Stadt in Verlegenheit geriet und ihnen nicht mehr Hilfe
leisten konnte, mußten sie es deshalb aufgeben und verunglückten,
sie, deren Feinde und Gegner mehr das Lob ihrer Besonnenheit und
Tapferkeit verkünden als anderer Freunde. Viele auch in den See-
treffen am Hellespont, wo sie an einem Tage alle Schiffe der Feinde
b nahmen und auch an vielen andern den Sieg davontrugen. Was ich
aber sagte, daß dieser Krieg so gewaltig und unerwartet gewesen,
damit meine ich, daß die übrigen Hellenen in ihrer Eifersucht gegen
die Stadt so weit gehen konnten, daß sie sich nicht scheuten, den
feindseligsten König durch Gesandte zu begrüßen, um jenen, den sie
gemeinschaftlich mit uns vertrieben, wieder herbeizuholen, den Bar-
baren gegen Hellenen, und so gegen die Stadt zu vereinigen alle Hel-
lenen und Barbaren. Woran nun eben recht deutlich wurde der Stadt
c Stärke und Tugend. Denn da jene sie schon für bezwungen hielten
und die Flotte bei Mytilene abgeschnitten war: da kamen zu Hilfe in

sechzig Schiffen, welche sie selbst bestiegen hatten, die anerkannt tapfersten Männer, besiegten die Feinde, befreiten wieder die Freunde, und nachdem ein unglückliches Geschick sie betroffen und sie nicht aus dem Meere gezogen worden, liegen sie hier. Dieser muß
man immer gedenken und sie preisen; denn durch ihre Tapferkeit d
waren wir die Überwinder nicht nur in jenem Seegefecht, sondern in dem Kriege überhaupt, weil die Stadt durch sie den Ruf erhielt, daß sie nie könne ganz bezwungen werden, auch nicht von allen Menschen. Und mit Recht erhielt sie ihn; durch unsere eigene Uneinigkeit aber wurden wir besiegt, nicht von den andern. Denn unbesiegt sind wir auch jetzt noch von jenen; wir selbst aber untereinander haben uns besiegt und sind überwunden worden. Als aber hernach
Ruhe war und Friede mit den andern, wurde dieser häusliche Krieg e
auf eine solche Weise geführt, daß, wenn einmal den Menschen bestimmt sein soll, in bürgerlichen Unruhen zu leben, keiner wohl wünschen kann, daß eine Stadt die Krankheit auf eine andere Weise bestehen möge. Denn wie gelinde und brüderlich trafen nicht die Bürger aus dem Hafen und die aus der Stadt zusammen, ganz gegen die Erwartung der übrigen Hellenen, und mit welcher Mäßigung endeten sie
nicht den Krieg gegen die in Eleusis! Und hiervon ist nichts anderes 244 a
Ursache als die wahre und rechte Verwandtschaft, welche eine dauerhafte Stammesfreundschaft nicht nur dem Worte, sondern auch der Tat nach stiftet. Und auch der in diesem Kriege von beiden Seiten Gebliebenen muß man gedenken und sie versöhnen, wie wir können, durch Gebete und Opfer bei solchen Feiern, zu denen, welche über sie Gewalt haben, betend, da ja auch wir versöhnt sind. Denn nicht aus Bosheit sind sie aneinandergeraten noch aus Feindschaft, sondern
durch Unglück. Dessen sind wir selbst Zeugen, die wir leben. Denn b
als dieselbigen mit jenen dem Geschlechte nach, verzeihen wir einander, was wir getan und gelitten haben.

[15. Die Gesinnung Athens nach dem Krieg] Als wir nun hierauf einen vollkommenen Frieden genossen, verhielt sich die Stadt ruhig, den Barbaren verzeihend, daß sie, was ihnen Übles von ihr widerfahren war, nicht schlecht vergolten hatten, gegen die Hellenen aber erzürnt, da sie bedachte, wieviel Gutes diese von ihr genossen und
welchen Dank sie nun mit den Barbaren verbündet bezahlt hatten, c
ihrer Schiffe sie beraubend, durch welche sie selbst gerettet worden waren, und ihre Mauern einreißend dafür, daß wir verhindert, daß die ihrigen zerstört würden. Die Stadt beschloß also, nicht mehr zu helfen, wenn Hellenen in Knechtschaft gerieten, weder einer in des andern noch in die der Barbaren, und so hielt sie sich. Da nun wir so gesinnt waren und die Lakedaimonier uns, die Verteidiger der Freiheit, für gefallen und es nun für ihr Geschäft hielten, die übrigen zu
unterjochen, taten sie dieses. d

[16. Wiederum Zuflucht und Unterstützerin der Bedrängten] Und was soll ich weitläufig sein? Denn nicht wie alte Geschichten vor Menschengedenken her brauche ich zu erzählen, was nun folgt. Denn

wir selbst wissen, wie ganz zerrüttet wiederum zu der Hilfe der Stadt
ihre Zuflucht nehmen mußten die ersten unter den Hellenen, die Ar-
geier, Böotier und Korinthier, und was das Göttlichste ist, daß auch
der König in solche Verlegenheit geriet, daß er glaubte, nirgend an-
ders her könne ihm Heil kommen als von dieser Stadt, welche zu
e verderben er so begierig gewesen war. Ja, wenn nun jemand die Stadt
mit Recht beschuldigen wollte, so könnte er nur dieses vorbringen
zur Beschuldigung, daß sie immer zu sehr mitleidig ist und des
Schwächeren Dienerin. So konnte sie sich auch damals nicht zurück-
halten noch durchsetzen, was sie beschlossen hatte: keinem Unter-
245 a jochten mehr zu helfen gegen seine Unterdrücker, sondern sie ließ
sich herumbringen und kam zu Hilfe. Und den Hellenen zwar half
sie selbst und errettete sie von der Knechtschaft, so daß sie frei blie-
ben, bis sie sich selbst wieder unterjochen ließen; dem Könige aber
selbst zu helfen wagte sie nicht aus Scheu wegen der Siegeszeichen
von Marathon, Salamis und Plataä, sondern ließ nur Flüchtlinge und
Freiwillige ihm helfen, mit denen sie ihn eingestandenermaßen ret-
tete. Sie selbst aber baute ihre Mauern und Schiffe, den Krieg er-
b wartend, und als sie dazu genötigt wurde, führte sie der Parier wegen
Krieg gegen die Lakedaimonier.

[17. Weitere Standhaftigkeit gegen die Barbaren] Der König aber,
der sich vor der Stadt fürchtete und, als er sah, daß die Lakedaimo-
nier sich im Kriege zur See nicht mehr halten konnten, gern abfal-
len wollte, forderte die Hellenen auf dem festen Lande, welche die
Lakedaimonier ihm schon vorher preisgegeben hatten, wenn er im
Bunde sein sollte mit uns und den andern Bundesgenossen, in der
Meinung nämlich, sie würden nicht wollen, damit er einen Vorwand
c hätte zum Abfalle. Was nun die andern Bundesgenossen betrifft, so
betrog er sich; denn sie willigten ein, ihm jene herauszugeben, und
schlossen Vertrag, und es schworen Korinthier, Argeier, Böotier und
die übrigen Verbündeten, wenn er Gelder geben würde, ihm die Hel-
lenen auf dem festen Lande zu überliefern, nur wir allein gewannen
es nicht über uns, weder sie abzutreten noch zu schwören. So edel
und frei ist der Sinn dieser Stadt und so kräftig und gesund und von
d Natur die Barbaren hassend, weil wir ganz rein hellenisch sind und
unvermischt mit Barbaren. Denn kein Pelops und Kadmos oder
Aigyptos und Danaos oder sonst andere, die von Natur Barbaren
und nur durch Gesetz Hellenen sind, wohnen mit uns, sondern als
reine Hellenen und nicht als Mischlinge wohnen wir hier. Daher ist
der Stadt ein ganz reiner Haß eingegossen gegen fremde Natur. So
blieben wir also doch wieder allein stehen, weil wir nicht einwillig-
e ten, ein so schändliches und unheiliges Werk zu vollbringen, Hellenen
an Barbaren auszuliefern. Eben dahin also wieder zurückgebracht,
von wo wir zuerst bekriegt wurden, endigten wir doch mit Gott den
Krieg besser als damals. Denn mit Beibehaltung unserer Schiffe und
Mauern und unserer eigenen Pflanzstädte wurden wir des Krieges
entledigt. Und ebenso billig wurden seiner auch die Feinde entledigt.
Wackere Männer aber haben wir auch in diesem Kriege verloren, die

bei Korinth durch Nachteil des Bodens und die beim Lechaion durch
Verräterei. Wacker waren auch die, welche den König befreiten und 246 a
die Lakedaimonier von der See vertrieben. Welche alle ich euch jetzt
ins Andenken bringe, euch aber ziemt, solche Männer mit mir zu
preisen und zu ehren.

[18. Die Verpflichtung der Hinterbliebenen]

Solches nun sind die Taten der hier liegenden Männer und der
übrigen, welche für den Staat gestorben sind, viele schon und schöne
die angeführten, noch mehrere aber und schönere die übergangenen.
Denn viele Tage und Nächte würden dem nicht hinreichen, der alles b
erzählen wollte. Dieser nun gedenkend, muß ihre Nachkommen je-
dermann ermahnen wie im Kriege, die Ordnung der Vorfahren näm-
lich nicht zu verlassen noch rückwärts zu weichen aus Feigheit. Also
auch ich, ihr Söhne wackerer Männer, ermahne euch jetzt und werde
auch künftig, wo ich einen von euch antreffe, ihn erinnern und an-
treiben, daß er strebe, sich aufs beste zu halten. Jetzt aber ist noch c
meine Schuldigkeit zu sagen, was die Väter uns, falls ihnen selbst
etwas begegnen würde, den Hinterbliebenen zu bestellen aufgetra-
gen haben, als sie der Gefahr entgegengingen. Ich will euch also sa-
gen, was ich von ihnen selbst gehört und wie sie euch gewiß jetzt
gern anreden möchten, wenn es ihnen vergönnt würde, wie ich aus
dem, was sie damals sagten, schließen kann. Ihr müßt also glauben,
von jenen selbst zu hören, was ich jetzt vortrage. Sie sprachen aber
so.

[19. Ermahnungen der Gefallenen an die Söhne]

O Söhne, daß ihr von wackeren Vätern seid, zeigt schon dieser d
jetzige Erfolg. Denn obwohl wir leben konnten, nur nicht ehrenvoll,
haben wir vorgezogen, ehrenvoll zu sterben eher als euch und den
Späteren Schmach zu bereiten, und eher als unsern Vätern und dem
ganzen früheren Geschlechte Schande zu bringen, überzeugt, daß
dem, der den Seinigen Schande macht, nicht lohnt zu leben und daß
ihm kein Mensch Freund ist und kein Gott weder auf der Erde noch
unter der Erde, wenn er gestorben ist. So gebührt nun euch, unserer
Reden eingedenk, was ihr auch immer treiben möget, wacker zu
treiben, wissend, daß ohne dieses alle Besitzungen und alle Bestre- e
bungen nur schlecht sind und verächtlich. Denn auch der Reichtum
gereicht dem nicht zur Zierde, der ihn als ein Feiger besitzt, denn
nur für einen andern ist ein solcher reich, nicht für sich; noch auch
erscheint Schönheit und Stärke des Leibes in dem Feigen und Schlech-
ten wohnend als etwas Günstiges, sondern ungünstig sind sie, weil
sie den Besitzer in helleres Licht stellen und seine Feigheit offenbaren.
Und jede Erkenntnis, wenn sie von Gerechtigkeit und den übrigen 247 a
Tugenden getrennt ist, zeigt sich nur als Verschlagenheit, nicht als
Weisheit. Deshalb nun versucht zuerst und zuletzt überall und auf
alle Weise alle Mühe anzuwenden, damit ihr ja uns und die Frühe-
ren übertrefft durch euern Ruhm; wo nicht, so wißt, daß uns, wenn
wir euch an Tugend besiegen, der Sieg Schande bringt, der Verlust

aber, wenn wir gegen euch verlieren, Glück und Heil. Am meisten aber würden wir besiegt werden und ihr siegen, wenn ihr euch darauf
b rüsten wolltet, der Vorfahren Ruhm weder zu mißbrauchen noch zu verbrauchen, wohl wissend, daß es für einen Mann, der etwas zu sein glaubt, nichts Unwürdigeres gibt, als sich ehren zu lassen, aber nicht seiner selbst wegen, sondern wegen des Ruhmes der Vorfahren. Denn Ehre zu haben von den Vorfahren her ist für die Nachkommen ein schöner und köstlicher Schatz. Einen Schatz aber von Geld oder Ehre verbrauchen und nicht wieder den Nachkommen hinterlassen, das ist unwürdig und unmännlich wegen Mangels selbst-
c eigner Besitztümer und Preiswürdigkeiten. Und strebt ihr nun hiernach, so werdet ihr als Freunde zu Freunden zu uns kommen, wenn auch euch euer bestimmtes Geschick herbringt; seid ihr aber sorglos gewesen und verweichlicht, so wird euch niemand freundlich aufnehmen. Dieses nun sei den Kindern gesagt.

[20. Tröstung und Rat für die Väter und Mütter] Unsern Vätern aber, wer noch einen hat, und Müttern muß man immer tröstlich zusprechen, recht leicht diesen Unfall zu tragen, wenn er ihnen begegnet, nicht aber mit ihnen wehklagen; denn sie können nicht noch eines
d bedürfen, der die Trauer vermehre, weil dieses schon der ihnen zugestoßene Unfall selbst hinlänglich zuwege bringt; sondern um sie auszuheilen und zu sänftigen, muß man sie erinnern, daß von dem, was sie gefleht, die Götter das Größte ihnen erhört haben. Denn nicht unsterbliche Kinder, baten sie, möchten ihnen geboren werden, sondern wackere und wohlberühmte, welche sie auch erlangt haben als eines der größten Güter. Denn alles kann nicht leicht einem sterblichen Menschen nach seinem Sinne ausschlagen in seinem Leben. Tragen sie nun das Unglück tapfer, so wird man sehen, daß sie in der Tat tapferer Söhne Väter sind und selbst solche; unterliegen sie
e aber, so werden sie den Verdacht erregen, daß sie entweder nicht die Unsrigen sind oder daß diejenigen, die uns gelobt, nicht nach der Wahrheit geredet haben. Keines von beiden aber darf sein, sondern sie selbst müssen mehr als alle unsere Lobredner sein durch die Tat, indem sie selbst sich zeigen als Männer und Väter von Männern. Denn schon lange hält man das «Nichts zuviel» für richtig gesagt, und es ist auch wirklich gut gesagt. Denn welchem Menschen alles oder doch das meiste von ihm selbst abhängt, was zu seiner Glück-
248 a seligkeit führt, und nicht an andern Menschen haftet, so daß, je nachdem diese sich wohl oder übel befinden, auch seine Angelegenheiten notwendig schwanken, dieser ist aufs beste ausgestattet zum Leben, dieser ist der Besonnene, dieser der Tapfere und Verständige; und dieser, mag er Besitzungen und Kinder haben oder verlieren, wird am meisten jenem Spruche folgen. Denn weder erfreut noch betrübt wird er zu sehr erscheinen, weil er sich selbst vertraut. Solche
b aber mögen wir, daß auch die Unsrigen seien, und wollen und behaupten es, als auch uns selbst zeigen wir jetzt als solche, indem wir weder unwillig sind noch uns sehr fürchten, wenn wir etwa gegenwärtig sterben müssen. Daher bitten wir auch Väter und Mütter, in

demselben Sinn ihr übriges Leben zu verbringen und zu wissen, daß nicht durch Jammern und Wehklagen sie uns am meisten zu Gefallen leben; sondern wenn die Gestorbenen irgend etwas wissen um die Lebenden, werden sie uns so am meisten zuwider sein, wenn sie c
sich selbst Übles zufügen und schwer die Unfälle ertragen, wenn aber leicht und gemäßigt, dann werden sie uns Freude machen. Denn wir werden nun ein solches Ende nehmen, welches für die Menschen das schönste ist, so daß sie uns mehr verherrlichen sollten als bejammern. Sorgen sie aber für unsere Weiber und Kinder und erziehen die und wenden darauf ihren Sinn: so werden sie am leichtesten das Geschick vergessen und schöner und richtiger leben und auch uns mehr zur Freude. Dieses nun ist genug, den unsrigen von uns zu d
melden. Der Stadt aber möchten wir auftragen, daß sie sowohl für unsere Väter als für unsere Kinder sorge, diese sittig erziehend, jene würdig pflegend im Alter; nun aber wissen wir, daß, wenn wir es ihr auch nicht auftragen, sie doch dafür gehörig sorgen wird.

[21. Schlußverweis auf die helfende Tätigkeit des Staates]

Dieses also, ihr Väter und Kinder der Gebliebenen, haben jene uns aufgegeben euch zu vermelden, und ich, so treu ich kann, vermelde es e
euch und bitte selbst noch in jener Namen, die einen, daß sie die Ihrigen nachahmen, die andern, daß sie unbesorgt sind für sich, weil wir schon jeder für sich und von Staats wegen euer Alter pflegen und versorgen werden, wo nur jeder irgendeinen antreffen möge, der jenen angehört. Die Vorsorge des Staates aber kennt ihr ja selbst, wie er Gesetze gegeben hat wegen der Kinder und Erzeuger der im Kriege Gebliebenen und sich ihrer annimmt, und wie vor allen übri- 249 a
gen Bürgern eine Obrigkeit, welche die höchste ist, den Auftrag hat zu verhüten, daß den Vätern und Müttern von diesen etwas Unrechtes widerfahre; die Kinder aber hilft er selbst erziehen und sorgt dafür, daß ihnen ihr Waisentum mindest möglich fühlbar werde, indem er sich selbst an Vaters Stelle setzt, solange sie noch Kinder sind, hernach aber, wenn sie zur Mannbarkeit gelangt sind und er sie in ihr Eigentum entläßt, ihnen dann eine vollständige Rüstung verehrt, um sie hinzuweisen und zu erinnern an des Vaters Bestrebungen, indem er auch ihnen die Werkzeuge der väterlichen Tugend darreicht und zugleich der guten Vorbedeutung wegen sie anfangen b
läßt, den väterlichen Herd kräftig zu beherrschen, mit Waffen geschmückt. Die Gebliebenen selbst aber hört er nie auf zu ehren, indem er jegliches Jahr für sie alle gemeinsam das Gebräuchliche vollzieht, was auch jeder einzelne besonders für sich erlangt, und überdies Kampfspiele einsetzt in der körperlichen Stärke und der Reitkunst und der gesamten Musenkunst und sich ordentlich den Gebliebenen selbst an Erben und Kindes Statt darstellt, den Söhnen aber c
an Vaters Stelle und den Eltern und dergleichen als Versorger, allen allezeit alle Sorgfalt erweisend. Dieses bedenkend, müßt ihr das Schicksal milder ertragen; denn den Toten und den Lebenden werdet ihr so am liebsten sein und werdet am leichtesten pflegen sowohl als gepflegt werden. Nun aber, ihr sowohl als die übrigen insgesamt,

nachdem ihr gemeinsam dem Gesetz gemäß die Gebliebenen betrauert habt, tretet ab.

[22. Bewunderung der Rede und Dank des Menexenos]

d Dieses also, o Menexenos, ist die Rede der Milesierin Aspasia.

MENEXENOS: Beim Zeus, o Sokrates, glücklich ist Aspasia, wenn sie als eine Frau solche Reden imstande ist auszuarbeiten!

SOKRATES: Wenn du es nicht glaubst, so komm mit mir, dann kannst du sie selbst vortragen hören.

MENEXENOS: Ich bin schon oft mit der Aspasia zusammengewesen, o Sokrates, und weiß recht gut, was für eine Frau sie ist.

SOKRATES: Wie also? Bewunderst du sie nicht und weißt ihr jetzt Dank für die Rede?

MENEXENOS: Gar vielen Dank, o Sokrates, weiß ich für diese Rede,
e ihr oder ihm, wer immer sie dir mitgeteilt hat, und außerdem vor vielen andern Dank dir, der sie mir gesagt hat.

SOKRATES: Das wäre gut, aber daß du es mir nur nicht nachsagst, damit ich dir auch in Zukunft noch viele schöne Staatsreden von ihr mitteilen kann.

MENEXENOS: Sei ruhig, ich werde nichts nachsagen, bringe sie mir nur.

SOKRATES: Das soll geschehen.

KRATYLOS

GLIEDERUNG

A. Einleitung:

1. Die Ansicht des Kratylos von der natürlichen Richtigkeit der Benennungen (1. Kap., 383 a 1—384 c 8)

2. Gegenthese des Hermogenes: Die Benennungen gründen auf Vertrag und Übereinkunft (2. Kap., 384 c 9—385 b 1)

B. Hauptteil: Untersuchung der Frage durch Sokrates

I. Theoretische Darlegungen über Wahrheit und Wesen des Wortes

1. a) Die Wahrheit der ganzen Rede und ihrer Teile (3. Kap., 385 b 2 bis 385 e 3); b) Falschheit des Satzes des Protagoras (4. Kap., 385 e 4 bis 386 d 2); c) Dinge und Handlungen haben ihr eigenes bestehendes Wesen (5. Kap., 386 d 3—387 b 7)

2. a) Reden und Benennen als Handlung haben ihre eigene Natur (6. Kap., 387 b 8—387 d 9); b) Bestimmung des Wortes als belehrendes Werkzeug (7. Kap., 387 d 10—388 b 12); c) Der Gesetzgeber als Urheber dieses Werkzeugs (8. Kap., 388 b 13—389 a 4)

3. a) Verfertigung der Wörter im Hinblick auf das, was das Wort in Wahrheit ist (9. Kap., 389 a 5—390 a 8); b) Aufsicht und Beurteilung bei der Wortverfertigung kommt dem Dialektiker zu (10. Kap., 390 b 1 bis 391 b 3)

II. Überprüfung der beabsichtigten Richtigkeit der Wörter an Hand von Einzel-Etymologien

1. Homer als Vertreter der Ansicht von der Richtigkeit der Namen: a) Die Sprache der Götter (11. Kap., 391 b 4—392 c 1); b) Die beiden Namen für Hektors Sohn und sein eigener Name (12. Kap., 392 c 2—393 b 6)

2. a) Benennung nach der natürlichen Abstammung; Gleichgültigkeit einer etwaigen Buchstabenverschiedenheit (13. Kap., 393 b 7—394 d 4); b) Die Namen des Atridenhauses und des Zeus und seiner Vorfahren (14. Kap., 394 d 5—396 d 3)

3. Herkunft der sokratischen Begeisterung und Plan der weiteren Untersuchung (15. Kap., 396 d 4—397 c 3)

4. a) Die Bezeichnung «Götter», «Dämonen» und «Heroen» (16. Kap., 397 c 4—398 e 3); b) «Mensch», «Seele» und «Körper» (17. Kap., 398 e 3—400 c 9)

5. Die Bedeutung der Götternamen: a) «Hestia» als das Sein der Dinge (18. Kap., 400 d 1—401 d 7); b) «Rhea», «Kronos», «Tethys», «Poseidon» und «Pluton» (19. Kap., 401 d 7—403 b 1); c) Philosophisches Wesen des «Hades» (20. Kap., 403 b 2—404 b 4); d) «Demeter», «Hera» und «Phersephone» (21. Kap., 404 b 5—405 a 5); e) Das Wesen «Apol-

lons»; die «Musen», «Leto» und «Artemis» (22. Kap., 405 a 6—406 b 6); f) «Dionysos» und «Aphrodite», «Athene», «Hephaistos», «Ares» und «Hermes» (23. Kap., 406 b 7—408 b 7)

6. a) «Pan» als die Rede; «Sonne», «Mond» und «Sterne» (24. Kap., 408 b 8—409 d 8); b) Grund der Unerklärbarkeit einiger Wörter. «Luft», «Äther», «Erde», «Zeit» und «Jahr» (25. Kap., 409 d 9—410 e 5)

7. Die auf die Tugend bezüglichen Wörter: a) Die Ansicht der Alten von der Bewegung der Dinge. «Gesinnung», «Einsicht», «Verstand», das «Gute» (26. Kap., 411 a 1—412 c 5); b) Das Problem des «Gerechten» und seine Lösungsversuche (27. Kap., 412 c 6—413 d 6); c) «Tapferkeit», «Mann», «Weib» und «Frau», die «Kunst» (28. Kap., 413 d 7—414 e 4); d) «Tugend», «Bosheit» und «Feigheit», das «Schändliche» und das «Redliche» (29. Kap., 414 e 5—416 d 11); e) Das «Vorteilhafte», «Gewinnvolle», «Zweckmäßige», «Nützliche» (30. Kap., 416 e 1—417 c 9); f) Das «Gefährliche», «Billige» und «Hinderliche» (31. Kap., 417 d 1—419 b 4); g) «Wollust» und «Schmerz», «Beschwerde» und «Vergnügen», «Fröhlichkeit», «Trieb» und «Sehnsucht», «Gedanke» und «Zwang» (32. Kap., 419 b 5—420 e 4); h) Das «Wahre» und «Falsche», das «Sein» und das «Wesen». Das Problem der Stammwörter (33. Kap., 421 a 1—422 c 6)

III. Vom Problem der Erklärung der Stammwörter ausgehende erneute Bestimmung des Wesens der Wörter

1. Das Wesen des Wortes als Nachahmung; ihre Art und ihr Gegenstand (34. Kap., 422 c 7—424 a 6)

2. Entwurf einer auf Erkenntnis der Buchstaben und Silben gegründeten Methode zur Erforschung der Stammwörter (35. Kap., 424 a 7—425 b 4)

3. Schwierigkeit dieser Forschung und Unmöglichkeit der Ausflucht (36. Kap., 425 b 5—426 b 9)

4. Die natürliche Bedeutung der Buchstaben (37. Kap., 426 c 1—427 d 2)

IV. Erneute Überprüfung des Gesagten zusammen mit Kratylos

1. a) Hinzuziehung des Kratylos und dessen These, daß niemand etwas Falsches sagt (38. Kap., 427 d 3—430 a 5); b) Beweis des S., daß es Falschheit der Rede gibt und geben muß (39. Kap., 430 a 6—432 c 6); c) Unausweichlichkeit einer möglichen Falschheit, wenn die Wörter Darstellungen von etwas sind (40. Kap., 432 c 7—434 b 8)

2. Notwendiger Beitrag der Verabredung zur Richtigkeit der Wörter (41. Kap., 434 b 9—435 d 3)

3. a) Bedenken gegen die Zuverlässigkeit der in den Wörtern niedergelegten Wahrheit (42. Kap., 435 d 4—437 d 7); b) Erkenntnis der Wahrheit ist weder allein noch auch nur in vorzüglicher Weise durch die Wörter möglich (43. Kap., 437 d 8—439 b 9)

C. Unplatonisches Schlußstück über die Ideen (44. Kap., 439 b 10—440 e 7)

Hermogenes, Kratylos, Sokrates

[1. Die Ansicht des Kratylos von der natürlichen Richtigkeit der Benennungen]

383 a Hermogenes: Willst du also, daß wir auch den Sokrates zu unserer Unterredung hinzuziehen?

Kratylos: Wenn du meinst.

Hermogenes: Kratylos hier, o Sokrates, behauptet, jegliches Ding habe seine von Natur ihm zukommende richtige Benennung, und nicht das sei ein Name, wie einige unter sich ausgemacht haben etwas zu nennen, indem sie es mit einem Teil ihrer besonderen Sprache
b anrufen; sondern es gebe eine natürliche Richtigkeit der Wörter, für Hellenen und Barbaren insgesamt die nämliche. Ich frage ihn also, ob denn Kratylos in Wahrheit sein Name ist, und er gesteht zu, ihm gehöre dieser Name. – Und dem Sokrates? fragte ich weiter. – Sokrates, antwortete er. – Haben nun nicht auch alle andern Menschen jeder wirklich den Namen, mit dem wir jeden rufen? – Wenigstens der deinige, sagte er, ist nicht Hermogenes, und wenn dich auch alle Menschen so rufen. – Allein wie ich ihn nun weiter frage und gar
384 a zu gern wissen will, was er eigentlich meint, erklärt er sich gar nicht deutlich und zieht mich noch auf, wobei er sich das Ansehen gibt, als hielte er etwas bei sich zurück, was er darüber wüßte und wodurch er auch mich, wenn er es nur heraussagen wollte, zum Zugeständnis bringen könnte und zu derselben Meinung wie er. Wenn du also irgendwie den Spruch des Kratylos auszulegen weißt, möchte ich es gern hören. Oder vielmehr, wie du selbst meinst, daß es mit der Richtigkeit der Benennungen stehe, das möchte ich noch lieber erfahren, wenn es dir gelegen ist.

Sokrates: Es ist ein altes Sprichwort, Sohn des Hipponikos, daß
b das Schöne schwierig ist zu lernen, wie es sich verhält; und so ist auch dies von den Wörtern kein kleines Lehrstück. Hätte ich nun schon bei dem Prodikos seinen Vortrag für fünfzig Drachmen gehört, den man, wie er behauptet, nur zu hören braucht, um hierüber vollständig unterrichtet zu sein, dann sollte dir nichts im Wege stehen, sogleich das Wahre über die Richtigkeit der Benennungen zu erfahren. Nun aber habe ich ihn nicht gehört, sondern
c nur den für eine Drachme, also weiß ich nicht, wie es sich eigentlich mit dieser Sache verhält. Gemeinschaftlich jedoch mit dir und dem Kratylos sie zu untersuchen bin ich gern bereit. Daß er aber leugnet, Hermogenes sei in Wahrheit dein Name, damit merke ich beinahe, daß er spöttelt. Denn er meint wohl gar, du möchtest gern reich werden, aber als nicht vom Hermes abstammend verfehltest du es immer. Allein, wie ich eben sagte, es ist schwer, dergleichen zu wissen, gemeinschaftlich aber müssen wir es vor-

nehmen und zusehen, ob es sich so wie du meinst verhält, oder wie Kratylos.

[2. Gegenthese des Hermogenes: Die Benennungen gründen auf Vertrag und Übereinkunft]

Hermogenes: Ich meines Teils, Sokrates, habe schon oft mit diesem und vielen andern darüber gesprochen und kann mich nicht überzeugen, daß es eine andere Richtigkeit der Worte gibt, als die sich d
auf Vertrag und Übereinkunft gründet. Denn mich dünkt, welchen Namen jemand einem Dinge beilegt, der ist auch der rechte, und wenn man wieder einen andern an die Stelle setzt und jenen nicht mehr gebraucht, so ist der letzte nicht minder richtig als der zuerst beigelegte, wie wir unsern Knechten andere Namen geben. Denn kein Name irgendeines Dinges gehört ihm von Natur, sondern durch Anordnung und Gewohnheit derer, welche die Wörter zur Gewohnheit machen und gebrauchen. Ob es sich aber anderswie verhält, bin ich sehr bereit zu lernen und zu hören, nicht nur vom Kratylos, sondern e
auch von jedem andern.

Sokrates: Vielleicht liegt etwas in dem, was du sagst, Hermoge- 385 a
nes. Laß uns nur zusehen. Wie jemand festsetzt jedes zu nennen, das ist denn auch eines jeden Dinges Name?

Hermogenes: So dünkt mich.

Sokrates: Nenne es nun ein einzelner so oder auch der Staat?

Hermogenes: Das behaupte ich.

Sokrates: Wie nun, wenn ich irgendein Ding benenne, wie, was wir jetzt Mensch nennen, wenn ich das Pferd rufe und was jetzt Pferd, Mensch: dann wird dasselbe Ding öffentlich und allgemein Mensch heißen, bei mir besonders aber Pferd, und das andere wiederum bei mir besonders Mensch, öffentlich aber Pferd? Meinst du es so?

Hermogenes: So dünkt es mich. b

[3. Wahrheit der ganzen Rede und ihrer Teile]

Sokrates: Wohlan, sage mir dies. Nennst du etwas wahr reden und etwas falsch?

Hermogenes: O ja.

Sokrates: Also wäre auch eine Rede wahr und eine andere falsch?

Hermogenes: Freilich.

Sokrates: Und nicht wahr, die von den Dingen aussagt, was sie sind, ist wahr, die aber, was sie nicht sind, ist falsch?

Hermogenes: Ja.

Sokrates: Also findet dieses doch statt, durch eine Rede aussagen, was ist und auch, was nicht ist?

Hermogenes: Allerdings.

Sokrates: Die wahre Rede aber, ist die zwar ganz wahr, ihre Teile c
aber nicht wahr?

Hermogenes: Nein, sondern auch ihre Teile.

Sokrates: Und sind etwa nur die größeren Teile wahr, die kleineren aber nicht, oder alle?

HERMOGENES: Alle, denke ich doch.

SOKRATES: Und kannst du wohl einen kleineren Teil einer Rede sagen als ein Wort?

HERMOGENES: Nein, dies ist der kleinste.

SOKRATES: Also auch das Wort in einer wahren Rede wird gesagt?

HERMOGENES: Ja.

SOKRATES: Und ist dann ein wahres, wie du behauptest?

HERMOGENES: Ja.

SOKRATES: Und ist der Teil einer falschen Rede nicht falsch?

HERMOGENES: Das behaupte ich.

SOKRATES: Also kann man falsche Worte und wahre sagen, wenn auch solche Sätze und Reden.

d HERMOGENES: Wie anders!

SOKRATES: Und soll noch, was jeder als eines Dinges Namen angibt, auch eines jeden Name sein?

HERMOGENES: Ja.

SOKRATES: Etwa auch so viele Namen einer sagt, daß ein Ding habe, so viele hat es auch, und dann, wann er es sagt?

HERMOGENES: Ich wenigstens, Sokrates, weiß von keiner anderen Richtigkeit der Benennungen als von dieser, daß ich jedes Ding mit einem andern Namen benennen kann, den ich ihm beigelegt habe, und du wieder mit einem andern, den du. Und so sehe ich auch, daß
e für dieselbe Sache bisweilen einzelne Städte ihr eigenes eingeführtes Wort haben und Hellenen ein anderes als andere Hellenen, und Hellenen auch wiederum andere als Barbaren.

[4. Falschheit des Satzes des Protagoras]

SOKRATES: Wohlan, laß uns sehen, Hermogenes, ob dir vorkommt, daß es auch mit den Dingen ebenso steht, daß ihr Sein und Wesen für jeden einzelnen in besonderer Weise ist, wie Protagoras meinte,
386 a wenn er sagt, der Mensch sei das Maß aller Dinge, daß also die Dinge, wie sie mir erscheinen, so auch für mich wirklich sind, und wiederum wie dir, so auch für dich? Oder dünkt dich, daß sie in sich eine Beständigkeit ihres Wesens haben?

HERMOGENES: Ich bin wohl sonst schon in der Verlegenheit auch dahin geraten, Sokrates, auf dasselbe, was auch Protagoras sagt; ganz und gar so glaube ich jedoch nicht, daß es sich verhalte.

SOKRATES: Wie aber? Bist du auch darauf schon geraten, daß du
b nicht glauben konntest, ein Mensch sei gar schlecht?

HERMOGENES: Nein, beim Zeus, vielmehr ist mir schon oft begegnet, daß mir Menschen gar schlecht vorgekommen sind, und zwar recht viele.

SOKRATES: Und wie? Gar gut hast du noch nicht geglaubt, daß Menschen wären?

HERMOGENES: Nur sehr wenige.

SOKRATES: Also doch welche?

HERMOGENES: O ja.

SOKRATES: Wie aber meinst du es? Etwa so, daß die gar guten auch gar vernünftig sind und die gar schlechten auch gar unvernünftig?

Hermogenes: Ich meine es gerade so. c

Sokrates: Können nun wohl, wenn Protagoras wahr redete und dies die Wahrheit ist, daß für jeden, wie ihm etwas erscheint, so es auch ist, alsdann einige von uns vernünftig sein und andere unvernünftig?

Hermogenes: Nicht füglich.

Sokrates: Auch dies, denke ich, glaubst du gar sehr, daß, wenn es Vernunft und Unvernunft gibt, es dann eben nicht sehr möglich ist, daß Protagoras recht habe. Denn es wäre ja in Wahrheit nicht einer vernünftiger als der andere, wenn, was jedem schiene, auch für jeden d
wahr wäre.

Hermogenes: Das ist richtig.

[5. Dinge und Handlungen haben ihr eigenes bestehendes Wesen]

Sokrates: Aber auch nicht mit dem Euthydemos, denke ich, hältst du es, daß allen alles auf gleiche Weise zugleich und immer zukommt. Denn auch so können nicht einige gut und andere schlecht sein, wenn gleichermaßen allen immer Tugend und Laster zukommt.

Hermogenes: Ganz recht.

Sokrates: Also wenn weder allen alles auf gleiche Weise zugleich und immer zukommt, noch auch jedes Ding für jeden auf eine besondere Weise da ist: so ist offenbar, daß die Dinge an und für sich ihr eigenes bestehendes Wesen haben und nicht nur in Beziehung e
auf uns oder von uns hin und her gezogen nach unserer Einbildung, sondern für sich bestehend, je nach ihrem eigenen Wesen seiend, wie sie geartet sind.

Hermogenes: So verhält es sich meines Erachtens, Sokrates.

Sokrates: Sollen nun sie selbst zwar so geartet sein, ihre Handlungen aber nicht nach derselben Weise? Oder sind nicht auch diese eine eigene Art dessen, was ist, die Handlungen?

Hermogenes: Allerdings auch diese.

Sokrates: Also auch die Handlungen gehen nach ihrer eigenen 387 a
Natur vor sich und nicht nach unserer Vorstellung. Wie wenn wir unternehmen, etwas zu zerschneiden, sollen wir dann jedes schneiden, wie wir wollen und womit wir wollen? Oder werden wir nur dann, wenn wir jedes nach der Natur des Schneidens und Geschnittenwerdens und mit dem ihm Angemessenen schneiden wollen, nur dann es wirklich schneiden und auch einen Vorteil davon haben und die Handlung recht verrichten, wenn aber gegen die Natur, dann es verfehlen und nichts ausrichten?

Hermogenes: So dünkt es mich. b

Sokrates: Nicht auch, wenn wir etwas unternehmen zu brennen, müssen wir es nicht nach jeder Weise, wie sie uns zuerst einfällt, brennen, sondern nach der richtigen, und das ist die, wie eines jeden Natur ist, zu brennen und gebrannt zu werden und womit?

Hermogenes: Gewiß.

Sokrates: Nicht auch so in allem übrigen?

Hermogenes: Allerdings.

[6. Reden und Benennen als Handlung haben ihre eigene Natur]

SOKRATES: Ist nun nicht auch das Reden eine Handlung?

HERMOGENES: Ja.

SOKRATES: Wird also wohl einer, wenn er so redet, wie er eben
c glaubt, daß man reden müsse, richtig reden, oder wird er nur dann, wenn er auf die Weise und vermittels dessen, wie es der Natur des Sprechens und Gesprochenwerdens angemessen ist, von den Dingen redet, nur dann Vorteil davon haben und wirklich etwas sagen, wenn aber nicht, dann es verfehlen und nichts damit ausrichten?

HERMOGENES: So dünkt es mich, wie du sagst.

SOKRATES: Und ein Teil des Redens ist doch das Benennen. Denn durch Benennung besteht jede Rede?

HERMOGENES: Freilich.

SOKRATES: Also ist auch das Benennen eine Handlung, wenn das Reden ein Handeln mit den Dingen war?

HERMOGENES: Ja.

d SOKRATES: Die Handlungen aber waren, wie sich gezeigt hatte, nicht nur je nachdem wir waren, sondern hatten jede ihre eigene Natur?

HERMOGENES: So ist es.

SOKRATES: Also auch benennen muß man so und vermittels dessen, wie es in der Natur des Benennens und Benanntwerdens der Dinge liegt, nicht aber so, wie wir etwa jedesmal möchten, wenn uns anders dies mit dem vorigen übereinstimmen soll, und nur so werden wir etwas davon haben und wirklich benennen, sonst aber nicht?

HERMOGENES: Offenbar.

[7. Bestimmung des Wortes als belehrendes Werkzeug]

SOKRATES: Wohlan! Was man schneiden mußte, mußte man doch, sagen wir, vermittels etwas schneiden.

HERMOGENES: Ja.

e SOKRATES: Und was weben, vermittels etwas weben, und was bohren, mittels etwas bohren?

HERMOGENES: Freilich.

SOKRATES: Also auch was man benennen mußte, mußte man mittels etwas benennen?

388 a HERMOGENES: So ist es.

SOKRATES: Was ist nun jenes, womit man bohren muß?

HERMOGENES: Der Bohrer.

SOKRATES: Und womit man weben muß?

HERMOGENES: Die Weberlade.

SOKRATES: Und was, womit benennen?

HERMOGENES: Das Wort.

SOKRATES: Richtig. Ein Werkzeug ist also auch das Wort.

HERMOGENES: Freilich.

SOKRATES: Wenn ich nun fragte: Was für ein Werkzeug war doch die Weberlade? Nicht das, womit man webt?

HERMOGENES: Ja.

b SOKRATES: Was tut man aber, wenn man webt? Nicht, daß wir den

Einschlag und die ineinander verworrene Kette wieder sondern?

HERMOGENES: Ja.

SOKRATES: Und ebenso wirst du mir auch über den Bohrer und das übrige antworten können.

HERMOGENES: Gewiß.

SOKRATES: Kannst du mir nun ebenso auch über das Wort Rechenschaft geben? Indem wir mit dem Wort als Werkzeug benennen, was tun wir?

HERMOGENES: Das weiß ich nicht zu sagen.

SOKRATES: Lehren wir nicht einander etwas und sondern die Gegenstände voneinander, je nachdem sie beschaffen sind?

HERMOGENES: Allerdings.

[8. Der Gesetzgeber als Urheber dieses Werkzeugs]

SOKRATES: Das Wort ist also belehrendes Werkzeug und ein das Wesen unterscheidendes und sonderndes, wie die Weberlade das Ge- c
webe sondert.

HERMOGENES: Ja.

SOKRATES: Und die Lade gehört zur Weberei?

HERMOGENES: Wie anders!

SOKRATES: Der Webekünstler also wird die Lade recht zu gebrauchen wissen, recht aber heißt webekünstlerisch. Und ein Lehrkünstler das Wort, und recht heißt lehrkünstlerisch.

HERMOGENES: Ja.

SOKRATES: Und wessen Werk gebraucht dann der Weber recht, d
wenn er die Weberlade gebraucht?

HERMOGENES: Des Tischlers Werk.

SOKRATES: Und ist jeder ein Tischler, oder nur wer diese Kunst innehat?

HERMOGENES: Nur der letzte.

SOKRATES: Und wessen Werk gebraucht der Bohrende recht, wenn er den Bohrer braucht?

HERMOGENES: Des Kleinschmieds.

SOKRATES: Und ist jeder ein Kleinschmied, oder der die Kunst innehat?

HERMOGENES: Der die Kunst innehat.

SOKRATES: Wohl! Wessen Werk gebraucht nun aber jener Lehrkünstler, wenn er das Wort gebraucht?

HERMOGENES: Auch das weiß ich wieder nicht.

SOKRATES: Weißt du auch das nicht zu sagen, wer uns die Worte überliefert, die wir gebrauchen?

HERMOGENES: Auch nicht.

SOKRATES: Dünkt es dich nicht der Gebrauch und die eingeführte Ordnung zu sein, was sie uns überliefern?

HERMOGENES: Das scheint wohl.

SOKRATES: Es ist also ein Werk dessen, der die Gebräuche einrich- e
tet, des Gesetzgebers, dessen jener Belehrende sich bedient, wenn er sich der Worte bedient?

HERMOGENES: So scheint es mir.

SOKRATES: Und meinst du, daß jedermann ein Gesetzgeber ist, oder nur, der die Kunst innehat?

HERMOGENES: Der die Kunst innehat.

SOKRATES: Also, o Hermogenes, kommt es nicht jedem zu, Worte
389 a einzuführen, sondern nur einem besonderen Wortbildner. Und dieser ist, wie es scheint, der Gesetzgeber, von allen Künstlern unter den Menschen der seltenste.

HERMOGENES: So scheint es.

[9. Verfertigung der Wörter im Hinblick auf das, was das Wort in Wahrheit ist]

SOKRATES: Wohl, so betrachte nun weiter, worauf der Gesetzgeber wohl sieht, indem er die Worte bestimmt. Mache es dir nur aus dem vorigen klar. Worauf blickt wohl der Tischler, wenn er die Weberlade macht? Nicht auf so etwas, dessen Natur und Wesen eben dies ist, das Gewebe zu schlagen?

HERMOGENES: Freilich.

b SOKRATES: Und wie? Wenn ihm die Lade während der Arbeit zerbricht, wird er eine andere wieder machen, indem er auf die zerbrochene sieht oder wieder auf jenes selbige Bild, nach welchem er auch die zerbrochene gemacht hatte?

HERMOGENES: Auf jenes, dünkt mich.

SOKRATES: Jenes also könnten wir mit Recht die wahre Weberlade nennen, das, was sie wirklich ist.

HERMOGENES: Das meine ich auch.

SOKRATES: Also wenn für dichtes Zeug oder für dünnes, für leinenes oder für wollenes oder wofür sonst eine Weberlade zu machen ist: so müßten diese insgesamt das Bild der Weberlade in sich haben, wie sie aber nun für jedes insbesondere am besten geeignet wäre,
c diese Eigenschaft müßte ebenfalls in jedes Werk hineingelegt werden.

HERMOGENES: Ja.

SOKRATES: Und mit allen anderen Werkzeugen auf die nämliche Weise. Das seiner Natur nach jedem angemessene Werkzeug muß man ausgefunden haben und dann in dem niederlegen, woraus es so gemacht werden soll, nicht wie es jedem einfällt, sondern wie es die Natur mit sich bringt. Denn wie für ein jedes insbesondere der Bohrer geartet sein muß, diese Art muß man wissen in das Eisen hineinzulegen.

HERMOGENES: Allerdings.

SOKRATES: Also die für jedes von Natur geeignete Weberlade in das Holz?

HERMOGENES: So ist es.

d SOKRATES: Denn von Natur gehört, wie wir sahen, jeder Art von Gewebe ihre besondere Weberlade, und so in allen andern Dingen?

HERMOGENES: Ja.

SOKRATES: Also, Bester, muß wohl auch den für jedes seiner Art nach gearteten Namen jener Gesetzgeber wissen in den Tönen und Silben niederzulegen und so, indem er auf jenes sieht, was das Wort wirklich ist, alle Worte machen und bilden, wenn er ein tüchtiger

Bildner der Wörter sein will. Wenn aber nicht jeder Gesetzgeber das Wort in dieselben Silben niederlegt, das muß uns nicht irren. Denn e
auch nicht jeder Schmied, der zu demselben Zweck dasselbe Werkzeug macht, legt dasselbe Bild in dasselbe Eisen hinein. Dennoch, solange er nur dieselbe Gestalt wiedergibt, wenn auch in anderem Eisen, ist doch das Werkzeug ebenso gut und richtig gemacht, mag es einer hier oder unter den Barbaren gemacht haben. Nicht wahr? 390 a

Hermogenes: Allerdings.

Sokrates: Ebenso wirst du auch dafür halten, daß unser Gesetzgeber, der hiesige wie der unter den Barbaren, solange er nur die Idee des Wortes, wie sie jedem insbesondere zukommt, wiedergibt, in was für Silben es auch sei, daß alsdann der hiesige kein schlechterer Gesetzgeber ist als einer irgendwoanders?

Hermogenes: Freilich.

[10. Aufsicht und Beurteilung bei der Wortverfertigung kommt dem Dialektiker zu]

Sokrates: Wer wird nun aber erkennen, ob das gehörige Bild der b
Weberlade in irgendeinem Holze liegt? Der sie gemacht hat, der Tischler, oder der sie gebrauchen soll, der Weber?

Hermogenes: Wohl eher, o Sokrates, der sie gebrauchen soll.

Sokrates: Wer ist es nun, der des Kitharenmachers Werk gebrauchen soll? Ist er nicht auch der, welcher am besten bei der Verfertigung die Aufsicht führen und die verfertigten auch am besten beurteilen würde, ob sie gut gearbeitet sind oder nicht?

Hermogenes: Gewiß.

Sokrates: Aber wer?

Hermogenes: Der Kitharenspieler.

Sokrates: Und wer das Werk des Schiffbauers?

Hermogenes: Der Steuermann. c

Sokrates: Wer aber könnte am besten über dieses Geschäft des Gesetzgebers die Aufsicht führen und seine Arbeit beurteilen, hier sowohl als unter den Barbaren? Nicht der, der sie auch gebrauchen soll?

Hermogenes: Ja.

Sokrates: Ist das nun nicht der, welcher zu fragen versteht?

Hermogenes: Allerdings.

Sokrates: Und derselbe doch auch zu antworten?

Hermogenes: Ja.

Sokrates: Und der zu fragen und zu antworten versteht, nennst du den anders als Dialektiker?

Hermogenes: Nein, sondern so.

Sokrates: Des Zimmermanns Geschäft also wäre, ein Steuerruder d
zu machen unter Aufsicht des Steuermannes, wenn das Ruder gut werden soll.

Hermogenes: Richtig.

Sokrates: Des Gesetzgebers aber, wie es scheint, Wörter, wobei er zum Aufseher hätte einen dialektischen Mann, wenn er die Wörter gut bilden soll.

Hermogenes: Offenbar.

Sokrates: Also mag es doch wohl nichts so Geringes sein, wie du glaubst, Hermogenes, Worte zu bilden und Benennungen festzusetzen, auch nicht schlechter Leute Sache oder des ersten besten; sondern
Kratylos hat recht, wenn er sagt, die Benennungen kämen den Din-
e gen von Natur zu, und nicht jeder sei ein Meister im Wortbilden,
sondern nur der, welcher, auf die einem jeden von Natur eigene Benennung achtend, ihre Art und Eigenschaft in die Buchstaben und Silben hineinzulegen versteht.

Hermogenes: Ich weiß freilich nicht, Sokrates, wie ich dem, was
391 a du sagst, widersprechen soll. Es mag aber wohl nicht leicht sein, auf diese Art so schnell überzeugt zu werden; allein ich glaube, so würde ich leichter überzeugt werden, wenn du mir zeigtest, worin denn jene natürliche Richtigkeit der Benennungen bestehen soll.

Sokrates: Ich, du guter Hermogenes, weiß ja von gar keiner, sondern du hast vergessen, was ich eben noch sagte, daß ich es nicht wüßte, aber es wohl mit dir untersuchen wollte. Nun aber ist durch unsere Untersuchung dir und mir soviel schon klar gegen das vorige,
daß das Wort von Natur eine gewisse Richtigkeit hat und daß nicht
b jeder versteht, es irgendeinem Dinge gehörig beizulegen. Oder nicht?

Hermogenes: Gewiß.

[11. Homer über die Richtigkeit der Namen: die Sprache der Götter]

Sokrates: Also nächstdem müssen wir untersuchen, wenn du es zu wissen begehrst, was nun eigentlich die Richtigkeit desselben ist.

Hermogenes: Freilich begehre ich es zu wissen.

Sokrates: So überlege denn!

Hermogenes: Wie soll ich es überlegen?

Sokrates: Die richtige Überlegung, Freund, ist, die man mit den Sachverständigen anstellt, denen man Geld dafür zahlt und noch
Dank dazu weiß. Dies sind aber die Sophisten, denen auch dein Bru-
c der Kallias so viel Geld eingebracht, daß er nun wohl für weise gilt.
Da du nun nicht im Besitz des väterlichen Vermögens bist, so mußt du deinem Bruder schön tun und ihn bitten, daß er dich lehre, was hierin richtig ist, wie er es vom Protagoras gelernt hat.

Hermogenes: Ungereimt wäre doch wohl die Bitte von mir, Sokrates, wenn ich die «Wahrheit» des Protagoras im allgemeinen gar nicht annehme, doch aber mit dem, was in Folge dieser Wahrheit gesagt wird, zufrieden sein wollte, als wäre es etwas wert.

Sokrates: Also wenn dir das wieder nicht gefällt, so müßten wir
d es vom Homeros lernen und von den andern Dichtern.

Hermogenes: Und was sagt denn Homeros von der Richtigkeit der Benennungen, o Sokrates, und wo?

Sokrates: An vielen Stellen, vorzüglich aber und am schönsten da, wo er an denselben Dingen unterscheidet, welche Namen die Menschen ihnen beilegen und welche die Götter. Oder meinst du nicht, daß er an diesen Stellen vortreffliche und wunderbare Dinge sagt von der Richtigkeit der Wörter? Denn offenbar werden doch die

Götter wohl vollkommen richtig mit den Wörtern benennen, die es von Natur sind. Oder meinst du nicht? e

Hermogenes: Soviel weiß ich ja wenigstens, daß, wenn sie etwas benennen, sie es auch richtig benennen. Aber was meinst du nur eigentlich?

Sokrates: Weißt du nicht, daß er von dem Fluß bei Troja, welcher einen Zweikampf mit dem Hephaistos hatte, sagt: «Xanthos im Kreise der Götter genannt, von Menschen Skamandros»?

Hermogenes: Das weiß ich; und was dann?

Sokrates: Glaubst du nicht, daß das etwas Hochwichtiges sein 392 a
muß, zu verstehen, wieso es richtiger ist, jenen Fluß Xanthos zu nennen als Skamandros? Oder wenn du lieber willst, wegen jenes Vogels, von dem er sagt, er werde «Chalkis von Göttern genannt und Nachtaar unter den Menschen», hältst du es für eine geringfügige Einsicht, wieviel richtiger es ist, daß dieser Vogel Chalkis heiße, als Nachtaar? Oder Batieia und das Mal der sprunggeübten Myrine und viel anderes bei diesem Dichter und andern? Doch der- b
gleichen ist vielleicht zu groß, als daß ich und du es herausbringen sollten; von Skamandrios und Astyanax aber, welche Namen beide, wie er sagt, der Sohn des Hektor gehabt, mag es menschenmöglicher sein, wie mich dünkt, und leichter, aufs reine zu bringen, wie er es wohl mit ihrer Richtigkeit meint. Du kennst doch wohl die Verse, worin das steht, was ich meine?

Hermogenes: Allerdings.

Sokrates: Von welchem Namen also meinst du, daß Homeros geglaubt, er sei dem Kinde richtiger beigelegt worden, Astyanax oder Skamandrios?

Hermogenes: Das weiß ich nicht zu sagen. c

[12. Die beiden Namen für Hektors Sohn und sein eigener Name]

Sokrates: Überlege es nur so. Wenn dich jemand fragte: Wer, glaubst du wohl, kann richtiger Namen beilegen, die Vernünftigeren oder die Unvernünftigeren?

Hermogenes: Offenbar die Vernünftigeren, würde ich sagen.

Sokrates: Scheinen dir nun wohl die Weiber die Vernünftigeren in der Stadt zu sein oder die Männer, wenn man es so im allgemeinen sagen soll?

Hermogenes: Die Männer.

Sokrates: Nun weißt du doch, daß Homeros sagt, das Söhnchen
des Hektor sei von den Troern Astyanax genannt worden; also Ska- d
mandrios wohl von den Weibern, wenn die Männer ihn Astyanax nannten?

Hermogenes: So scheint es ja.

Sokrates: Nun hielt doch auch Homeros wohl die Troer für verständiger als ihre Weiber?

Hermogenes: So glaube ich wenigstens.

Sokrates: Also glaubte er, der Knabe hieße richtiger Astyanax als Skamandrios.

Hermogenes: Das ist deutlich.

SOKRATES: Laß uns denn zusehen, weshalb wohl. Oder gibt er uns
selbst das Warum am besten an die Hand? Er sagt nämlich: «denn
e er allein beschirmte die Stadt und die türmenden Mauern». Darum
mag es ganz recht sein, des Beschützers Sohn Astyanax, Stadtherrn,
zu nennen dessen, was sein Vater beschützte, wie Homeros sagt.

HERMOGENES: Das leuchtet mir ein.

SOKRATES: Wieso denn? Ich selbst verstehe es ja jetzt noch nicht recht, und du verstehst es?

HERMOGENES: Nein, beim Zeus, ich auch nicht.

393 a SOKRATES: Hat etwa, du Guter, auch dem Hektor selbst Homeros
seinen Namen beigelegt?

HERMOGENES: Wieso?

SOKRATES: Weil es mir damit fast ebenso zu sein scheint wie mit
dem Astyanax und diese Namen ganz hellenischen gleichen. Denn
Anax, Herr, und Hektor, Inhaber, bedeuten fast dasselbe und schei-
nen beides königliche Namen zu sein. Denn worüber einer Herr ist,
b davon ist er auch Inhaber; denn offenbar beherrscht er es und besitzt
es und hat es. Oder scheine ich dir nichts zu sagen und täusche mich,
indem ich glaube, die Spur ausgefunden zu haben von Homeros'
Meinung über die Richtigkeit der Benennungen?

HERMOGENES: Nein, beim Zeus, das nicht, wie mich dünkt, sondern du hast wahrscheinlich wohl etwas gefunden.

[13. Benennung nach der natürlichen Abstammung; Gleichgültigkeit einer etwaigen Buchstabenverschiedenheit]

SOKRATES: Recht ist es wenigstens, wie mir scheint, eines Löwen
Abkömmling Löwen zu nennen und eines Pferdes Abkömmling
Pferd. Nicht so meine ich es, wenn, als ein Wunder, einmal von
einem Pferde etwas anderes geboren würde als ein Pferd; sondern
c was einer Gattung Abkömmling ist der Natur nach, das meine ich,
so daß, wenn ein Pferd widernatürlich ein Kalb geboren hätte, was
seiner Natur nach Abkömmling eines Stieres ist, man dies auch nicht
Füllen nennen müßte, sondern Kalb. Ebensowenig, meine ich, müßte
man, wenn, was von einem Menschen geboren würde, nicht eines
Menschen Abkömmling ist, diese Ausgeburt Mensch nennen. Und
ebenso mit Bäumen und allem anderen. Oder dünkt dich nicht so?

HERMOGENES: Mich ebenfalls.

SOKRATES: Wohl gesprochen. Hüte dich nur, daß ich dich nicht
übervorteile. Denn nach demselben Verhältnis muß nun auch, was
d von einem Könige geboren wird, König genannt werden. Ob aber
in solchen oder in anderen Silben dasselbe angedeutet wird, daran
liegt nichts, auch nicht, ob ein Buchstabe zugesetzt oder weggenom-
men wird, auch das ist keine Sache, so lange nur das Wesen des Din-
ges mächtig ist, sich durch den Namen zu offenbaren.

HERMOGENES: Wie meinst du das?

SOKRATES: Gar nichts Besonderes, sondern wie du weißt, daß wir
auch die Buchstaben mit Namen nennen und nicht unmittelbar sie
selbst, die bekannten Selbstlauter ausgenommen; den übrigen aber,
e Selbstlautern und Mitlautern, weißt du wohl, fügen wir noch andere

Buchstaben bei und bilden einen Namen daraus. Aber solange wir nur die Eigentümlichkeit des Buchstaben mit hineinbringen und sie sich darin zeigt, ist es ganz recht, ihn bei diesem Namen zu nennen, der ihn uns zu erkennen gibt. Wie zum Beispiel beim Zet: du siehst wohl, daß die Hinzufügung dieses e und t keinen Schaden tut, daß sich nicht dennoch durch den ganzen Namen die Natur jenes Buchstaben kundgeben sollte, den der Gesetzgeber wollte. So gut verstand er, den Buchstaben ihre Namen beizulegen.

HERMOGENES: Du scheinst mir recht zu haben.

SOKRATES: Ist es nun nicht mit dem Könige ebenso? Denn von 394 a
einem Könige kommt doch ein König, von einem Guten ein Guter, von einem Schönen ein Schöner, und so in allem übrigen, aus jedem von einer Gattung ein ebensolcher Abkömmling, wenn kein Wunder geschieht. Also ist dieser mit demselben Namen zu benennen, abwechseln aber kann man mit den Silben, so daß es dem Unkundigen scheint, als hätte jeder einen andern Namen, ungeachtet es dieselben sind, so wie uns die Mittel der Ärzte, durch färbende und riechende Stoffe vermannigfaltigt, andere zu sein scheinen, obgleich sie dieselben sind; der Arzt aber, welcher nur auf die Kraft der Mittel b
sieht, erkennt sie als dieselben und läßt sich nicht irremachen durch die Beimischungen. Ebenso sieht auch wohl, wer sich auf die Wörter versteht, nur auf das Bedeutsame als ihre Kraft und wird nicht irre, wenn wo ein Buchstabe hinzugetan oder weggenommen oder versetzt ist, oder wenn auch in ganz andere Buchstaben die Kraft des Wortes gelegt ist. So haben in unserm jetzigen Beispiel Astyanax und Hektor gar keinen Buchstaben gemein als nur das t und bedeuten doch c
einerlei. Auch Archepolis, der in der Stadt regiert, wieviel hat es wohl von den Buchstaben der vorigen, und bedeutet doch dasselbe? Und so gibt es noch viele andere Benennungen, die alle einen König anzeigen, und wiederum andere einen Heerführer, wie Agis, Führer, Polemarchos, Kriegsherr, Eupolemos, Gutkrieg. Andere sind ärztlich wie Iatrokles, Helfrich, und Akesimbrotos, Heilmann, und so könnten wir noch mehrere finden, die in Buchstaben und Silben ganz ungleich klingen, der Bedeutung nach aber dasselbe aussprechen. Scheint es dir so oder nicht?

d

HERMOGENES: Allerdings.

SOKRATES: Das naturgemäß Entstandene also muß auch denselben Namen empfangen.

HERMOGENES: Freilich.

[14. Die Namen des Atridenhauses und des Zeus und seiner Vorfahren]

SOKRATES: Wie aber, was widernatürlich nach Art eines Wunders entstanden ist? Wie wenn von einem guten und frommen Manne ein Gottloser abstammt? Nicht so wie vorher, wenn ein Pferd geboren hätte, was eigentlich von einem Stier abstammt, uns dies nicht nach dem Erzeugenden seine Benennung erhalten durfte, sondern nach der Gattung, der es angehört?

HERMOGENES: So war es.

e SOKRATES: So auch der von dem Frommen abstammende Ruchlose
muß seinen Namen erhalten von seiner Art?
HERMOGENES: Allerdings.
SOKRATES: Also nicht Gottlieb, wie es scheint, auch nicht Fürchte-
gott oder dergleichen etwas, sondern was das Gegenteil hiervon be-
deutet, wenn anders Richtigkeit in der Benennung sein soll.
HERMOGENES: Auf alle Weise, Sokrates.
SOKRATES: So scheint auch «Orestes», wenn du an Oreinon denkst,
ganz richtig genannt zu sein, es sei nun, daß ihm ein Zufall den Na-
men beigelegt oder auch ein Dichter, um das Wilde, Rauhe, Rastlose
seiner Gemütsart, wie durch die Ähnlichkeit mit einem rauhen Ge-
birge, in seinem Namen anzudeuten.
395 a HERMOGENES: So scheint es allerdings, Sokrates.
SOKRATES: Auch sein Vater scheint einen seiner Natur ganz ange-
messenen Namen gehabt zu haben.
HERMOGENES: Das glaub ich wohl.
SOKRATES: Denn ein solcher scheint doch «Agamemnon» zu sein,
daß, wenn er beschlossen hat, etwas durchzuführen und darauf zu
bestehen, er seine Beschlüsse auch durch Tapferkeit zum Ziele bringt.
Beweis seiner Beharrlichkeit ist ja seine Ausdauer vor Troja mit
einem solchen Heer. Daß also dieser Mann bewundernswürdig ist
b im Ausharren, *agastos* in der *epimone*, bedeutet sein Name «*Aga-
memnon*». Vielleicht ist auch «Atreus», von *atéreus*, ebenso richtig.
Denn die Ermordung des Chrysippos und was er Grausames gegen
den Thyestes verübte, alles dies ist doch ganz verderblich und unver-
träglich, *atéra*, mit sittlicher Art. Ein wenig weicht freilich dieser Na-
me ab und versteckt seine Bedeutung, so daß er nicht jedem gleich
die Natur des Mannes kundgibt. Aber denen, die sich auf Namen
verstehen, offenbart er hinlänglich, was «Atreus» sagen will. Denn
c man nehme nun das *Untreue* heraus, oder die *harte Reue* oder das
Abtrünnige, von allen Seiten ist der Name richtig. Ebenso angemes-
sen scheint auch dem «Pelops» der seinige beigelegt; denn er deutet
auf einen, der nur auf das Nahe sieht, von *pelas* und *ops*.
HERMOGENES: Wieso?
SOKRATES: Was ja über den Mann gesagt wird wegen Ermordung
des Myrtilos, wie er gar nicht fähig war vorauszusehen oder zu ah-
nen, was in der Ferne lag für sein Geschlecht und wie er es mit Un-
d heil überlud, sondern nur das Nahe und Augenblickliche sehend, und
das heißt doch Pelas, als er so alles daransetzte, um nur auf alle
Weise die Ehe mit der Hippodameia zu vollziehen. – Wie richtig
aber und natürlich dem «Tantalos» sein Name gegeben ist, das kann
jeder sehen, wenn nämlich wahr ist, was man von ihm erzählt.
HERMOGENES: Was doch?
SOKRATES: Das vielfältige und schwere Unglück, was ihm in sei-
nem Leben widerfuhr und mit der gänzlichen Zerstörung seines Va-
terlandes endigte, und dann auch nach seinem Tode jenes Schweben,
e *talanteia*, des Steines über seinem Haupte stimmt wunderbar gut zu
seinem Namen; und es sieht offenbar aus, als ob ihn jemand hätte
den Allerelendesten, *talantatos*, nennen wollen, stattdessen aber,

um es zu verbergen, «Tantalos» gesagt; so etwa scheint auch diesen Namen die Sage zufällig gebildet zu haben. – Auch für seinen angeblichen Vater «Zeus» eignet sich offenbar dessen Name gar herrlich, nur ist es nicht leicht zu merken. Nämlich ordentlich wie eine Er- 396 a
klärung ist der Name des Zeus; nur haben wir ihn geteilt, und einige bedienen sich der einen, andere der anderen Hälfte. Die einen nämlich nennen ihn «Zeus», die anderen «Dis»; beide aber zusammengestellt offenbaren uns das Wesen des Gottes, welches ja eben, wie wir sagen, ein Name soll ausrichten können. Denn keiner ist für uns und alles insgesamt so sehr die Ursache des Lebens wie der Herrscher und König über alles. Ganz richtig also wird dieser Gott benannt als der, durch welchen zu leben alle Lebendigen sich rühmen. Nur, wie gesagt, der b
Name, der eigentlich einer ist, ist geteilt in *dis*, von *durch*, und *zen* oder *zeus* von *leben*. Daß nun dieser der Sohn des «Kronos» ist, könnte anfänglich frevelhaft scheinen, wenn man es nur schnell und obenhin hört. Natürlich ist aber doch, daß Zeus der Abkömmling eines großen Verstandes ist, und so bedeutet das *koros* in diesem Namen nicht Kind, sondern das Reine und Ungetrübte des Geistes, *nus*. Dieser selbst ist wiederum ein Sohn des «Uranos», und mit Recht wird die Hinaufsicht zur Höhe mit diesem Namen die himmlische, *urania*, genannt, welche sieht, was oben ist, *horosa ta ano*, von c
woher ja eben, wie die Himmelskundigen sagen, der reine Geist herkommen soll, so daß also Uranos seinen Namen mit Recht führt. Hätte ich nun die Geschlechtsbeschreibung des Hesiodos nur im Gedächtnis, was für Vorfahren er noch von diesen höher hinauf angibt: so würde ich kein Ende finden, zu zeigen, wie richtig ihre Namen ihnen beigelegt sind, bis ich diese Weisheit ganz durchversucht hätte, was sie wohl machen, ob sie mir versagen würde oder nicht, die jetzt so plötzlich über mich gekommen ist, ich weiß nicht woher. d

HERMOGENES: Allerdings, Sokrates, scheinst du ordentlich wie ein Begeisterter auf einmal Orakel von dir zu geben.

[15. Herkunft der sokratischen Begeisterung und Plan der weiteren Untersuchung]

SOKRATES: Ich vermute wohl, Hermogenes, daß sie vornehmlich durch Euthyphron den Prospaltier über mich gekommen ist. Denn ich war diesen Morgen viel mit ihm und hörte ihm zu. Und so scheint es, daß er in seiner Begeisterung mir nicht nur die Ohren angefüllt hat mit seiner herrlichen Weisheit, sondern auch die Seele muß sie mir ergriffen haben. Mich dünkt also, wir wollen es so halten, daß e
wir sie heute nun gewähren lassen und auch das übrige noch durchnehmen von den Wörtern; morgen aber, wenn ihr auch der Meinung seid, wollen wir sie feierlich fortbesprechen und uns reinigen, wenn wir einen finden können, der es versteht, uns hiervon zu reinigen, sei es nun ein Priester oder ein Sophist. 397 a

HERMOGENES: Ich bin es sehr zufrieden, denn gar gern möchte ich auch noch das Weitere über die Wörter hören.

SOKRATES: Also wollen wir es immer tun. Wobei sollen wir nun unsere Untersuchung anfangen, da wir einmal auf eine gewisse Form

geraten sind, um nun zu erfahren, ob die Benennungen selbst uns Bestätigung dafür geben werden, daß sie keineswegs nur aufs Geratewohl jedem beigelegt werden, sondern daß sie eine gewisse Rich-
b tigkeit haben? Die üblichen Namen von Menschen und Heroen könnten uns nun wohl leicht hintergehen. Viele nämlich werden beigelegt nach Benennungen der Vorfahren und sind einigen gar nicht angemessen, wie wir auch anfangs sagten; viele wiederum teilt man aus als gute Wünsche, wie Eutychides gleichsam Glückskind, Sozias Wohlbehalten, Theophilos Gottlieb, und viele andere. Dergleichen, denke ich, müssen wir beiseite lassen und vermuten, daß wir das Richtige vornehmlich bei demjenigen finden werden, was immer da ist und in der Natur fortbesteht; denn hierauf muß sich doch wohl
c die Bildung der Namen am meisten befleißigt haben, und vielleicht sind auch einige von diesen durch eine göttlichere als der Menschen Kraft festgesetzt worden.

HERMOGENES: Sehr richtig scheint mir, was du sagst, Sokrates!

[16. Die Bezeichnung «Götter», «Dämonen» und «Heroen»]

SOKRATES: Ist es nun nicht billig, von den Göttern die Untersuchung anzufangen, wie sie wohl eben diesen Namen «Götter» mit Recht bekommen haben?

HERMOGENES: Ganz billig.

SOKRATES: Hierüber nun vermute ich dieses. Es scheint mir, daß die ältesten Bewohner von Hellas allein die für Götter gehalten ha-
d ben, welche auch jetzt noch vielen Barbaren dafür gelten, nämlich Sonne, Mond und Erde, die Gestirne und den Himmel; wie sie nun dies alles immer in seiner Bahn sich bewegen und gehn sahen, so haben sie sie von dieser Eigenschaft des *Gehens* «Götter» genannt. Hernach, als ihnen auch die andern bekannt geworden, haben sie auch diese insgesamt mit demselben Namen angeredet. Sieht dir das aus wie etwas Wahres, was ich sage, oder nicht?

HERMOGENES: Gar sehr sieht es so aus.

SOKRATES: Was sollen wir nun nächstdem vornehmen?

e HERMOGENES: Offenbar doch die «Dämonen» und «Heroen» und «Menschen».

SOKRATES: Die «Dämonen»? Ja in der Tat, Hermogenes, was soll wohl dieser Name «Daimon» bedeuten? Sieh zu, ob dir das gefallen wird, was ich sage.

HERMOGENES: Sage nur.

SOKRATES: Du weißt doch, was Hesiodos sagt, daß die Dämonen wären.

HERMOGENES: Ich entsinne mich nicht.

SOKRATES: Auch nicht, daß er sagt, das erste Geschlecht der Menschen wäre das goldene gewesen?

HERMOGENES: Ja, das weiß ich wohl.

SOKRATES: Von diesem nun sagt er:

«Aber nachdem nun jenes Geschlecht absenkte das Schicksal,
398 a *Werden sie fromme Dämonen der oberen Erde genennet,*
Gute, des Wehs Abwehrer, der sterblichen Menschen Behüter.»

HERMOGENES: Und wie weiter?

SOKRATES: Ich denke nämlich, er meint das goldene Geschlecht nicht so, als ob es von Gold gewesen wäre, sondern daß es gut war und edel. Beweisen kann ich das dadurch, daß er auch uns das eiserne Geschlecht nennt.

HERMOGENES: Richtig.

SOKRATES: Also glaubst du doch, er würde, wenn es auch unter den jetzt Lebenden Gute gibt, auch von diesen sagen, daß sie zu dem b goldenen Geschlecht gehören?

HERMOGENES: Gewiß.

SOKRATES: Und die Guten, sind die nicht vernünftig?

HERMOGENES: Vernünftig.

SOKRATES: Und dies, dünkt mich, will er eben vorzüglich sagen, sei den Dämonen begegnet, weil sie vernünftig waren. Daher sagt er ganz recht, wie auch viele andere Dichter tun, daß, wenn ein Guter stirbt, er großer Ehre und Glückes teilhaftig und ein «Daimon» wird, vom *Daheimsein* so genannt. Eben das nun nehme ich an, daß c jeder, der dort daheim gehört, ein Seliger ist im Leben und im Tode und mit Recht ein «Daimon» genannt wird.

HERMOGENES: Darin, o Sokrates, werde auch ich, dünkt mich, dir ganz beistimmen. – Aber ein «Heros», was bedeutet das wohl?

SOKRATES: Das ist gar nicht schwer zu sehen. Denn nur ein klein wenig ist der Name verändert und deutet darauf, daß sie ihre Entstehung dem *Eros* verdanken.

HERMOGENES: Wie meinst du das?

SOKRATES: Weißt du nicht, daß die Heroen Halbgötter sind?

HERMOGENES: Ja, und nun?

SOKRATES: Also sind sie alle entstanden dadurch, daß Eros entwe- d der einen Gott einer Sterblichen oder eine Göttin einem Sterblichen zuführte. Du mußt nur auch dieses nach der alten attischen Mundart betrachten, um es noch leichter zu finden; denn dann wirst du sehen, daß von dem Eros, woher die Heroen entstehen, nur ein weniges abgewichen ist des Namens wegen. Also entweder will der Name dieses von den Heroen sagen, oder weil rufen und auch wohl reden ehedem *haren* hieß, sagt er, daß sie weise waren, gewaltige Redner und dialektische Männer, so daß die «Heroen» Redner bedeuten und e Ausfrager, so daß dieser ganze heroische Stamm ein Geschlecht von Rednern und Sophisten wird.

[17. «Mensch», «Seele» und «Körper»] Dies war also nicht schwer einzusehen, weit mehr aber von wegen der Menschen, warum die doch «Menschen» heißen. Weißt du es zu sagen?

HERMOGENES: Woher doch, du Guter, sollte ich es wissen? Und wenn ich auch vielleicht imstande wäre, es zu finden, gebe ich mir doch keine Mühe darum, weil ich glaube, du wirst es weit besser finden als ich.

SOKRATES: Also hältst du etwas auf die Eingebung des Euthyphron, 399 a wie es scheint?

HERMOGENES: Ganz sicher.

SOKRATES: Du hast schon recht. Denn auch dies, glaube ich, habe

ich gar herrlich gefaßt und werde am Ende, wenn ich mich nicht bescheide, heute noch weiser sein, als ich sollte. Sieh nur zu, was ich meine. Zuerst aber mußt du dir dieses merken wegen der Wörter, daß wir oft Buchstaben einsetzen, oft auch herauswerfen, wenn wir etwas wovon benennen wollen, und ebenso auch oft den Ton versetzen. Wie zum Beispiel: an Frieden reich, damit uns hieraus ein
b Wort werde anstatt eines ganzen Satzes, werfen wir das Ende des einen Wortes heraus, und das andere stumpfen wir ab, daß es unbetont gesprochen wird, da es vorher betont war. Bei anderen Worten wiederum setzen wir Buchstaben dazwischen und schärfen das Unbetonte.

HERMOGENES: Richtig.

SOKRATES: Dergleichen etwas ist nun auch bei dem Worte «Mensch» begegnet, wie mich dünkt. Denn es ist ein ganzer Satz zu einem Worte geworden dadurch, daß man Anfang und Ende herausgeworfen und dafür einer stumpfen Silbe den Ton gegeben und sie geschärft hat.

HERMOGENES: Wie meinst du das?

c SOKRATES: So: Dieser Name «Mensch» bedeutet, daß die anderen Tiere von dem, was sie sehen, nichts betrachten noch vergleichen oder eigentlich *anschauen*, der Mensch aber, sobald er gesehen hat, auch *zusammenstellt* und *anschaut*. Daher wird unter allen Tieren der Mensch allein Mensch genannt, weil er *zusammenschaut*, was er gesehen hat.

HERMOGENES: Wie nun? Soll ich dir sagen, was ich nächstdem gern wüßte?

SOKRATES: Allerdings.

d HERMOGENES: Mich wenigstens dünkt unmittelbar an diesem hier etwas zu hängen. Denn dem Menschen schreiben wir doch Leib und Seele zu?

SOKRATES: Wie sollten wir nicht?

HERMOGENES: Versuchen wir also auch diese abzuleiten wie das vorige?

SOKRATES: Du meinst, wir sollen untersuchen, woher wohl die «Seele» verständigerweise diesen Namen trägt, und dann auch der «Körper»?

HERMOGENES: Ja.

SOKRATES: Wenn ich nun jetzt im Augenblick etwas hierüber sagen soll, so meine ich, diejenigen, welche die «Seele» so benannten, haben sich dieses dabei gedacht, daß sie, wenn sie sich bei oder, wie man sonst sagte, *selb* dem Leibe *hält*, die Ursache ist, daß er lebt, weil sie
e ihm das Vermögen des Atmens mitteilt und ihn dadurch als ein *Selbst hält*, sobald aber dieses selbige fehlt, kommt der Leib um und stirbt; deshalb, glaube ich, haben sie sie «Seele» genannt. Aber noch besser – warte nur, still! Denn ich glaube etwas zu sehen, was Leuten wie Euthyphron viel wahrscheinlicher vorkommen wird als das vorige.
400 a Denn jenes, fürchte ich, werden sie uns verachten und für gar gemein und ungeschickt halten. Aber dieses erwäge nun, ob es auch dir gefällt.

HERMOGENES: Sage es nur.

Sokrates: Die Natur des ganzen Leibes, so daß er lebt und umhergeht, wodurch, glaubst du, wird wohl diese gehalten und geleitet als durch die Seele?

Hermogenes: Durch nichts anderes.

Sokrates: Und wie? Glaubst du nicht dem Anaxagoras, daß auch, was aller anderen Dinge Sein ordnet und leitet, Geist und Seele ist?

Hermogenes: Das glaube ich.

Sokrates: Sehr gut also schickte sich dieser Name für die Kraft, b
welche das *Sein leitet* und hält, sie *Seilett* zu nennen. Und dann kann man es noch schön machen und «Seele» sagen.

Hermogenes: Sehr schön, und dies dünkt mich allerdings kunstreicher zu sein als jenes.

Sokrates: Das ist es auch; aber ganz lächerlich kommt offenbar das Wort heraus, wenn man es genau so nimmt, wie es heißt.

Hermogenes: Aber was sollen wir nun von dem andern sagen?

Sokrates: Dem «Körper», meinst du?

Hermogenes: Ja.

Sokrates: Auf vielerlei Weise dünkt mich dies zu gehen, wenn
man auch nur gar wenig ändert. Denn einige sagen, die «Körper» c
wären die *Gräber* der Seele, als sei sie darin begraben liegend für die gegenwärtige Zeit. Und wiederum, weil durch ihn die Seele alles begreiflich macht, was sie andeuten will, auch deshalb heißt er mit Recht so gleichsam der *Greifer* und *Griffel*. Am richtigsten jedoch scheinen mir die Orphiker diesen Namen eingeführt zu haben, weil nämlich die Seele, weswegen es nun auch sei, Strafe leide und deswegen diese Befestigung habe, damit sie doch wenigstens erhalten werde wie in einem Gefängnis. Dieses also sei nun für die Seele, bis sie ihre Schuld bezahlt hat, genau was er heißt, so daß man kaum einen Buchstaben zu ändern brauche, der «Körper», ihr *Kerker*.

[18. «Hestia» als das Sein der Dinge]

Hermogenes: Das scheint mir gut genug gesagt zu sein, Sokrates. d
Aber könnten wir auch von anderen Göttern, wie du es vorher vom Zeus erklärt hast, auf dieselbe Weise untersuchen, in welcher Beziehung wohl ihre Namen ihnen mit Recht beigelegt sind?

Sokrates: Ja, beim Zeus, Hermogenes, können wir es, wenn wir doch Vernunft haben, auf eine, und zwar die schönste Weise, daß wir nämlich von den Göttern nichts wissen, weder von ihnen selbst noch von ihren Namen, wie sie sich untereinander nennen. Denn offenbar werden sie selbst sich richtig benennen. Die nächst dieser am meisten
richtige Art aber wäre, wie es bei den Gebeten Gebrauch ist, daß, wie e
und woher sie selbst begehren genannt zu werden, so auch wir sie nennen, weil wir nämlich weiter von nichts wissen. Denn das scheint
mir ein sehr guter Gebrauch. Willst du also, so wollen wir den Göt- 401 a
tern dies gleichsam vorher bedeuten, daß wir über sie gar keine solche Untersuchung anstellen wollen, denn wir bilden uns gar nicht ein, dies zu können, sondern nur über die Menschen, von was für Gedanken sie wohl ausgegangen sind bei Bestimmung ihrer Namen. Denn dies hat wohl keine Bedenken.

Hermogenes: Das ist ja gar bescheiden gesprochen, Sokrates, und so wollen wir es demnach machen.

b Sokrates: So laß uns denn, wie es Sitte ist, von der «Hestia» anfangen.

Hermogenes: Ganz recht.

Sokrates: Was soll man also sagen, daß sich der mag gedacht haben, der die Hestia so genannt hat?

Hermogenes: Beim Zeus, auch das scheint mir gar nicht leicht.

Sokrates: Es mögen wohl, mein guter Hermogenes, die ersten, welche Namen festgesetzt haben, gar nicht gemeine Leute gewesen sein, sondern von den Himmelskundigen und Hochfliegenden welche.

Hermogenes: Wieso?

Sokrates: Mir wird es ganz klar, daß die Bestimmung der Namen
c von solchen Leuten herrührt; und wenn man die fremden Wortformen mit in Betrachtung zieht, findet man erst recht, was jeder sagen will. So auch hierbei; das Sein, welches wir *usia* nennen, nennen einige *essia* und andere wieder *osia*. Zuerst nun nach der einen von diesen Spracharten hat es ja ganz guten Grund, daß das wahre Sein und Wesen der Dinge «Hestia» genannt wird; so auch, wenn wir wiederum das, was an diesem Sein Anteil hat, *estin* nennen, so wäre auch das in dieser Beziehung richtig, denn auch wir mögen statt *usia* ehedem *essia* gesagt haben. Ja auch wenn man bedenkt, wie es bei den Opfern gehalten wird, muß man glauben, bei Festsetzung dieses
d Namens sei hieran gedacht worden. Denn ganz billig opfern wohl diejenigen vor allen andern Göttern zuerst der Hestia, welche das Wesen aller Dinge *hestia* nannten. Die aber *osia* gesagt haben, mögen wohl, sollte man denken, mit dem Herakleitos geglaubt haben, alles Seiende gehe, und es bleibe nichts fest, die Ursache also und das Regierende für alles sei das Stoßende, *othun*, woher es denn mit Recht *osia* genannt wurde.

[19. «Rhea», «Kronos», «Tethys», «Poseidon» und «Pluton»] Auch
e das aber wollen wir nur als Nichtwissende gesagt haben. Nach der Hestia nun wenden wir uns billig zur «Rhea» und zum «Kronos». Doch des Kronos Namen haben wir ja schon durchgenommen — Aber vielleicht ist es nichts, was ich sagen will.

Hermogenes: Was doch, Sokrates?

Sokrates: O Guter, ich erblicke einen ganzen Schwarm Weisheit.

Hermogenes: Was doch für einen?

402 a Sokrates: Lächerlich ist es freilich zu sagen, aber ich glaube doch, es hat seine Wahrscheinlichkeit.

Hermogenes: In welcher Art denn?

Sokrates: Ich glaube zu sehen, daß Herakleitos gar alte Weisheit vorbringt, offenbar dasselbe von Kronos und Rhea, was auch Homeros schon gesagt hat.

Hermogenes: Wie meinst du das?

Sokrates: Herakleitos sagt doch, daß alles davongeht und nichts bleibt, und indem er alles Seiende einem strömenden Flusse vergleicht, sagt er, man könne nicht zweimal in denselben Fluß steigen.

HERMOGENES: Ganz richtig.

SOKRATES: Wie nun? Dünkt dich der viel anders gedacht zu haben als Herakleitos, der aller andern Götter Urahnen Kronos und Rhea genannt hat? Oder meinst du, es sei von ungefähr, daß er beiden ihre Namen von Flüssen gegeben hat? Wie auch Homeros den Okeanos den Vater der Götter nennt und Tethys die Mutter; und ich glaube auch Hesiodos. Ja auch Orpheus sagt irgendwo: b

Erst Okeanos selbst, der geräuschige, schreitet zur Ehe,
Der sich mit Tethys, von Mutterseit' ihm Schwester, begattet. c

Betrachte nur, wie dies alles unter sich zusammenstimmt und wie es auch alles auf des Herakleitos Lehre sich bezieht.

HERMOGENES: Daran scheint wohl etwas zu sein, Sokrates, nur sehe ich noch nicht, was der Name der «Tethys» will.

SOKRATES: Das erklärt sich ja von selbst, daß es nur etwas versteckt der Name einer Quelle ist. Denn das Sickernde, Tanzende und Sinternde, *diattomenon* und *ethumenon*, ist das Bild einer Quelle; d
und aus diesen beiden Worten ist der Name «Tethys» zusammengesetzt.

HERMOGENES: Das war gar herrlich, Sokrates.

SOKRATES: Was sollte es nicht! Aber wie weiter? Den Zeus haben wir schon gehabt?

HERMOGENES: Ja.

SOKRATES: Wollen wir also seine Brüder erklären, den «Poseidon» und «Pluton», nebst dem andern Namen, den man diesem beilegt?

HERMOGENES: Das wollen wir.

SOKRATES: Poseidon nun mag wohl deswegen so benannt worden sein von dem, der ihn zuerst so nannte, weil ihn im Gehen die Ge- e
walt des Meeres aufhielt und ihn nicht weiter schreiten ließ, sondern ihm gleichsam eine Fessel wurde für seine Füße. Daher nannte er den diese Gewalt beherrschenden Gott «Poseidon», weil er ein *posidesmos* war, und das i ist vielleicht nur der Schicklichkeit wegen zum ei verlängert. Vielleicht aber wollte er auch das nicht sagen, sondern es waren anstatt des s zwei l, weil nämlich der Gott ein *polla eidos* 403 a
ist, vieles weiß. Vielleicht heißt er aber auch der Erschütternde, *ho seion*, und das p und d sind nur hineingesetzt. «Pluton» aber ist offenbar in Beziehung auf die Gabe des Reichtums, *plutos*, so genannt worden, weil nämlich der Reichtum von unten aus der Erde kommt. Durch den Namen «Hades» aber glauben, dünkt mich, die meisten Menschen, sei eigentlich sein Unscheinbares und sein Dunkel, *aeides* bezeichnet, darum scheuen sie auch diesen Namen und nennen ihn lieber Pluton.

HERMOGENES: Was meinst aber du davon, Sokrates? b

[20. Philosophisches Wesen des «Hades»]

SOKRATES: Mir scheinen auf gar vielerlei Art die Menschen das eigentliche Wesen dieses Gottes zu verkennen und ihn zu fürchten ohne seine Schuld. Denn daß, wer von uns einmal gestorben ist, immer dort bleibt, davor fürchten sie sich, und auch, daß die Seele vom Leibe entblößt dorthin zu ihm geht, auch das schreckt sie; mir aber scheint dies alles auf eins und dasselbe hinzuzielen, sowohl die Macht des Gottes als sein Name.

Hermogenes: Wie doch?

c Sokrates: Ich will dir sagen, wie ich es mir denke. Sage mir nur, welches von beiden ist wohl für jedes Lebende, wenn es irgendwo bleiben soll, das stärkere Band, der Zwang oder das Verlangen?

Hermogenes: Bei weitem stärker, Sokrates, ist das Verlangen.

Sokrates: Meinst du nicht, daß dem Hades viele entfliehen würden, wenn er nicht die dort Hingegangenen mit den stärksten Banden bände?

Hermogenes: Offenbar.

Sokrates: Also, wie es scheint, bindet er sie mit irgendeinem Verlangen, wenn er sie mit dem stärksten Bande bindet, nicht durch Zwang.

Hermogenes: Das leuchtet ein.

Sokrates: Gibt es aber nicht auch vielerlei Verlangen?

Hermogenes: Ja.

d Sokrates: Mit dem mächtigsten Verlangen also unter allen bindet er sie, wenn er sie durch das stärkste Band festhalten soll?

Hermogenes: Ja.

Sokrates: Gibt es nun wohl ein stärkeres Verlangen, als wenn jemand glaubt, durch den Umgang mit einem ein besserer Mann zu werden?

Hermogenes: Ein stärkeres auf keine Weise, Sokrates.

Sokrates: Deshalb also, das wollen wir sagen, hat keiner Lust, von dort hierher zurückzukehren, selbst die Sirenen nicht, sondern
e diese sind ebensogut bezaubert wie alle anderen, so vortreffliche Reden, scheint es, weiß Hades ihnen zu halten, und so wäre, wenigstens wie hieraus folgen würde, dieser Gott ein vollendeter Sophist und ein großer Wohltäter derer, die bei ihm sind; wie er denn auch denen, die noch hier leben, so großes Gut heraufschickt; so viel Überfluß hat er dort, und eben davon führt er auch den Namen «Pluton». Ferner, daß er nicht mit Menschen verkehren will, die noch ihre Leiber haben, sondern erst dann mit ihnen umgeht, wenn die Seele rein
404 a ist von allen dem Leibe anhängenden Übeln und Begierden, dünkt dich das nicht recht eines Philosophen würdig, der sich wohl überlegt, daß er sie in diesem Zustande wohl, gebunden mit dem Verlangen nach der Tugend, festhalten könnte, daß aber, solange sie mit den Trieben und der Wut des Leibes behaftet sind, nicht einmal sein Vater Kronos sie bei sich festhalten könnte, wenn er sie auf die Art binde, die wir seine Bande nennen?

Hermogenes: Darin magst du wohl recht haben, Sokrates.

b Sokrates: Und weit gefehlt, daß der Name «Hades» von dem Dunkel, *aeides*, sollte hergenommen sein, ist der Gott vielmehr deshalb, weil er alles Schöne weiß, von dem Namengeber statt *Eidos* «Hades» genannt worden.

[21. «Demeter», «Hera» und «Phersephone»]

Hermogenes: Gut. Aber die «Demeter» und «Hera», den «Apollon» und die «Athene», den «Hephaistos» und «Ares» und die übrigen Götter, wie erklären wir die?

Sokrates: Die «Demeter» scheint mir von dem Verleihen der Nahrung, weil sie diese als Mutter gibt, *didusa meter*, «Demeter» genannt zu sein. Die «Hera» aber als eine liebenswürdige, *erate*, wie auch vom Zeus gesagt wird, daß er immer verliebt in sie bleibe. c
Vielleicht aber hat auch als ein Himmelskundiger der Namengeber die Luft, *aer*, «Hera» genannt, halb versteckt, indem er den Anfang als Ende setzte, und wenn du den Namen Hera oft hintereinander aussprichst, mußt du merken, daß es so herauskommt. Den Namen der «Pherrhephatta», den fürchten ebenfalls viele, auch den Apollon, offenbar aus Unkenntnis der richtigen Beziehung der Namen. Denn weil sie ihn verändern und so die «Phersephone» betrachten, kommt er ihnen schrecklich vor. Er bedeutet aber nichts, als daß die Göttin d
weise ist. Denn wenn alle Dinge sich bewegen, so ist doch, was sie berührt und betastet und ihnen zu folgen vermag, Weisheit. Wegen ihrer Weisheit also, mit der sie das Bewegliche ergreift, wegen der *epaphe* des *pheromenon*, hieße die Göttin mit Recht Pherepapha oder so ungefähr, und darum lebt auch der weise Hades mit ihr, weil sie eine solche ist. Nun aber verdrehen sie ihren Namen, weil sie den Wohlklang höher achten als die Wahrheit, so daß sie sie «Pherrhephatta» nennen. Ebenso ist es mit dem «Apollon», wie ich sage; viele sind bange vor dem Namen des Gottes, als deute er auf etwas Furcht- e
bares. Oder hast das das nie bemerkt?

Hermogenes: Allerdings, und du hast sehr recht.

Sokrates: Mir aber scheint er ganz herrlich sich zu schicken für die Eigenschaft des Gottes.

Hermogenes: Wieso?

Sokrates: Ich will versuchen, dir zu erklären, was ich meine. Unmöglich nämlich könnte sich ein einziger Name besser schicken zu 405 a
den vier Eigenschaften des Gottes, so daß er auf alle anspielte und gewissermaßen die Tonkunst und das Weissagen und die Heilkunst und die Kunst des Schützen bezeichnete.

Hermogenes: Sprich nur: Denn gar wunderbar kündigst du den Namen an.

[22. Das Wesen «Apollons»; die «Musen», «Leto» und «Artemis»]

Sokrates: Sehr wohl gesetzt ist er, wie es dem Gotte der Tonkunst geziemt. Zuerst nämlich das Waschen und die Reinigungen in der Heilkunst sowohl als beim Wahrsagen und, es sei nun mit Arzneien oder Zaubermitteln, alle Räucherungen und Bäder und Besprengun- b
gen, welche dabei vorgehen, diese haben alle einen und denselben Zweck, nämlich den Menschen rein darzustellen an Leib und Seele. Oder nicht?

Hermogenes: Allerdings.

Sokrates: Der reinigende und abwaschende Gott und der erlösende von solchen Übeln also wäre dieser?

Hermogenes: Allerdings.

Sokrates: Also in Beziehung auf die Abwaschungen und Erlösun-

c gen von solchen Übeln könnte er als Arzt mit Recht *Apolyon* heißen. Aber wegen des Weissagens und des Wahren und Einfältigen, *haplun*, darin, denn das ist einerlei, würde er mit Recht so heißen, wie ihn die Thessalier nennen; in ganz Thessalien nämlich nennt man diesen Gott *aplun*. Weil er ferner als Schütze immer seines Zieles gewiß ist, deswegen heißt er der stets Treffende, *aei ballon*. Der Tonkunst wegen endlich muß man annehmen, daß, wie auch sonst oftmals das A soviel bedeutet wie zugleich, so dort sein Mitgehen, *homa polesis*, angedeutet worden ist, teils das um den Himmel, die Pole, teils auch in jener Zusammenstimmung beim Gesange,
d welche man Harmonie nennt, wie denn auch die, welche sich auf Tonkunst und Sternkunde verstehen wollen, behaupten, daß auch jenes alles zusammen in einer gewissen Harmonie gehe. Der Harmonie nun steht dieser Gott vor und führt so dies alles miteinander bei Göttern und Menschen. Wie wir nun einen Beigänger *homokeleuthos* und eine Beischläferin *homokoitis* durch Zusammenziehung des *homo* in a *akoluthos* nennen und *akoitis*, so nennen wir auch jetzt
e den Gott, der ein Begleiter, *homopolon*, ist, «Apollon», indem wir noch ein l hineinsetzen, weil er sonst gleichnamig würde mit dem harten Worte, welches auch jetzt noch einige darin zu sehen glauben und darüber die eigentliche Bedeutung des Namens unrichtig auffassen, so daß sie ihn fürchten, als bedeute er irgendein Verderben,
406 a da er vielmehr, wie eben gezeigt ist, auf alle Eigenschaften des Gottes zugleich anspielt, auf seine Wahrhaftigkeit, seine Sicherheit im Treffen, sein erlösendes Abwaschen und seine ordnende Umherführung, und also in sich enthält den *haplos, aei ballon, apolyon* und *homopolon*. – Die «Musen» aber und überhaupt die Musik hat er wohl offenbar vom Nachsinnen (*mosthai*), also von der Liebe zum Nachforschen und zur Weisheit so genannt. – Die «Leto» ferner von der Gutmütigkeit der Göttin, und weil sie sich willig beweist, wenn einer etwas bedarf. Vielleicht ist es auch, wie die Ausländer sprechen, deren viele «Letho» sagen, und dann schiene sie von denen, die sie so nennen, weil sie keine rauhe Gemütsart hat, sondern eine sanfte
b und zarte, *leion ethos*, deshalb «Letho» genannt zu sein. «Artemis» aber bedeutet das Unverletzte und Züchtige, *artemes*, wegen ihrer Liebe zur Jungfräulichkeit. Vielleicht wollte auch der Benennende sie eine Kennerin der Tugend (*aretes histor*) nennen. Vielleicht auch, weil sie die Beiwohnung des Mannes haßt (*aroton misusa*), aus einer von diesen oder aus allen diesen Ursachen hat die Göttin ihren Namen bekommen.

[23. «Dionysos» und «Aphrodite», «Athene», «Hephaistos», «Ares» und «Hermes»]

HERMOGENES: Wie aber «Dionysos» und «Aphrodite»?

SOKRATES: Da fragst du schwere Dinge, Sohn des Hipponikos! Doch es gibt ja sowohl eine ernsthafte als eine scherzhafte Art, die
c Namen dieser Götter auszulegen. Nach der ernsthaften frage bei gewissen anderen; die scherzhafte aber hindert uns nichts durchzugehen, denn diese Götter selbst lieben den Scherz. «Dionysos» nun

könnte als der Geber des Weines, *didus oinon, «Didoinysos»* im Scherze genannt worden sein; und der Wein selbst, weil er vielen Trinkenden die Meinung erregt, Verstand zu haben, obschon sie ihn nicht haben, wird gewiß mit vollem Recht *oionus* genannt. Wegen der «Aphrodite» ist nicht Not, dem Hesiodos zu widersprechen, sondern man kann ihm zugeben, sie sei wegen ihrer Entstehung aus dem Schaume des Meeres, *aphros*, so genannt worden. d

Hermogenes: Aber Sokrates, du wirst doch nicht als Athener die «Athene» vergessen oder den «Hephaistos» und «Ares»?

Sokrates: Das wäre wohl auch nicht recht.

Hermogenes: Freilich nicht.

Sokrates: Der eine von ihren Namen ist wohl gar nicht schwer zu erklären, woher er rührt.

Hermogenes: Was für einer?

Sokrates: Wir nennen sie doch «Pallas»?

Hermogenes: Freilich.

Sokrates: Wenn wir nun glaubten, dieser sei ihr beigelegt wegen des Waffentanzes, so würden wir, denke ich, ganz recht glauben. e
Denn sich selbst oder etwas anderes von der Erde in die Höhe heben oder in den Händen so halten, das nennen wir doch schweben und 407 a
schwingen, *pallein?*

Hermogenes: Allerdings.

Sokrates: Also «Pallas» insofern.

Hermogenes: Und ganz richtig. Aber den anderen Namen, wie erklärst du den?

Sokrates: «Athene» meinst du?

Hermogenes: Ja.

Sokrates: Das ist schon schwieriger, Freund. Es scheinen aber die Alten von der Athene eben das gehalten zu haben, was noch jetzt die, welche sich auf den Homeros verstehen. Denn die meisten von diesen sagen auch bei ihren Auslegungen des Dichters, er habe durch b
die Athene Verstand und Einsicht vorgestellt, und eben dergleichen etwas scheint auch, wer die Namen bestimmt, von ihr gedacht zu haben, nur drückte er es noch stärker aus, indem er sie gleichsam Gottes Vernunft, *theu noësis* nennt, so daß sie *ha theonoa* ist, indem er sich nur auf ausländische Art des a statt e bedient und das «sis» wegwirft. Doch vielleicht auch nicht einmal so, sondern weil sie das Göttliche bedenkt, *theia nousa*, hat er sie vorzüglich vor allen *Theonoe* genannt. Auch steht nichts im Wege, daß er das Vernünftige in der Gesinnung, was eben diese Göttin sein soll, habe *ethonoe* nennen gewollt, und daß nur er selbst oder andere nach ihm es ver- c
schönern wollten, wie sie meinten, und sie dann «Athenaa» nannten.

Hermogenes: Wie aber mit dem «Hephaistos», wie erklärst du den?

Sokrates: Meinst du den rechten, der sich auf das Licht versteht, *phaeos histor*?

Hermogenes: Jawohl.

Sokrates: Ist das nicht jedem einleuchtend, daß dieser eigentlich *Phaistos* heißt und das E nur vorgesetzt ist?

Hermogenes: Das mag wohl sein, wenn dir nicht etwa, wie ich fast glaube, noch etwas anderes einfällt.

Sokrates: Damit das nicht geschehe, so frage lieber gleich nach dem «Ares».

Hermogenes: Ich frage also.

d Sokrates: Also, wenn du willst, kann dieser von dem Mannhaften und Tapferen, *arrhen* und *andreion*, «Ares» heißen. Oder auch von seinem harten, unbiegsamen Wesen, was ja *arrhaton* heißt, auch hiervon dürfte ein ganz kriegerischer Gott «Ares» genannt werden.

Hermogenes: Freilich.

Sokrates: Aber nun laß uns, bei den Göttern! von den Göttern aufhören, denn es ängstigt mich, von ihnen zu reden. Willst du aber irgend andere, die lege mir nur vor, damit du erkennst, wie doch Euthyphrons Rosse geübt sind.

e Hermogenes: Das will ich tun. Nur um einen frage ich dich noch vorher, nämlich den «Hermes», weil doch Kratylos leugnet, daß ich ein Hermogenes sei. Versuchen wir also von dem Hermes auch auszufinden, was sein Name bedeutet, damit wir auch sehen, ob wohl dieser irgend recht hat.

Sokrates: Auf alle Weise muß doch «Hermes» etwas von der Rede bedeuten, denn daß er Dolmetscher ist und Bote, auch hinterlistig
408 a und betrügerisch in Reden und auf dem Markte Verkehr treibt, dieses ganze Geschäft beruht doch auf der Kraft der Rede. Wie wir nun auch schon vorher sagten, *eirein* ist der Gebrauch der Rede, und, was beim Homeros so oft vorkommt, *emesato* bedeutet erfinden. Aus diesen beiden zusammen, befiehlt uns also der Namengeber gleichsam, den,
b welcher das Reden und die Rede erfunden hat, diesen Gott, ihr Leute, müßtet ihr doch billig *Eiremes* nennen. Nun aber, wie mir scheint, putzen wir den Namen aus und nennen ihn «Hermes».

Hermogenes: So mag, beim Zeus, Kratylos wohl ganz recht gehabt haben, daß ich kein Hermogenes bin; denn keineswegs bin ich erfinderisch im Reden.

[24. «Pan» als die Rede; «Sonne», «Mond» und «Sterne»]

Sokrates: Und daß «Pan», der Sohn des Hermes, so zwitterhaft ist, das läßt sich auch sehr gut begreifen, Freund.

c Hermogenes: Wieso?

Sokrates: Du weißt doch, daß die Rede alles, *pan*, andeutet und immer sich umherwälzt und -geht, und daß sie zwiefach ist, wahr und falsch?

Hermogenes: Allerdings.

Sokrates: Also das Wahre an ihr ist glatt und göttlich und wohnt oberhalb unter den Göttern; das Falsche aber unterhalb unter dem großen Haufen der Menschen, und ist rauh und böckisch, was tragisch auch bedeutet, wie denn auch die meisten Fabeln und Unwahrheiten sich finden auf dem Gebiete des Tragischen.

Hermogenes: Freilich.

Sokrates: Mit Recht also ist der alles Andeutende und immer
d Wandelnde, *aei polon*, «Pan Aipolos» genannt worden, der zwitter-

hafte Sohn des Hermes, oberhalb glatt, unterhalb aber rauh und bocksähnlich. Und offenbar ist doch Pan die Rede oder der Bruder der Rede, wenn er ein Sohn des Hermes ist, und daß Geschwister einander ähnlich sehen, ist ganz natürlich. Aber wie ich sagte, laß uns nun machen, Bester, daß wir von den Göttern fortkommen.

Hermogenes: Von diesen wohl, Sokrates, wenn du willst. Aber was hindert dich, jene andern durchzugehen, wie Sonne, Mond und Sterne, Erde und Äther, Luft, Feuer, Wasser, Jahr und Jahres-
zeiten? e

Sokrates: Gar vielerlei legst du mir da auf. Indes, wenn es dir nur recht sein wird, so will ich wohl.

Hermogenes: Sehr recht gewiß.

Sokrates: Was willst du also zuerst? Oder sollen wir, wie auch du eben, mit der «Sonne» anfangen?

Hermogenes: Ganz recht.

Sokrates: Diese nun könnte so heißen, weil sie, wenn sie aufge- 409 a
gangen ist, die Gegenstände voneinander *sondert;* auch deshalb, weil sie sich in ihrem Laufe um die Erde immer *so wendet;* auch weil sie, was aus der Erde hervorwächst, während ihres Umlaufes mit Farben schmückt, so daß das *Sehen* eine *Wonne* wird.

Hermogenes: Wie aber der «Mond»?

Sokrates: Dieser Name scheint den Anaxagoras ins Gedränge zu bringen.

Hermogenes: Wieso?

Sokrates: Er scheint kundzumachen, daß das schon etwas Älteres
ist, was dieser erst neuerlich gesagt hat, daß nämlich der Mond sein b
Licht von der Sonne hat.

Hermogenes: Wie das?

Sokrates: Hell und glänzend hieß doch vor alters *mon*?

Hermogenes: Ja.

Sokrates: Und neu und alt ist dieser Schein immer am Monde, wenn anders die Anaxagoreer recht haben. Denn sooft die Sonne im Kreise um ihn herumgeht, wirft sie immer neuen Schein auf ihn; der alte aber ist der vom vorigen Monat.

Hermogenes: So ist es.

Sokrates: Weil nun der Mond immer neuen und alten Schein hat,
kann er mit Recht eigentlich *moneualt* heißen, und zusammengezo- c
gen heißt das «Mond».

Hermogenes: Das ist gar ein dithyrambischer Name, Sokrates. Aber was machst du aus dem «Monat» und den «Sternen»?

Sokrates: Der «Monat» könnte, weil ein neuer alle Morgen näherkommt, *Morgennaht* heißen, die «Sterne» aber ihren Namen von den *Strahlen* haben, die «Strahlen» selbst aber, weil den Star alle bekommen, die immer hineinsehen wollten, eigentlich *Starallen* geheißen haben, nun aber hat man das schöner gemacht und «Strahl» gesagt.

Hermogenes: Wie aber mit «Feuer» und «Wasser»?

Sokrates: Vom «Feuer» weiß ich gar nichts, und entweder muß d
mich des Euthyphron Muse verlassen haben oder dies allzu schwer

sein. Sieh nun zu, welchen Kunstgriff ich anbringe bei allen dergleichen, von denen ich nichts zu sagen weiß.

HERMOGENES: Was für einen?

SOKRATES: Das will ich dir sagen. Antworte mir nur. Weißt du zu sagen, weshalb das Feuer so heißt?

HERMOGENES: Ich, beim Zeus, gewiß nicht.

[25. Grund der Unerklärbarkeit einiger Wörter. «Luft», «Äther», «Erde», «Zeit» und «Jahr»]

SOKRATES: So sieh zu, was mir davon ahnt. Ich denke nämlich,
e daß die Hellenen, zumal die in der Nähe der Barbaren wohnenden, gar viele Worte von den Barbaren angenommen haben.

HERMOGENES: Und was weiter?

SOKRATES: Wenn einer nun aus der hellenischen Sprache erklären will, inwiefern diese mögen richtig gebildet sein, und nicht aus jener, der das Wort wirklich angehört: so siehst du wohl, daß er nichts schaffen wird.

HERMOGENES: Ganz natürlich.

410 a SOKRATES: Also sieh zu, ob nicht auch dieses Wort ein barbarisches ist. Denn einerseits ist gar nicht leicht, es an die hellenische Sprache anzuknüpfen, andererseits ist ganz bekannt, daß die Phrygier es mit einer kleinen Abweichung ebenso nennen, was auch von Wasser, Hund und vielen andern gilt.

HERMOGENES: Richtig.

SOKRATES: Solchen muß man also keine Gewalt antun, denn sonst könnte einer wohl etwas von ihnen sagen. Aus diesem Grunde nun weise ich das Feuer und das Wasser von der Hand. Die «Luft» aber,
b Hermogenes, sollte die etwa deshalb so heißen, weil sie Dinge von der Erde *lüpft*? Oder weil sie immer *läuft*? Oder weil aus ihrer Bewegung der Wind entsteht? Den Wind nämlich nennt man auch wohl dichterisch Hauch und sagt von ihm, daß er weht. Vielleicht also ist sie, als ob man sagen wollte *Lufthauch* oder *Laufweht*, daher «Luft» genannt worden. Den «Äther» aber stelle ich mir so vor: weil er die Luft selbst umfließt und sich immer dreht, konnte er sehr leicht der sich um *Allesdreher* genannt werden. Was aber «Erde» sagen will, das versteht man besser, wenn man Welt dazunimmt, wofür die
c Alten *werld* sagen, wodurch sich beides verwandt zeigt und offenbar wird, daß Erde eigentlich *Werde* heißt, und mit Recht die Erzeugerin so genannt wird.

HERMOGENES: Gut.

SOKRATES: Was war uns nun das nächste?

HERMOGENES: Die «Zeit» und das «Jahr».

SOKRATES: Die «Zeit» muß man nur, wie das oft in vielen Gegenden verwechselt wird, *Ziet* nennen. Denn Ziet heißt sie, weil sie dem Winter und Sommer, den Winden und den Früchten der Erde ihr *Ziel* setzt, dieser Bestimmung wegen heißt sie mit Recht «Ziet»
d oder «Zeit». «Jahr» aber und Jahreszeit scheint ganz dasselbe zu sein. Denn was alles Wachsende und Werdende an seinem Teil ans Licht bringt und durch sich selbst *Jedes gar* macht und reif, das kann

mit Recht «Jahr» heißen. Und von «Jahreszeit» gälte dann das Umgekehrte von dem, was wir vorher über den Namen Zeus sagten; wie nämlich dort eine Erklärung in zwei Namen zerteilt sich zeigte und einige sich des einen bedienten, andere des andern, so sind hier gleichsam zwei Erklärungen in ein und dasselbe Wort zusammengebracht und werden von allen verbunden, wenn sie «Jahreszeit» sagen. e

Hermogenes: Wahrhaftig, Sokrates, du machst große Fortschritte.

Sokrates: Offenbar ja komme ich schon weit in der Weisheit.

Hermogenes: Allerdings.

Sokrates: Und bald wirst du es noch mehr sagen.

[26. Die Ansicht der Alten von der Bewegung der Dinge. «Gesinnung», «Einsicht», «Verstand», das «Gute»]

Hermogenes: Aber nächst dieser Art möchte ich nun gern jene 411 a
schönen Wörter betrachten, was für eine Richtigkeit sie wohl bei sich führen, die auf die Tugend gehen, wie «Gesinnung», «Verstand», «Gerechtigkeit» und die übrigen hierher gehörigen.

Sokrates: Da störst du uns keine schlechte Art von Wörtern auf, Freund! Indes, da ich einmal die Löwenhaut umgetan habe, darf ich ja keine Furcht zeigen, sondern muß zusehen, wie es steht um Gesinnung, Verstand, Einsicht, Erkenntnis und die andern schönen b
Wörter, welche du meinst.

Hermogenes: Freilich dürfen wir ja nicht eher ablassen.

Sokrates: Und wahrlich, beim Hunde, das dünkt mich gar keine schlechte Ahnung zu sein, was ich auch vorher schon bemerkt habe, daß die ganz Alten, welche die Benennungen bestimmt haben, gerade wie jetzt die meisten unter den Weisen, weil sie sich so oft und vielfältig herumdrehen müssen bei der Untersuchung, wie es sich mit den Dingen verhält, immer gar sehr schwindlig werden und ihnen dann scheint, als ob die Dinge sich herumdrehten und auf alle Weise in Bewegung wären. Sie suchen aber die Schuld von dieser Er- c
scheinung nicht innerlich in dem, was ihnen selbst begegnet, sondern in den Dingen selbst, die eben so geartet wären, daß nichts fest und beständig bleibe, sondern alles fließe und sich rege und immer in voller Bewegung und Erzeugung sei. Das sage ich mit Hinsicht auf alle die Wörter, mit denen wir jetzt zu tun haben.

Hermogenes: Wieso das, Sokrates?

Sokrates: Du hast sie vielleicht nicht recht darauf angesehen, daß offenbar den Dingen nur unter dieser Voraussetzung, daß sie fließen und werden und sich bewegen, diese Namen sind beigelegt worden.

Hermogenes: Dessen bin ich gar nicht gewahr geworden.

Sokrates: Gleich zuerst jenes, was wir erst nannten, hat auf alle d
Weise eine solche Beziehung.

Hermogenes: Welches denn?

Sokrates: Die «Gesinnung». Denn diese ist offenbar der *Sinn* für das Gehende und *Junge*, jung aber sind die Dinge, weil sie immer werdend sind. Man könnte auch sagen, des *Gehenden Sein in uns;* auf alle Weise deutet es auf Bewegung. Oder wenn du willst, die «Einsicht» bezeichnet offenbar die *Ansicht* und das *Sehen* des *Eilens,*

und Eilen ist doch eine Art sich zu bewegen. Ebenso, wenn du willst,
ist die «Vernunft», von *Vernehmen*, das *Nehmen* des *Werdens*,
e denn daß nach diesem die Seele trachtet, macht der kund, der diesen
Namen gleichsam *Werdnehmen* gesetzt hat. Denn Vernunft hieß es
nicht vor Alters, sondern das V muß man sich weich denken, und das
D ist herausgeworfen. Die «Besonnenheit» aber oder Besinnung ist
offenbar das *Behalten* dessen, was wir eben schon betrachtet haben,
412 a der *Gesinnung*. Die «Erkenntnis» aber deutet sicher darauf, daß, in-
dem die Dinge sich bewegen, die Seele, die tüchtige nämlich, sie be-
gleitet und weder hinter ihnen zurückbleibt noch ihnen voraneilt.
Darum muß man dem Anfangsbuchstaben einen scharfen Hauch ge-
ben und hernach o lesen statt e, so bekommt man die *Herkommnis*
der Seele mit den Dingen. «Verstand» aber von den Dingen scheint
das zu sein, was man durch Folgerungen erlangt, und wenn einer
Verstehen sagt mit Umkehrung zweier Buchstaben, *Werdsehen*, meint
er dasselbe wie Erkennen und deutet an, daß die Seele sehend dem
b Werden der Dinge folgt. So auch die «Weisheit» bedeutet nichts an-
deres als des *Wehenden Gewißheit*, freilich etwas dunkler und wun-
derlicher. Allein man muß sich nur erinnern aus den Dichtern und
ihrer Sprache, daß von allen schnellen und kaum sichtbaren Bewe-
gungen das Wehen gebraucht wird. Von dieser Bewegung nun ge-
wiß zu sein, das bedeutet die Weisheit, offenbar also unter Voraus-
c setzung, daß die Dinge sich bewegen. Ebenso das «Gute» will eigent-
lich dem *Gültigen* in der gesamten Natur diesen Namen geben. Wenn
nämlich alle Dinge sich bewegen, so gibt es doch darin Schnelligkeit
und Langsamkeit, und es ist nicht alles Schnelle und Mutige gültig
und zu loben, sondern nur einiges davon ist so gültig, und eben
dieses *gültig Mutige* heißt das «*Gute*».

[27. Das Problem des «Gerechten» und seine Lösungsversuche] Die
«Gerechtigkeit» ist nun leicht zu verstehen, daß sie auf die *Tunlich-
keit* des Gerechten geht. Das «Gerechte» selbst aber ist schwer. Denn
das sieht man wohl, bis zu einer gewissen Stelle sind die meisten
d darüber einig, weiterhin aber ist Streit. Die nämlich, welche glau-
ben, daß alles im Gange ist, denken sich das meiste so, daß es eben
nichts anderes ist als ein Fortgehen. Durch dieses alles aber gehe ein
anderes hindurch, vermittels dessen alles Werdende werde und wel-
ches also erst das rechte Gehende sei. Dieses müsse das Schnellste
sein und das Dünnste. Denn es könne sonst nicht durch alles Seiende
hindurchgehen, wenn es nicht das Dünnste wäre, so daß nichts es
fassen und festhalten kann, und zugleich das Schnellste, so daß die-
ses rechte Gehende alles andere behandelt als Stehendes. Da es nun,
e durch alles hindurchgehend, über alles Aufsicht führt und ihm seine
Richtung gibt, so führt es wohlverdient diesen Namen des *gehend
Richtenden*, der nur des Wohlklangs wegen in «gerecht» zusammen-
gezogen worden. Bis hierher nun, wie ich eben sagte, sind die mei-
413 a sten einig über das Gerechte. Und ich, o Hermogenes, der ich beson-
ders lüstern danach bin, habe dies alles erforscht als ein Geheimnis
und daß dieses Gerechte auch das «Ursächliche» ist, denn *wodurch*

etwas wird, das ist die *Durchsache* oder Ursache; und es sagte mir
auch einer ganz heimlich, deswegen hieße es eben mit Recht so. Wenn
ich sie aber, nachdem ich dies alles gehört, nichtsdestoweniger ganz
sachte weiter frage: Was, o Bester, ist doch aber nun das Gerechte,
wenn dies alles sich so verhält, dann dünkt ihnen schon, daß ich
weiter frage, als sich ziemt, und über die Schranken hinausspringe.
Denn sie meinen, ich hätte ja nun schon genug erfahren und gehört b
vom Gerechten, und wenn sie nun doch versuchen wollen, mir satt
und genug zu geben, dann spricht jeder etwas anderes und sie stim-
men nicht mehr zusammen. Der eine sagt wohl, das Gerechte sei die
Sonne, denn diese gehe durch alles hindurch, Aufsicht führend und
allem seine Richtung gebend. Wenn ich dann dies hocherfreut, als hät-
te ich etwas Herrliches gehört, einem anderen erzähle: so lacht mich
der aus, wenn er es gehört hat, und fragt mich, ob ich denn glaube,
es sei keine Gerechtigkeit zu finden unter den Menschen nach Son-
nenuntergang? Und bin ich dann wieder lüstern danach, was der c
wohl meint, so sagt er, es sei das Feuer, und das ist wahrlich nicht
leicht zu verstehen. Ein anderer sagt wieder, nicht das Feuer selbst,
sondern die dem Feuer einwohnende Wärme. Ein anderer sagt, er
lache alle diese aus, und das Gerechte sei, was auch schon Anaxagoras
gesagt, die Vernunft. Denn diese sei, sagt er, selbstherrschend, und
mit nichts anderem vermischt ordne sie alles, indem sie durch alles
hindurchgeht. So komme ich denn in weit größere Verwirrung, Be-
ster, als worin ich war, ehe ich mich bemühte zu erfahren, was das d
Gerechte wohl wäre. Weshalb wir aber jetzt danach fragten, der Na-
me, der scheint ihm aus dieser Ursache zuzukommen.

HERMOGENES: Dies hast du offenbar von jemand gehört, Sokrates,
und nicht jetzt aus dem Stegreif vorgebracht.

SOKRATES: Wie aber? Das andere auch?

HERMOGENES: Nein, das wohl nicht.

[28. «Tapferkeit», «Mann», «Weib» und «Frau», die «Kunst»]

SOKRATES: So höre denn. Vielleicht kann ich dich auch mit dem
übrigen noch hintergehen, daß du glaubst, ich hätte es nicht sonstwo
gehört. Also was ist uns noch übrig nach der Gerechtigkeit? Die
«Tapferkeit», glaube ich, sind wir noch nicht durchgegangen. Denn
die Ungerechtigkeit ist ohne weiteres die Verhinderung des gehend e
Richtenden. Die Tapferkeit aber zeigt, daß sie in Beziehung auf
Streit so genannt worden; und Streit gibt es unter den Dingen, wenn
sie sich bewegen, keinen andern als die entgegengesetzte Bewegung;
und daher zeigt, wenn du nur ein weniges nachgibst, der Name
Tappferkeit, weil doch *tappen* stark entgegentreten heißt, ihr eigent-
liches Wesen. Offenbar aber ist nicht die einer jeden entgegengesetzte
Bewegung Tapferkeit, sondern nur welche der bei dem Gerechten
vorbeilaufenden sich entgegensetzt, denn sonst könnte ja die Tapfer- 414 a
keit nicht gelobt werden. Ebenso bedeuten «Mann» und «mannhaft»,
woran man doch bei tapfer denken muß, das *mächtig Angehende*.
«Weib» hingegen will wohl offenbar *Werden* und *Leib* sagen. «Frau»
aber scheint von *frisch* und *saugen* benannt zu sein, frisch aber, o

Hermogenes, von frei und rasch, weil das Befeuchtete und Genährte ja so wird.

HERMOGENES: Das mag wohl sein, Sokrates.

SOKRATES: Und so bildet das «frisch» und «erfrischen» selbst das
b Wachstum der Jugend ab, daß es *rasch* und *eifrig* geschieht. Aber du gibst nicht gut acht auf mich, daß ich aus der Bahn springe, wenn ich auf eine glatte Stelle komme, denn es sind mir noch mehrere von jenen wichtigen Worten übrig.

HERMOGENES: Ganz recht.

SOKRATES: Hiervon ist nun eines auch die «Kunst», zu wissen, was die wohl sagen will.

HERMOGENES: Allerdings.

SOKRATES: Das ist nun wohl der *Kunde Sinn,* wenn du nur das d
c wegwirfst, und statt des t das in annimmst.

HERMOGENES: Gar sehr dürftig, Sokrates.

SOKRATES: Aber weißt du denn nicht, du Schwieriger, daß die ursprünglichen Namen schon ganz zusammengeschmolzen worden sind von denen, welche sie prächtig machen wollten und nun Buchstaben darum hersetzten und andere herausnahmen des bloßen Wohlklangs wegen, so daß sie auf vielerlei Weise verdreht sind teils der Verschönerung wegen, teils aus Schuld der Zeit. So wie in «Spiegel», scheint dir da nicht auch ganz ungereimt das ge hineingesetzt zu sein? Aber dergleichen, denke ich, tun die, welche sich um die Rich-
d tigkeit nicht bekümmern, sondern nur der Stimme wohltun wollen, und deshalb oft soviel zu den ersten Namen hinzutun, daß zuletzt kein Mensch mehr verstehen kann, was das Wort sagen will, wie sie auch eine «Spange» anstatt Spanne Spange nennen und vieles andere.

HERMOGENES: Das ist freilich wohl so, Sokrates.

SOKRATES: Wenn man aber wieder jeden nach Belieben Buchstaben hineinsetzen läßt in die Worte und herausnehmen, so muß es wohl sehr leicht sein, jeden Namen jeder Sache anzupassen.

e HERMOGENES: Da hast du recht.

SOKRATES: Recht freilich; aber ich denke, du weiser Aufseher mußt eben acht haben, daß Maß und Billigkeit beobachtet werde.

HERMOGENES: Das wollte ich wohl gern.

[29. «Tugend», «Bosheit» und «Feigheit», das «Schändliche» und das «Redliche»]

SOKRATES: Und ich will es auch mit dir, Hermogenes. Aber nimm
415 a es nur nicht gar zu genau, du Wunderlicher, «daß du mir nicht entnervest den Mut». Denn ich komme jetzt zum Gipfel alles Bisherigen, wenn wir nach der Kunst erst noch das Geschick betrachtet haben. «Geschick» nämlich scheint mir dasjenige anzudeuten, wodurch man es weit bringt. Daher muß, wenn doch alles in Bewegung ist, aus diesen beiden, dem *Gehen* und dem Sich-*Schicken* in das Gehen, der Name Geschick zusammengesetzt sein. Doch wie gesagt, wir müssen nun zu dem Gipfel alles dessen, was wir jetzt vorhaben, kommen, indem wir untersuchen, was wohl die Namen der «Tugend» und der

«Bosheit» sagen wollen. Das eine nun sehe ich noch nicht, das an- b
dere scheint mir aber deutlich zu sein; es stimmt wenigstens mit al-
lem Bisherigen überein. Wenn nämlich alle Dinge gehen, so muß
alles *bös hingehende* Bosheit sein; am meisten aber muß, was in
der Seele ein solches Bös-Hingehen zu den Dingen ist, den Namen
des Ganzen führen und Bosheit sein. Was aber böse gehen heißt,
das, glaube ich, zeigt sich auch an der «Feigheit», welche wir nicht
mitgenommen, sondern übergangen haben, obwohl wir sie nach der
Tapferkeit betrachtet haben sollten; so haben wir wohl auch vieles c
andere übergangen. Die Feigherzigkeit also deutet darauf, daß sie
ein festes Band für die Seele ist; denn das Ziehen ist etwas Binden-
des, und die «Feigherzigkeit» ist ein *Fest-sich-Herziehn* der Seele;
wie auch die Verlegenheit etwas Schlechtes ist und alles, wie es
scheint, was die Bewegung und das Gehen hindert. Jenes Böse-Gehen
deutet also auf eine aufgehaltene und gehinderte Bewegung, wo-
durch die Seele, wenn sie eine solche hat, voll Bosheit wird. Heißt
nun aus dieser Ursache die Bosheit so, so muß ja die «Tugend» das
Gegenteil bedeuten, nämlich eine Unbefangenheit zuerst und dann,
daß der Fluß einer guten Seele immer frei ist, so daß also ein unauf- d
gehaltener und *ungehinderter Gang*, wie es scheint, durch dieses
Wort bezeichnet wird. Richtig also hieße sie *Tugehend*, als immerzu
gehend, denn t und z werden häufig verwechselt, es wird aber zu-
sammengeklappt und heißt Tugend. Vielleicht sagst du nun wieder,
ich künstle; ich behaupte aber, daß, wenn die «Bosheit», wie ich sie
vorher erklärte, richtig ist, dann auch dieses Wort, die «Tugend»,
richtig sein muß. e

Hermogenes: Aber das «Böse» selbst, woraus du mehreres vorher 416 a
erklärtest, was meint wohl das Wort?

Sokrates: Das scheint mir, beim Zeus, gar wunderlich und schwer
zu erklären. Daher muß ich auch hierbei jenen Kunstgriff anwenden.

Hermogenes: Welchen doch?

Sokrates: Daß ich sage, auch das sei ein barbarisches Wort.

Hermogenes: Und wohl mit Recht magst du das sagen, Sokrates.
Also, wenn du meinst, wollen wir dies lassen und dagegen das «Red-
liche» und das «Schändliche» versuchen auszufinden, worin das wohl
gegründet ist.

Sokrates: Das «Schändliche» scheint mir gar sehr deutlich, was es
meint, denn auch dieses stimmt mit dem vorigen überein. Nämlich b
alles, was die Dinge am Fließen hindert und darin aufhält, scheint
mir der Erfinder der Worte überall zu schmähen; daher hat er auch
hier dem, was den Fluß stets hemmt, diesen Namen gegeben, das
Stethemmtliche, nun aber ziehn sie es zusammen und nennen es
«schändlich».

Hermogenes: Wie aber das «Redliche»?

Sokrates: Das ist schwerer zu entdecken. Wiewohl doch in der
Aussprache nur der Wohlklang und die Länge des Tons abweicht.

Hermogenes: Wieso?

Sokrates: Es scheint mir nämlich dieses Wort eigentlich eine Be-
zeichnung der Vernunft zu sein.

Hermogenes: Wie meinst du das?

c Sokrates: Sprich doch, was, glaubst du denn, ist Ursache dafür, daß von jedem Ding geredet wird? Nicht jenes, welches die Namen bestimmt?

Hermogenes: Allerdings.

Sokrates: Und dies ist doch gewiß die Vernunft der Götter oder der Menschen oder beider?

Hermogenes: Ja.

Sokrates: Also das Redende von den Dingen und das Redliche ist dieses selbige, die Vernunft.

Hermogenes: So scheint es.

Sokrates: Und nicht wahr, was Vernunft und Verstand verrichten, das ist das Löbliche, was aber nicht, das Tadelnswerte?

Hermogenes: Freilich.

d Sokrates: Das heilende Vermögen nun verrichtet Heilsames, und das bildende Bildnerisches? Oder wie meinst du?

Hermogenes: Ebenso allerdings.

Sokrates: Und das redende also Redliches?

Hermogenes: So muß es wohl.

Sokrates: Und das ist, wie wir sagen, der Verstand?

Hermogenes: Freilich.

Sokrates: Also ist ganz richtig das «Redliche» eine Benennung der Vernunft, welche ja dergleichen verrichtet, was wir als redlich loben.

Hermogenes: So scheint es.

[30. Das «Vorteilhafte», «Gewinnvolle», «Zweckmäßige», «Nützliche»]

e Sokrates: Was ist uns nun wohl noch übrig von dergleichen?

Hermogenes: Dieses, was sich gleichfalls auf das Gute und Red-
417 a liche bezieht, das Vorteilhafte, Zweckmäßige, Nützliche, Gewinnvolle und das Gegenteil hiervon.

Sokrates: Das «Vorteilhafte» könntest du wohl schon selbst finden aus dem vorigen, wenn du es überlegtest. Denn es scheint mir sehr verwandt mit der Erkenntnis. Es deutet nämlich auf nichts anderes als auf das *Fortgehn* der Seele mit den Dingen. Was hierdurch ausgerichtet wird, scheint vorteilhaft und Vorteil von dem zum *Heil* mit *Fortgehn* zu heißen. Das «Gewinnvolle» aber kommt von «Ge-
b winn», und das Wort Gewinn wird dir, wenn du nur das n in l verwandeln willst, schon zeigen, was es bedeutet. Es bezeichnet nämlich auch das Gute, nur auf andere Weise, daß es nämlich in alles *gehen will.* Um diese Eigenschaft desselben zu bezeichnen, ist das Wort gebildet, und wird nun durch Vertauschung des l mit n Gewinn ausgesprochen.

Hermogenes: Was ist aber das «Zweckmäßige»?

Sokrates: Das scheint mir gar nicht so, wie etwa die Künstler und Handwerker sich dessen bedienen, für dasjenige, was zu ihrem Zweck das rechte Maß hat und ihn also erreicht, also nicht auf diese Weise
c wirklich zu verstehen zu sein; sondern weil es als das Schnellste über all die Dinge nicht stehen oder die Bewegung sich mäßigen und

zu Ruhe und Stillstand kommen läßt, sondern, wenn etwas ihr Maß verringern will, sie immer wieder weckt und sie dadurch unaufhörlich und unvergänglich macht, deswegen scheint mir das Gute als zweckmäßig dargestellt zu werden und das, was die ihr Maß verlierende *Bewegung weckt*, «zweckmäßig» zu heißen. «Nützlich» vom «Nutzen» heißt so vom *nur zu gehn*; «förderlich» aber kommt von «fördern», welches ein nicht überall sehr gewöhnliches Wort ist, das ebenfalls *forttreiben* bedeutet.

[31. Das «Gefährliche», «Billige» und «Hinderliche»]

Hermogenes: Wie steht es nun aber mit dem Entgegengesetzten d
von diesen?

Sokrates: So viele davon bloß das jetzt Gesagte verneinen, haben wir wohl nicht nötig erst durchzugehen.

Hermogenes: Was für welche meinst du?

Sokrates: Solche wie das Unvorteilhafte und Unnütze und Unzweckmäßige.

Hermogenes: Du hast recht.

Sokrates: Aber das «Gefährliche» und «Hinderliche».

Hermogenes: Ja.

Sokrates: Das «Gefährliche» besagt, was das *Gehen fäht* oder fängt, «fangen» aber bedeutet *fest hängen*, und alles Befestigende, e
Bindende, Haltende tadelt er überall. Was nun das Gehen fäht, hieße am richtigsten das *Gehnfängliche*, verschönert aber soll es nun sein, glaube ich, indem man es «gefährlich» nennt.

Hermogenes: Nun geraten dir die Namen gar wunderlich und bunt, Sokrates! Und recht als wolltest du das Vorspiel zu dem Gesang der Athene zwischen den Lippen brummen, so kam es mir vor, wie du das «Gehnfängliche» herausbrachtest. 418 a

Sokrates: Ich kann nicht dafür, Hermogenes, sondern die, welche das Wort gemacht haben.

Hermogenes: Da hast du recht. Was wäre denn aber das «Hinderliche»?

Sokrates: Was das «Hinderliche» ist? Sieh nur, Hermogenes, wie recht ich habe, wenn ich sage, daß durch Hinzutun und Ausmerzen von Buchstaben der Sinn der Worte oft so sehr verändert wird, daß, wenn man dann nur noch ein wenig daran dreht, sie gerade das Entgegengesetzte bedeuten können. Wie bei dem «Billigen»; da b
hatte ich es schon bemerkt, und es fiel mir eben jetzt wieder ein bei dem, was ich dir sagen wollte, daß unsere neue schöne Sprache das «Billige» und das «Hinderliche» bis zur Andeutung des Gegenteils herumgedreht und ganz unkenntlich gemacht hat, was die Worte meinen; die alte aber legt deutlich zutage, was beide wollen.

Hermogenes: Wie meinst du das?

Sokrates: Ich will es dir sagen. Du weißt doch, daß unsere Alten sich häufig des ei und des d bedienten, wie sie auch in den niederen Gegenden noch tun, wo sich die alte Sprechart am längsten erhält, c
jetzt aber kehren sie das ei in i oder in e um, und statt des d sagen sie t, als wäre das vornehmer.

HERMOGENES: Wieso?

SOKRATES: Zum Beispiel unsere Alten sagten Dag, jetzt aber sagen sie Tag.

HERMOGENES: Das ist wahr.

SOKRATES: Nun siehst du aber doch, daß nur das alte Wort den Sinn des Wortbildners kundmacht; denn weil er den Menschen sagt,
d was da ist, indem er sie aus der Finsternis in das Licht versetzt, deshalb ist er Dag genannt worden.

HERMOGENES: Das scheint mir.

SOKRATES: Nun aber ist es so prächtig geworden, daß du gar nicht merken kannst, was «Tag» bedeutet, wiewohl einige sagen, weil der Tag den Menschen *taugt* zu ihren Verrichtungen, deshalb heiße er Tag.

HERMOGENES: Das mag wohl sein.

SOKRATES: Und das «Tor», weißt du doch, nannten die Alten Dohr und Dühre.

HERMOGENES: Freilich.

SOKRATES: «Tor» nun bedeutet gar nichts, aber «Dohr» und «Düh-
e re» ist es ganz richtig von *Durchführen* genannt worden. Nun heißt es aber Tor; und so ist es mit gar vielem anderen.

HERMOGENES: Offenbar.

SOKRATES: Ebenso deutet zuerst das «Billige», wenn man es so spricht, das Gegenteil an von allen Worten, durch welche das Gute bezeichnet wird. Denn obgleich es auch eine Art des Guten ist, scheint es doch ein liegendes und ein *bindliches* für die Bewegung zu sein, als wäre es dem Gefährlichen verwandt.

HERMOGENES: Allerdings, Sokrates, gar sehr scheint es so.

SOKRATES: Aber gar nicht, wenn du dich des alten Wortes be-
419 a dienst, welches mir weit richtiger vorkommt als das jetzige; sondern es stimmt vielmehr mit allem bisherigen Guten überein, wenn du statt des i das ei wiederherstellst. *Beilig* nennt dann, nicht billig, das Gute der Worterfinder, wie er das immer lobt, und ist gar nicht mit sich selbst im Streite, sondern das *Beeilende* und Förderliche und Gewinnvolle und Gute und Vorteilhafte und Nützliche deutet durch verschiedene Namen dasselbe an, nämlich das Durchziehende und Fortgehende überall zu loben, das Aufhaltende und Bindende aber zu
b tadeln. So wird auch das «Hinderliche», wenn du nur bedenkst, daß dies noch von der alten Aussprache herrührt und daß sie ehedem das *hinden* nannten, was wir jetzt hinten nennen, dir ganz dieselbe Beziehung anzeigen, daß nämlich das *Hintenlegende* und Zurückhaltende das «Hinderliche» genannt wird.

[32. «Wollust» und «Schmerz», «Beschwerde» und «Vergnügen», «Fröhlichkeit», «Trieb» und «Sehnsucht», «Gedanke» und «Zwang»]

HERMOGENES: Wie ist es aber mit «Wollust», «Schmerz», «Bestreben» und dergleichen Worten, Sokrates?

SOKRATES: Die scheinen mir eben nicht sehr schwer, Hermogenes. Die «Wollust» nämlich ist für die zum *Genuß* hinstrebende Handlung der Name, man hat nur das n herausgeworfen und das t hinten
c angesetzt und sagt statt *Wollnuß* «Wollust». Der «Schmerz» aber

scheint gleichsam von dem *Schmelzen* und Aufgelöstsein des *Herzens* den Namen zu haben, welches sich bei diesem Zustande vorfindet. Die «Unlust» aber ist das Verhindernde der Lust und des Genusses. Die «Angst» ist wohl etwas wunderlich gebildet von dem *Beengen* des Gehens. Die «Betrübnis» aber scheint vom *Hineingetrieben*werden des Schmerzes genannt zu sein. Die «Beschwerde» sieht wohl jeder, daß sie die *Schwierigkeit* des *Werdens* darstellen soll. Die «Freude» dagegen scheint von dem *freien* und leichten *Fluß* der Seele so zu heißen. Das «Vergnügen» aber müßte von dem *genugsamen Werden* d in der Seele, was es bezeichnen soll, eigentlich *Werdgenügen* heißen, mit der Zeit aber hat man «Vergnügen» daraus gemacht. Die «Fröhlichkeit» bedarf nicht erst erklärt zu werden, denn jedem muß klar sein, daß sie von dem *Forteilen* der Seele mit den Dingen eigentlich den Namen «Forteiligkeit» bekommen hat, doch sagen wir nun einmal «Fröhlichkeit». Auch das «Bestreben» ist nicht schwer. Es hat von dem *Herbeiströmen* des Triebes den Namen, der «Trieb» aber e von dem *Treiben* und *Heben* der Seele. Ferner der «Reiz» ist als der die Seele am stärksten ziehende Fluß so genannt worden. Denn weil er *rege* fließt und sich nach den Dingen hinzieht und so die Seele 420 a heftig anzieht vermöge dieses regen Fließens, von dieser Eigenschaft ist er «Reiz» genannt worden. Die «Sehnsucht» aber deutet durch ihren Namen an, daß sie nicht auf ein gegenwärtiges Fließendes und Bewegliches geht, sondern auf ein anderwärts *Gesehenes* und *Gesuchtes*, weshalb sie «Sehnsucht» heißt, so daß das nämliche, wenn das zugegen ist, wonach jemand strebt, Reiz heißt, wenn es aber entfernt ist, alsdann Sehnsucht. Die «Neigung» ferner, weil diese Bewegung von außen *hineingeht* und nicht einheimisch ist bei dem, b der sie hat, sondern erst aufgenommen wird durch die Augen, ist von diesem Eingehen anfangs «Hineingehung» genannt worden, jetzt aber sagt man mit Wegwerfung des Anfangs und Zusammenziehung des letzten, und indem man das n vor dem g verschluckt, Neigung. Aber warum sagst du nicht etwas Neues, was wir vornehmen sollen?

HERMOGENES: Was meinst du also von «Gedanken» und dergleichen?

SOKRATES: «Gedanken» ist entweder nach dem *Gehen* auf das *Denken* benannt, wodurch die Seele das Wissen sucht, oder auch weil es der *Dank* oder Lohn ist für das *Gehen* der Seele. Doch gefällt mir jenes besser. Auch stimmt die «Meinung» damit überein, welche des c Menschen *Einigung* mit den Dingen ist, wodurch er erfährt, wie alles, was ist, geeignet ist; so wie auch «Entwurf» und «Beratschlagung» von *Schlägen* und *Werfen* und «Nachdenken» das *nach* den Dingen *Lenken* der Seele, dies alles hiermit zusammenhängt und auf mancherlei Weise den Wurf bezeichnet, so wie im Gegenteil der «Zweifel» bedeutet, daß einer vom *Ziel weit* gefehlt und also nicht getroffen hat, was er entwarf oder worüber er beratschlagt und nachgedacht hatte.

HERMOGENES: Nun kommt es mir fast zu dicht aufeinander, So- d krates.

SOKRATES: Der Gott geht eben zu Ende. Nur den «Zwang» möchte ich noch gern durchgehen, weil er doch mit dem letzten zusammenhängt, und das «Freiwillige». Das Freiwillige wird als das, was nicht widerstrebt, sondern sich *vereinigen will* mit dem *Eiligen*, durch diesen Namen bezeichnet für das, was nach unserm Entwurfe kommt. Der «Zwang» hingegen als widerstrebend und gegen unsern Entwurf gehört zum Verfehlen und zur Torheit und ist deshalb bezeichnet als das zwischen dem *Engen Durchgehende*, weil dies als schwierig und rauh und holperig das Gehen aufhält. Daher heißt er viel-
e leicht der «Zwang», weil er abgebildet ist als der *Gang* zwischen dem *Engen*. – Solange nun noch Kraft da ist, wollen wir ihr nichts nachlassen; also laß du auch nicht nach, sondern frage.

[33. Das «Wahre» und «Falsche», das «Sein» und das «Wesen». Problem der Stammwörter]

421 a HERMOGENES: So frage ich denn nach dem Größten und Schönsten, nämlich dem «Wahren» und «Falschen» und dem «Seienden», ja nach dem, wovon wir jetzt immer reden, dem «Wort», was das wohl für ein Wort ist.

SOKRATES: Du nennst doch etwas Forschen?

HERMOGENES: Allerdings, das Suchen.

SOKRATES: Es mag also wohl ein aus der Erklärung zusammengezogenes Wort sein, indem einer sagen wollte, es wäre das, was man sucht. Du siehst es aber wohl leichter, wenn wir es so ausdrücken, daß es ganz bestimmt zum Vorschein kommt; es ist nämlich das,
b *wo*nach *geforscht* ist. Die «Wahrheit» aber ist eben wie die übrigen auch zusammengezogen, so daß das göttliche Ungetrübte in der Bewegung des Seienden angedeutet wird durch diesen Namen, «Wahrheit» nämlich als *heitere Währung*. Das «Falsche» aber ist das Gegenteil der Bewegung, und hier finden wir das Stillgestellte und zur Ruhe Gezwungene schon wieder geschimpft. Es wird nämlich hergenommen vom *Schlaf* und ist ganz dasselbe, nur, wunderlich genug, umgekehrt, um eben die Meinung des Wortes zu verbergen. Das «Sein» aber und das «Wesen» trifft ganz mit der «Wahrheit» zusammen, denn es ist das in der *Zeit gehn* und das *Währen*, und
c ebenso im Gegenteil das «Nichts» ist das *nie gehts*.

HERMOGENES: Das scheinst du mir sehr tüchtig zusammengeschlagen zu haben, Sokrates. Wenn dich aber nun einer fragt nach diesem «Gehen» und «Fließen» und «Binden» und «Halten» selbst, worin wohl die Richtigkeit dieser Benennungen besteht –

SOKRATES: Was ich dem antworten würde, meinst du?

HERMOGENES: Freilich.

SOKRATES: Eins habe ich schon vorher vorgebracht, was mich wohl dünkt eine gute Antwort zu sein.

HERMOGENES: Was war das?

SOKRATES: Zu sagen, wenn wir etwas nicht verstehen können, dies
d sei ein barbarisches und ausländisches Wort. Und vielleicht ist manches unter diesen in der Tat ein solches; es kann aber auch von ihrem Alter herrühren, daß die ersten Worte uns unerforschlich sind.

Denn da die Worte so nach allen Seiten herumgedreht werden, wäre es wohl nicht zu verwundern, wenn sich die alte Sprache zu der jetzigen nicht anders verhielte als eine barbarische.

HERMOGENES: Das wäre wohl gar nicht aus der Weise.

SOKRATES: Ich sage freilich, was sich hören läßt; allein unser Kampf scheint mir keine Ausrede zu gestatten, sondern wir müssen doch versuchen, die Wörter zu erklären. Laß uns nur bedenken, wenn jemand immer nach den Worten, aus welchen eine Benennung besteht, fragen will, und dann wieder nach jenen, woraus diese her- e
stammen, forscht, und damit gar nicht aufhören will, wird dann nicht der Antwortende zuletzt notwendig verstummen?

HERMOGENES: Das dünkt mich.

SOKRATES: Wann aber hätte er wohl ein Recht, sich loszusagen, 422 a
daß er nicht weiter könne? Nicht, wenn er bei jenen Wörtern angekommen wäre, welche gleichsam die Urbestandteile der übrigen sowohl Sätze als Worte sind? Denn von diesen könnte man ja wohl billigerweise nicht mehr zeigen sollen, daß sie aus andern Wörtern zusammengesetzt sind, wenn es sich wirklich wie angenommen mit ihnen verhält. So wie wir eben das «Gute» erklärt haben als zusammengesetzt aus *gültig* und *Mut*, den «Mut» aber wieder von etwas anderem herleiten können, und dies wieder von etwas anderem, wenn wir aber endlich eins erhalten hätten, das nicht wieder aus b
irgend anderen Wörtern entsteht, dann erst mit Recht sagen könnten, daß wir nun bei einem Urbestandteil oder Stammworte wären, welches wir nicht wieder auf andere Wörter zurückführen dürften.

HERMOGENES: Du scheinst mir hierin recht zu haben.

SOKRATES: Sind nun etwa auch die Wörter, nach denen du jetzt fragst, solche Stammwörter, und müssen wir also ihre Richtigkeit schon auf eine andere Weise untersuchen, worin sie besteht?

HERMOGENES: Wahrscheinlich wohl.

SOKRATES: Wahrscheinlich freilich, Hermogenes, wenigstens scheinen doch alle vorigen auf diese zurückgekommen zu sein. Wenn sich c
nun dies so verhält, wie ich glaube, daß es sich verhalte: so komm und erwäge mit mir, worin ich sage, daß die Richtigkeit der ersten Wörter bestehen müsse, ob ich wohl irre rede.

HERMOGENES: Sprich nur; soviel es in meinen Kräften steht, will ich es mir erwägen.

[34. Das Wesen des Wortes als Nachahmung; ihre Art und ihr Gegenstand]

SOKRATES: Daß es nun nur eine und dieselbe Richtigkeit gibt für jedes Wort, sei es ein erstes oder ein letztes, und daß in Absicht auf das Wortsein die einen sich nicht von den andern unterscheiden, das, glaube ich, ist auch deine Meinung.

HERMOGENES: Allerdings.

SOKRATES: Aber die Richtigkeit der bis jetzt von uns durchgegan- d
genen Wörter wollte doch darin bestehen, daß sie kund machte, wie und was jedes Ding ist?

HERMOGENES: Was sollte sie anders wollen?

Sokrates: Dies also müssen die ersten nicht minder leisten als die letzten, wenn doch jene auch Wörter sein sollen.

Hermogenes: Freilich.

Sokrates: Die späteren oder abgeleiteten Wörter nun, wie es scheint, konnten dies vermittels der früheren bewirken.

Hermogenes: So scheint es.

Sokrates: Gut. Aber die ersten Wörter, denen noch nicht andere zugrunde liegen, auf welche Weise werden uns diese wohl so weit
e als möglich die Dinge deutlich machen, wenn sie doch Wörter sein sollen? – Beantworte mir nur dieses. Wenn wir weder Stimme noch Zunge hätten und doch einander die Gegenstände kundmachen wollten, würden wir nicht, wie auch jetzt die Stummen tun, versuchen, sie vermittels der Hände, des Kopfes und der übrigen Teile des Leibes anzudeuten?

Hermogenes: Wie sollten wir es anders machen, Sokrates?

423 a Sokrates: Wenn wir also, meine ich, das Leichte und Obere ausdrücken wollten: so würden wir die Hand gen Himmel erheben, um die Natur des Dinges selbst nachzuahmen. Wenn aber das Untere und Schwere, so würden wir sie zur Erde senken. Und wenn wir ein laufendes Pferd oder anderes Tier darstellen wollten: so, weißt du wohl, würden wir unsern Leib und unsere Stellung möglichst jenen ähnlich zu machen suchen.

Hermogenes: Notwendig, denke ich, verhält es sich so, wie du sagst.

Sokrates: So, denke ich, entstände wenigstens eine Darstellung,
b wenn der Leib das, was er darstellen will, nachahmte.

Hermogenes: Ja.

Sokrates: Nun wir aber mit der Stimme, dem Munde und der Zunge kundmachen wollen, wird uns nicht alsdann, was durch sie geschieht, eine Darstellung von irgend etwas sein, wenn vermittels ihrer eine Nachahmung entsteht von irgend etwas?

Hermogenes: Notwendig, denke ich.

Sokrates: Das Wort also ist, wie es scheint, eine Nachahmung dessen, was es nachahmt, durch die Stimme, und derjenige benennt etwas, der, was er nachahmt, mit der Stimme nachahmt?

Hermogenes: Das dünkt mich.

c Sokrates: Beim Zeus, mich dünkt noch nicht, daß dies gut erklärt ist, Freund!

Hermogenes: Wieso?

Sokrates: Wir müßten dann denen, welche den Schafen nachblöken und den Hähnen nachkrähen und so mit anderen Tieren, auch zugestehen, daß sie das benennen, was sie nachahmen.

Hermogenes: Da hast du recht.

Sokrates: Hältst du also das vorige für gut?

Hermogenes: Das nicht. Aber was für eine Nachahmung wäre dann das Wort?

Sokrates: Zuerst, wie mich dünkt, nicht, wenn wir die Dinge so
d nachahmen, wie wir sie in der Tonkunst nachahmen, wiewohl wir sie auch dann durch die Stimme nachahmen; ferner auch nicht, wenn

wir dasjenige nachahmen, was die Tonkunst auch nachahmt, auch dann, glaube ich, werden wir nichts benennen. Ich meine es nämlich auf diese Weise: Die Dinge haben doch jedes seine Gestalt und Stimme, auch Farbe wohl die meisten?

HERMOGENES: Allerdings.

SOKRATES: Mir scheint nun nicht, wenn jemand diese nachahmt, und nicht in Nachahmungen dieser Art die benennende Kunst zu bestehen. Denn diese gehören die einen zur Tonkunst, die andern zur Malerei. Nicht wahr?

HERMOGENES: Ja.

SOKRATES: Und was sagst du hierzu? Meinst du nicht auch, daß e
jedes Ding sein Wesen hat, so gut als seine Farbe und was wir sonst soeben erwähnten? Denn haben nicht zuerst gleich Farbe und Stimme selbst jede ihr Wesen und so alles, dem überhaupt diese Bestimmung, das Sein, zukommt?

HERMOGENES: Ich glaube wenigstens.

SOKRATES: Wie nun? Wenn eben dies, das Wesen eines jeden Dinges, jemand nachahmen und darstellen könnte durch Buchstaben und Silben, würde er dann nicht kund machen, was jedes ist? Oder etwa nicht?

HERMOGENES: Ganz gewiß. 424 a

SOKRATES: Und wie würdest du den nennen, der dies könnte? So wie du doch die vorigen den einen Tonkünstler nanntest, den andern Maler, wie ebenso diesen?

HERMOGENES: Eben das, o Sokrates, was wir schon lange suchen, scheint mir dieser zu sein, der Benennende.

[35. Entwurf einer auf Erkenntnis der Buchstaben und Silben gegründeten Methode zur Erforschung der Stammwörter]

SOKRATES: Wenn nun dies wahr ist, so werden wir nun wohl wegen jener Worte, nach denen du fragtest, des «Flusses» und des «Gehens» und «Haltens», zusehen müssen, ob sie durch Buchstaben und Silben das Sein jener Dinge ergreifen, so daß sie ihr Wesen ab- b
bilden, oder ob nicht.

HERMOGENES: Das werden wir müssen.

SOKRATES: Wohlan, laß uns sehen, ob diese allein zu den Stammwörtern gehören oder ob noch viele andere?

HERMOGENES: Ich wenigstens glaube auch noch andere.

SOKRATES: Man sollte ja denken. Auf welche Art sollen wir aber nun das einteilen, wovon der Nachahmende seine Nachahmung anfängt? Wird es nicht, da doch die Nachahmung des Wesens in Silben und Buchstaben geschieht, am richtigsten sein, zuerst die Buchstaben zu bestimmen, wie diejenigen, welche sich mit den Silbenmaßen ab- c
geben, zuerst die Eigenschaften der Buchstaben bestimmen, dann der Silben, und so erst mit ihrer Betrachtung zu den Silbenmaßen gelangen, eher aber nicht?

HERMOGENES: Ja.

SOKRATES: Müssen nicht ebenso auch wir zuerst die Selbstlaute bestimmen, hernach wiederum die übrigen ihrer Art nach, die, wel-

che weder Laut noch Ton haben – denn so nennen sie doch die,
welche sich hierauf verstehen – und dann die, welche zwar keinen
Laut haben, aber doch nicht ganz tonlos sind? Und so auch unter
den Selbstlauten, die sich voneinander unterscheidenden Arten? Ha-
d ben wir dann dies richtig eingeteilt, dann müssen wir wiederum
ebenso alle zu benennenden Dinge uns vornehmen und zusehen, ob
es auch hier so etwas gibt, worauf sich alle zurückbringen lassen wie
die Buchstaben, woraus man sie selbst erkennen kann, und ob es
auch unter ihnen verschiedene Arten gibt auf dieselbe Weise wie bei
den Buchstaben. Haben wir nun auch diese alle wohl kennengelernt:
dann müssen wir verstehen, nach Maßgabe der Ähnlichkeit zusam-
menzubringen und aufeinander zu beziehen, sei nun einzeln eines
auf eines zu beziehen oder mehrere zusammenmischend, wie die
Maler, wenn sie etwas abbilden wollen, bisweilen Purpur allein auf-
e tragen, und ein andermal wieder eine andere Farbe, dann aber auch
wieder viele untereinandermengen, wenn sie zum Beispiel Fleisch-
farbe bereiten oder etwas anderes der Art, je nachdem, meine ich,
jedes Bild des jeweiligen Färbestoffs bedarf. So wollen auch wir die
Buchstaben den Dingen auftragen, bald einem einen, wenn uns das
nötig scheint, bald mehrere zusammen, indem wir bilden, was man
Silben nennt, und wiederum Silben zusammensetzend, aus denen
425 a Wörter, Haupt- und Zeitwörter zusammengesetzt werden; und aus
diesen endlich wollen wir dann etwas Großes, Schönes und Ganzes
bilden, wie dort das Gemälde für die Malerei, so hier den Satz oder
die Rede für die Sprach- oder Redekunst, oder wie die Kunst heißen
mag. Oder vielmehr nicht wir wollen dies, denn ich habe mich zu
weit verleiten lassen, sondern zusammengesetzt haben sie schon, so
wie wir es bereits finden, die Alten, und wir müssen nur, wenn wir
verstehen wollen, dies alles kunstgerecht zu untersuchen, ob die ur-
sprünglichen Wörter sowohl als die späteren nach einer ordentlichen
b Weise bestimmt worden seien oder nicht, dies nach solcher Einteilung
und auf diese Weise betrachten. Aufs Geratewohl aber sie zusam-
menraffen möchte wohl schlecht sein und nicht nach der Ordnung,
lieber Hermogenes.

Hermogenes: Jawohl, beim Zeus, Sokrates.

[36. Schwierigkeit dieser Forschung und Unmöglichkeit der Ausflucht]

Sokrates: Wie also? Traust du dir zu, dies alles so zu erklären?
Denn ich keineswegs mir.

Hermogenes: Weit gefehlt also, daß ich es sollte.

Sokrates: Lassen wir es denn. Oder willst du, daß wir, so gut wir
es vermögen, wenn wir auch nur wenig davon einsehen können, es
c dennoch versuchen, indem wir vorher erklären, wie eben den Göttern,
daß wir, ohne etwas von der Wahrheit zu wissen, nur die Meinun-
gen der Menschen von ihnen mutmaßlich angeben wollten, so auch
jetzt, ehe wir weitergehen, uns selbst die Erklärung tun, daß, wenn
die Sache gründlich sollte abgehandelt werden, es sei nun von je-
mand anderm oder von uns, es allerdings so geschehen müsse, wir

aber jetzt nichts tun könnten, als nur, wie man sagt, nach Vermögen
uns daran versuchen. Ist dir das recht, oder was meinst du?

Hermogenes: Allerdings ist es mir gar sehr recht.

Sokrates: Lächerlich wird es freilich herauskommen, glaube ich, d
Hermogenes, wie durch Buchstaben und Silben nachgeahmt die Dinge
kenntlich werden. Aber es muß doch so sein; denn wir haben nichts
besseres als dieses, worauf wir uns wegen der Richtigkeit der ur-
sprünglichen Wörter beziehen könnten. Wir müßten denn, auf ähn-
liche Art, wie die Tragödienschreiber, wenn sie sich nicht zu helfen
wissen, zu den Maschinen ihre Zuflucht nehmen und Götter herab-
kommen lassen, uns auch hier aus der Sache ziehen, indem wir sag-
ten, die ursprünglichen Wörter hätten die Götter eingeführt, und
darum wären sie richtig. Soll auch uns dies die beste Erklärung dün- e
ken, oder jene, daß wir manche unter ihnen von den Barbaren über-
kommen hätten, wie die Barbaren denn allerdings älter sind als wir,
oder auch die, daß ihr Alter es ebenso unmöglich machte sie zu er-
klären, wie ihr barbarischer Ursprung? Denn dies wären wohl sämt- 426 a
lich Ausreden, und zwar recht stattliche, für den, der nicht Rechen-
schaft geben wollte von den ursprünglichen Wörtern, wiefern sie
richtig wären. Indes, aus welchem Grunde auch jemand die Richtig-
keit der ursprünglichen Wörter nicht verstände, es müßte ihm immer
gleich unmöglich sein, die der abgeleiteten zu verstehen, welche not-
wendig aus jenen erklärt werden müssen, von denen er nichts ver-
steht. Sondern offenbar muß, wer hierin ein Sachverständiger zu
sein behauptet, dies an den ursprünglichen Wörtern vorzüglich und b
am meisten zeigen können; oder er wisse, daß er bei den abgeleiteten
nur leeres Geschwätz treiben wird. Oder dünkt es dich anders?

Hermogenes: Keineswegs anders, o Sokrates.

Sokrates: Was ich nun von den ursprünglichen Wörtern gemerkt
habe, dünkt mich gar wild und lächerlich. Davon will ich dir also
gern mitteilen, wenn du willst; weißt du aber irgendwoher etwas
Besseres zu nehmen, so versuche das auch mir mitzuteilen.

Hermogenes: Das will ich tun; sprich du nur dreist.

[37. Die natürliche Bedeutung der Buchstaben]

Sokrates: Zuerst nun scheint mir das R gleichsam das Organ je- c
der Bewegung zu sein, welche wir ja selbst auch noch nicht erklärt
haben, woher sie diesen Namen führt. Aber es ist wohl offenbar,
daß auch er ein Gehen bedeuten will, und er kommt von Weg her;
nur daß wir kein einfaches Zeitwort «wegen» mehr haben. Sich be-
wegen heißt aber soviel als sich auf den Weg machen, und «Bewe-
gung» also drückt das auf dem Wege sein aus; indes könnte man
auch das «Gehen» dazunehmen und *Weggehung* sagen oder *Weg-* d
gang. Das «Stehen» aber will nur ein *Stillen* des *Gehens* ausdrücken,
der Verschönerung wegen aber ist es «Stehen» genannt worden. Der
Buchstabe R also, wie ich sage, schien dem, welcher die Benennungen
festsetzte, ein schönes Organ für die Bewegung, indem er sie durch
seine Rührigkeit selbst abbildet; daher bedient er sich desselben hier-
zu auch gar häufig. Zuerst schon in «Strömen» und «Strom» stellt

er durch diesen Buchstaben die Bewegung dar; ebenso in «Trotz»
e und in «rauh», und in allen solchen Zeitwörtern wie «rasseln», «rei-
ben», «reißen», «zertrümmern», «krümeln», «drehen», alle diese
bildet er größtenteils ab durch das R. Denn er sah, daß die Zunge
hierbei am wenigsten still bleibt, sondern vorzüglich erschüttert
wird, und daher gewiß hat er sich dessen hierzu bedient. Das G hin-
gegen zu allem Dünnen und Zarten, was am leichtesten durch alles
427 a hindurchgeht; daher stellt er das «Gehen» und das «Gießen» durch
das G dar. Wie im Gegenteil durch W, S, Sch und Z, weil die Buch-
staben sausend sind, stellt er alles dergleichen dar und benennt es
damit, wie «schaudern», «sieden», «zischen», «schwingen», «schwe-
ben»; auch wenn er das Schwellende nachahmt, scheint der Wort-
bildner meistenteils dergleichen Buchstaben anzuwenden. Dagegen
scheint er das Zusammendrücken und Anstemmen der Zunge bei d
b und t und der Lippen bei b und p für eine nützliche Eigenschaft zu
halten zur Nachahmung des Bindenden, Dauernden, so wie bei
«Pech» und «Teer». Ebenso hat er bemerkt, daß bei dem l die Zunge
am behendesten schlüpft, und hat sich dieser Ähnlichkeit bedient,
um das Lose, Lockere und Schlüpfrige selbst und das Leckere und
Leimige und viel anderes dergleichen zu benennen. Wo nun aber der
entschlüpfenden Zunge die Kraft des G oder K zu Hilfe kommt, da-
durch bezeichnet er das Glatte, Gleitende, Gelinde, Klebrige. Von
c dem N bemerkte er, daß es die Stimme ganz nach innen zurückhält,
und benannte daher damit das Innere und Innige, um durch den
Buchstaben die Sache abzubilden, Das A widmete er dem Ganzen,
Langen, das E dem Gedehnten, Ebenen, weil die Buchstaben groß
und vollständig tönen. Für das Runde brauchte er das U als Zeichen
und drängte daher in den Namen des Kugelrunden besonders soviel
davon zusammen als möglich. Und so scheint auch im übrigen der
Wortbildner sowohl durch Buchstaben als Silben jeglichem Dinge
seine eigene Bezeichnung und Benennung angewiesen und hieraus
dann das übrige ebenfalls nachahmend zusammengesetzt zu haben.
Dieses nun, o Hermogenes, scheint mir die Richtigkeit der Benen-
d nungen sein zu wollen, wenn nicht unser Kratylos etwas anderes
meint.

[38. Hinzuziehung des Kratylos und dessen These, daß niemand etwas Falsches sagt]

Hermogenes: Mir wenigstens, Sokrates, macht Kratylos oft und
viel hiermit zu schaffen, wie ich auch gleich anfangs sagte, indem er
zwar behauptet, es gebe eine Richtigkeit der Worte, aber gar nichts
Bestimmtes darüber sagt, worin sie bestehen soll, so daß ich nicht
einmal weiß, ob er mit Willen oder wider Willen jedesmal so un-
bestimmt darüber spricht. Jetzt also, Kratylos, sage in Gegenwart des
e Sokrates, ob dir das gefällt, was Sokrates über die Benennung sagt,
oder ob du anderswie etwas Besseres darüber zu sagen hast; und
hast du das, so sage es, um entweder selbst vom Sokrates zu lernen
oder uns beide zu belehren.

Kratylos: Wie doch, Hermogenes, denkst du, es sei so leicht, auch

nur irgend etwas so in der Geschwindigkeit zu lernen oder zu lehren,
viel weniger etwas so Wichtiges, daß man es wohl unter das Größte
rechnen muß?

Hermogenes: Das denke ich, beim Zeus, nicht! Nur scheint mir 428 a
Hesiodos ganz recht zu haben, daß, wenn noch so Geringes zu noch
so Geringem du legst, es immer ein Vorteil ist. Wenn du uns also
nur um ein weniges weiterbringen kannst, so laß es dich nicht ver-
drießen, sondern tue dem Sokrates diesen Dienst, und auch mir,
denke ich, bist du es wohl schuldig.

Sokrates: Wollte doch ich selbst, Kratylos, nichts von dem be-
schwören, was ich gesagt, sondern ich habe die Sache nur so, wie sie
mir erschien, mit dem Hermogenes durchgenommen. Deshalb also
sage nur dreist, was du etwa Besseres hast, ich will es wohl anneh-
men. Und wenn du etwas Schöneres als dieses zu sagen hättest, woll- b
te ich mich nicht wundern; denn ich merke wohl, du hast sowohl
selbst hierüber nachgedacht als auch von andern gelernt. Bringst du
also etwas Schöneres vor: so zeichne mich nur auch unter deine Schü-
ler in der Sprachkunde.

Kratylos: Allerdings, Sokrates, habe ich mich, wie du auch sagst,
viel mit diesen Dingen beschäftigt und machte dich vielleicht wohl
zu meinem Schüler. Ich fürchte nur, es geschieht ganz das Gegenteil, c
weil mir in den Sinn kommt, dir zu sagen, was Achilleus in der Bitt-
gesandtschaft zum Aias sagt. Er sagt nämlich:

«Aias, göttlicher Sohn des Telamon, Völkergebieter,
Alles hast du beinahe mir aus der Seele geredet.»

So hast auch du, Sokrates, mir gar sehr nach meinem Sinne geweis-
sagt, es sei nun, daß du vom Euthyphron begeistert warst oder daß
eine andere Muse dir schon lange unbewußt eingewohnt hat.

Sokrates: Ja, guter Kratylos, ich wundere mich selbst schon lange d
über meine eigene Weisheit und kann kaum daran glauben. Daher
dünkt mich, ich sollte wohl noch einmal genauer zusehen, was wohl
eigentlich daran ist. Denn von sich selbst hintergangen zu werden
ist doch das Allerärgste. Denn wenn der Betrüger auch nicht auf ein
Weilchen sich entfernt, sondern immer bei der Hand ist, wie sollte
das nicht schrecklich sein? Daher muß man, denke ich, fleißig wieder
umkehren zu dem Zuvorgesagten und versuchen, nach jenem Dichter,
«zugleich vorwärts» zu schauen «und rückwärts». So laß uns jetzt
sehen, was wir doch gesagt haben. Die Richtigkeit des Wortes, sagten
wir, besteht darin, daß es anzeigt, wie die Sache beschaffen ist. Wol- e
len wir sagen, dies sei gründlich gesprochen?

Kratylos: Mir wenigstens scheint es gar sehr, Sokrates.

Sokrates: Also der Belehrung wegen werden Worte gesprochen?

Kratylos: Freilich.

Sokrates: Sagen wir nun, daß auch dies eine Kunst ist und daß
es Meister darin gibt?

Kratylos: Freilich.

Sokrates: Wer sind diese?

Kratylos: Die auch du anfänglich nanntest, die Gesetzgeber. 429 a

Sokrates: Wollen wir nun zugeben, daß auch diese Kunst auf dieselbe Weise unter den Menschen besteht wie auch die übrigen, oder nicht? Ich will nämlich dieses sagen: Maler gibt es doch einige bessere, andere schlechtere?

Kratylos: Allerdings.

Sokrates: Und, nicht wahr, die besseren machen ihre Werke, die Bilder nämlich, besser, die anderen aber schlechter? Und ebenso einige Baumeister bauen bessere Häuser, andere schlechtere?

Kratylos: Ja.

b Sokrates: Fertigen so auch einige Gesetzgeber ihre Werke besser, andere schlechter?

Kratylos: Das möchte ich nicht mehr zugeben.

Sokrates: Also meinst du nicht, daß einige Gesetze besser sind, andere schlechter?

Kratylos: Nein eben.

Sokrates: Also auch von den Worten, wie es scheint, meinst du wohl nicht, daß einige besser beigelegt sind, andere nicht so gut?

Kratylos: Nein eben.

Sokrates: Also sind alle Worte und Benennungen gleich richtig?

Kratylos: Was jedenfalls wirklich Benennungen sind.

Sokrates: Wie also, was auch schon erwähnt ist, sollen wir sagen,
c unser Hermogenes hier führe diesen Namen gar nicht, wenn ihm nämlich gar nichts irgendwie von einer Abstammung vom Hermes zukommt, oder er führe ihn zwar, jedoch nicht mit Recht?

Kratylos: Er führe ihn auch gar nicht einmal, dünkt mich, Sokrates, sondern er scheine ihn nur zu führen, der Name gehöre aber einem andern zu, der auch eine solche Natur hat.

Sokrates: Lügt auch etwa nicht einmal derjenige, welcher sagt, er heiße Hermogenes? Daß nur nicht am Ende auch das nicht möglich ist, zu sagen, er sei Hermogenes, wenn er es nicht ist?

Kratylos: Wie meinst du das?

d Sokrates: Ob dies etwa, daß man überhaupt nichts Falsches sagen könne, ob dies der Gehalt deines Satzes ist? Denn gar manche behaupten dies, lieber Kratylos, jetzt und auch sonst schon.

Kratylos: Wie sollte denn auch, Sokrates, wenn einer doch das sagt, was er sagt, er nicht etwas sagen, was ist? Oder heißt das nicht eben Falsches reden, sagen was nicht ist?

Sokrates: Dieser Satz, Freund, ist für mich und für mein Alter zu hoch. Doch aber sage mir nur dieses, hältst du etwa zwar das nicht
e für möglich, Falsches sagen, wohl aber sprechen?

Kratylos: Nein, dünkt mich, auch nicht sprechen.

Sokrates: Auch nicht rufen oder anrufen? Wie wenn dir einer auf einer Reise begegnete, dich bei der Hand faßte und riefe: Willkommen, Hermogenes, athenischer Fremdling, Sohn des Smikrion, würde der dieses sagen oder sprechen oder rufen oder anreden, immer aber, wenn er es so tut, nicht dich, sondern diesen Hermogenes? Oder niemanden?

Kratylos: Mir scheint dieser dies nur unnütz zu äußern.

430 a Sokrates: Auch damit bin ich zufrieden. Hätte nun aber, wer dies

äußerte, es richtig geäußert oder falsch? Oder etwas davon richtig und anderes falsch? Denn auch daran hätte ich schon genug.

Kratylos: Ich würde sagen, ein solcher mache nur ein Geräusch und setze sich ganz unnütz in Bewegung, wie wenn einer an Metall schlägt, daß es tönen muß.

[39. Beweis des S., daß es Falschheit der Rede gibt und geben muß]

Sokrates: Komm, laß sehen, Kratylos, ob wir irgendwie auseinander kommen. Du gibst doch zu, daß ein anderes das Wort ist und ein anderes das, dessen Name es ist?

Kratylos: Das tue ich.

Sokrates: Auch gestehst du, das Wort sei eine gewisse Nachahmung des Dinges? b

Kratylos: Auf alle Weise dieses.

Sokrates: Aber auch die Gemälde, sagst du, sind auf eine andere Weise Nachahmungen gewisser Dinge.

Kratylos: Ja.

Sokrates: Wohlan, so verstehe ich vielleicht nur nicht, was das ist, was du meinst, und du kannst dennoch recht haben. Kann man wohl diese beiderlei Nachahmungen, die Bilder sowohl als die Wörter, unter die Dinge verteilen und sie ihnen zuschreiben, deren Nachahmungen sie sind, oder nicht?

Kratylos: Das kann man. c

Sokrates: Zuerst bedenke dieses. Es kann doch einer das Bild des Mannes dem Manne zuteilen und das des Weibes dem Weibe, und so auch andere?

Kratylos: Allerdings.

Sokrates: Aber auch umgekehrt das Bild des Mannes der Frau und das der Frau dem Manne?

Kratylos: Auch das kann man.

Sokrates: Sind nun diese Verteilungen etwa beide richtig, oder nur eine von beiden?

Kratylos: Nur die eine von beiden.

Sokrates: Diejenige doch, denke ich, welche jedem das ihm Zukommende und Ähnliche zuteilt.

Kratylos: So scheint es mir wenigstens.

Sokrates: Damit also Freunde wie ich und du sich nicht um Wor- d
te streiten, so laß dir gefallen, was ich sage. Nämlich eine solche Verteilung beider Nachahmungen, der Bilder sowohl als der Wörter, nenne ich richtig, die der Wörter aber zugleich auch wahr; die andere aber, welche Unähnliches einander gibt und beilegt, nenne ich unrichtig, und wenn sie mit den Wörtern vorgeht, zugleich falsch.

Kratylos: Aber, Sokrates, wenn nur nicht bei den Bildern zwar dieses stattfindet, das Unrichtig-Verteilen, bei den Wörtern aber e
nicht, sondern es da immer richtig geschieht!

Sokrates: Wie meinst du das? Worin unterscheidet sich das eine von dem andern? Kann man nicht zu einem Manne hingehen und ihm sagen, dies hier ist dein Bild, und ihm dabei, wenn es sich trifft, sein eigenes Bildnis zeigen, wenn es sich trifft, aber auch ein weib-

liches? Zeigen aber nenne ich, ihm vor den Sinn des Gesichtes brin-
gen.
Kratylos: Freilich kann man das.
Sokrates: Und wie, kann man nicht eben zu demselben auch ge-
hen und ihm sagen, das ist dein Name? Der Name ist aber doch
ebensowohl eine Nachahmung wie das Bild. Ich meine also dieses:
431 a Kann man ihm etwa nicht sagen, dies ist dein Name, und dabei wie-
derum ihm vor den Sinn des Gehörs bringen bald, wie es sich trifft,
seine Nachahmung, indem man zu ihm sagt «Mann», bald auch,
wenn es sich trifft, die des weiblichen Teiles der menschlichen Gat-
tung, indem man zu ihm sagt «Frau»? Glaubst du nicht, daß das
möglich ist und daß dergleichen bisweilen geschieht?
Kratylos: Ich will es dir einräumen, Sokrates, und es soll so sein.
Sokrates: Und wohl tust du daran, Lieber, wenn es sich doch so
verhält; denn du mußt ja nun nicht den Streit darüber so weit trei-
b ben als möglich. Wenn also eine solche Verteilung auch hier statt-
findet: so wollen wir das eine von diesen beiden wahr reden nennen,
das andere unwahr reden. Wenn sich nun dieses so verhält und es
möglich ist, auch nicht richtig die Namen oder Hauptwörter zu ver-
teilen und nicht jedem sein Zugehöriges anzuweisen: so muß es auch
möglich sein, eben dieses mit den Zeitwörtern zu tun. Wenn man
aber Zeitwörter sowohl als Hauptwörter auf diese Weise setzen kann,
c dann notwendig auch Sätze. Denn Sätze sind doch, wie ich meine, die
Verbindung jener beiden. Oder was meinst du, Kratylos?
Kratylos: Eben das; denn das dünkt mich gut gesagt.
Sokrates: Wenn wir nun wiederum die Stammwörter mit Zeich-
nungen vergleichen: so kann man doch bei Gemälden bisweilen alle
dazugehörigen Farben und Züge darstellen, bisweilen auch nicht alle,
sondern einige auslassen, andere hinzusetzen, bald mehr, bald weni-
ger. Oder kann man das nicht?
Kratylos: Man kann es.
Sokrates: Wer nun alle darstellt, der wird auch schöne Zeichnun-
gen und Bilder darstellen, wer aber etwas hinzusetzt oder wegnimmt,
der macht zwar auch Bilder und Zeichnungen, aber schlechte?
d Kratylos: Ja.
Sokrates: Wie nun, wer in Silben und Buchstaben das Wesen der
Dinge nachbildet? Wird nicht auf dieselbe Weise, wenn er alles
dem Dinge Zukommende wiedergibt, sein Bild schön sein, dies
ist nämlich das Wort, wenn er aber ein weniges ausläßt oder bis-
weilen hinzufügt, es zwar auch ein Bild werden, aber kein schönes,
so daß doch wohl einige Wörter gut gebildet sein werden, andere
schlecht?
Kratylos: Vielleicht.
e Sokrates: Vielleicht also wird auch im Wortbilden der eine ein
guter Künstler sein, der andere ein schlechter.
Kratylos: Ja.
Sokrates: Und der hieß doch der Gesetzgeber?
Kratylos: Ja.
Sokrates: Vielleicht also wird, beim Zeus, wie bei den anderen

Künsten, auch der eine Gesetzgeber ein guter, der andere ein schlechter sein, wenn es bei jenem vorigen bleiben soll.

Kratylos: So ist es freilich. Aber du siehst doch, Sokrates, wenn wir nun diese Buchstaben, das A und B und so auch die andern, den Wörtern anweisen gemäß der Sprachkunst: so kann man, wenn wir hernach einen wegnehmen oder hinzusetzen oder auch nur versetzen, 432 a
nicht sagen, daß wir das Wort zwar geschrieben haben, aber nur nicht richtig; sondern wir haben es ganz und gar nicht geschrieben, indem es gleich ein anderes ist, sobald ihm so etwas begegnet ist.

Sokrates: Daß wir nur nicht die Sache unrichtig nehmen, wenn wir sie so nehmen, Kratylos!

Kratylos: Wieso?

Sokrates: Vielleicht stände es um dasjenige, was notwendig nur vermöge einer Zahl ist oder nicht ist, so, wie du sagst; zum Beispiel die Zehn oder jede andere Zahl, welche du willst, wird freilich, wenn du etwas hinwegnimmst oder dazutust, sogleich eine andere geworden sein; die Richtigkeit dessen aber, was vermöge einer ge- b
wissen Beschaffenheit ist, was es ist, und so auch jedes Bildes, mag wohl nicht eine solche sein, sondern es wird im Gegenteil ganz und gar nicht einmal alles einzelne so wiedergeben dürfen, wie das abzubildende ist, wenn es ein Bild sein soll. Sieh nur zu, ob ich recht habe. Wären dies wohl noch so zwei verschiedene Dinge wie Kratylos und des Kratylos Bild, wenn einer von den Göttern nicht nur deine Farbe und Gestalt nachbildete, wie die Maler, sondern auch alles Innere ebenso machte wie das deinige, mit denselben Abstufungen der Weichheit und der Wärme, und dann auch Bewegung, Seele und c
Vernunft, wie dies alles bei dir ist, hineinlegte und mit einem Worte alles, wie du es hast, noch einmal neben dir aufstellte; wären dies dann Kratylos und ein Bild des Kratylos oder zwei Kratylos?

Kratylos: Das, dünkt mich, wären zwei Kratylos.

[40. Unausweichlichkeit einer möglichen Falschheit, wenn die Wörter Darstellungen von etwas sind]

Sokrates: Du siehst also nun, Lieber, daß wir für das Bild sowohl eine andere Richtigkeit aufsuchen müssen als die der vorher erwähnten Dinge, als auch besonders, daß wir nicht darauf bestehen dürfen, daß, sobald etwas fehle oder hinzukomme, es gleich nicht mehr ein d
Bild sei. Oder merkst du nicht, wieviel den Bildern daran fehlt, dasselbe zu haben wie das, dessen Bilder sie sind?

Kratylos: Das merke ich wohl.

Sokrates: Lächerliches wenigstens, o Kratylos, würde den Dingen widerfahren von den Wörtern, die ihre Benennungen sind, wenn diese ihnen in allem auf alle Weise ähnlich gemacht würden. Alles nämlich würde zweifach da sein, und man würde von keinem von beiden mehr angeben können, welches das Ding selbst wäre und welches das Wort.

Kratylos: Richtig gesprochen.

Sokrates: Wage also das nur immer zuzugeben, wackerer Freund, daß auch die Wörter teils gut abgefaßt sind, teils schlecht, und be- e

stehe nicht darauf, daß sie alle Buchstaben so haben sollen, daß sie ganz und gar dasselbe seien wie das, dessen Name jedes ist, sondern laß immer auch einen nicht gehörigen Buchstaben hineinsetzen. Und wenn einen Buchstaben, dann auch ein Wort in einen Satz, und wenn ein Wort, dann auch einen Satz in eine Rede, wie es den Dingen nicht eben ganz angemessen ist, hineinsetzen und nichtsdestoweniger die Dinge noch benannt und besprochen sein, so lange nur noch die Grundzüge des Dinges darin sind, von dem eben die Rede ist, wie
433 a es der Fall ist bei den Namen der Buchstaben, wenn du dich noch erinnerst, was ich und Hermogenes vorhin sagten.

Kratylos: Ich erinnere mich wohl.

Sokrates: Gut also; solange nur dieses bleibt, soll uns, wenn auch nicht alles Gehörige vorhanden ist, der Gegenstand doch noch ausgesprochen sein, gut, wenn alles, schlecht, wenn nur weniges davon da ist. Immer doch wollen wir das Gesprochensein zugeben, Bester, damit wir nicht in Strafe verfallen, wie in Aegina die, welche des Nachts spät auf der Straße herumgehen, so auch wir auf diese Art
b in Wahrheit später als schicklich zu den Dingen zu kommen scheinen. Oder suche eine andere Richtigkeit und gib nicht zu, das Wort sei seines Gegenstandes Kundmachung durch Silben und Buchstaben; denn wenn du dieses und zugleich auch jenes sagst, kannst du nicht mit dir selbst einig sein.

Kratylos: Dagegen scheint nichts aufzubringen, Sokrates, und ich nehme es so an.

Sokrates: Da wir nun hierüber einig sind, so laß uns nächstdem dieses bedenken. Wenn ein Wort gut gebildet sein soll, so muß es, sagen wir, seine gehörigen Buchstaben haben.

Kratylos: Ja.

c Sokrates: Es gehören aber dazu die den Dingen ähnlichen?

Kratylos: Allerdings.

Sokrates: Die also gut gebildet sind, sind so gebildet. Wenn aber eines nicht gut abgefaßt ist, so kann es vielleicht größtenteils aus ihm gehörigen ähnlichen Buchstaben bestehen, wenn es doch ein Bild sein soll, aber auch etwas Ungehöriges haben, um dessentwillen es eben nicht gut und ein nicht recht gut abgefaßtes Wort wäre. Wollen wir so sagen oder anders?

Kratylos: Es hilft wohl nicht, glaube ich, weiter zu streiten, Sokrates. Denn mir gefällt es nun nicht, zu sagen, es sei etwas zwar ein Wort, es sei aber nicht recht abgefaßt.

d Sokrates: Gefällt dir etwa das nicht, daß das Wort eine Darstellung des Gegenstandes sein soll?

Kratylos: Dieses, o ja.

Sokrates: Aber daß einige Wörter aus früheren zusammengesetzt, andere aber Stammwörter sind, scheint dir das nicht richtig gesagt zu sein?

Kratylos: O ja.

Sokrates: Aber wenn die Stammwörter Darstellungen von etwas sein sollen, weißt du eine andere, bessere Art, wie sie Darstellungen
e sein können, als wenn man sie möglichst so macht wie dasjenige, was

sie ausdrücken sollen? Oder gefällt dir die Art besser, welche Hermogenes vorträgt und viele andere, daß die Wörter Verabredungen sind und nur darstellen für die Verabredenden, denen die Dinge vorher bekannt sind, und daß also die Richtigkeit der Wörter nur hierin liege, im Vertrage, und es gar keinen Unterschied mache, ob jemand sie so festsetze, wie sie jetzt bestehen, oder auch ganz entgegengesetzt, was wir jetzt klein nennen, groß nenne, und was wir groß, klein? Welche von beiden Weisen gefällt dir?

KRATYLOS: Bei weitem und ohne Frage ist es vorzuziehen, Sokrates, 434 a
durch ein Ähnliches darzustellen, was jemand darstellen will, als durch das erste beste.

SOKRATES: Wohl gesprochen. Wenn also nun das Wort dem Gegenstande ähnlich sein soll: so müssen notwendig auch von Natur den Gegenständen die Buchstaben ähnlich sein, aus denen man die Stammwörter zusammensetzen muß. Ich meine es so: Könnte wohl jemand, wovon wir auch schon sprachen, ein Gemälde irgendeinem Dinge ähnlich ausarbeiten, wenn nicht schon von Natur die Färbemittel, aus denen das Gemälde zusammengesetzt wird, jenen Din- b
gen ähnlich wären, welche die Malerei nachahmt? Oder wäre das unmöglich?

KRATYLOS: Unmöglich!

SOKRATES: Ebenso demnach würden auch die Wörter nie irgendeinem Dinge ähnlich werden, wenn nicht zuvor jenes, woraus die Wörter zusammengesetzt werden müssen, eine gewisse Ähnlichkeit hatte mit dem, dessen Nachbildungen die Wörter sind. Zusammengesetzt aber müssen sie werden aus Buchstaben?

KRATYLOS: Ja.

[41. Notwendiger Beitrag der Verabredung zur Richtigkeit der Wörter]

SOKRATES: Nimm du also nun auch teil an dem, was ich vorher mit Hermogenes ausführte. Dünkt dich, daß wir recht haben zu sa- c
gen, das R gehöre sich für den Strom und die Bewegung und das Reiten, oder nicht recht?

KRATYLOS: Recht, dünkt mich.

SOKRATES: Das T aber für das Feste und Haltende, und was wir damals mehr anführten?

KRATYLOS: Ja.

SOKRATES: Weißt du auch wohl, daß, wo wir «war» sagen, andere Gegenden sagen «was»?

KRATYLOS: Freilich.

SOKRATES: Sind nun r und s beide einem und demselben ähnlich, und stellt das Wort dasselbe dar für jene, denen es sich mit dem S, und für uns, denen es sich mit dem R endigt? Oder stellt es für den einen Teil nicht dar?

KRATYLOS: Es stellt gewiß allen beiden dar. d

SOKRATES: Etwa inwiefern r und s ähnlich sind, oder inwiefern nicht?

KRATYLOS: Inwiefern sie ähnlich sind.

Sokrates: Sind sie das denn aber ganz und gar?

Kratylos: Vielleicht um die Zeitbewegung darzustellen.

Sokrates: Ist es auch so mit dem T in Reiten? Drückt das nicht das Gegenteil der Bewegung aus?

Kratylos: Vielleicht ist das nicht richtig in dem Worte, und wie du auch oft, als du vorher mit dem Hermogenes sprachst, Buchstaben herausnahmst und hineinsetztest, wo es nötig war, und das dünkte mich ganz richtig, so sollte man auch dort vielleicht statt des T ein R setzen.

e Sokrates: Wohl gesprochen. Aber wie weiter? So, wie wir jetzt sprechen, verstehen wir etwa so einander nicht, wenn einer «reiten» sagt, und verstehst du mich auch jetzt nicht, was ich meine?

Kratylos: Ich verstehe es wohl, weil ich es gewohnt bin, Liebster.

Sokrates: Und wenn du Gewohnheit sagst, glaubst du etwas anderes zu sagen als Verabredung? Oder meinst du unter «Gewohnheit» etwas anderes, als daß ich, wenn ich dieses Wort ausspreche, jenes denke, und daß du erkennst, daß ich jenes denke? Meinst du nicht das?

435 a Kratylos: Ja.

Sokrates: Wenn du es nun, indem ich es ausspreche, erkennst, so wird es dir ja durch mich kundgemacht?

Kratylos: Ja.

Sokrates: Und zwar durch das dem Unähnliche, was ich mir denke und aussprechen will, wenn doch das T dem, was du reiten nennst, unähnlich ist. Wenn sich aber dies so verhält, wie kann es anders sein, als daß du es mit dir selbst so verabredet hast, und so wird dir doch Verabredung der Grund der Richtigkeit der Wörter, da ja die unähnlichen Buchstaben nicht weniger als die ähnlichen kundmachen, sobald sie Gewohnheit und Verabredung für sich haben. Und wenn denn auch ja Gewohnheit nicht Verabredung ist: so ist es deshalb
b doch nicht richtig, zu sagen, daß in der Ähnlichkeit die Darstellung liege, sondern in der Gewohnheit, müßte man sagen, denn diese, wie es scheint, stellt dar, durch Ähnliches wie durch Unähnliches. Wenn wir dieses nun eingestehen, Kratylos, denn ich will dein Stillschweigen als ein Zugeständnis annehmen: so würden ja notwendig auch Verabredung und Gewohnheit etwas beitragen zur Kundwerdung der Gedanken, indem wir sprechen. Denn, Bester, wenn du nur an die Zahlen gehen willst, woher willst du wohl den einzelnen Zahlen lauter ähnliche Namen beizulegen haben, wenn du nicht auch
c deiner Übereinkunft und Verabredung etwas einräumen willst bei Bestimmung der Richtigkeit der Worte? Denn mir ist es auch gar recht, daß nach Möglichkeit die Namen den Dingen ähnlich sein sollen; allein wenn nur nicht in der Tat, wie Hermogenes vorher sagte, diese anziehende Kraft der Ähnlichkeit gar zu dürftig ist und es notwendig wird, jenes Gemeinere, die Verabredung, mit zu Hilfe zu nehmen bei der Richtigkeit der Worte. Denn auf das bestmögliche werden sie wohl gebildet sein, wenn jedes ganz oder größtenteils aus ähnlichen Buchstaben besteht, denn das sind doch die gehörigen, und
d aufs schlechteste, wenn das Gegenteil eintritt. Das aber sage mir noch

hiernächst, was für ein Vermögen die Wörter eigentlich haben und was wir sagen sollen, daß sie uns Schönes ausrichten?

[42. Bedenken gegen die Zuverlässigkeit der in den Wörtern niedergelegten Wahrheit]

Kratylos: Mich dünkt, daß sie lehren, Sokrates, und daß man ohne Einschränkung sagen kann, wer die Wörter verstehe, der verstehe auch die Dinge.

Sokrates: Vielleicht meinst du das wohl so, Kratylos, daß, wenn
einer ein Wort recht versteht, wie es eigentlich ist, und es ist eben wie
das Ding, er dann auch das Ding verstehen wird, da es ja dem Worte e
ähnlich ist und doch eine und dieselbe Kunst für alles gilt, was einander ähnlich ist. In dieser Beziehung dünkt mich, könntest du sagen, daß, wer die Wörter versteht, auch die Dinge verstehen werde.

Kratylos: Ganz vollkommen richtig.

Sokrates: Halt aber, laß uns sehen, wie eigentlich diese Weise der Belehrung über das Seiende beschaffen ist, die du jetzt beschreibst, und ob es etwa zwar noch eine andere gibt, diese aber die bessere ist, oder ob es überhaupt nicht einmal eine andere gibt als diese. Welches von beiden glaubst du?

Kratylos: Das glaube ich, daß es gar keine andere gibt, sondern 436 a
nur diese eine und beste.

Sokrates: Auch, daß nur auf diese selbe Weise die Dinge auch gefunden werden, so daß, wer die Wörter gefunden hat, auch dasjenige gefunden habe, wovon sie die Benennungen sind? Oder daß das Suchen und Finden zwar auf eine andere Weise geschehen muß, das Lernen aber auf diese?

Kratylos: Allerdings, auch suchen und finden muß man ebenso, ganz auf dieselbe Weise.

Sokrates: Wohlan denn, laß uns bedenken, Kratylos, wenn einer
in seiner Forschung nach den Dingen den Worten nachgeht, erwä- b
gend, was jedes wohl sagen will, merkst du nicht, daß der keine kleine Gefahr läuft, irregeführt zu werden?

Kratylos: Wieso?

Sokrates: Offenbar hat doch, wer zuerst die Worte festsetzte, so, wie er meinte, daß die Dinge wären, so auch die Worte festgesetzt, wie wir behaupten; nicht wahr?

Kratylos: Ja.

Sokrates: Wenn nun jener nicht richtig meinte und doch die Worte so setzte, wie er meinte, was wird wohl uns, die wir ihm nachgehen, begegnen? Nicht, daß wir irregeführt werden?

Kratylos: Wenn das aber nur nicht gar nicht so sein kann, son-
dern vielmehr so sein muß, daß, wer die Worte festgesetzt hat, ein
Wissender gewesen sein muß, wenn aber nicht, wie ich schon lange c
gesagt habe, daß sie dann gar keine Worte sein werden! Und der beste Beweis, daß er das Rechte nicht verfehlt hat, ist der: es würde ihm nicht alles so zusammenstimmen. Oder hast du nicht bemerkt in deinem eigenen Vortrage, wie alle Worte auf dieselbe Weise und in derselben Beziehung gebildet waren?

Sokrates: Mit dieser Verteidigung, mein guter Kratylos, ist es nun wohl nichts. Denn wenn der Wortbildner, nachdem er sich zuerst geirrt, hernach alles andere nach diesem ersten eingerichtet und
d genötigt hat, damit übereinzustimmen: so ist es wohl kein Wunder, wie auch bei Figuren bisweilen der erste nur ein kleiner und unmerklicher Fehler ist, wenn alles übrige gar viele, was aus dem ersten folgt, unter sich übereinstimmt. Daher muß eben über den Anfang jeder Sache jedermann die genaueste Überlegung anstellen und die genaueste Untersuchung, ob er richtig gelegt ist oder nicht; und dann, wenn dieser gehörig geprüft ist, das übrige so darstellen, wie
e es aus ihm folgt. Indes sollte es mich dennoch wundern, wenn die Wörter so unter sich zusammenstimmten. Darum laß uns noch einmal übersehen, was wir vorher durchgenommen haben. Als ob nämlich alles ströme und fließe und in Bewegung sei, dahin, sagten wir, deuten uns die Worte das Sein und Wesen der Dinge. Nicht wahr, so dünkt dich, stellen sie es uns dar?

437 a Kratylos: Allerdings, und deuten es also ganz richtig.

Sokrates: Laß uns einmal sehen, wenn wir nun wieder aufnehmen zuerst etwa das Wort «verstehen», wie zweideutig es ist und weit eher anzudeuten scheint, daß unsere Seele bei den Gegenständen stehenbleibt, als daß sie sich mit ihnen herumbewegt, und wie es weit richtiger ist, die Buchstaben in der Mitte so zu lassen, wie sie sind, und anfangs nur den ganz offenen Hauch zu setzen. Dann das «Beständige», wie es offenbar Nachbildung eines auf dem Grunde Festen und Stehenden ist, und nicht einer Bewegung. Dann auch die
b «Geschichte» deutet doch wohl an, daß sie dem *Gehen Schicht* macht und es also zum Stehen bringt, und ebenso «Treue» deutet doch in jedem Fall auf *Ruhe*. Ferner die «Erinnerung» zeigt doch offenbar, daß etwas *innerlich ruht* in der Seele, nicht aber in Bewegung ist. Und wenn du willst, wird das «Versehen» und der «Nachteil», wenn man so die Worte auseinanderlegt, ganz als dasselbe erscheinen mit der «Einsicht» und dem «Vorteil» und allen übrigen Namen des Vortrefflichen. Dann auch die «Trägheit» und die «Unbändigkeit» zeigen sich fast ebenso, denn die erste ist, was *getragen* von den Dingen
c *geht*, und die andere ist, was sich nicht *binden* und halten *läßt*. Auf diese Weise also zeigt sich, was wir als Benennungen des Schlechtesten ansehen, ganz ähnlich dem Vortrefflichsten; und ich glaube, es könnte einer, der sich Mühe geben wollte, noch vielerlei anderes finden, woraus man wieder glauben sollte, der Wortbildner habe die Dinge nicht als fließend und bewegt, sondern als bleibend und feststehend angedeutet.

d Kratylos: Aber du siehst doch, Sokrates, daß er das meiste auf jene Art bezeichnet hat.

Sokrates: Was soll nun das, Kratylos? Wollen wir die Wörter zählen, wie die Steinchen beim Stimmensammeln, und soll sich dadurch die Richtigkeit zeigen? Welches von beiden die meisten Wörter anzudeuten scheinen, das soll das Wahre sein?

Kratylos: Nein, das wohl nicht.

[43. Erkenntnis der Wahrheit ist weder allein, noch auch nur in vorzüglicher Weise durch die Wörter möglich]

Sokrates: Ganz gewiß nicht, Lieber. Allein dies wollen wir nun
hier gut sein lassen und wieder auf das zurückgehen, von wo aus 438 a
wir hierher gekommen sind. Eben sagtest du doch im Vorigen, wenn
du dich erinnerst, der die Benennungen bestimmt habe, habe dies
notwendig getan mit Kenntnis dessen, wofür er sie bestimmte. Bist
du noch dieser Meinung oder nicht?

Kratylos: Noch.

Sokrates: Auch der die Stammwörter gebildet, glaubst du, habe es mit dieser Kenntnis getan?

Kratylos: Mit dieser Kenntnis.

Sokrates: Vermittels welcher Wörter nun hat er wohl die Kenntnis der Gegenstände erlernt oder gefunden, wenn doch die ersten
Wörter noch nicht gegeben waren, wir aber sagen, es sei nicht mög- b
lich, zur Erkenntnis und zum Finden der Dinge anders zu gelangen,
als indem man die Wörter erlernt oder selbst findet, wie sie beschaffen sind?

Kratylos: Das scheint mir etwas zu sein, Sokrates.

Sokrates: Auf welche Weise also konnten wohl jene als Erkennende Wörter festsetzen oder wortbildende Gesetzgeber sein, ehe überhaupt noch irgendeine Benennung vorhanden und ihnen bekannt war, wenn es nicht möglich ist, zur Erkenntnis der Dinge anders zu gelangen als durch die Wörter?

Kratylos: Ich bin daher der Meinung, Sokrates, die richtigste c
Erklärung hierüber werde die sein, daß es eine größere als menschliche Kraft gewesen, welche den Dingen die ersten Namen beigelegt, und daß sie eben deshalb notwendig richtig sind.

Sokrates: Und also sollte, wer sie bestimmt, sie mit sich selbst im Widerspruch bestimmt haben, wenn er ein Dämon oder ein Gott gewesen? Oder ist alles nicht gewesen, was wir vorher gesagt haben?

Kratylos: Aber die einen von beiden mögen wohl keine Worte sein.

Sokrates: Welche doch, Bester, die auf das Stehen oder die auf das Fließen führen? Denn nach der Menge soll das doch, wie wir eben ausgemacht haben, nicht entschieden werden?

Kratylos: Das wäre freilich nicht recht, Sokrates. d

Sokrates: Wenn also die Wörter in Streit geraten und die einen sagen, sie selbst wären die der Wahrheit ähnlichen, die andern aber, sie, wodurch sollen wir es nun entscheiden oder mit Rücksicht worauf? Doch wohl nicht wieder auf andere Wörter als diese? Denn es gibt ja keine. Sondern offenbar muß etwas anderes aufgesucht werden als Worte, was uns ohne Worte offenbaren kann, welche von diesen beiden die richtigsten sind, indem es uns nämlich das Wesen der Dinge zeigt.

Kratylos: Das dünkt mich auch. e

Sokrates: Es ist also doch möglich, wie es scheint, Kratylos, die Dinge kennenzulernen ohne Hilfe der Worte, wenn sich dies so verhält.

Kratylos: So scheint es.

Sokrates: Durch was anderes nun erwartest du noch, die Dinge selbst kennenzulernen? Nicht, wie es am natürlichsten und einleuchtendsten ist, durch einander, wenn sie irgend verwandt sind, und jedes durch sich selbst? Denn etwas von ihnen Unterschiedenes und Fremdartiges würde auch nur etwas Fremdes und Verschiedenes andeuten, nicht aber sie.

Kratylos: Das leuchtet mir ein als richtig gesagt.

439 a Sokrates: Wohlan denn, beim Zeus, haben wir nicht oft eingestanden, daß wohlabgefaßte Wörter demjenigen, welchem sie als Namen beigelegt sind, ähnlich sein müßten und also Bilder der Gegenstände?

Kratylos: Ja.

Sokrates: Wenn man also zwar auch wirklich die Dinge durch die
Wörter kann kennenlernen, man kann es aber auch durch sie selbst,
welches wäre wohl dann die schönere und sicherere Art, zur Erkennt-
nis zu gelangen? Aus dem Bilde erst dieses selbst kennenzulernen, ob
es gut gearbeitet ist, und dann auch das Wesen selbst, dessen Bild
b es war, oder aus dem Wesen erst dieses selbst und dann auch sein
Bild, ob es ihm angemessen gearbeitet ist?

Kratylos: Notwendig ja, dünkt mich, die aus dem Wesen.

Sokrates: Auf welche Weise man nun Erkenntnis der Dinge erlernen oder selbst finden soll, das einzusehen sind wir vielleicht nicht genug, ich und du; es genüge uns aber schon, darin übereinzukommen, daß nicht durch die Worte, sondern weit lieber durch sie selbst man sie erforschen und kennenlernen muß als durch die Worte.

Kratylos: Offenbar, Sokrates.

[44. Unplatonisches Schlußstück über die Ideen]

Sokrates: Auch das laß uns noch bedenken, damit nicht etwa die-
c se vielen Worte, welche alle dieselbe Richtung haben, uns betrügen,
wenn in der Tat diejenigen zwar, welche sie bildeten, es in diesem
Gedanken getan haben, als ob alles immer im Fluß und in Bewegung
sei, die Sache selbst sich aber gar nicht so verhält, sondern nur sie
selbst, gleichsam in einen Strudel hineingefallen, die Besinnung ver-
loren haben und uns nun auch mit sich hineinziehen. Denn überlege
nur, teuerster Kratylos, was mir oft so vorschwebt im Traume, ob
d wir wohl sagen wollen, daß das Gute und Schöne selbst sei und so
jegliches von dem, was so ist, oder nicht?

Kratylos: Mir scheint es, Sokrates.

Sokrates: Dies also selbst laß uns betrachten, nicht ob irgendein Angesicht schön ist oder etwas dergleichen; sondern das Schöne selbst laß uns sagen, ob es nicht immer so ist, wie es ist?

Kratylos: Notwendig.

Sokrates: Wäre es nun wohl möglich, wenn es uns immer unter der Hand verschwände, mit Wahrheit davon auszusagen, zuerst daß es jenes ist, und dann, daß es so und so beschaffen ist? Oder müßte es nicht notwendig, indem wir noch reden, gleich ein anderes werden und uns entschlüpfen und gar nicht mehr so beschaffen sein?

Kratylos: Notwendig.

e Sokrates: Wie wäre das also etwas, was nie auf gleiche Weise

ist? Denn wenn es nur irgendwann sich gleich hält: so ist es doch zu
dieser Zeit in keiner Verwandlung begriffen. Wenn es aber immer
sich gleich bleibt und dasselbe ist, wie könnte wohl dieses sich ver-
wandeln und bewegen, was aus seiner ursprünglichen Gestalt gar
nicht herausgeht?

KRATYLOS: Auf keine Weise.

SOKRATES: Ja, es könnte auch nicht einmal von jemand erkannt
werden. Denn indem der, welcher erkennen wollte, hinzuträte, würde 440 a
es schon immer ein anderes und verschiedenes, so daß gar nicht er-
kannt werden könnte, wie es beschaffen wäre und wie es sich ver-
hielte. Keine Erkenntnis aber erkennt, was sie erkennt, als mit gar
keiner Beschaffenheit.

KRATYLOS: Das ist, wie du sagst.

SOKRATES: Ja es ist nicht einmal möglich, zu sagen, daß es eine
Erkenntnis gebe, wenn alle Dinge sich verwandeln und nichts bleibt.
Denn nur wenn dieses selbst, die Erkenntnis, von dem Erkenntnis-
Sein nicht weicht, so bliebe sie dann immer Erkenntnis, und es gäbe
eine Erkenntnis. Soll aber auch diese, die Erkenntnis an und für sich b
selbst, sich verwandeln, so verwandelt sie sich in etwas von anderer
Art als die Erkenntnis, und es gibt dann keine Erkenntnis. Verwan-
delt sie sich aber immer, so gibt es immer keine Erkenntnis, und von
diesem Satze aus gibt es weder ein Erkennendes noch ein zu Erken-
nendes. Ist aber immer das Erkennende und das Erkannte, ist das
Schöne, ist das Gute, ist jegliches Seiende: so scheint mir dies, wie
wir es jetzt sagen, gar nicht mehr einem Fluß ähnlich oder einer Be-
wegung. Ob nun dieses sich so verhält oder vielmehr so, wie Hera- c
kleitos mit den Seinigen und noch viele andere behaupten, das mag
wohl gar nicht leicht sein zu untersuchen, gewiß aber mag das einem
vernünftigen Menschen gar nicht wohl anstehen, sich selbst und
seine Seele lediglich den Wörtern in Pflege hinzugeben und im Ver-
trauen auf sie und die, welche sie eingeführt haben, dann seiner Sa-
che so sicher zu sein, als wisse er etwas, indem er über sich sowohl
als alles andere, was ist, so aburteilt, es gebe nichts Gesundes daran,
sondern alles sei zerbrechlich wie Töpferzeug, und indem er glaubt,
daß, ordentlich wie Menschen an Flüssen leiden, so auch die Dinge
sich ebenso befinden und von Reißen und Flüssen geplagt werden. d
Vielleicht nun verhält es sich so, lieber Kratylos, vielleicht auch nicht.
Nachdenken aber mußt du wacker darüber und nichts leichtsinnig
annehmen; denn du bist jung und hast noch Zeit; und wenn du es
durch dein Nachdenken gefunden hast, dann teile es auch mir mit.

KRATYLOS: Das will ich wohl tun. Aber glaube mir nur, Sokrates,
daß ich auch jetzt schon nicht ganz neu in dieser Sache bin und daß,
wie ich auch darüber nachdenke und sie durcharbeite, es mir doch e
immer weit mehr so zu sein scheint, wie Herakleitos sagt.

SOKRATES: So unterrichte mich davon ein andermal, Freund, wenn
du zurückgekehrt sein wirst; jetzt aber, wie du dich schon dazu be-
reitet hattest, gehe nur aufs Land, Hermogenes wird dich begleiten.

KRATYLOS: Das soll geschehen, Sokrates. Tue du nur auch das
deinige, um dies noch näher zu untersuchen.

LYSIS

GLIEDERUNG

A. Einleitung:

1. Die Verliebtheit des Hippothales (1. Kap., 203 a 1—205 a 8)

2. Ungereimtheit seiner Preisungen des Lieblings (2. Kap., 205 a 9—206 c 3)

3. Vorkehrungen für ein Gespräch des Sokrates mit Lysis (3. Kap., 206 c 4 bis 207 c 12)

B. Hauptteil:

1. Sokrates und Lysis: Wie man mit dem Geliebten reden muß. a) Wunderliche Beschränkung der Freiheit des geliebten Kindes durch die Eltern (4. Kap., 207 d 1—208 e 3); b) Die Klugheit ist Richtmaß bei der Freiheitsbeschränkung (5. Kap., 208 e 4—210 a 8); c) Notwendigkeit für den Geliebten, verständig und brauchbar zu werden (6. Kap., 210 a 9 bis 210 d 8)

2. a) Verschwörung gegen Menexenos (7. Kap., 210 e 1—211 c 9); b) Frage des Sokrates: Wie wird einer des anderen Freund? (8. Kap., 211 c 10 bis 212 a 7); c) Wer ist dem andern Freund, der Liebende dem Geliebten oder der Geliebte dem Liebenden? (9. Kap., 212 a 8—213 d 5)

3. Überprüfung der Ansichten der Dichter und Philosophen. a) Nicht das Ähnliche ist dem Ähnlichen freund, sondern nur das Gute dem Guten (10. Kap., 213 d 6—214 e 1); b) Können die Guten einander freund sein? (11. Kap., 214 e 2—215 c 2); c) Auch das Entgegengesetzte ist nicht einander freund (12. Kap., 215 c 3—216 b 9)

4. a) Nur das weder Gute noch Böse kann dem Guten freund sein (13. Kap., 216 c 1—217 a 2); b) Ursache dieser Freundschaft zum Guten: Anhaftung eines Bösen (14. Kap., 217 a 3—218 c 3); c) Das Worumwillen der Freundschaft zum Guten ist etwas, dem man freund ist (15. Kap., 218 c 4—219 b 4)

5. a) Das erste Befreundete als Grund und Ziel aller Freundschaft (16. Kap., 219 b 5—220 b 5); b) Aufzeigung einer anderen Ursache der Freundschaft: Das Begehren des Angehörigen (17. Kap., 220 b 6—222 b 2)

C. Schluß: Was ist das Angehörige? Feststellung des Scheiterns der Untersuchung (18. Kap., 222 b 3—223 b 8)

Sokrates erzählt

[1. Die Verliebtheit des Hippothales] Ich ging von der Akademia 203 a
gerade nach dem Lykeion den Weg außerhalb der Mauer dicht unter
der Mauer hin. Als ich aber an dem Pförtchen war, wo die Quelle
des Panops ist, da traf ich den Hippothales, des Hieronymos Sohn,
und den Paianier Ktesippos und andere Jünglinge um sie her ge-
drängt stehend. Und als Hippothales mich herankommen sah, rief er
mich an: Wohin gehst du, o Sokrates, und woher? — Aus der Aka- b
demia, sprach ich, gehe ich gerade nach dem Lykeion. — Hierher also,
sprach er, zu uns lenkst du nicht ein? Es lohnt doch. — Wohin eigent-
lich, fragte ich, meinst du, und wer sind die hier? — Hierher, sprach
er, und zeigte mir der Mauer gegenüber einen eingeschlossenen Platz
mit offener Tür; hier halten nicht nur wir uns auf, sondern auch noch
viele andere Schöne. — Was ist aber dieses, und was treibt ihr dort? 204 a
— Es ist, sagte er, eine ganz neu gebaute Palaistra, und meistenteils
besteht die Beschäftigung in Gesprächen, von welchen eben wir dir
gern mitteilten. — Sehr wohl, sprach ich, werdet ihr daran tun. Aber
wer lehrt hier? — Von dir, sagte er, ein großer Freund und Verehrer,
Mikkos. — Beim Zeus, sprach ich, kein schlechter Mann, sondern ein
tüchtiger Sophist. — Willst du uns also folgen, sagte er, damit du
auch die siehst, welche drinnen sind? — Gern möchte ich erst verneh- b
men, was mir dann werden soll für das Hineingehen, und wer eigent-
lich der Schöne ist. — Einer von uns, sagte er, hält diesen dafür, der
andere jenen. — Welchen denn aber du, o Hippothales? Das sage mir.
Auf diese Frage errötete er, und ich sprach weiter: O Sohn des Hie-
ronymos, das darfst du mir nun nicht mehr sagen, ob du einen liebst
oder nicht: denn ich sehe nicht allein, daß du liebst, sondern auch,
daß es schon weit mit dir gekommen ist in dieser Liebe. In anderen
Dingen mag ich wohl schlecht sein und wenig nutz; dieses aber ist
mir so von Gott verliehen, daß ich gleich erkennen kann Liebende c
sowohl wie Geliebte. — Als er dieses hörte, errötete er noch mehr.
Ktesippos aber sagte: Das ist fein, Hippothales, daß du rot wirst und
dich weigerst, dem Sokrates den Namen zu sagen, da er doch, wenn
er nur kurze Zeit mit dir ist, sich fast wird daran tothören müssen,
wie oft du ihn nennst! Uns wenigstens, o Sokrates, hat er die Ohren
schon ganz betäubt und angefüllt mit dem Lysis. Und hat er gar ein d
wenig getrunken, so ist es uns ganz gewohnt, daß wir auch beim
Erwachen aus dem Schlafe noch glauben, den Namen des Lysis zu
hören. Doch was er so gesprächsweise Arges vorbringt, ist noch nicht
gar arg: aber wenn er erst anfängt, uns mit den Gedichten zu über-
schwemmen und mit den Reden! Ja was noch ärger ist als alles, er
singt auch auf seinen Geliebten mit wundervoller Stimme, die wir ge-
duldig anhören müssen. Nun aber von dir befragt, errötet er nur. —

e Dieser Lysis, sprach ich, ist also einer von den Heranwachsenden, wie
es scheint. Ich schließe es nämlich nur, denn der Name fiel mir nicht
auf als ein bekannter, da ich ihn hörte. – Sie nennen ihn eben nicht
oft bei seinem Namen, antwortete er, sondern er wird noch nach dem
Vater genannt, weil sein Vater sehr bekannt ist. Auch bin ich ge-
wiß, daß der Knabe dir keineswegs unbekannt ist von Gestalt, und
an der allein kann man ihn genug wiedererkennen. – So sage denn,
sprach ich, wem er angehört. – Es ist des Demokrates von Aixone
ältester Sohn. – Schön, sprach ich, o Hippothales! welche edle und
in jeder Art herrliche Liebe hast du dir da ausgespürt! So komm
denn und laß mich alles hören, was du diesen zu hören gibst, damit
205 a ich sehe, ob du auch weißt, wie dem Verliebten gezieme, über seinen
Liebling zu diesem selbst und auch zu andern zu reden. – Und dar-
auf, sagte er, gibst du etwas, o Sokrates, was der da sagt? – Willst
du etwa, sprach ich, auch leugnen, daß du den liebst, den dieser
nennt? – Das nicht, sprach er, aber daß ich Gedichte mache auf mei-
nen Liebling und Reden. – Es ist eben nicht richtig mit ihm, sagte
Ktesippos, sondern er faselt und redet irre.

[2. Ungereimtheit seiner Preisungen des Lieblings] Darauf sagte ich:
b Ich begehre ja, o Hippothales, weder die Verse zu hören noch die
Weise, wenn du dergleichen gemacht hast auf den Knaben, sondern
nur den Sinn davon, damit ich erfahre, auf welche Art du deinen
Liebling behandelst. – Der da wird dir wohl alles sagen, sprach er,
denn er weiß es ja genau und hat es im Gedächtnis, wenn er mich
doch, wie er sagt, bis zum Überdruß angehört hat. – Bei den Göttern,
sagte Ktesippos, sehr gut weiß ich es, o Sokrates! Es ist ja auch
lächerlich genug. Denn daß ein Liebender und einer, der mehr als
jeder andere immer nur an seinen Knaben denkt, auch gar nichts
c Eigenes zu sagen weiß, was nicht jedes Kind ebenfalls sagen könnte,
wie sollte das nicht lächerlich sein? Was aber die ganze Stadt erzählt
von Demokrates und Lysis, des Knaben Großvater, und von allen
seinen Voreltern, ihren Reichtum, ihre Pferdezucht und ihre Siege in
den Pythischen, Istmischen und Nemeischen Spielen mit dem Vier-
gespann und dem Rennpferde, das bringt er in Gedichte und Reden,
und noch altväterischeres als dieses. Denn die Bewirtung des Hera-
kles schilderte er uns neulich in ich weiß nicht was für einem Ge-
dichte, wie nämlich wegen Verwandtschaft mit dem Herakles ihr Ahn-
d herr den Herakles aufgenommen, selbst auch vom Zeus erzeugt mit
der Tochter von dem ersten Stifter jener Zunft, kurz, was die alten
Mütterchen singen, und viel anderes dergleichen. Solcherlei ist es,
was er in Reden und Gedichten vortragend auch uns anzuhören
zwingt. – Als ich dies gehört, sagte ich: Du lächerlicher Hippothales!
ehe du noch gesiegt hast, dichtest du schon und singst auf dich selbst
das Lobgedicht? – Auf mich selbst, o Sokrates, sagte er, habe ich
doch nie weder gedichtet noch gesungen. – Du meinst es wenigstens
nicht. – Aber wie wäre denn das? fragte er. – Auf alle Weise, sagte
e ich, zielen doch diese Gesänge auf dich. Denn gewinnst du dir einen
Liebling solcher Art, so wird dir selbst zur Zierde gereichen, was du

gesprochen und gesungen hast, und ein wahres Lobgedicht sein auf dich, der du den Preis davongetragen, weil du einen solchen Liebling erlangt hast: entgeht er dir aber, so wirst du, je Größeres du lobend gesagt hattest von diesem Liebling, auch nach Verhältnis des Schönen und Guten, das du verfehlst, um desto mehr verspottet werden.
Wer also, o Freund, in der Kunst zu lieben ein Meister ist, der lobt 206 a
den Geliebten nicht eher, bis er ihn hat, aus Furcht, wie die Sache ablaufen werde. Überdies auch werden die Schönen, wenn man sie lobt und verherrlicht, voll Einbildung und Hochmut; oder meinst du nicht? — Das wohl, sagte er. — Nicht auch, daß, je hochmütiger sie sind, sie desto schwerer zu besiegen werden? — Wahrscheinlich. — Was für ein Jäger also dünkt dich der, welcher jagend das Wild so aufscheucht, daß er es ungleich schwerer bekommt? — Ein schlechter
offenbar. — So auch durch Reden und Gesänge nicht ankirren, son- b
dern wild machen, ist große Unkunde; nicht so? — Mich dünkt es. — Sieh also zu, Hippothales, daß du dich nicht alles dessen schuldig machst durch dein Dichten. Denn ich glaube doch, demjenigen, der durch seine Dichtungen sich selbst schadet, wirst du nicht zugestehen wollen, daß er ein guter Dichter sei, da er sich selbst zum Schaden ist. — Nein, beim Zeus, sagte er, das wäre ja große Unvernunft. Aber
deshalb eben, o Sokrates, vertraue ich mich dir, und hast du etwas c
anderes, so rate mir, worüber man denn reden und was man tun muß, um dem Geliebten angenehm zu werden. —

[3. Vorkehrungen für ein Gespräch des Sokrates mit Lysis] Nicht leicht, sprach ich, ist das zu sagen: wolltest du aber bewirken, daß er mir selbst zum Gespräch käme, so könnte ich dir vielleicht einen Versuch zeigen, was mit ihm zu reden ist anstatt dessen, was, wie diese sagen, du redest und singst. — Das, sagte er, ist nichts Schweres. Denn wenn du nur hier mit dem Ktesippos hineingehst und dich niedersetzt im Gespräch, so, glaube ich, wird er schon von selbst herzukommen; denn hörbegierig, o Sokrates, ist er vor allen. Zumal
sie nun die Hermaien feiern, sind Knaben und Jünglinge ohne Un- d
terschied zusammen; er kommt dir also gewiß. Wo nicht, so ist er doch sehr bekannt mit dem Ktesippos durch dessen Vetter Menexenos, der sein vertrautester Freund ist unter allen. Ktesippos also kann ihn rufen, wenn er ja nicht von selbst kommt. — So, sprach ich, müssen wir es machen; und somit nahm ich den Ktesippos und ging
in die Palaistra, die andern aber gingen hinter uns. e

Als wir nun hineintraten, fanden wir dort die Knaben nach vollbrachtem Opfer und fast aller heiligen Dinge Vollendung, alle schön geschmückt mit Knöcheln spielend. Die meisten nun spielten im Vorhofe draußen; einige aber auch, in einem Winkel des Auskleidegemachs, spielten Gerade und Ungerade mit gar vielen Knöcheln, die sie aus den Körbchen vorholten. Um diese her standen andere zusehend, deren einer dann auch Lysis war, welcher dastand unter den
Knaben und Jünglingen, bekränzt und durch sein Ansehen sich aus- 207 a
zeichnend vor allen, nicht etwa nur schön zu heißen verdienend, sondern schön und edel. Wir nun bogen um und setzten uns gegen-

über, denn dort war es ruhig, und redeten etwas miteinander. Lysis
aber sah sich häufig um nach uns und hatte offenbar große Lust, sich
zu uns zu gesellen. So lange nun war er bedenklich und verlegen,
b allein heranzukommen; hernach kam Menexenos spielend aus dem
Vorhofe herein, und als er mich und den Ktesippos erblickte, kam
er, um sich zu uns zu setzen. Als das Lysis sah, folgte er ihm und
setzte sich ebenfalls zu uns neben den Menexenos. Darauf nun tra-
ten auch die andern herzu, und auch Hippothales, da er mehrere her-
umstehen sah, versteckte sich hinter diesen und stellte sich, wo er
glaubte vom Lysis nicht gesehen zu werden, aus Furcht, es möchte
ihm zuwider sein, und so ganz nahebei hörte er zu. Ich also wen-
dete mich zum Menexenos und sagte: Welcher von euch, o Sohn des
c Demophon, ist wohl der ältere? — Wir streiten darüber, antwortete
er. — Auch wohl darüber, sprach ich, könntet ihr streiten, welcher
der vornehmere wäre? — Allerdings. — Gewiß auch, welcher der
schönere, ebenso? Da lachten sie beide. Keineswegs aber, sprach ich
weiter, will ich fragen, welcher der reichere ist von euch beiden, denn
ihr seid ja Freunde, nicht wahr? — Gar sehr, sagten sie. — Und Freun-
den ist ja alles gemein, wie man sagt. So daß hierin keine Verschie-
denheit stattfinden kann, wenn ihr anders die Wahrheit sagt von
eurer Freundschaft. — Das gaben sie zu. —

[4. Wunderliche Beschränkung der Freiheit des geliebten Kindes durch die Eltern]

d Und hierauf war ich eben im Begriff zu fragen, welcher wohl der
gerechtere und weisere wäre von ihnen. Indem aber kam einer, dem
Menexenos zu sagen, der Meister der Palaistra riefe nach ihm; es
schien mir, als habe er die Opferschau. Dieser also ging weg; ich
aber fragte den Lysis weiter und sagte: Gewiß, o Lysis, lieben dich
dein Vater und deine Mutter sehr? — Allerdings, sagte er. — Also
wollten sie auch wohl, daß du so glücklich wärest als möglich? —
e Wie sollten sie nicht? — Scheint dir aber der glücklich zu sein, welcher
dient und nichts tun darf, wozu er Lust hat? — Beim Zeus, mir nicht,
sagte er. — Also wenn die Eltern dich lieben und wünschen, daß du
glücklich seiest: so sorgen sie doch gewiß auf alle Weise dafür, daß
du ganz zufrieden bist? — Wie sollten sie nicht? sagte er. — Sie las-
sen dich also tun, was du willst, und schelten dich um nichts, noch
verwehren dir, etwas zu tun, wozu du Lust hast? — Ja, wohl, beim
Zeus, wehren sie mir, o Sokrates, und das gar vieles. — Wie sagst
208 a du? sprach ich, sie wollen, daß es dir wohl gehe, und verwehren dir
doch zu tun, was du willst? Sage mir doch dieses. Wenn du Lust
hättest, auf einem von des Vaters Wagen zu fahren und die Zügel
selbst zu führen, wenn Wettlauf gehalten wird, würden sie dich
nicht lassen, sondern es dir verwehren? — Beim Zeus, sagte er, sie
würden mich doch nicht lassen. — Aber wen denn? — Da ist ein
Wagenführer, der bekommt seinen Lohn vom Vater. — Wie sagst
du? Einem Mietling erlauben sie eher als dir zu tun, was er will mit
b den Pferden, und geben dem dafür auch noch Geld? — Aber wie an-
ders? sprach er. — Doch das Maultiergespann, glaube ich, werden sie

dir erlauben zu regieren, und auch wenn du die Peitsche nehmen und sie schlagen wolltest, würden sie es zugeben. — Woher, sagte er, würden sie es zugeben? — Wie denn, sprach ich, darf niemand sie schlagen? — Ja freilich, sagte er, der Maultiertreiber. — Und ist der ein Knecht oder ein Freier? — Ein Knecht. — Einen Knecht also, wie es scheint, achten sie höher als dich, ihren Sohn, und übergeben ihm das Ihrige lieber als dir und lassen ihn tun, was er will, dir aber verwehren sie es? So sage mir doch noch dieses, lassen sie dich wohl c dich selbst regieren, oder erlauben sie dir auch dieses nicht? — Wie sollten sie das doch erlauben! sagte er. — Sondern es regiert dich einer? — Hier der Knabenführer, sprach er. — Ist der auch ein Knecht? — Was sonst? Unserer wenigstens. — Gewiß, sagte ich, das ist arg, daß du, ein Freier, von einem Knechte regiert wirst! Was tut aber eigentlich dieser Knabenführer, daß er dich regiert? — Er führt mich eben zum Lehrer. — Und gebieten dir die etwa auch, die Lehrer? — Allerdings ja. — Gar viele Herren und Gebieter setzt dir also dein d Vater recht mit Bedacht. Aber doch, wenn du nach Hause kommst zur Mutter, läßt diese dich, damit du ihr recht vergnügt seist, alles tun, was du willst, es sei nun an der Wolle oder am Webstuhl, wenn sie webt? Denn gewiß, sie verbietet dir weder die Weberlade anzurühren noch das Schiff, noch was sonst irgend zu ihrer Weberei gehört? — Da lachte er und sagte, beim Zeus, o Sokrates, nicht nur verbietet sie mirs, sondern ich bekäme gewiß Schläge, wenn ich etwas e anrührte. — Herakles! sagte ich, hast du auch etwa dem Vater etwas zuleide getan oder der Mutter? — Beim Zeus, sagte er, ich nicht. —

[5. Die Klugheit ist Richtmaß bei der Freiheitsbeschränkung] Aber weshalb verwehren sie dir so mit Gewalt, glücklich zu sein und zu tun, was du willst, und halten dich den ganzen Tag über immer unter jemandes Befehl, mit einem Wort, daß du fast gar nichts tun kannst, was du möchtest? So daß, wie es scheint, dir weder all dieser Reichtum etwas nützt, denn jeder andere hat ja mehr darüber zu 209 a gebieten als du, noch auch diese so vorzügliche Gestalt, denn auch deinen Körper hütet und pflegt ja ein anderer: du aber, o Lysis, hast über nichts zu gebieten und kannst nichts tun, was du möchtest. — Ich habe eben, sprach er, noch nicht die Jahre dazu, o Sokrates. — Das mag es wohl nicht sein, o Sohn des Demokrates, sagte ich, was dich hindert! Denn dergleichen, glaube ich, überlassen dir doch der Vater sowohl als die Mutter und warten nicht erst, bis du die Jahre habest, zum Beispiel wenn sie etwas vorgelesen haben wollen oder geschrieben, werden sie es, denke ich, dir eher auftragen als irgend- b einem im Hause. Nicht so? — Zuverlässig, sagte er. — Und nicht wahr, hier steht dir frei, welchen Buchstaben du willst zuerst zu schreiben und zum zweiten; und ebenso beim Lesen; und wenn du deine Lyra nimmst, glaube ich, wehrt dir weder Vater noch Mutter, welche Saite du willst höher zu stimmen oder tiefer, und mit dem Finger zu kneipen oder mit dem Plektron zu schlagen. Oder verwehren sie dir's? — Ganz und gar nicht. — Was mag also nur, o Lysis, die Ursache sein, daß sie dir hier nicht wehren, wohl aber in dem, c

was wir vorher sagten? — Ich glaube, sprach er, weil ich dieses ver-
stehe, jenes aber nicht. — Wohl, antwortete ich, Bester! Nicht also
deine Jahre erwartet dein Vater, um dir alles zu überlassen, sondern
welchen Tag er glauben wird, du seist klüger als er, an dem wird er
dir sich selbst und alles das Seinige überlassen. — Das glaube ich
selbst, sagte er. — Wohl, sprach ich; wie aber der Nachbar? Hat der
nicht dieselbe Regel deinetwegen, wie dein Vater? Meinst du, er wird
d dir sein Hauswesen zu verwalten überlassen, sobald er glaubt, du
verstehst dich besser auf die Haushaltungskunst als er, oder wird er
ihm dann noch selbst vorstehen wollen? — Er wird es mir überlassen,
meine ich. — Und wie die Athener? Glaubst du, sie werden dir nicht
ihre Angelegenheiten übergeben, wenn sie merken, daß du Klugheit
genug besitzt? — Ich glaube es. — Und beim Zeus, fuhr ich fort, wie
wohl der Großkönig? Ob er wohl seinem ältesten Sohn, auf den die
Regierung von Asien kommt, wenn Fleisch gekocht wird, eher er-
lauben wird, alles in die Brühe zu werfen, was er nur hineinwerfen
e will, als uns, wenn wir nämlich zu ihm kämen und ihm zeigten, daß
wir uns besser als sein Sohn auf die Zubereitung der Speisen ver-
ständen? — Uns offenbar, sagte er. — Und jenen zwar würde er auch
nicht das mindeste hineinwerfen lassen, uns aber, wollten wir auch
ganze Hände voll Salz nehmen, ließe er doch hineinwerfen. — Wie
sollte er nicht? — Wie aber, wenn sein Sohn an den Augen litte, ließe
er ihn wohl an seinen eigenen Augen etwas tun, wenn er ihn für
210 a keinen Arzt hält, oder verböte er es ihm? — Er verböte es gewiß. —
Uns aber, wenn er uns für Arzneikundige hielte, wollten wir ihm
auch die Augen aufreißen und mit Asche einstreuen, würde er doch,
meine ich, nicht wehren, wenn er glaubte, daß wir es gründlich ver-
ständen. — Du hast recht. — Würde er nicht auch alles andere eher
uns überlassen als sich und seinem Sohne, worin nämlich wir ihm
weiser zu sein schienen als sie beide? — Notwendig, o Sokrates. —

*[6. Notwendigkeit für den Geliebten, verständig und brauchbar zu
werden]* So verhält es sich also, lieber Lysis, sagte ich. Darüber, wo-
b von wir uns richtige Einsichten erworben, wird jedermann uns schal-
ten lassen, Hellenen und Ausländer, Männer wie Frauen; wir werden
darin tun, was wir nur wollen, und niemand wird uns gern hindern,
sondern wir werden hierin ganz frei sein und auch gebietend über
andere, und dieses wird das Unsrige sein, denn wir werden Genuß
davon haben. Wovon wir aber keinen Verstand erlangt haben, damit
wird uns niemand verstatten zu tun, was uns gut dünkt; sondern
c alle werden uns hinderlich sein, soviel sie können, nicht die Frem-
den allein, sondern auch Vater und Mutter, und wenn uns jemand
noch näher verwandt sein könnte als sie. Vielmehr werden wir selbst,
was diese Dinge betrifft, andern folgsam sein, und sie werden uns
also fremd sein, denn wir werden keinen Genuß von ihnen haben.
Räumst du ein, daß es sich so verhalte? — Ich räume es ein. — Wer-
den wir also jemandem lieb sein und wird uns jemand lieben in
Hinsicht auf dasjenige, wozu wir unnütz sind? — Nicht füglich, sagte
er. — Jetzt also liebt weder dich dein Vater noch sonst jemand jeman-

den, insofern er unbrauchbar ist. – Es ist nicht zu glauben, sagte er.
– Wenn du aber verständig wirst, o Sohn, dann werden alle dir d
freund und alle dir zugetan sein: denn du wirst brauchbar sein und
gut. Wenn aber nicht: so wird weder irgendein anderer dir freund
sein noch selbst dein Vater oder deine Mutter oder deine Verwand-
ten. Ist es also wohl möglich, o Lysis, sich damit viel zu wissen,
worin man noch nichts weiß? – Und wie könnte man, sagte er. –
Wenn also du noch des Lehrers bedarfst, weißt du noch nicht? –
Richtig. – Also weißt du dich auch nicht viel, wenn du doch noch
unwissend bist. – Wahrlich, o Sokrates, sagte er, ich glaube auch
nicht.

[7. Verschwörung gegen Menexenos]

Als ich dies von ihm hörte, sah ich mich um nach dem Hippothales, e
und beinahe hätte ich mich verredet. Denn ich war schon im Begriff,
ihm zu sagen: So, o Hippothales, muß man mit dem Liebling reden,
ihn demütigend und zur Ordnung bringend, nicht aber wie du, ihn
aufblähend und verwöhnend. Da ich ihm aber ansah, wie er ganz in
Angst und Verwirrung war über das Gesagte, erinnerte ich mich,
daß er wollte, Lysis solle nicht einmal merken, daß er dabeistehe.
Also fing ich mich wieder und hielt mit der Rede an mich, und dar- 211 a
über kam Menexenos zurück und setzte sich neben den Lysis, von
welchem Platz er aufgestanden war. Lysis, nun gar kindlich und
freundlich, sagte mir ganz leise, damit es Menexenos nicht höre:
Was du mir gesagt hast, o Sokrates, das sage doch auch dem Mene-
xenos. – Ich antwortete: Dieses kannst du ihm ja sagen, o Lysis,
denn du hast sehr genau achtgegeben. – Das freilich, sagte er. –
Versuche also, sprach ich, es möglichst im Gedächtnis zu behalten,
damit du ihm alles genau sagen kannst; solltest du aber etwas davon b
vergessen haben, so frage mich wieder, sobald du mich nur antriffst.
– Wohl, sagte er, so will ich es machen, o Sokrates, aufs allerge
naueste, verlasse dich darauf. Aber sage ihm etwas anderes, damit
ich auch zuhöre, bis es Zeit ist, nach Hause zu gehen. – Ja, das muß
ich wohl tun, sprach ich, zumal du es wünschst. Aber sieh auch zu,
wie du mir helfen willst, wenn Menexenos darauf ausgeht, mich zu
widerlegen. Oder weißt du nicht, daß er sehr streitbar ist? – Ja, beim
Zeus, sagte er, gewaltig. Deshalb eben will ich, daß du dich mit ihm
unterredest. – So, sprach ich, damit ich mich lächerlich mache? – c
Nein, beim Zeus, sondern damit du ihn etwas züchtigst. – Woher?
sprach ich, das ist nicht leicht. Denn er ist ein gewaltiger Mensch,
ein Schüler des Ktesippos; und da ist auch er selbst – siehst du ihn
nicht? – der Ktesippos. – Kümmere du dich um niemand, o Sokra-
tes, sagte er, sondern geh, rede mit ihm. – So muß ich wohl anfan-
gen, sprach ich. –

[8. Frage des S.: Wie wird einer des andern Freund?] Indem wir die-
ses noch unter uns redeten, fragte Ktesippos: Ihr da, was tut ihr
euch da gütlich allein, wovon ihr uns nichts mitteilen wollt? – Aller- d
dings, sagte ich, wollen wir mitteilen. Dieser nämlich versteht etwas

nicht, was ich sage, meint aber, Menexenos werde es wissen, und
heißt mich diesen fragen. – Warum also fragst du ihn nicht? sagte
Ktesippos. – Eben will ich es tun, sprach ich.

Sage mir also, o Menexenos, was ich dich fragen werde. Ich trage
nämlich von Kindheit an großes Verlangen nach einer Sache, wie
e denn jeder so die seinige hat. Denn einer hat große Lust, Pferde zu
haben, einer Hunde, einer Geld, einer Ehre. Ich aber bin gegen alle
diese Dinge ziemlich gleichgültig, dagegen aber auf den Besitz von
Freunden ganz leidenschaftlich, und einen guten Freund zu haben
wäre mir lieber als die beste Wachtel oder der beste Hahn von der
Welt; ja, beim Zeus, lieber als ein Pferd oder ein Hund; und ich
glaube, beim Hunde, ich würde allem Golde des Dareios bei weitem
den Besitz eines Freundes vorziehen, weit mehr noch als Dareios
212 a selbst; so sehr bin ich ein Freundelieb. Indem ich nun euch sehe, dich
und den Lysis, bin ich erstaunt und preise euch glücklich, daß euch so
jung schon gelungen ist, dieses Besitztum schnell und leicht zu er-
werben, und du dir diesen so schnell und sehr zum Freunde erwor-
ben hast, und dieser wiederum dich. Ich aber bin so weit von der
Sache, daß ich nicht einmal dieses weiß, auf welche Art einer des
andern Freund wird, sondern eben dieses von dir als einem Kundi-
gen erfragen will.

*[9. Wer ist dem andern freund, der Liebende dem Geliebten oder der
Geliebte dem Liebenden]* Sage mir also, wenn einer einen liebt, wel-
b cher wird des andern Freund, der Liebende des Geliebten oder der
Geliebte des Liebenden? Oder macht das keinen Unterschied? – Mir
wenigstens, sagte er, scheint es keinen Unterschied zu machen. –
Wie sagst du? sprach ich. Beide also werden einander freund, wenn
auch nur der eine den andern liebt? – Mich wenigstens, sagte er,
dünkt es so. – Wie doch? Geschieht es nicht, daß der Liebende nicht
wiedergeliebt wird von dem, den er liebt? – Es geschieht. – Und
wie? Geschieht es auch, daß der Liebende gehaßt wird? Wie doch
manchmal die Liebhaber mit den Lieblingen daran zu sein glauben:
c Denn wiewohl liebend so sehr es nur irgend möglich ist, meinen
doch einige, daß sie nicht wiedergeliebt, andere gar, daß sie gehaßt
werden. Oder dünkt dich dieses nicht wahr zu sein? – Sehr wahr,
sagte er. – Und in einem solchen Falle, sprach ich, liebt doch der eine,
der andere wird geliebt? – Ja. – Welcher also von ihnen ist des
andern Freund? Der Liebende des Geliebten, mag er nun wiederge-
liebt werden oder auch gehaßt, oder der Geliebte des Liebenden?
Oder ist im Gegenteil keiner von beiden in diesem Falle des andern
Freund, wenn nicht beide einander lieben? – Es hat wohl das An-
d sehen, als verhielte es sich auf die letzte Art. – Anders also scheint
es uns jetzt, als es vorher schien. Damals nämlich, daß, wenn auch
nur der eine liebt, beide Freunde wären: jetzt aber, daß, wenn nicht
beide lieben, keiner Freund ist. – So kommt es heraus, sagte er. –
Das Liebende ist also auch keinem freund, was nicht wieder liebt? –
Es scheint nicht. – Also ist auch der kein Pferdefreund, den seine
Pferde nicht wiederlieben, noch auch Wachtelfreund, noch Hunde-

freund, noch Weinfreund, noch Weisheitsfreund, welchen die Weis-
heit nicht wiederliebt? Oder liebt zwar jeder von diesen seinen Ge-
genstand, ist ihm aber doch nicht freund, sondern der Dichter hat e
unrichtig gesprochen, welcher sagt: «Glücklich, wer, denen er freund
ist, Kinder und mutige Pferde, Hunde zur Jagd, Gastfreund' auch
in der Ferne besitzt?» – Nicht so, scheint es mir wenigstens. – Son-
dern richtig dünkt er dich zu reden? – Ja. – Der Liebende ist also
allerdings dem Geliebten freund, wie es scheint, o Menexenos, dieser
mag ihn nun lieben oder hassen. So wie auch den Kindern, teils
den ganz jungen, welche noch nicht lieben, teils auch denen, welche
hassen, wenn sie eben von der Mutter oder dem Vater gezüchtigt 213 a
worden, dennoch selbst in dieser Zeit, wenn sie hassen, die Eltern
über alles in der Welt freund sind. – Mir, sagte er, scheint es so zu
sein. – Nicht also der Geliebte ist freund nach dieser Rede, sondern
der Liebende. – Das ist deutlich. – Also ist auch der Hassende feind,
nicht der Gehaßte? – So scheint es. – Viele also lieben die, welche
ihnen feind sind, und hassen dagegen die, welche ihnen freund sind,
und sind also den Feinden freund und dagegen den Freunden feind, b
wenn nämlich der Liebende freund ist und nicht der Geliebte? Die-
ses aber ist doch große Unvernunft, lieber Freund, oder vielmehr,
glaube ich, gar unmöglich, dem Feinde freund sein und dem Freunde
feind? – sehr recht, sagte er, hast du offenbar, o Sokrates. – Also
wenn dieses unmöglich ist, so wäre wohl der Geliebte dem Liebenden
freund? – Das leuchtet ein. – Also auch der Gehaßte dem Hassenden
feind? – Notwendig. – Wird aber nicht so herauskommen, daß wir
notwendig dasselbe zugeben müssen wie bei dem vorigen, daß oft c
einer freund ist dem, der ihm nicht freund ist, oft auch dem, der ihm
feind ist, wenn jemand geliebt wird, nicht wieder liebend oder wohl
gar hassend; daß auch oft einer feind ist dem, der ihm nicht feind
ist, sondern wohl gar freund, wenn jemand gehaßt wird, nicht wieder
hassend, oder wohl gar liebend? – So scheint es zu werden, sagte
er. – Was also sollen wir machen, sprach ich, wenn weder die Lie-
benden Freunde sein sollen, noch auch die Geliebten, noch auch nur
die zugleich Liebenden und Geliebten, sondern wir von andern außer
diesen behaupten sollen, daß sie einander freund werden? – Beim
Zeus, sagte er, o Sokrates, ich weiß gar keinen Rat. – Haben wir
auch etwa, sprach ich, o Menexenos, unsere Untersuchung überall d
unrichtig angelegt? – So dünkt es mich wohl, o Sokrates, sagte Lysis,
und wie er es gesagt, so errötete er. So daß das Wort ihm schien
wider Willen entschlüpft zu sein, weil er mit ganzer Seele darauf
achtete, was gesprochen ward. Und so hatte er offenbar auch, als er
zuhörte, immer getan.

[10. Nicht das Ähnliche ist dem Ähnlichen freund, sondern das Gute dem Guten]

Ich also, teils weil ich den Menexenos ausruhen wollte, teils auch
in der Freude über jenes Nachdenklichkeit, wechselte um und, die
Rede an den Lysis richtend, sagte ich: O Lysis, du scheinst mir rich- e
tig zu sprechen, denn wenn wir unsere Untersuchung recht angelegt

hätten, so würden wir schwerlich so in die Irre geraten sein. Hier
also laß uns nicht weitergehen, denn sie ist offenbar gar ein schlim-
mer Weg, diese Untersuchung; sondern wo wir abgelenkt haben, da,
glaube ich, müssen wir weitergehen und nach den Dichtern unter-
214 a suchen. Denn diese sind doch gleichsam unsere Väter und Führer in
der Weisheit. Sie reden aber so, daß sie sich wahrlich nicht schlecht
erklären über Freunde, wer sie sind, sondern der Gott selbst, sagen
sie, führe sie einander zu und mache sie zu Freunden. Es lautet aber
dieses bei ihnen, wenn ich nicht irre, so: «Wie doch stets den Glei-
chen ein Gott gesellet zum Gleichen» und ihn bekannt macht. Oder
b sind dir diese Verse niemals vorgekommen? – Mir wohl, sagte er. –
Auch wohl Schriften sehr weiser Männer sind dir vorgekommen,
welche eben dasselbe sagen, daß das Ähnliche dem Ähnlichen not-
wendig immer freund sei. Und dies sind die, welche von der Natur
und dem All reden und schreiben. – Richtig, sagte er. – Sprechen
sie also wahr? – Vielleicht, sagte er. – Vielleicht, sprach ich, zur Hälf-
te, vielleicht aber auch ganz, und wir verstehen es nur nicht. Denn uns
c scheint der Böse dem Bösen, je näher er ihm kommt und je genauer er
mit ihm umgeht, um desto mehr feind werden zu müssen. Denn er
beleidigt; die Beleidigenden aber und Beleidigten können unmöglich
Freunde sein. Nicht so? – Gewiß, sagte er. – Auf diese Art also wäre
von dem Gesagten die Hälfte nicht wahr, wenn doch die Bösen einan-
der auch ähnlich sind. – Du hast recht. – Aber mich dünkt, sie wollen
nur von den Guten sagen, daß sie einander ähnlich sind und freund;
die Bösen aber, was ja auch von ihnen gesagt wird, wären niemals nicht
d einmal sich selbst ähnlich, sondern veränderlich und nicht zu berech-
nen. Was aber sich selbst unähnlich ist und mit sich selbst in Zwie-
spalt, damit hat es gute Wege, daß es jemals sollte einem andern
ähnlich werden und freund. Oder meinst du nicht auch so? – Ich
allerdings, sagte er. – Dieses also, o Freund, wollen jene, wie mich
dünkt, andeuten, welche sagen, das Ähnliche sei dem Ähnlichen
freund, daß nämlich nur der Gute und nur dem Guten freund ist,
der Böse aber niemals, weder mit dem Guten, noch mit dem Bösen
zu einer wahren Freundschaft gelangt. Stimmst du mit ein? – Er
bejahte es. – Das also hätten wir nun, welche Menschen Freunde
e sind; denn die Rede zeigt ganz deutlich an, es sind die, welche gut
sind. – So, sagte er, scheint es allerdings.

[11. Können die Guten einander freund sein?] Auch mir, sprach ich;
wiewohl eines mich daran verdrießt. Komm also, und um Zeus' wil-
len, laß uns betrachten, was ich zu sehen glaube. Der Ähnliche ist
dem Ähnlichen, sofern er ähnlich ist, freund; und ist ein solcher
einem solchen auch nützlich? Oder vielmehr so: jedes Ähnliche, wel-
chen Nutzen kann es jedem Ähnlichen wohl bringen oder welchen
Schaden ihm zufügen, den es nicht auch sich selbst täte? Oder über-
haupt, was ihm antun, was nicht auch jedes sich selbst antun könn-
215 a te? Solche Dinge also, wie können sie Anhänglichkeit aneinander
haben, da sie einander gar keine Hilfe gewähren? Kann es irgend-
wie sein? – Es kann gar nicht sein. – Und ohne Anhänglichkeit, wie

kann etwas freund sein? – Auf keine Weise. – So ist nun zwar der
Ähnliche dem Ähnlichen nicht freund; wohl aber könnte der Gute
dem Guten, sofern er gut, nicht sofern er ähnlich ist, freund sein? –
Vielleicht. – Wie aber? Wird nicht der Gute, inwiefern er gut ist,
insofern auch sich selbst genügen? – Ja. – Der aber sich selbst ge-
nügt, bedarf keines andern, soweit dieses Genügen geht? – Wie
sollte er? – Der aber keines bedarf, wird auch keinem anhängen? – b
Freilich nicht. – Der aber keinem anhängt, wird auch keinen lieben?
– Nicht füglich. – Und der nicht liebt, ist doch wohl nicht freund? –
Nein, offenbar. – Wie also können uns überhaupt Gute mit Guten
freund werden, welche weder in der Abwesenheit sich nacheinander
sehnen, denn sie genügen jeder sich selbst auch einzeln, noch auch
vereinigt irgend Nutzen voneinander haben? Wie ist zu bewerkstel-
ligen, daß solche einander sehr wert seien? – Auf keine Art, sagte
er. – Freunde aber können sie doch nicht sein, wenn sie einander c
nicht sehr wert sind. – Das ist richtig. –

[12. Auch das Entgegengesetzte ist nicht einander freund] Sieh also
zu, o Lysis, wie wir übel ankommen! Werden wir auch etwa um ein
Ganzes dabei betrogen? – Wieso, sprach er. – Ich habe schon irgend-
wann einen sagen gehört und erinnere mich dessen jetzt, daß das
Ähnliche dem Ähnlichen, also auch der Gute dem Guten, am meisten
feind wäre. Ja auch den Hesiodos führte er zum Zeugen an, sagend,
daß ja «auch ein Töpfer ist feind dem anderen, Sängern die Sänger,
Bettlern der Bettler sogar», und von allem andern zeigte er auf glei- d
che Weise, daß notwendig das Ähnlichste am meisten mit Neid,
Streit und Feindschaft gegeneinander erfüllt sein müsse, das Unähn-
lichste aber mit Freundschaft. Denn dem Reichen sei der Arme ge-
nötigt freund zu sein, und dem Starken der Schwache des Beistan-
des wegen, und dem Arzt der Kranke, und jeder Unkundige müsse
sich anhängen an den Kundigen und ihn lieben. Ja auch noch weiter
führte er den Satz aus, in einem höheren Sinne behauptend, daß, e
weit gefehlt das Ähnliche sei dem Ähnlichen freund, vielmehr das
Gegenteil hiervon sich zeige und das Entgegengesetzte dem Entge-
gengesetzten am meisten freund sei. Denn dessen begehre ein jedes,
nicht aber des Ähnlichen, das Trockene nämlich des Feuchten, das
Kalte des Warmen, das Bittere des Süßen, das Scharfe des Stumpfen,
das Leere der Erfüllung und das Volle der Ausleerung, und so alles
andere auf dieselbe Weise. Denn jedes Gegenteil sei Nahrung für
sein Gegenteil, von dem Ähnlichen aber habe das Ähnliche gar kei-
nen Genuß. Und zwar, o Freund, dünkte er sich recht wichtig, da er 216 a
dieses sagte; denn er sprach sehr gut. Euch aber, sprach ich, wie ge-
fällt seine Rede? – Sehr gut, sagte Menexenos, soviel man so hören
kann. – Wollen wir also annehmen, daß jedem sein Entgegengesetz-
tes auch am meisten freund ist? – Das wollen wir. – Wohl, sprach
ich, ist es auch nicht ungereimt, Menexenos? Und werden nicht voller
Freuden sogleich die hochweisen streitkundigen Männer auf uns los-
gesprungen kommen und uns fragen, ob nicht der stärkste Gegen-
satz zur Feindschaft die Freundschaft wäre? Was nun sollen wir die- b

sen antworten? Oder müssen wir nicht notwendig zugeben, es sei wahr, was sie sagen? – Notwendig. – Ist also, werden sie sagen, Feindschaft der Freundschaft freund oder Freundschaft der Feindschaft? – Keines von beiden, sprach er. – Aber doch das Recht dem Unrecht, oder das Besonnene dem Unbändigen, oder das Gute dem Bösen? – Mir scheint es nicht sich so zu verhalten. – Dennoch aber, sagte ich, wenn der Entgegensetzung wegen eins dem andern freund wird, müssen auch diese freund sein. – Notwendig. – Weder also ist das Ähnliche dem Ähnlichen freund noch das Entgegengesetzte dem Entgegengesetzten. – Es läßt sich nicht so an. –

[13. Nur das weder Gute noch Böse kann dem Guten freund sein]

c Laß uns aber auch dieses noch sehen: verbirgt sich uns auch nicht die Freundschaft noch mehr und ist nichts von dem allen, sondern es wird nur so etwa das weder Gute noch Böse dem Guten freund. – Wie, sagte er, meinst du? – Ja, beim Zeus, sprach ich, ich weiß es nicht, sondern ich bin in der Tat selbst schwindlig von der Verwirrung der Sache; und so wird wohl am Ende nach dem alten Sprichwort das Schöne das Liebe sein. Wenigstens läßt sich dieses an wie etwas gar Weiches, Glattes und Schlüpfriges. Darum auch vielleicht
d entschlüpft es uns so leicht und entkommt uns, weil es so geartet ist. Ich meine nämlich, das Gute sei schön. Meinst du nicht auch? – Ich ebenfalls. – Ich meine also gleichsam ahnend, daß dem Schönen und Guten das weder Gute noch Böse freund ist. In welcher Beziehung aber ich dieses ahne, das höre. Ich denke mir nämlich dieses als drei verschiedene Gattungen, erst das Gute, dann das Böse, dann das weder Gute noch Böse. Wie du? – Auch ich, sagte er. – Und daß weder das Gute dem Guten, noch das Böse dem Bösen, noch auch
e das Gute dem Bösen freund ist, wie auch die bisherige Rede nicht zuläßt. Also bleibt, wenn nämlich etwas einem freund sein soll, nur übrig, daß das weder Gute noch Böse freund sein kann entweder dem Guten oder solchem, wie es selbst ist. Denn dem Bösen kann doch nichts freund sein. – Richtig. – Aber auch nicht das Ähnliche dem Ähnlichen, sagten wir vorhin. Nicht wahr? – Ja. – Also kann auch nicht dem weder Guten noch Bösen dasjenige freund sein, was ebenso ist? – Nein, wie man sieht. – Es folgt also, daß allein das
217 a weder Gute noch Böse dem Guten allein freund werden kann. – Notwendig, wie es das Ansehen hat. –

[14. Ursache dieser Freundschaft zum Guten: Anhaftung eines Bösen]

Wird uns aber auch, sagte ich, ihr Kinder, das jetzt Gesagte richtig führen? Wenn wir zum Beispiel betrachten wollen den gesunden Leib, der bedarf weder der Arzneikunst noch der Hilfe; denn er ist sich selbst genug, so daß kein Gesunder einem Arzt freund wird der Gesundheit wegen. Nicht wahr? – Keiner. – Aber der Kranke, glaube ich, der Krankheit wegen? – Wie sollte er nicht? – Und die
b Krankheit ist doch ein Übel, die Arzneikunst aber etwas Hilfreiches und Gutes? – Ja. – Der Leib aber ist doch, sofern er Leib ist, weder gut noch böse? – So ist es. – Genötigt aber wird der Leib, der Krank-

heit wegen der Arzneikunde anzuhängen und sie zu lieben? — So scheint es mir. — Das weder Böse noch Gute also wird freund dem Guten wegen Anhaftung eines Bösen? — So folgt es. — Offenbar aber doch, ehe es noch durch das ihm anhaftende Böse selbst böse geworden ist. Denn, böse geworden, könnte es doch nicht mehr das Gute begehren und ihm freund sein; denn unmöglich, behaupteten c
wir, kann das Böse dem Guten freund sein. — Es ist auch unmöglich. — So erwägt denn, was ich sage. Ich sage nämlich, daß einiges zwar, wie das, was ihm anhaftet, so auch selbst ist, anderes aber nicht. Wie wenn jemand mit irgendeiner Farbe etwas bestreicht, so haftet doch auf dem Bestrichenen das Aufgestrichene. — Allerdings. — Ist aber dann auch das Bestrichene der Farbe nach so, wie das darauf Befindliche? — Ich verstehe nicht, sagte er. — Aber doch so, sprach d
ich. Wenn jemand deine goldfarbigen Haare mit Bleiweiß bestriche, wären sie dann wohl weiß, oder schienen sie nur so? — Sie schienen nur. — Doch aber haftete an ihnen die Weiße. — Ja. — Nichtsdestoweniger aber wären sie doch nicht weiß, sondern ungeachtet der anhaftenden Weiße sind sie weder weiß noch schwarz. — Richtig. — Wenn aber, o Freund, das Alter ihnen diese nämliche Farbe mitgeteilt hat, dann sind sie geworden, wie das ihnen Anhaftende, weiß nämlich wegen des Anhaftens der Weiße. — Wie könnte es anders e
sein? — Hiernach also frage ich eben, ob das, worauf etwas haftet, immer so ist, wie das daran Haftende? Oder ob nur, wenn es auf eine gewisse Weise daran haftet, jenes ebenso sein wird, wenn aber anders, dann nicht? — Das letzte also, sagte er. — Auch das weder Gute noch Böse ist also bisweilen bei daran haftendem Bösen noch nicht böse, in andern Fällen aber ist es schon ein solches geworden. — Allerdings. — Also wenn es noch nicht böse ist ungeachtet des daran haftenden Bösen, so erregt eben dieses Anhaften ihm ein Verlangen nach dem Guten; ein bösemachendes Anhaften aber beraubt es dieses Verlangens sowohl als auch der Freundschaft zum Guten. Denn nun ist es kein weder Gutes noch Böses mehr, sondern ein Böses, und das Böse war dem Guten nicht freund. — Freilich 218 a
nicht. — Demgemäß könnten wir daher auch sagen, daß die schon Weisen nicht mehr Weisheitsfreunde sind, seien dies nun Götter oder Menschen, noch auch diejenigen ihr freund sind, welche den Unverstand so an sich haben, daß sie böse sind; denn kein Böser und Ungelehrter liebt die Weisheit. Übrig also bleiben diejenigen, welche jenes Übel zwar haben, den Unverstand, noch nicht aber dadurch unverständig und ungelehrig geworden, sondern noch der Meinung sind, sie wüßten das nicht, was sie wirklich nicht wissen. b
Daher auch nur diejenigen philosophieren, welche weder gut noch böse sind, alle Bösen aber philosophieren nicht, noch auch die Guten. Denn weder das Entgegengesetzte war dem Entgegengesetzten freund noch das Ähnliche dem Ähnlichen, wie sich gezeigt hatte in unseren vorigen Reden. Oder erinnert ihr euch nicht? — Sehr gut, sagten sie. — Jetzt also haben wir, sprach ich, o Lysis und Menexenos, ganz sicher ausgefunden, was freund ist und was nicht. Wir behaupten nämlich, sowohl in betreff der Seele als des Leibes und überall sei c

nur das weder Gute noch Böse wegen Anhaftung eines Bösen freund dem Guten. – Auf alle Weise wollten sie behaupten und einräumen, daß es sich so verhalte. –

[15. Das Worumwillen der Freundschaft zum Guten ist etwas, dem man freund ist]

Und auch ich selbst freute mich sehr, als hätte ich wie ein Jäger
nun zur Genüge, was ich gejagt hatte. Hernach aber kam mir, ich
weiß nicht woher, der seltsamste Verdacht, daß wohl alles nicht wahr
wäre, was wir zusammen ausgefunden hatten. Und sehr verdrießlich
sagte ich: O weh, Lysis und Menexenos, wir werden wohl nur im
d Traume den Schatz gehoben haben. – Was ist wieder? fragte Mene-
xenos. – Ich fürchte, sprach ich, wie auf prahlerische Menschen, so
sind wir wohl auf ebensolche Gedanken über die Freundschaft ge-
kommen. – Woher? fragte er. – Laß es uns so betrachten, sprach ich.
Wer freund ist, ist der jemandem freund oder nicht? – Notwendig,
sagte er. – Und um keines Endzweckes willen, auch keiner Ursache
wegen, oder wegen etwas und um etwas willen? – Um etwas und
wegen etwas. – Ist er nun auch dieser Sache freund, um derentwillen
er der andern freund ist, oder ist er ihr weder freund noch feind? –
e Ich folge dir nicht recht, sagte er. – Kein Wunder, sprach ich. Aber
so wirst vielleicht du besser folgen und, denke ich, auch ich besser
wissen, was ich meine. Der Kranke, sagten wir eben, ist dem Arzt
freund. Nicht wahr? – Ja. – Und zwar der Krankheit wegen um der
Gesundheit willen ist er dem Arzte freund? – Ja. Die Krankheit aber
ist etwas Böses? – Wie sollte sie nicht? – Die Gesundheit aber, ist
die gut oder böse oder keins von beiden? – Gut, sprach er. – Wir
219 a sagten also, wie es scheint, der Leib, weder gut noch böse, wäre we-
gen der Krankheit, das heißt etwas Bösen, der Arzneikunst freund.
Die Arzneikunst aber ist etwas Gutes; und um der Gesundheit wil-
len empfängt die Arzneikunst die Freundschaft; die Gesundheit aber
ist gut. Nicht so? – Ja. – Ist er nun der Gesundheit freund oder
nicht freund? – Freund. – Der Krankheit aber feind? – Allerdings.
b – Das weder Böse noch Gute also ist wegen des Bösen und Verhaß-
ten dem Guten freund, um eines Guten willen, dem es freund ist? –
So zeigt es sich. – Freund ist man also, dem man freund ist, um et-
was willen, dem man freund ist, wegen etwas, dem man feind ist. –
So sieht es aus. –

[16. Das erste Befreundete als Grund und Ziel aller Freundschaft]

Gut, sprach ich. Da wir nun hier angekommen sind, Kinder, so laßt
uns wohl achtgeben, daß wir nicht betrogen werden. Denn daß nun
Freund dem Freunde freund geworden ist, lasse ich gehen, obgleich
so das Ähnliche dem Ähnlichen freund wird, welches wir für un-
möglich erklärt haben. Dieses aber laßt uns wenigstens erwägen,
damit nicht das jetzt Angenommene uns betrüge. Der Arzneikunst,
c sagten wir, ist man freund um der Gesundheit willen? – Ja. – Also
ist man auch der Gesundheit freund? – Allerdings. – Wenn aber, so
ist man es um etwas willen? – Ja. – Und zwar um etwas willen,

dem man freund ist, wenn auch dies dem vorhin Angenommenen folgen soll. – Allerdings. – Also auch jenem wird man freund sein um eines andern willen, dem man freund ist? – Ja. – Müssen wir also nicht müde werden, so umherzugehen, und bei einem Anfange ankommen, der nicht wieder auf eine andere Freundschaft zurückführt, sondern auf jenes selbst geht, dem wir zuerst freund sind, d
allem andern aber nur um seinetwillen freund zu sein gestehen? – Notwendig. – Dies ist es nun eben, was ich meine, daß nur nicht alles, welchem wir um jenes willen freund zu sein bekennen, als bloßes Schattenbild davon uns betrügt, eigentlich aber nur jenes erste es ist, dem wir wahrhaft freund sind. Wir wollen es nämlich so überlegen: Wenn jemand aus etwas sehr viel macht, wie der Vater den Sohn allen andern Dingen vorzuziehen pflegt; kann nicht ein solcher eben deshalb, weil ihm der Sohn über alles geht, sich auch e
aus etwas anderem sehr viel machen? Etwa wenn er gewahr würde, jener habe Schierling getrunken, würde er sich dann nicht sehr viel aus Wein machen, indem er glaubte, dieser könne den Sohn retten? – Was wird er nicht? sagte er. – Ja auch aus dem Gefäß, worin der Wein wäre? – Auch wohl. – Achtet er aber deshalb beides gleich hoch, den tönernen Becher und seinen Sohn, oder die drei Maß Wein und seinen Sohn? Oder verhält es sich nicht vielmehr so: Alle solche Sorgfalt geht eigentlich gar nicht auf dasjenige, was um eines andern willen herbeigeschafft wird, sondern auf jenes, um deswillen das andere alles herbeigeschafft wird. Obgleich wir öfters sagen, wir 220 a
machen uns viel aus Gold und Silber, mag das dennoch keineswegs das Wahre sein; sondern woraus wir uns viel machen, das ist jenes, was sich als das zeigt, um dessentwillen wir das Gold und alles andere Erworbene erwerben. Wollen wir dies behaupten? – Allerdings. – Also auch von dem Freunde gilt dasselbe? Denn wovon wir sagen, daß wir ihm um eines andern willen freund sind, das benennen wir b
offenbar nur mit einem fremden Wort, freund aber mögen wir in der Tat wohl nur jenem sein, in welchem alle diese sogenannten Freundschaften endigen. – So wird es sich wohl verhalten, sagte er. – Dem also, welchem wir in Wahrheit freund sind, sind wir es nicht um eines andern willen, dem wir auch freund wären? – Richtig. –

[17. Aufzeigung einer anderen Ursache der Freundschaft: Das Begehren des Angehörigen] Dieses also ist abgemacht, wem wir freund sind, sind wir es nicht um eines andern willen, dem wir es auch sind. Aber sind wir wohl dem Guten freund? – Mich dünkt es. – Wird also wegen des Bösen das Gute geliebt, und es verhält sich so: wenn von jenen drei eben erwähnten Gattungen, dem Guten, dem Bösen c
und dem weder Guten noch Bösen, die beiden andern gesetzt werden, das Böse aber aus dem Wege geschafft wird und nichts mehr berühren kann, weder Leib noch Seele noch etwas anderes von dem, was, wie wir sagten, an und für sich weder gut noch böse ist, wäre dann wohl das Gute uns gar nichts mehr nutz, sondern wäre unnütz geworden? Denn wenn uns nichts mehr schadete, so bedürften

d wir auch nirgends einer Hilfe. Und so würde alsdann offenbar, daß
wir nur des Bösen wegen dem Guten anhingen und es liebten, weil
nämlich das Gute die Arznei ist wider das Böse, das Böse aber die
Krankheit. Gibt es nun keine Krankheit mehr, so bedarf man auch
keiner Arznei. Ist es wohl so beschaffen mit dem Guten, und wird
es wohl so des Bösen wegen geliebt von uns, die wir mitteninne sind
zwischen dem Bösen und Guten, hat aber selbst an und für sich gar
keinen Nutzen? – Es hat das Ansehen, sprach er, sich so zu verhal-
ten. – Jenes erste Befreundete also, in welchem sich alle übrigen
e Dinge endigten, denen wir um eines andern willen freund waren,
hat mit allen diesen gar keine Ähnlichkeit. Denn allen diesen nann-
ten wir uns freund um eines andern willen, dem wir freund waren;
jenes Eigentliche aber scheint diesen ganz entgegengesetzt geartet
zu sein, indem sich zeigte, daß wir ihm freund sind wegen etwas,
dem wir feind sind. Würde aber dieses letztere fortgeschafft, so
würden wir ihm, wie es scheint, nicht mehr freund sein. – Mich
dünkt nicht, sprach er, nach dem wenigstens, was eben gesagt wird.
– Ob man wohl, sprach ich, um Zeus' willen, wenn alles Böse un-
tergegangen ist, dann nicht hungern wird und nicht dursten und
221 a nichts anderes der Art? Oder wird zwar Hunger sein, wenn doch
Menschen und andere Tiere sein sollen, aber er wird nicht verderblich
sein; und so auch der Durst und die andern Begierden, nur nicht
böse werden sie sein, da ja das Böse untergegangen ist? Oder ist es
eine lächerliche Frage, was alsdann sein wird und nicht sein? Denn
wer weiß es? Dieses aber wissen wir doch, daß auch jetzt schon, wer
hungert, Schaden davon haben kann, aber auch Nutzen, nicht wahr?
– Allerdings. – Nicht auch, wer durstet oder etwas anderes derglei-
b chen begehrt, begehrt es bisweilen sich zum Nutzen, bisweilen zum
Schaden, bisweilen ohne eins von beiden? – Gewiß. – Also wenn
auch das Böse unterginge, wie käme das, was nicht böse ist, dazu,
mit dem Bösen zugleich unterzugehen? – Auf keine Weise. – Die
weder guten noch bösen Begierden werden also bleiben, wenn auch
das Böse untergeht? – Das leuchtet ein. – Ist es aber wohl möglich,
etwas zu begehren und zu lieben, ohne dem freund zu sein, was man
begehrt und liebt? – Mich dünkt es nicht. – Also auch, wenn das
c Böse untergegangen ist, wie es scheint, werden wir einigem freund
sein? – Ja. – Nicht doch, wenn das Böse die Ursache der Freund-
schaft war, könnte wohl nach Untergang des Bösen irgend etwas
mehr einem andern freund sein; denn ist eine Ursache weggenom-
men, so kann unmöglich das noch stattfinden, wovon dieses die Ur-
sache war. – Du hast recht. – Darüber aber waren wir einig, daß,
wer einem freund ist, es auch liebe, und zwar wegen etwas, und wir
glaubten damals wenigstens, das weder Gute noch Böse liebe so des
Bösen wegen das Gute? – Richtig. – Jetzt aber, wie es scheint, zeigt
d sich wieder eine andere Ursache des Liebens und Geliebtwerdens? –
So scheint es. – Ist nun in der Tat, wie wir jetzt sagten, das Be-
gehren die Ursache der Freundschaft und das Begehrende dem freund,
was es begehrt, dann wenn es begehrt? Alles aber, was wir zuvor
sagten vom Freundsein, war nur Geschwätz wie ein langes zurecht-

gelegtes Machwerk? – So wird es wohl sein, sagte er. – Aber, sprach
ich, das Begehrende begehrt doch das, was ihm fehlt. Nicht wahr? –
Ja. – Wem also etwas fehlt, das ist dem freund, was ihm fehlt? – e
Mich dünkt. – Jedem aber fehlt das, was ihm entzogen ist? – Wie
anders? – Auf das Angehörige also, wie es scheint, geht Liebe und
Freundschaft und Verlangen, wie sich zeigt, o Menexenos und Lysis?
– Sie stimmten ein. – Ihr beide also, wenn ihr gegenseitig Freunde
seid, müßt irgendwie von Natur einander angehören. – Offenbar,
sagten sie. – Und auch sonst, ihr Kinder, sprach ich, wo einer den
andern begehrt und liebt, er würde ihn weder begehren noch lieben 222 a
noch ihm freund sein, wenn ihm nicht der Geliebte angehörig wäre
überhaupt der Seele nach oder wegen irgendeiner Gesinnung, Art
und Eigenschaft. – Gewiß, sagte Menexenos; Lysis aber schwieg. –
Wohl, sprach ich. Das von Natur Angehörige also müssen wir, wie
sich zeigt, notwendig lieben? – So folgt es, sagte er. – Notwendig
also muß auch der echte Liebhaber, der sich nicht nur so anstellt,
wiedergeliebt werden von seinem Liebling? – Diesem nun wollten
Lysis und Menexenos kaum Bejahung zuwinken. Hippothales aber b
wechselte alle Farben vor Freude. –

[18. Was ist das Angehörige? Feststellung des Scheiterns der Untersuchung] Da sagte ich, in der Absicht, den Satz noch näher zu be-
trachten: Ja, wenn das Angehörige von dem Ähnlichen irgend ver-
schieden wäre, o Menexenos und Lysis, dann wäre hiermit etwas
gesagt über die Freundschaft, was sie ist. Wenn aber das Ähnliche
und das Angehörige dasselbe ist, so ist es doch nicht so leicht, un-
sern vorigen Satz wegzuwerfen, daß nämlich das Ähnliche dem Ähn-
lichen, soweit seine Ähnlichkeit geht, unnütz ist. Zu dem Unnützen
aber als Freund sich zu bekennen, ist Frevel. Wollt ihr also, da wir c
gleichsam berauscht sind von der Rede, daß wir nachgeben und be-
haupten, das Angehörige sei etwas anderes als das Ähnliche? –
Allerdings. – Wollen wir nun auch weiter sagen, das Gute sei jedem
angehörig, das Böse aber jedem fremdartig? Oder das Böse sei dem
Bösen angehörig und dem Guten das Gute, und dem weder Guten
noch Bösen das weder Gute noch Böse? – Sie meinten, auf die letzte
Art schiene ihnen jedes jedem angehörig zu sein. – Da sind wir also,
sprach ich, ihr Kinder, wieder in die vorher verworfenen Gedanken d
von der Freundschaft hineingeraten. Denn so wird der Ungerechte
dem Ungerechten und der Böse dem Bösen nicht weniger freund sein
als der Gute dem Guten. – So scheint es, sagte er. – Wie aber, wenn
wir sagten, das Gute und das Angehörige sei einerlei, wird dann
nicht der Gute dem Guten allein freund sein? – Gewiß. – Aber auch
dieses glaubten wir uns selbst widerlegt zu haben. Oder erinnert ihr
euch nicht? – Sehr gut erinnern wir uns. – Was haben wir also nun
noch an dem Satz? Offenbar wohl nichts. Ich bitte euch daher, wie e
vor Gericht die Redner pflegen, das Gesagte alles noch einmal zu-
rückzurufen. Wenn nämlich weder die Geliebten noch die Liebenden,
weder die Ähnlichen noch die Unähnlichen, weder die Guten noch
die Angehörigen, noch was wir sonst durchgenommen haben, denn

ich erinnere mich nicht mehr an alles vor der großen Menge; wenn also nichts von allem diesem der Gegenstand der Freundschaft ist, so weiß ich meinesteils nicht mehr, was ich sagen soll.

223 a Dieses gesprochen, war ich im Begriff, einen anderen von den Älteren in Bewegung zu setzen. Da kamen aber eben wie schlimme Geister die Knabenführer herbei, der des Menexenos sowohl als der des Lysis, mit deren Brüdern an der Hand, und riefen sie ab, sie sollten nach Hause gehen, denn es war schon spät. Zuerst zwar wollten wir und die Umstehenden sie forttreiben; da sie sich aber nicht um uns kümmerten, sondern in sehr schlechtem Hellenisch brummten und schalten und doch immer wieder riefen: so glaubten wir, zumal
b sie an den Hermaien ein wenig mochten getrunken haben, daß nichts mit ihnen würde auszurichten sein; und lösten, gezwungen von ihnen, die Gesellschaft auf. Doch sagte ich noch, als sie schon gingen: Diesmal, o Lysis und Menexenos, haben wir uns lächerlich gemacht, ich, der alte Mann, und ihr. Denn diese, wenn sie nun gehen, werden sagen, wir bildeten uns ein, Freunde zu sein, nämlich ich rechne auch mich mit zu euch; was aber ein Freund sei, hätten wir noch nicht vermocht auszufinden.

SYMPOSION

GLIEDERUNG

A. Einleitung: Vorbereitetheit des Apollodor zur Erzählung und Herkunft seines Wissens (1. Kap., 172 a 1—173 d 3)

B. Hauptteil:

1. Die Ereignisse vor den Reden. a) Der Gang zum Gastmahl: Ankunft Aristodems und Zurückbleiben des Sokrates (2. Kap., 173 d 4—175 a 5); b) Eintreffen des Sokrates nach halb beendetem Mahl (3. Kap., 175 a 6—175 e 10); c) Verabredungen über die zu wählende Form des Trinkens (4. Kap., 176 a 1—176 e 3); d) Von Eryximachos vorgebrachter Vorschlag des Phaidros, Lobreden auf den Eros zu halten (5. Kap., 176 e 4—178 a 5)

2. Die Rede des jungen Phaidros. a) Die Größe des Eros als ältester Gott und als Urheber großer Taten (6. Kap., 178 a 6—179 b 3); b) Die Liebe gibt Mut zu der von den Göttern am höchsten geschätzten Tat: Opferung für den Geliebten (7. Kap., 179 b 4—180 b 8)

3. Die Rede des Pausanias. a) Unterscheidung des himmlischen und des gemeinen Eros (8. Kap., 180 c 1—181 a 6); b) Die beiden Arten der Liebe. — Einschätzung der Knabenliebe in ungebildeten und barbarischen Staaten (9. Kap., 181 a 7—182 d 5); c) Erklärung des in Athen bei der Knabenliebe herrschenden Brauchs (10. Kap., 182 d 5—184 c 3); d) Die eine schöne Form der Knabenliebe. — Das Schlucken des Aristophanes (11. Kap., 184 c 4—185 e 5)

4. Die Rede des Arztes Eryximachos. a) Der zweifache Eros als wirksam in allen göttlichen und menschlichen Dingen (12. Kap., 185 e 6—188 a 1); b) Der Eros in der Natur und als Objekt der Wahrsagekunst. — Aristophanes über das Ende des Schluckens (13. Kap., 188 a 1—189 c 1)

5. Die Rede des Komödiendichters Aristophanes. a) Die ursprüngliche Natur des Menschen; Herkunft und Art seiner drei Geschlechter (14. Kap., 189 c 2—190 c 1); b) Bestrafung des menschlichen Übermuts durch Zeus und Zustandekommen der jetzigen menschlichen Art (15. Kap., 190 c 1—191 d 3); c) Eros als Geleiter und Rückführer in die alte Natur ist Urheber des größten Gutes (16. Kap., 191 d 3—193 d 5)

6. Die Rede des Tragödiendichters Agathon. a) Besorgnis des Sokrates und Agathons Herzhaftigkeit (17. Kap., 193 d 6—194 e 3); b) Die Beschaffenheit des Eros: Er ist der jüngste und zarteste Gott (18. Kap., 194 e 4—196 b 3); c) Die Gerechtigkeit, Besonnenheit, Tapferkeit und Weisheit des Gottes (19. Kap., 196 b 4—197 e 8)

7. Die Rede des Sokrates. a) Verschiedenheit der auf das Wahre gerichteten Lobrede des Sokrates vom Scheinlob der andern (20. Kap., 198 a 1 bis 199 c 2); b) Widerlegende Prüfung des Agathon: Der Eros als Liebe zum Schönen und Guten ist selber dessen bedürftig (21. Kap., 199 c 3 bis 201 c 9); c) Das Zwischen-Sein des Eros zwischen dem Schönen und Häßlichen, zwischen dem Guten und Schlechten (22. Kap., 201 d 1 bis 202 d 7); d) Der Eros als großer Dämon zwischen dem Sterblichen und Unsterblichen; seine Herkunft und sein philosophisches Wesen (23. Kap., 202 d 8—204 c 6); e) Eros die Liebe zum Guten in jeder Gestalt, und sie

erstrebt den ständigen Besitz des Guten (24. Kap., 204 c 7—206 a 13); f) Die Weise des Liebesvollzugs ist Zeugung im Schönen um der Unsterblichkeit willen (25. Kap., 206 b 1—207 a 4); g) Ursache dieses Verlangens: Nur so hat das Sterbliche am Unsterblichen Anteil (26. Kap., 207 a 5—208 b 6); h) Die verschiedenen Bemühungen um Unsterblichkeit: Leibliche und geistige Zeugung (27. Kap., 208 b 7—209 e 4); i) Der Stufenweg in der Erkenntnis des Schönen (28. Kap., 209 e 5 bis 210 e 2); k) Die Vollendung des Lebens in der Schau des Schönen selbst (29. Kap., 210 e 2—212 c 3)

8. a) Plötzliches Erscheinen des Alkibiades; seine Bekränzung des Agathon und des Sokrates (30. Kap., 212 c 4—213 e 6); b) Festsetzungen über den Fortgang des Trinkens; Entschluß des Alkibiades, eine Lobrede auf Sokrates zu halten (31. Kap., 213 e 7—215 a 3)

9. Die Rede des Alkibiades auf Sokrates. a) Vergleich des Sokrates mit dem Satyr Marsyas; seine unwiderstehliche Macht über alle Menschen und besonders über Alkibiades (32. Kap., 215 a 4—216 c 3); b) Offenbarung des inneren Wesens des S. Die Ergriffenheit des A. von dieser Schönheit und seine Bemühungen um sie (33. Kap., 216 c 4—218 b 7); c) Austrag der Entscheidung zwischen der Schönheit des Sokrates und der des Alkibiades (34. Kap., 218 b 8—219 d 2); d) Ausgezeichnetheit des S. über alle beim Feldzug nach Potidaia (35. Kap., 219 d 3—220 c 1); e) Die Ausdauer, Tapferkeit und Einzigartigkeit des Sokrates (36. Kap., 220 c 1—221 d 6); f) Die satyrhafte Art der sokratischen Reden (37. Kap., 221 d 7—222 b 7)

10. a) Geplänkel um Agathon (38. Kap., 222 c 1—223 a 9); b) Auflösung der Gesellschaft und Unüberwundenheit des Sokrates (39. Kap., 223 b 1—223 d 12)

Apollodoros, Freunde

[1. Vorbereitetheit des Apollodor zur Erzählung und Herkunft seines Wissens]

172 a Apollodoros: Ich glaube auf das, wonach ihr jetzt fragt, nicht unvorbereitet zu sein. Denn neulich erst ging ich eben nach der Stadt von Hause aus Phaleron, als ein Bekannter, der mich von hinten gewahr wurde, mir von weitem scherzend zurief: Du Phalerier Apollodoros, wirst du nicht warten? – Da blieb ich stehen und erwartete ihn. – Und er sagte darauf: Apollodoros, noch vor kurzem suchte ich dich, weil ich etwas Näheres zu erfahren wünsche von der Un-
b terhaltung des Agathon und Sokrates und Alkibiades und der übrigen damals bei dem Gastmahl Gegenwärtigen wegen der Liebesreden, wie es mit denen war. Ein anderer hat mir zwar schon davon erzählt, der es von Phoinix, dem Sohn des Philippos, hatte; er sagte aber, du wissest es auch, und er konnte nichts Ordentliches davon sagen. Also erzähle du es mir. Denn dir gebührt es auch am meisten, deines Freundes Reden zu berichten. Zuvor aber sage mir, sprach er, warst du selbst bei jener Gesellschaft zugegen oder nicht? – Darauf sagte ich: Auf alle Weise muß derjenige dir gar nichts Ordentliches erzählt haben, der es dir erzählt hat, wenn du glaubst, diese Gesell-
c schaft habe neulich stattgehabt, nach der du fragst, so daß auch ich dabei gewesen sei. – Das glaubte ich doch. – Woher doch, sprach ich, o Glaukon? Weißt du nicht, daß Agathon schon seit vielen Jahren sich hier nicht aufgehalten hat? Daß ich aber mit dem Sokrates lebe und es mir angelegen sein lasse, jeden Tag zu wissen, was er redet oder tut, das ist noch nicht drei Jahre her. Bis dahin trieb ich
173 a mich umher, wo es sich traf, und glaubte etwas zu schaffen, war aber schlechter daran als irgend jemand, kaum besser als du jetzt, der du glaubst, eher alles andere tun zu müssen als zu philosophieren. – Spotte nur nicht, erwiderte jener, sondern sage mir, wann doch jene Gesellschaft gewesen ist. – Als wir noch Kinder waren, sagte ich darauf, da Agathon mit der ersten Tragödie den Sieg davontrug, und zwar tags darauf, nachdem er schon das eigentliche Siegesfest mit seiner Chorgesellschaft begangen hatte. – Also, sprach er, schon ganz lange her, wie es scheint. Aber wer hat dir davon erzählt?
b Etwa Sokrates selbst? – Nein, beim Zeus, sagte ich, sondern derselbe, von dem es auch Phoinix hat; es war nämlich ein gewisser Aristodemos, ein Kydathenaier, ein kleiner Mensch, immer unbeschuht, der war bei der Gesellschaft zugegen gewesen und einer der eifrigsten Verehrer des Sokrates zu damaliger Zeit, wie mich dünkt. Indes, auch den Sokrates habe ich schon nach einigem gefragt, was ich von jenem gehört hatte, und er hat es mir gerade so bestätigt, wie jener es erzählte. – Wie nun, sprach er, willst du es mir nicht erzählen?

Zumal auch der Weg nach der Stadt so gut geeignet ist, im Gehen
zu reden und zu hören. – So gingen wir also und sprachen darüber;
daher ich denn, wie schon anfänglich gesagt, nicht unvorbereitet bin. c
Soll ich es also auch euch erzählen, so muß ich das wohl tun. Zumal
ich auch sonst, wenn ich irgend philosophische Reden selbst führe
oder von andern höre, außer daß ich denke dadurch gefördert zu
werden, mich ausnehmend daran erfreue; wenn aber andere, beson-
ders auch die eurigen, die der Reichen und der Geldmänner, das
macht mir selbst Verdruß, und auch euch Freunde bedaure ich, weil
ihr glaubt, etwas zu schaffen, da ihr doch nichts schafft. Vielleicht nun d
haltet auch ihr wieder eurerseits dafür, daß ich übel daran bin, und
ich glaube, ihr mögt ganz richtig glauben; ich aber glaube es nicht
von euch, sondern weiß es.

[2. Der Gang zum Gastmahl: Ankunft Aristodems und Zurückbleiben des Sokrates]

FREUNDE: Du bist immer derselbe, Apollodoros! Immer nämlich
schmähst du dich selbst und die andern und scheinst mir ordentlich
alle, dich selbst mit eingeschlossen, für ganz elend zu halten außer
dem Sokrates. Woher du nun eigentlich den Beinamen bekommen
hast, daß man dich den tollen nennt, weiß ich nicht; in deinen Reden
aber bist du freilich immer so, ergrimmt auf dich selbst und alle
andern außer dem Sokrates.

APOLLODOROS: O Liebster, so ist es ja klar, wenn ich so denke e
von mir und euch, daß ich toll bin und von Sinnen.

FREUNDE: Es lohnt nicht, Apollodoros, jetzt hierüber zu streiten.
Worum wir dich aber gebeten haben, darin sei uns ja nicht entge-
gen, sondern erzähle uns, was für Reden dort sind gewechselt wor-
den.

APOLLODOROS: Das waren also ungefähr folgende. Oder vielmehr
laßt mich versuchen, euch die Sache von Anfang an, wie jener sie 174a
mir erzählte, wiederzuerzählen.

Er sagte nämlich, Sokrates sei ihm begegnet, gebadet und die Soh-
len untergebunden, was er selten tat. Daher habe er ihn gefragt,
wohin er denn ginge, daß er sich so schön gemacht hätte. – Und
jener habe geantwortet: Zum Gastmahl beim Agathon. Denn ge-
stern am Siegesfest bin ich ihm ausgewichen aus Furcht vor dem
Gewühl; ich sagte ihm aber zu, auf heute zu kommen. Und nun habe
ich mich so herausgeschmückt, um doch schön zu einem Schönen zu
kommen. Aber du, setzte er hinzu, Aristodemos, was hältst du da-
von, ungeladen mitzugehen zum Gastmahl? – Darauf, sprach er, b
antwortete ich: Das, was du wünschst. – So begleite mich denn,
sagte er, damit wir auch dem Sprichwort etwas antun durch eine
andere Wendung, daß auch Gute «freiwillig zum Mahl erscheinen
beim Guten». Denn Homeros scheint diesem Sprichwort nicht nur
etwas Ähnliches angetan, sondern es gar mißhandelt zu haben. Denn
obwohl in seinem Gedicht Agamemnon ein ausgezeichnet tüchtiger
Mann ist im Kriege, Menelaos aber «weichlich war in der Schlacht», c
so dichtet er doch, daß, als Agamemnon ein Opfer veranstaltet und

ein festliches Mahl, Menelaos ungerufen gekommen sei, der Schlech-
tere zu dem Mahle des Besseren. – Als er dies gehört, sagte er, habe
er geantwortet: Vielleicht aber wird es auch mit mir die Bewandtnis
haben, daß ich nicht so, wie du sagst, Sokrates, sondern nach dem Ho-
meros als ein Schlechter bei eines kunstreichen Mannes Fest unge-
laden erscheine. Wirst du mich also auch mit etwas entschuldigen,
wenn du mich einführst? Denn ich werde nicht eingestehen, daß ich
d ungeladen erscheine, sondern geladen durch dich. – «Nun zwei»,
habe jener gesagt, «wandelnd zugleich», wollen wir einer den andern
beraten, was wir sagen wollen. Laß uns nur gehen. – So ungefähr,
sagte er, hätten sie zusammen gesprochen und wären dann gegan-
gen. Sokrates aber sei, über irgend etwas bei sich nachsinnend, un-
terwegs zurückgeblieben, und als er auf ihn gewartet, habe er ihn
geheißen immer vorangehen. Als er nun an des Agathon Haus ge-
e kommen, habe er die Türe offen gefunden, und es sei ihm dort, sagte
er, etwas ganz Lächerliches begegnet. Nämlich es sei ihm drinnen
gleich ein Knabe entgegengekommen und habe ihn hingeführt, wo
die andern sich niedergelassen, die er auch schon im Begriff gefun-
den zu speisen. Sobald ihn nun Agathon gesehen, habe er gesagt:
Schön, daß du kommst, Aristodemos, um mit uns zu essen. Bist du
aber wegen etwas anderem gekommen: so laß das auf ein andermal;
denn auch gestern suchte ich dich, um dich einzuladen, konnte dich
aber nicht finden. Aber wieso bringst du uns den Sokrates nicht mit?
– Darauf, sprach er, drehe ich mich um und sehe den Sokrates nir-
gends nachkommen. Ich sagte also, ich selbst wäre mit dem Sokrates
und von ihm geladen hierher zum Mahle gegangen. – Sehr wohl,
habe er gesagt, hast du daran getan; aber wo ist denn jener? – Hin-
175 a ter mir ging er eben herein, und ich wundere mich selbst, wo er wohl
sein mag. – Willst du nicht nachsehen, Knabe, habe darauf Agathon
gesagt, und den Sokrates hereinbringen? Du aber, Aristodemos, habe
er gesagt, laß dich neben dem Eryximachos nieder.

[3. Eintreffen des S. nach halb beendetem Mahl] Und da habe ihn ein
Knabe, sagte er, abgewaschen, damit er sich legen konnte. Darauf
sei ein anderer Diener gekommen, meldend, der Sokrates ist abseits
gegangen und steht in dem Vorhofe des Nachbarn, und als ich ihn
rief, wollte er nicht hereinkommen. – Wunderlicher Bericht, habe
Agathon gesagt, so rufe ihn doch und laß nicht ab. – Darauf habe
b er selbst aber gesagt: Nicht doch, sondern laßt ihn nur. Denn er hat
das so in der Gewohnheit, bisweilen hält er an, wo es sich eben
trifft, und bleibt stehen. Er wird aber gleich kommen, denke ich;
stört ihn nur nicht, sondern laßt ihn. – So wollen wir es so halten,
wenn du meinst, habe Agathon gesagt. Uns andere aber, ihr Leute,
bedient nun; auf alle Weise tragt auf, was ihr wollt, wenn euch doch
niemand Befehl erteilt, was ich noch niemals getan habe. Denkt also,
auch ich wäre von euch zum Gastmahle geladen so wie die andern,
und bedient uns so, daß wir euch loben können. – Darauf, sagte er,
c hätten sie angefangen zu speisen, Sokrates aber wäre noch nicht ge-
kommen. Agathon nun habe oftmals Befehl gegeben, den Sokrates

zu holen, er aber habe es nicht zugegeben. Endlich sei er doch gekommen, nachdem er sich nicht gar lange Zeit, wie er pflegte, verweilt, sondern als sie etwa bei der halben Mahlzeit gewesen. Agathon also, der zuunterst allein gelegen, habe gesagt: Hierher, Sokrates, lege dich zu mir, damit ich durch deine Nähe auch mein Teil
bekomme von der Weisheit, die sich dir dort gestellt hat im Vorhofe. d
Denn offenbar hast du es gefunden und hast es nun, du hättest ja sonst nicht abgelassen. – Da habe sich Sokrates gesetzt und gesagt: Das wäre vortrefflich, Agathon, wenn es mit der Weisheit so wäre: daß sie, wenn wir einander nahten, aus dem Volleren in den Leereren überflösse, wie das Wasser in den Bechern durch einen Wollstreifen aus dem vollen in den leeren fließt. Denn ist es mit der
Weisheit auch so, so ist es mir viel wert, neben dir zu liegen; denn e
ich denke mich bei dir mit mancherlei schöner Weisheit anzufüllen. Denn die meinige ist wohl nur etwas gar Schlechtes und Unsicheres, da sie wie ein Traum ist; die deinige aber ist glänzend und hat großes Gedeihen, da sie von dir, so jung du auch noch bist, so gewaltig ausgestrahlt und offenbar geworden ist noch neulich vor mehr als dreißigtausend Zeugen. – Du bist ein Spötter, Sokrates, habe Agathon gesagt. Aber das von der Weisheit wollen wir hernach bald miteinander ausmachen, ich und du, und den Dionysos zum Schiedsrichter nehmen. Jetzt aber begib dich nur zunächst ans Speisen.

[4. Verabredungen über die zu wählende Form des Trinkens] Nach-
dem nun, sagte er, Sokrates sich hierauf niedergelassen und abge- 176 a
speist hatte und die andern auch, hätten sie das Trankopfer gebracht und, nach gehaltenem Lobgesang auf den Gott und was sonst Sitte ist, sich ans Trinken begeben. Hierauf, sagte er, habe Pausanias eine solche Rede begonnen: Wohlan, Freunde, habe er gesagt, wie werden wir nun am behaglichsten trinken? Ich meines Teils erkläre euch, daß ich mich in Wahrheit ziemlich unwohl befinde vom gestrigen Trinken und einiger Erholung bedarf; und ich glaube, auch die meisten von euch, denn ihr wart gestern ebenfalls zugegen. Überlegt
also, wie wir so bequem als möglich trinken können. – Darauf habe b
Aristophanes gesagt: Daran hast du wohl gesprochen, Pausanias, daß wir auf alle Weise suchen müssen, es uns bequem zu machen mit dem Trinken; denn auch ich gehöre zu denen, die gestern etwas stark benetzt worden sind. – Als nun dies Eryximachos, der Sohn des Akumenos, gehört, habe er gesagt: Gewiß sehr wohl gesprochen. Nur eins möchte ich noch von euch hören, wie nämlich Agathon bei Kräften ist zum Trinken. – Gar nicht sonderlich, habe jener gesagt,
bin auch ich bei Kräften. – Das wäre ja ein herrlicher Fund, habe c
Eryximachos erwidert, für uns, ich meine mich und den Aristodemos und Phaidros, wenn ihr, die stärksten Trinker, es jetzt aufgebt; denn wir sind immer Schwächlinge darin. Den Sokrates nehme ich aus; denn der ist auf beides eingerichtet, so daß es ihm gleich gelten wird, wie wir es machen. Da es mir also scheint, daß keiner von den Anwesenden große Lust hat, viel Wein zu trinken: so wird es vielleicht weniger übel aufgenommen werden, wenn ich aufrichtig sage, was es

eigentlich auf sich hat mit dem Berauschtsein. Mir nämlich ist das,
d glaube ich, ganz klar geworden durch die Heilkunde, daß der Rausch
den Leuten gar nachteilig ist, und ich möchte weder selbst gern zu weit
gehen im Trinken, noch einen andern dazu bereden, zumal wer noch
schwer ist vom vorigen Tage. – Wohl dann, habe Phaidros der
Myrrhinusier das Wort genommen, ich pflege dir schon immer zu
gehorchen, zumal wenn du etwas in die Heilkunde Einschlagendes
sagst; nun aber wollen es ja auch die übrigen. – Hierauf also wären
e alle übereingekommen, es bei ihrem diesmaligen Zusammensein
nicht auf den Rausch anzulegen, sondern nur so zu trinken zum
Vergnügen.

*[5. Von Eryximachos vorgebrachter Vorschlag des Phaidros, Lobreden
auf den Eros zu halten]* Nachdem nun dieses schon beschlossen ist,
habe Eryximachos fortgefahren, daß jeder nur trinken soll, soviel er
will, und gar kein Zwang stattfinden: so bringe ich nächstdem in
Vorschlag, daß wir die eben hereingetretene Flötenspielerin gehen
lassen, mag sie nun sich selbst spielen oder, wenn sie will, den
Frauen drinnen, und daß wir für heute uns untereinander mit Reden
unterhalten. Auch darüber, mit was für Reden, will ich euch, wenn
ihr es verlangt, einen Vorschlag tun. – Darauf hätten alle bejaht, sie
177 a wollten das, und ihm aufgetragen, einen Vorschlag zu tun. – Also
habe Eryximachos gesagt: Der Anfang meiner Rede soll mir sein
aus des Euripides Melanippe, «denn nicht mein ist die Rede», son-
dern des Phaidros hier, die ich sprechen will. Phaidros nämlich pflegt
unwillig mir zu sagen: Ist es nicht arg, o Eryximachos, daß auf alle
Götter Lobgesänge und Anrufungen gedichtet sind von den Dichtern,
dem Eros aber, einem so großen und herrlichen Gotte, auch nicht
b einer jemals von so vielen Dichtern, die es gegeben, ein Lobgedicht
gesungen hat? Und willst du dich auch unter den edlen Sophisten
umsehen, daß die auf den Herakles und andere in ungebundener
Rede Lobschriften verfertigen, wie der vortreffliche Prodikos; doch
das ist wohl weniger zu verwundern; aber mir selbst ist neulich ein
Buch eines weisen Mannes vorgekommen, worin das Salz eine wun-
dervolle Lobrede erhielt seines Nutzens wegen, und noch verschie-
c denes dergleichen kannst du gepriesen finden. Daß sie nun an solche
Dinge vielen Fleiß gewendet, den Eros aber noch kein Mensch bis
auf den heutigen Tag gewagt hat würdig zu besingen, sondern ein
solcher Gott so gänzlich vernachlässigt ist, darin scheint mir Phai-
dros ganz recht zu haben. Daher nun wünsche ich teils ihm einen
Liebesdienst zu tun und ihm gefällig zu sein, teils auch dünkt mich,
daß es gegenwärtig uns, die wir hier zugegen sind, gar wohl gezieme,
diesen Gott zu verherrlichen. Dünkt euch nun dieses auch: so hätten
d wir in Reden eine hinlängliche Unterhaltung. Ich meine nämlich, es
solle jeder von uns rechts herum eine Lobrede auf den Eros vortra-
gen, so schön er nur immer kann, und Phaidros solle zuerst anfan-
gen, da er ja auch den ersten Platz einnimmt und überdies der Ur-
heber ist von der ganzen Sache. – Niemand, o Eryximachos, habe
Sokrates gesagt, wird dir entgegenstimmen; denn weder ich dürfte

mich weigern, der ich ja geständig bin, nichts als Liebessachen zu
verstehen, noch auch wohl Agathon oder Pausanias, auch nicht Ari-
stophanes, der es ja immer mit dem Dionysos und der Aphrodite zu e
tun hat, noch sonst irgendeiner von allen übrigen, die ich sehe. Wie-
wohl wir nicht gleich gut dabei bedacht sind, die wir zu unterst lie-
gen; indessen wenn nur die vor uns gründlich und schön reden, soll
uns das genügen. Also mit gutem Glück beginne Phaidros und ver-
herrliche uns den Eros. – Hiermit stimmten dann auch die übrigen
alle überein und forderten dasselbe wie Sokrates. An alles aber, was 178 a
jeder von ihnen geredet, erinnerte sich schon Aristodemos nicht mehr
genau, noch auch ich an alles, was er mir sagte; was aber und wessen
Reden mir vorzüglich behaltenswert geschienen, diese will ich euch
alle einzeln mitteilen.

[6. Die Größe des Eros als ältester Gott und als Urheber großer Taten]

Zuerst also, wie gesagt, erzählte er, habe Phaidros den Anfang
seiner Rede von daher genommen, daß Eros ein großer Gott sei und
bewundernswürdig Menschen und Göttern, sowohl von vielen ande-
ren Seiten als auch besonders seines Ursprunges wegen. Denn daß der
Gott zu den ältesten gehört, sagte er, ist ehrenvoll. Hiervon aber ist b
dies ein Beweis. Eros nämlich hat keine Eltern, noch werden deren
angeführt von irgendeinem Dichter oder anderen Erzähler. Sondern
Hesiodos sagt, zuerst sei das Chaos gewesen, «aber nach diesem
breitgebrüstet die Erde, ein Sitz unwandelbar allen, Eros auch». Dem
Hesiodos stimmt auch Akusilaos bei, daß nach dem Chaos diese bei-
den gewesen wären, die Erde und Eros. Und Parmenides sagt von
seinem Ursprung, «Aller Götter den ersten erhob ins Leben sie Eros».
Von so vielen Seiten her wird dem Eros zugestanden, unter die äl- c
testen zu gehören. Wie nun der älteste, so ist er uns auch der größ-
ten Güter Urheber. Denn ich meines Teils weiß nicht zu sagen, was
ein größeres Gut wäre für einen Jüngling als gleich ein wohlmeinen-
der Liebhaber, oder dem Liebhaber ein Liebling. Denn was diejeni-
gen in ihrem ganzen Leben leiten muß, welche schön und recht leben
wollen, dieses vermag weder die Verwandtschaft ihnen so vollkom-
men zuzuwenden, noch das Ansehen, noch der Reichtum, noch sonst
irgend etwas wie die Liebe. Was meine ich aber hiermit? Die Scham d
vor dem Schändlichen und das Bestreben nach dem Schönen. Denn
ohne dieses vermag weder ein Staat noch ein einzelner große und
schöne Taten zu verrichten. Ich behaupte nämlich, daß einem Manne,
welcher liebt, wenn er dabei betroffen würde, daß er etwas Schänd-
liches entweder täte oder aus Unmännlichkeit ohne Gegenwehr von
einem andern erduldete, weder von seinem Vater gesehen zu wer-
den soviel Schmerz verursachen würde, noch von seinen Freunden,
noch von sonst irgend jemand als von seinem Liebling. Und das- e
selbe sehen wir von dem Geliebten, daß er sich vorzüglich vor den
Liebhabern schämt, wenn er bei etwas Schlechtem gesehen wird.
Könnte man also irgend bewirken, daß ein Staat oder ein Heer aus
Liebhabern und Lieblingen bestände: so wäre es ja unmöglich, beides
besser zu verwalten, als indem alle sich alles Schändlichen enthalten

179 a und sich gegenseitig um einander beeifern. Und miteinander fech-
tend würden auch nur wenige solcher, um es geradeheraus zu sagen,
alle Menschen besiegen. Denn weniger möchte wohl von seinem
Liebling ein Liebender, daß er seine Reihe verließe oder die Waffen
wegwürfe, gesehen werden wollen als von allen übrigen, und dafür
würde er lieber oftmals sterben wollen. Gar aber den Liebling zu
verlassen oder ihm nicht beizustehen in der Gefahr: so feige ist wohl
keiner, den da nicht Eros selbst zur Tapferkeit begeistern sollte, so
daß er dem gleichkäme, der die beste Anlage dazu hat von Natur.
b Ja gewiß, was Homeros sagt, daß einige der Helden ein Gott mit
Mut beseelte, das leistet Eros den Liebenden.

*[7. Die Liebe gibt Mut zu der von den Göttern am höchsten geschätz-
ten Tat: Opferung für den Geliebten]* Ja gar füreinander sterben
mögen Liebende allein, und nicht Männer nur, sondern sogar Frauen.
Und dessen gibt uns schon Alkestis, die Tochter des Pelias, hinläng-
lichen Beweis für diese Wahrheit vor allen Hellenen, da sie allein
für ihren Gatten sterben wollte, der doch noch Vater und Mutter
c hatte, welche sie aber so weit übertraf an Freundschaft vermöge der
Liebe, daß mit ihr verglichen sie ihrem Sohne fremd zu sein schienen
und nur dem Namen nach ihm angehörig. Und diese Tat, welche sie
verrichtet, wurde für so schön gehalten von den Menschen nicht nur,
sondern auch den Göttern, daß obschon unter vielen, welche viele
schöne Taten verrichtet, doch nur wenigen, leicht zu überzählenden die
Götter diese Gabe verliehen, aus der Unterwelt ihre Seele wieder los-
zulassen, sie doch auch die ihrige losließen aus Freude an der Tat. So
d wollen auch die Götter den Eifer und die Tüchtigkeit in der Liebe
vorzüglich ehren. Orpheus aber, den Sohn des Oiagros, schickten sie
unverrichtetersache aus der Unterwelt zurück, indem sie nur die Er-
scheinung der Frau ihm zeigten, um derentwillen er gekommen war,
nicht aber sie selbst ihm gaben, weil er ihnen weichlich zu sein schien
wie ein Spielmann und nicht das Herz zu haben, der Liebe wegen zu
sterben wie Alkestis, sondern sich lieber ausgedacht hatte, lebend in
die Unterwelt einzugehen. Deshalb auch haben sie ihm Strafe auf-
gelegt und veranstaltet, daß sein Tod durch Weiber erfolgte, nicht
e ihn wie den Achilleus, den Sohn der Thetis, geehrt und in der Seli-
gen Inseln geschickt, weil dieser, da er von seiner Mutter erkundet,
daß er sterben würde, wenn er den Hektor tötete, täte er aber dies
nicht, nach Hause zurückkehren und wohlbetagt enden würde, den-
noch es wagte, lieber seinem Liebhaber Patrokles helfend und ihn
180 a rächend nicht nur für ihn zu sterben, sondern auch nachzusterben
dem Verstorbenen. Weshalb auch die Götter höchlich erfreut ihn
ausgezeichnet geehrt haben, weil er seinen Liebhaber so hoch achtete.
Aischylos aber fabelt, wenn er sagt, Achilleus sei des Patroklos Lieb-
haber gewesen, er, der schöner war nicht nur als Patroklos, sondern
auch als sämtliche Heroen und noch unbärtig, dann auch bei weitem
jünger, wie Homeròs sagt. Sondern in der Tat ehren die Götter zwar
überhaupt ganz vorzüglich diese Tugend, die in der Liebe, weit mehr
b jedoch bewundern und loben und vergelten sie es, wenn so der Ge-

liebte dem Liebhaber anhängt, als wenn der Liebhaber dem Liebling. Denn göttlicher ist der Liebhaber als der Liebling, weil in ihm der Gott ist. Deshalb haben sie auch den Achilleus höher als die Alkestis geehrt durch Absendung in die Inseln der Seligen. So behaupte demnach auch ich, daß unter den Göttern Eros der älteste und herrlichste und der hilfreichste ist für die Menschen zum Besitz der Tugend und Glückseligkeit im Leben und im Tode.

[8. Unterscheidung des himmlischen und des gemeinen Eros]

Diese Rede ungefähr, sagte er, habe Phaidros gesprochen, nach dem c
Phaidros aber einige andere, deren er sich nicht mehr recht erinnere, die er daher auch überging und die Rede des Pausanias mitteilte.

Dieser habe gesagt: Nicht recht gut, o Phaidros, scheint der Gegenstand unserer Reden bestimmt zu sein, daß es uns so schlechthin aufgegeben ist, den Eros zu loben. Denn wenn es nur *einen* Eros gäbe, dann wäre das ganz schön. Nun aber gibt es eben nicht nur einen. Gibt es aber nicht nur einen, so ist wohl richtiger, daß zuvor
bestimmt werde, welchen man loben soll. Ich also will versuchen, d
dies zu berichtigen, zuerst den Eros beschreiben, welcher zu loben ist, und dann auch ihn loben des Gottes würdig. Wir wissen nämlich alle, daß es ohne Eros keine Aphrodite gibt; wenn also diese nur eine wäre, so würde auch ein Eros sein, da nun aber deren zwei sind, muß es auch einen zweifachen Eros geben. Wie sollten aber nicht der Göttinnen zwei sein? Die eine ist ja die ältere, die mutterlose Tochter des Uranos, welcher wir auch den Beinamen der himmlischen geben, und dann die jüngere, des Zeus und der Dione Tochter, welche
wir auch die gemeine nennen. Notwendig also wird auch der eine e
Eros, der Gehilfe der letzteren, mit Recht der gemeine genannt, der andere der himmlische. Preisen nun muß man zwar alle Götter, was aber jedem von diesen beigelegt ist, will ich versuchen zu zeigen. Mit jeder Handlung nämlich verhält es sich so: an und für sich selbst ist sie zu verrichten weder schön noch häßlich. Wie was wir jetzt
tun, trinken, singen, sprechen, davon ist nichts an und für sich schön; 181 a
sondern wie es in der Ausübung gerät, so wird es. Denn schön und recht gemacht, wird es schön; unrecht aber, wird es schlecht. So auch das Lieben und der Eros; nicht jeder ist schön und wert, verherrlicht zu werden, sondern nur, der uns anreizt, schön zu lieben.

[9. Die beiden Arten der Liebe. – Einschätzung der Knabenliebe in ungebildeten und barbarischen Staaten] Der der gemeinen Aphrodite
also ist auch in Wahrheit gemein und bewirkt, was sich eben trifft, b
und dieser ist es, nach welchem die schlechten unter den Menschen lieben. Es lieben aber solche zuerst nicht minder Frauen als Knaben; dann, welche sie nun eben lieben, an denen mehr den Leib als die Seele; dann, soviel sie immer können, die Unvernünftigsten, indem sie nur auf die Befriedigung sehen, unbekümmert, ob auf schöne Weise oder nicht. Daher ihnen denn begegnet, daß sie tun, was ihnen eben vorkommt, gleichermaßen wie das Gute, ebenso auch das Gegenteil. Wie denn auch dieser Eros von der Göttin abstammt, welche

c teils weit jünger ist als die andere, teils auch ihren Ursprung schon
beidem, Weiblichem sowohl als Männlichem, verdankt. Der der
himmlischen aber gehört zuerst einer, welche nicht von Weiblichem,
sondern nur von Männlichem abstammt, und dies ist die Liebe der
Knaben; dann auch der, welche älter ist und keinen Anteil irgend
hat an Frevel. Daher denn wenden sich zu dem Männlichen die von
diesem Eros Angewehten, indem sie das von Natur Stärkere und
mehr Vernunft in sich Habende lieben. Und es unterscheidet einer
wohl leicht auch in der Knabenliebe selbst die ganz rein von diesem
d Eros Getriebenen. Denn sie lieben nicht Kinder, sondern solche, die
schon anfangen Vernunft zu zeigen. Dies trifft aber nahe zusammen
mit dem ersten Bartwuchs. Und die alsdann anfangen zu lieben, sind,
denke ich, darauf eingerichtet, für das ganze Leben vereinigt zu sein
und es in Gemeinschaft hinzubringen, nicht aber den Jüngling, nach-
dem sie seinem Unverstand etwas entlockt, hernach zu verlachen
und von ihm zu einem anderen zu entlaufen. Es sollte aber auch ein
e Gesetz sein, nicht Kinder zu lieben, damit nicht aufs Ungewisse hin
so viele Bemühungen verwendet würden. Denn bei den Kindern ist
der Ausgang ungewiß, wo es hinaus will, ob zur Schlechtigkeit oder
Tugend der Seele und des Leibes. Die Besseren nun setzen sich dieses
Gesetz selbst freiwillig, man soll aber auch jene gemeinen Liebhaber
hierzu nötigen, wie wir sie auch von edlen Frauen, soviel wir nur
182 a vermögen, abhalten, daß sie sie nicht lieben dürfen. Denn diese sind
es, welche auch der Sache die Schmach zugefügt haben, daß manche
sagen durften, es sei schändlich, den Liebhabern zu willfahren. Dies
sagen sie aber nur mit Hinsicht auf diese, weil sie ihre Unzeitigkeit
und Unrechtlichkeit sehen. Denn anständig und sittig betrieben kann
keine Handlung, welche es auch sei, gerechter Tadel treffen.

Was nun aber eigentlich Sitte ist in bezug auf die Liebe, ist in
andern Staaten wohl gar sehr leicht zu erkennen; denn ganz einfach
b ist es bestimmt, die hiesige aber und die in Lakedaimon ist schwierig
und verwickelt. In Elis nämlich und unter den Böotern und wo sonst
man nicht geschickt ist im Reden, da ist es schlechthin zur Sitte ge-
worden, daß man für schön hält, den Liebhabern zu willfahren, und
keiner, weder jung noch alt, wird sagen, es sei schändlich, damit sie,
meine ich, nicht erst Mühe haben, wenn sie versuchen müßten, durch
Reden die Jünglinge zu bewegen, weil sie nämlich unvermögend
sind zu reden. In Ionien aber und sonst an vielen Orten erklärt es
die Sitte für schändlich, wo man nämlich unter Barbaren wohnt.
Denn den Barbaren gilt der unumschränkten Gewalt wegen dies für
c schändlich, so wie auch die Lust zur Wissenschaft und zu den Leibes-
übungen. Denn den Herrschenden, meine ich, ist es nicht zuträglich,
daß große Einsichten sich unter den Beherrschten hervortun, noch
auch starke Freundschaften und Verbindungen, was doch vornehm-
lich pflegt sowohl durch jenes andere alles als auch durch die Liebe
gebildet zu werden. Durch die Tat aber haben dies auch die hiesigen
Tyrannen erfahren; denn des Aristogeiton und Harmodios zu einer
festen Freundschaft gediehene Liebe zerstörte ihre Herrschaft. Also,
wo es für schändlich geachtet ist, den Liebhabern zu willfahren, da

besteht diese Sitte durch Schlechtigkeit derer, welche sie aufgestellt, d
nämlich durch der Herrschenden Begehrlichkeit und der Beherrschten
Unmännlichkeit; wo es aber schlechthin als schön festgestellt ist, da
durch die Trägheit der Seele derer, welche sie aufgestellt. Hier aber
ist eine weit schönere Sitte als jene eingeführt; nur die, wie ich sagte,
nicht leicht ist zu verstehen.

*[10. Erklärung des in Athen bei der Knabenliebe herrschenden
Brauchs]* Denn bedenkt einer, daß gesagt wird, es sei schöner öffent-
lich lieben als verstohlen, und zwar vorzüglich die Edelsten und Be-
sten, wären sie auch minder schön als andere, und was für sonder-
liche Aufmunterung dem Liebenden von allen widerfährt, gar nicht
als ob er etwas Schändliches täte; und daß den Geliebten zu gewin-
nen für schön gehalten wird, ihn nicht zu gewinnen aber für schimpf-
lich, und daß, um den Versuch zu machen, ob er ihn gewinnen kön- e
ne, die Sitte dem Liebhaber freigestellt hat, gar vielerlei verwun-
dernswürdige Dinge zu unternehmen und dafür gelobt zu werden,
wofür, wenn jemand wagen wollte sie zu tun, indem er sonst irgend
etwas verfolgte und erreichen wollte als nur dieses, er den schärfsten 183 a
Tadel ernten würde; denn wer etwa, um Geld von jemand zu be-
kommen oder zu einem Amt und sonstiger Gewalt zu gelangen, das
tun wollte, was Liebhaber ihren Lieblingen tun, mit demütig flehen-
den Stellungen und Gebärden bitten, Eide schwören, sich vor die
Türe lagern und freiwillig Dienstleistungen verrichten, wie sie nicht
einmal ein Knecht verrichtet: so würde er verhindert werden, die
Sache so zu betreiben, von Freunden und Feinden, indem diese ihm
Schmeichelei und Niedrigkeit vorwerfen, jene ihn zurechtweisen und b
sich darüber schämen würden; dem Liebenden aber, wenn er dies
alles tut, wird es gutgeheißen, und es ist ihm herkömmlich zuge-
standen, dies ohne Schande zu tun, weil er nämlich eine gar herrliche
Sache betreibe. Ja das Stärkste ist, wie man doch insgemein sagt, daß
auch, wenn er geschworen hat, für ihn allein Verzeihung bei den
Göttern ist, wenn er den Schwur bricht; denn ein Liebesschwur, sa-
gen sie, sei keiner. So haben Götter sowohl als Menschen dem Lie- c
benden gar viele Freiheit gestattet, wie die hiesige Sitte besagt. Hier-
nach nun sollte man glauben, es gelte in dieser Stadt für etwas gar
Schönes, sowohl zu lieben als den Liebhabern Freund zu werden.
Wenn aber wiederum die Väter Aufseher bestellen für die Geliebten,
um nicht zuzugeben, daß sie sich mit den Liebhabern unterhalten,
und dem Aufseher gerade dies vorzüglich aufgetragen wird, ja auch
die Gespielen und andere es ihnen zum Vorwurf machen, wenn sie
sehen, daß so etwas geschieht, und die Älteren diesen Vorwürfen
nicht Einhalt tun noch sie dafür schelten, als täten sie Unrecht daran, d
auf dieses also wiederum sehend, sollte man im Gegenteil glauben,
daß eben dies hier für das Schändlichste gelte. Es verhält sich aber
damit, glaube ich, folgendergestalt. Nämlich es ist nicht einerlei in
allen Fällen, wie ich schon anfangs sagte, daß es an und für sich
weder schön noch schändlich sei, sondern schön behandelt ist es
schön, anders aber schändlich. Schändlich nämlich ist es, einem

Schlechten und auf schlechte Art gefällig werden; schön aber, einem
Guten und auf schöne Art. Und schlecht ist eben jener gemeine
e Liebhaber, der den Leib mehr liebt als die Seele; wie er auch nicht
einmal beständig ist, da er ja keinen beständigen Gegenstand liebt.
Denn mit der entfliehenden Blüte des Leibes, den er liebte, verschwin-
det auch er und flattert davon, viele Reden und Versprechungen zu-
schanden machend. Der Liebhaber eines Gemütes aber, welches gut
ist, bleibt zeitlebens, denn mit dem Bleibenden hat er sich verschmol-
184 a zen. Diese also will unsere Sitte, daß man wohl und recht prüfe, und
dem einen gefällig sei, den andern aber meide. Deshalb ermuntert
sie den Liebhaber zum Nachjagen, den Geliebten zum Fliehen, indem
sie einen Kampf anstellt und eine Prüfung, zu welchen von beiden
wohl der Liebhaber gehöre und zu welchen der Geliebte. So demnach
und aus dieser Ursache wird zuerst sich schnell gewinnen zu lassen
für schimpflich gehalten, damit es an der Zeit nicht fehle, welche ja
scheint das meiste am besten zu prüfen; dann auch durch Reichtum
oder Gewalt im Staate gewonnen werden ist schimpflich, mag nun
b einer unter übler Begegnung sich beugen und nicht aushalten, oder
wenn man ihm zu Reichtümern und zu seinen Absichten im Staate
verhilft, dies nicht verschmähen. Denn nichts dergleichen scheint sehr
sicher und beständig zu sein, ungerechnet noch, daß auch nicht ein-
mal eine wahre Freundschaft daraus entstehen kann. Ein Weg also
ist nach unseren Sitten noch übrig, wie es schön sein kann, daß ein
Liebling seinem Liebhaber gefällig werde. Denn es ist unter uns
Sitte, daß so, wie die Liebhaber ihren Lieblingen freiwillig jeglichen
c Dienst leisten durften, ohne daß es ihnen als Schmeichelei angerech-
net wurde oder als sonst etwas Schimpfliches, so noch eine einzige
freiwillige Dienstbarkeit übrig ist, welche nicht schimpflich ist, und
das ist die um die Tugend.

*[11. Die eine schöne Form der Knabenliebe. – Das Schlucken des
Aristophanes]* Denn das ist bei uns Sitte, wenn jemand einem andern
ergeben sein will, weil er glaubt, besser durch ihn zu werden, es sei
in irgendeiner Einsicht oder in einem andern Teile der Tugend, daß
ein solcher freiwilliger Dienst nicht schändlich sei noch eine Niedrig-
keit. Diese beiden Satzungen nun muß man zusammenbringen in
d eins, jene über die Knabenliebe und diese über die Philosophie und
die Tugend, wenn es sich fügen soll, daß es schön sei, ein Liebling
werde seinem Liebhaber gefällig. Denn wenn so beide zusammen-
treffen, Liebhaber und Liebling, daß jeder die Meinung für sich hat,
jener die, daß er recht daran tue, dem Liebling, der ihm gefällig ge-
worden, jeglichen Dienst zu erzeigen, dieser aber die, daß es recht
sei, dem, der ihn weise und gut macht, was es auch immer sei zu
erweisen, und dann jener auch wirklich vermag, zur Weisheit und
e Tugend behilflich zu sein, dieser aber begehrt, zur Bildung und zu
jeglicher Art der Weisheit Hilfe zu erlangen, dann also, wenn diese
beiden Satzungen in eins zusammenkommen, da allein trifft es auch
zu, daß es schön ist für den Liebling, dem Liebhaber gefällig zu sein,
sonst aber nirgends. Und in diesem Falle ist selbst getäuscht zu wer-

den nichts Schändliches; in jedem andern aber bringt es Schande, mag nun einer getäuscht werden oder auch nicht. Denn wenn einer einen Liebhaber als einem Reichen um des Reichtums willen gefällig 185 a
geworden und damit hintergangen wäre, daß er kein Geld bekäme, weil sich eben zeigte, daß der Liebhaber arm ist, so bliebe die Sache doch um nichts minder schlecht. Denn ein solcher, denkt man, hat doch das Seinige gezeigt, daß er um des Geldes willen jedem jedes tun würde, und das ist nicht schön. Aus demselben Grunde nun, wenn jemand einem als einem Guten gefällig geworden und um selbst besser zu werden durch die Freundschaft seines Liebhabers, hierin aber hintergangen wäre, indem es sich zeigte, daß jener schlecht ist und selbst keine Tugend besitzt: so ist doch auch die Täu- b
schung schön. Denn auch dieser wiederum scheint doch, soviel an ihm lag, gezeigt zu haben, daß er der Tugend wegen und um besser zu werden allen zu allen Dingen bereit wäre, und dies wiederum ist unter allem das Schönste. So ist es doch auf alle Weise schön, der Tugend wegen sich hinzugeben. Dieses ist der Eros der himmlischen Göttin und selbst himmlisch und viel wert dem Staat und den einzelnen, indem er den Liebenden nötigt, viel Sorgfalt auf seine eigne Tugend zu wenden, und auch den Geliebten; jeder andere Eros aber c
gehört der anderen, der gemeinen. Dieses, sagte er, ist es, o Phaidros, was ich dir so im Augenblick über den Eros darbieten kann.

Als nun Pausanias ausgesagt hatte, denn so lehren mich die Kunstkenner die gleichen Töne suchen, sollte, wie Aristodemos sprach, Aristophanes reden. Es hätte ihn aber eben, sei es nun aus Überfüllung oder sonst einer Ursache, ein Schlucken überfallen, und er sei nicht imstande gewesen zu reden, sondern habe gesagt – zu- d
nächst neben ihm habe nämlich der Arzt Eryximachos gelegen: O Eryximachos, dir kommt es zu, mir entweder den Schlucken zu vertreiben oder für mich zu reden, bis er mir vergeht. Darauf habe Eryximachos geantwortet: Das will ich beides tun; ich will nämlich an deiner Stelle reden, und du hernach, wenn es vorüber ist, an der meinigen. Und indes ich rede, wird dir vielleicht, wenn du nur recht lange den Atem an dich halten willst, der Schlucken vergehen; wo nicht, so spüle ihn mit Wasser hinunter. Wenn er aber recht hart- e
näckig ist, so nimm etwas, womit du die Nase reizen kannst, und niese; und wenn du dies ein- oder zweimal getan hast, wird er vergehen, wenn er auch noch so heftig ist. – So fange nun an zu reden, habe Aristophanes gesagt, und ich will dieses tun.

[12. Der zweifache Eros als wirksam in allen göttlichen und menschlichen Dingen]

Darauf habe Eryximachos so gesprochen: Es scheint mir nötig zu sein, da Pausanias zwar einen schönen Ansatz genommen zu seiner Rede, sie aber nicht befriedigend zu Ende geführt hat, daß ich versuchen müsse, der Rede ihren Schluß zu geben. Denn daß es einen 186 a
zwiefachen Eros gibt, dünkt er mich sehr richtig unterschieden zu haben; daß er aber nicht allein über die Seelen der Menschen waltet in Beziehung auf die Schönen, sondern auch auf vieles andere, und

auch in allen andern Dingen, in den Leibern aller Tiere sowohl als
in den Gewächsen der Erde, und kurz in allem was ist, das glaube
ich ersehen zu haben aus unserer Kunst, der Heilkunde, wie groß
b und bewunderungswürdig der Gott ist und über alles sich erstreckt
in menschlichen sowohl als göttlichen Dingen. Anfangen aber will
ich meine Rede mit der Heilkunde, um doch meiner Kunst Ehre zu
erzeigen. Auch die Natur der Leiber nämlich hat diese zwiefache
Liebe. Denn der gesunde Zustand des Leibes und der kranke sind
eingestandenermaßen verschieden und unähnlich; und das Unähn-
liche begehrt auch und liebt Unähnliches. Ein anderer Eros also ist
der über den Gesunden und ein anderer der über den Kranken. Und
es ist, wie auch eben Pausanias sagte, den Guten unter den Menschen
c zu willfahren schön; den Ungebändigten aber häßlich. So ist es auch
mit den Leibern selbst; dem, was gut ist an einem jeden Leibe und
gesund, ist es schön zu willfahren, und es gehört sich, und dies ist
eben das, was wir heilkundig nennen; dem Schlechten aber und
Krankhaften wäre es schändlich, und dem muß sich verweigern, wer
irgend kunstverständig sein will. Denn die Heilkunde ist, um es in
kurzem zu sagen, die Erkenntnis der Liebesregungen des Leibes in
bezug auf Anfüllung und Ausleerung; und wer in diesen Dingen die
d schöne und die schlechte Liebe unterscheidet, dieser ist der Heilkun-
digste, und wer zum Tauschen bewegt, daß man statt der einen
Liebe die andere sich aneigne, und wer, denen keine Liebe einwohnt
und doch einwohnen sollte, sie beizubringen versteht oder eine ein-
wohnende zu benehmen, der wäre der treffliche Künstler. Denn die-
ser muß das Feindseligste im Leibe einander zu befreunden wissen,
daß es sich liebe. Das Feindseligste aber ist das Entgegengesetzteste,
das Kalte dem Warmen, das Bittre dem Süßen, das Trockne dem
e Nassen und alles dergleichen. Daß diesen Liebe und Wohlwollen
unser Ahnherr Asklepios einzuflößen verstand, dadurch hat er, wie
die Dichter hier sagen und ich es glaube, unsere Kunst gegründet.
Die Heilkunde also wird, wie gesagt, ganz von diesem Gott geleitet,
187 a ebenso auch die Gymnastik und der Landbau. Von der Tonkunst
aber muß jedem offenbar sein, der nur ein wenig Nachdenken daran
wendet, daß es sich mit ihr ebenso verhält wie mit jenen, was viel-
leicht auch Herakleitos sagen will, denn den Worten nach hat er es
nicht richtig ausgedrückt. Er sagt nämlich, daß das Eins «in sich
entzweit sich mit sich einige» «wie die Stimmung einer Lyra oder
eines Bogens». Es ist aber große Unvernunft, zu sagen, eine Harmonie
sei in sich entzweit oder könne aus noch Entzweitem bestehen. Viel-
leicht aber wollte er dieses sagen, daß sie aus dem vorher entzwei-
b ten Höheren und Tieferen, hernach aber einig Gewordenen durch
die Tonkunst entstanden sei. Denn unmöglich kann aus noch ent-
zweitem Höheren und Tieferen eine Harmonie bestehen. Denn Har-
monie ist Zusammenstimmung, Zusammenstimmung aber ist eine
Eintracht; Eintracht aber kann unter Entzweitem, solange es entzweit
ist, unmöglich sein; und das Entzweite und nicht Einträchtige kann
wiederum unmöglich zusammenstimmen. Wie auch das Zeitmaß
c aus dem Schnellen und Langsamen, vorher freilich entzweiten, her-

nach aber einig gewordenen, entsteht. Eintracht nun weiß allem die-
sem, wie dort die Heilkunst, so hier die Tonkunst einzuflößen, indem
sie gegenseitig jedem Liebe und Wohlwollen einbildet. Und so ist
wiederum die Tonkunst eine Wissenschaft der Liebe in bezug auf
Harmonie und Zeitmaß. Und in dem Aufstellen des Wohllautes und
des Zeitmaßes selbst ist es wohl nicht schwer, die Liebesregungen zu
erkennen, noch findet sich hierin jener zwiefache Eros. Allein, wenn
man vor den Menschen Wohllaut und Zeitmaß in Anwendung brin-
gen soll, es sei nun dichtend, was man das Tonsetzen nennt, oder d
nur bereits gedichtete Gesänge und Silbenmaße recht gebrauchend,
was die Ausübung heißt, alsdann ist es schwer und bedarf eines
tüchtigen Meisters. Denn hier tritt wieder dasselbe Verhältnis ein,
daß man den sittlichen Menschen, und damit auch die sittlicher wer-
den, die es noch nicht sind, gefällig sein und ihre Liebe wohl in acht
nehmen muß; und dies eben ist der schöne himmlische Eros, der der
Muse Urania angehört, der andere aber der Polyhymnia ist der ge- e
meine, den man mit großer Vorsicht anwenden muß, bei wem man
ihn ja anwendet, damit man die Lust von ihm zwar einernte, er aber
doch keine Ungebundenheit hervorbringe, so wie es in unserer Kunst
gar schwer ist, mit den Gelüsten, die sich auf die Kochkunst beziehen,
richtig zu verfahren, um die Lust davon zu genießen ohne Krank-
heit. Also in der Tonkunst wie in der Heilkunst und in allen übri-
gen menschlichen und göttlichen Dingen muß man, soweit es ver-
gönnt ist, auf den zwiefachen Eros wohl acht haben; denn vorhan-
den sind beide darin.

[13. Der Eros in der Natur und als Objekt der Wahrsagekunst. — Aristophanes über das Ende des Schluckens]

Dann auch die Anordnung der Jahreszeiten und der Witterung 188 a
ist voll von beiden. Wenn nämlich der sittige Eros gegenseitig in
dem schon Erwähnten waltet, dem Warmen und Kalten, Trocknen
und Feuchten, und sie zu einer wohlgeordneten Stimmung und Mi-
schung gelangen, dann bringen sie Gedeihen und Gesundheit dem
Menschen und den übrigen Tieren sowohl als Pflanzen und beschä-
digen nichts. Wenn aber der frevelhafte Eros die Oberhand gewinnt
in den abwechselnden Zeiten des Jahres, so verdirbt und beschädigt
er das meiste. Die Seuchen nämlich pflegen aus dergleichen zu ent- b
stehen und vielerlei andere Krankheiten unter den Tieren und den
Gewächsen. Denn auch Reif und Hagel und Meltau entstehen aus
Unmäßigkeit und Unordnung der Liebesregungen dieser Art, deren
Erkenntnis im Lauf der Gestirne und im Wechsel der Jahreszeiten
die Sternkunde heißt. Ferner auch alle Opferungen und was sonst die
Wahrsagekunst unter sich hat, denn dies insgesamt ist die Gemein-
schaft der Götter und Menschen untereinander, haben es mit nichts c
anderem zu tun als mit Pflege und Heilung der Liebe. Denn alle
Ruchlosigkeit pflegt zu entstehen, wenn jemand nicht dem sittigen
Eros willfährt, noch ihm Ehre und Vorrang einräumt in allen Dingen,
sondern dem andern sowohl im Verhältnis gegen die Eltern, sie mö-
gen leben oder abgeschieden sein, als gegen die Götter, worin eben

der Wahrsagekunst obliegt, beiderlei Eros zu beaufsichtigen und zu heilen. Und so ist wiederum auch die Wahrsagekunst die Stifterin
d der Freundschaft zwischen Göttern und Menschen vermöge der Erkenntnis derjenigen Liebesregungen unter den Menschen, welche auf Gottesfurcht und Ruchlosigkeit ausgehen. So vielfache und große oder vielmehr alle Kraft besitzt Eros überhaupt; der aber an dem Guten mit Besonnenheit und Gerechtigkeit sich erweist, der hat bei uns und bei den Göttern die meiste Gewalt und bereitet uns jede Glückseligkeit, daß wir sowohl miteinander umgehen können und befreundet sein als auch mit den Herrlicheren als wir, den Göttern.
e Vielleicht nun habe auch ich den Eros lobpreisend vieles vorbeigelassen, wiewohl gewiß nicht gern. Habe ich aber etwas ausgelassen: so ist nun deine Sache, Aristophanes, es zu ergänzen. Oder hast du auch im Sinne, noch auf eine andere Weise den Gott zu preisen, so preise ihn, zumal du auch des Schluckens ledig bist.

189 a Darauf habe, sagte er, Aristophanes das Wort genommen und gesagt: Freilich hat er aufgehört, aber doch nicht eher, bis er mit dem Niesen behandelt worden ist, so daß mich auch wundert, habe er hinzugefügt, wie doch das Wohlgeordnete des Leibes solches Geräusch und solchen Kitzel begehren mag, wie doch das Niesen ist; denn er hörte gleich auf, sobald ich nur das Niesen anwendete. Darauf habe Eryximachos gesagt: Guter Aristophanes, siehe wohl zu, was du tust! Du ziehst mich auf, indem du im Begriff bist zu reden,
b und nötigst mich also, selbst der Aufpasser deiner Rede zu werden, ob du nicht auch etwas Lächerliches sagst, da du sonst könntest ganz in Frieden geredet haben. – Darauf habe Aristophanes lachend entgegnet: Wohl gesprochen, Eryximachos, und das Gesagte soll mir ungesagt sein. Also laure mir nicht auf, da ich ohnehin schon besorgt bin um das, was ich zu sagen denke, nicht ob ich nicht Lächerliches sagen werde, denn das wäre ja ein Gewinn und meiner Muse einheimisch, sondern ob nicht Belachenswertes. – Nachdem du abgeschossen, habe jener gesagt, denkst du zu entkommen, Aristophanes? Gib nur wohl Achtung und rede wie einer, der sich wird ver-
c antworten müssen. Vielleicht indes, wenn es mir ansteht, lasse ich dich auch durch.

[14. Die ursprüngliche Natur des Menschen; Herkunft und Art seiner drei Geschlechter]

Allerdings, habe also Aristophanes gesagt, habe ich im Sinne, ganz anders zu reden, als ihr beide, du und Pausanias, gesprochen habt. Denn mir scheinen die Menschen durchaus der wahren Kraft des Eros nicht innegeworden zu sein. Denn wären sie es: so würden sie ihm die herrlichsten Heiligtümer und Altäre errichten und die größten Opfer bereiten, und es würde nicht wie jetzt gar nichts dergleichen für ihn geschehen, dem es doch ganz vorzüglich geschehen sollte. Denn er ist der menschenfreundlichste unter den Göttern, da
d er der Menschen Beistand und Arzt ist in demjenigen, aus dessen Heilung die größte Glückseligkeit für das menschliche Geschlecht erwachsen würde. Ich also will versuchen, euch seine Kraft zu erklä-

ren, und ihr sollt dann die Lehrer der übrigen sein. Zuerst aber müßt ihr die menschliche Natur und deren Begegnisse recht kennenlernen. Nämlich unsere ehemalige Natur war nicht dieselbe wie jetzt, sondern eine ganz andere. Denn erstlich gab es drei Geschlechter von Menschen, nicht wie jetzt nur zwei, männliches und weibliches, son-
dern es gab noch ein drittes dazu, welches das gemeinschaftliche war e
von diesen beiden, dessen Name auch noch übrig ist, es selbst aber ist verschwunden. Mannweiblich nämlich war damals das eine, Gestalt und Benennung zusammengesetzt aus jenen beiden, dem männlichen und weiblichen, jetzt aber ist es nur noch ein Name, der zum Schimpf gebraucht wird. Ferner war die ganze Gestalt eines jeden Menschen rund, so daß Rücken und Brust im Kreise herumgingen. Und vier Hände hatte jeder und Schenkel ebensoviel wie Hände, und zwei Angesichter auf einem kreisrunden Halse einander genau ähn-
lich, und einen gemeinschaftlichen Kopf für beide einander gegen- 190 a
überstehende Angesichter, und vier Ohren, auch zweifache Schamteile, und alles übrige wie es sich hieraus ein jeder weiter ausdenken kann. Er ging aber nicht nur aufrecht wie jetzt, nach welcher Seite er wollte, sondern auch, wenn er schnell wohin strebte, so konnte er, wie die Radschlagenden jetzt noch, indem sie die Beine gerade im Kreise herumdrehen, das Rad schlagen, ebenso auf seine acht Gliedmaßen gestützt sich sehr schnell im Kreise fortbewegen. Diese drei
Geschlechter gab es aber deshalb, weil das männliche ursprünglich b
der Sonne Ausgeburt war und das weibliche der Erde, das an beidem teilhabende aber des Mondes, der ja auch selbst an beiden teilhat. Und kreisförmig waren sie selbst und ihr Gang, um ihren Erzeugern ähnlich zu sein. An Kraft und Stärke nun waren sie gewaltig und hatten auch große Gedanken, und was Homeros vom Ephialtes und Otos sagt, das ist von ihnen zu verstehen, daß sie sich einen Zugang
zum Himmel bahnen wollten, um die Götter anzugreifen. c

[15. Bestrafung des menschlichen Übermuts durch Zeus und Zustandekommen der jetzigen menschlichen Art] Zeus also und die anderen Götter ratschlagten, was sie ihnen tun sollten, und wußten nicht, was. Denn es war weder tunlich, sie zu töten und, wie die Giganten sie niederdonnernd, das ganze Geschlecht wegzuschaffen, denn so wären ihnen auch die Ehrenbezeugungen und die Opfer der Menschen mit weggeschafft worden, noch konnten sie sie weiter freveln lassen. Mit Mühe endlich hatte sich Zeus etwas ersonnen und sagte: Ich glaube nun ein Mittel zu haben, wie es noch weiter Menschen geben kann und sie doch aufhören müssen mit ihrer Ausgelassenheit, wenn
sie nämlich schwächer geworden sind. Denn jetzt, sprach er, will ich d
sie jeden in zwei Hälften zerschneiden, so werden sie schwächer sein und doch zugleich uns nützlicher, weil ihrer mehr geworden sind, und aufrecht sollen sie gehen auf zwei Beinen. Sollte ich aber merken, daß sie noch weiter freveln und nicht Ruhe halten wollen, so will ich sie, sprach er, noch einmal zerschneiden, und sie mögen dann auf einem Beine fortkommen wie Kreisel. Dies gesagt, zerschnitt er die Menschen in zwei Hälften, wie wenn man Früchte zerschneidet,

e um sie einzumachen, oder wenn sie Eier mit Haaren zerschneiden.
Sobald er aber einen zerschnitten hatte, befahl er dem Apollon, ihm
das Gesicht und den halben Hals herumzudrehen nach dem Schnitte
hin, damit der Mensch, seine Zerschnittenheit vor Augen habend,
sittsamer würde, und das übrige befahl er ihm auch zu heilen. Dieser
also drehte ihm das Gesicht herum, zog ihm die Haut von allen Sei-
ten über das, was wir jetzt den Bauch nennen, herüber, und wie
wenn man einen Beutel zusammenzieht, faßte er es in eine Mün-
dung zusammen und band sie mitten auf dem Bauche ab, was wir
jetzt den Nabel nennen. Die übrigen Runzeln glättete er meistenteils
191 a aus und fügte die Brust einpassend zusammen, mit einem solchen
Werkzeuge, wie womit die Schuster über dem Leisten die Falten aus
dem Leder ausglätten, und nur wenige ließ er stehen um den Bauch
und Nabel, zum Denkzeichen des alten Unfalls. Nachdem nun die
Gestalt entzweigeschnitten war, sehnte sich jedes nach seiner andern
Hälfte, und so kamen sie zusammen, umfaßten sich mit den Armen
und schlangen sich ineinander, und über dem Begehren zusammen-
b zuwachsen starben sie aus Hunger und sonstiger Fahrlässigkeit, weil
sie nichts getrennt voneinander tun wollten. War nun die eine Hälfte
tot und die andere blieb übrig, so suchte sich die übriggebliebene eine
andere und umschlang sie, mochte sie nun auf die Hälfte einer ehe-
maligen ganzen Frau treffen, was wir jetzt eine Frau nennen, oder
auf die eines Mannes, und so kamen sie um. Da erbarmte sich Zeus
und gab ihnen ein anderes Mittel an die Hand, indem er ihnen die
Schamteile nach vorne verlegte, denn vorher trugen sie auch diese
c nach außen und erzeugten nicht eines in dem andern, sondern in die
Erde wie die Zikaden. Nun aber verlegte er sie ihnen nach vorne und
bewirkte vermittels ihrer das Erzeugen ineinander, in dem Weib-
lichen durch das Männliche, deshalb, damit in der Umarmung, wenn
der Mann eine Frau träfe, sie zugleich erzeugten und Nachkommen-
schaft entstände, wenn aber ein Mann den andern, sie doch eine Be-
friedigung hätten durch ihr Zusammensein und erquickt sich zu
ihren Geschäften wenden und, was sonst zum Leben gehört, besor-
gen könnten. Von so langem her also ist die Liebe zueinander den
d Menschen angeboren, um die ursprüngliche Natur wiederherzustel-
len, und versucht aus zweien eins zu machen und die menschliche
Natur zu heilen.

*[16. Eros als Geleiter und Rückführer in die alte Natur ist Urheber
des größten Gutes]* Jeder von uns ist also ein Stück von einem Men-
schen, da wir ja zerschnitten, wie die Schollen, aus einem zwei ge-
worden sind. Also sucht nun immer jedes sein anderes Stück. Welche
Männer nun von einem solchen Gemeinschaftlichen ein Schnitt sind,
was damals Mannweib hieß, die sind weiberliebend, und die meisten
Ehebrecher gehören zu diesem Geschlecht, und so auch, welche Wei-
e ber männerliebend sind und ehebrecherisch, die kommen aus diesem
Geschlecht. Welche Weiber aber Abschnitte eines Weibes sind, die
kümmern sich nicht viel um die Männer, sondern sind mehr den
Weibern zugewendet, und die Tribaden kommen aus diesem Ge-

schlecht; die aber Schnitte eines Mannes sind, suchen das Männliche
auf, und so lange sie noch Knaben sind, lieben sie als Schnittstücke
des Mannes die Männer, und bei Männern zu liegen und sich mit
ihnen zu umschlingen ergötzt sie, und dies sind die trefflichsten un- 192 a
ter den Knaben und heranwachsenden Jünglingen, weil sie die
männlichsten sind von Natur. Einige nun nennen sie zwar schamlos,
aber mit Unrecht. Denn nicht aus Schamlosigkeit tun sie dies, sondern
weil sie mit Mut und Kühnheit und Mannhaftigkeit das ihnen Ähn-
liche lieben. Davon ist ein großer Beweis, daß, wenn sie vollkommen
ausgebildet sind, solche Männer vorzüglich für die Angelegenheiten
des Staates gedeihen. Sind sie aber mannbar geworden, so werden sie
Knabenliebe haben; zur Ehe aber und Kinderzeugung haben sie von b
Natur keine Lust, sondern nur durch das Gesetz werden sie dazu ge-
nötigt, ihnen selbst wäre es genug, untereinander zu leben unverehe-
licht. Auf alle Weise also wird ein solcher ein Knabenliebhaber und
ein Liebhaberfreund, indem er immer dem Verwandten anhängt.
Wenn aber einmal einer seine wahre eigne Hälfte antrifft, ein Kna-
benfreund oder jeder andere, dann werden sie wunderbar entzückt
zu freundschaftlicher Einigung und Liebe und wollen sozusagen auch c
nicht die kleinste Zeit voneinander lassen; und die ihr ganzes Le-
ben lang miteinander verbunden bleiben, diese sind es, welche auch
nicht einmal zu sagen wüßten, was sie voneinander wollen. Denn
dies kann doch wohl nicht die Gemeinschaft des Liebesgenusses sein,
daß um deswillen jeder mit so großem Eifer trachtete, mit dem an-
dern zusammen zu sein; sondern offenbar ist, daß die Seele beider,
etwas anderes wollend, was sie aber nicht aussprechen kann, es nur d
andeutet und zu raten gibt. Und wenn, indem sie zusammenliegen,
Hephaistos vor sie hinträte, seine Werkzeuge in der Hand, und sie
fragte: Was ist es denn eigentlich, was ihr wollt, ihr Leute, von
einander, und wenn sie dann nicht zu antworten wüßten, sie weiter
fragte: Begehrt ihr etwa dieses, soviel als möglich zusammenzusein,
daß ihr euch Tag und Nacht nicht verlassen dürftet? Denn wenn das
euer Begehren ist: so will ich euch zusammenschmelzen und in eins
zusammenschweißen, so daß ihr statt zweier einer seid und, so lange e
ihr lebt, beide zusammen als einer lebt, und wenn ihr gestorben seid,
auch dort in der Unterwelt nicht zwei, sondern gemeinsam gestorben
ein Toter seid. Also seht zu, ob ihr dies liebt und zufrieden sein
werdet, wenn ihr es erreicht. Dies hörend, das wissen wir gewiß,
würde auch nicht einer sich weigern oder zu erkennen geben, daß er
etwas anderes wollte, sondern jeder würde eben das gehört zu ha-
ben glauben, wonach er immer schon strebte, durch Nahesein und
Verschmelzung mit dem Geliebten aus zweien einer zu werden. Hier-
von ist nun dies die Ursache, daß unsere ursprüngliche Beschaffen-
heit diese war und wir ganz waren, und dies Verlangen eben und
Trachten nach dem Ganzen heißt Liebe. Und vor diesem, wie gesagt, 193 a
waren wir eins, jetzt aber sind wir der Ungerechtigkeit wegen von
dem Gott auseinandergelegt und verteilt worden wie die Arkadier
von den Lakedaimoniern. Es steht also zu besorgen, wenn wir uns
nicht sittsam betragen gegen die Götter, daß wir noch einmal zer-

spalten werden und so herumgehen müssen wie die auf den Grab-
steinen Ausgeschnittenen, die mitten durch die Nase gespalten sind,
und daß wir dann werden wie die geteilten Würfel, von denen die
andere Hälfte der andere hat. Aber aus dieser Ursache sollte nun je-
der Mann jedem zureden, den Göttern Ehrfurcht zu beweisen, damit
b wir diesem entgehen, jenes aber erlangen, wozu Eros uns führt und
befehligt. Dem nun wolle ja niemand entgegenhandeln; es handelt
dem aber entgegen, wer sich den Göttern verhaßt macht. Denn sind
wir diesen befreundet und mit dem Gotte in gutem Vernehmen: so
werden wir jeder unsern eignen Liebling finden und besitzen, was
jetzt nur wenigen begegnet. Und Eryximachos lege es mir nicht, um
meine Rede auf Spott zu ziehen, so aus, als meinte ich den Pausa-
c nias und Agathon. Denn vielleicht gehören auch sie zu diesen und
sind beide von Natur männlich. Sondern ich meine es von allen
insgesamt, Männern und Frauen, daß so unser Geschlecht glückselig
würde, wenn es uns in der Liebe gelänge und jeder seinen eigentüm-
lichen Liebling gewönne, um so zur ursprünglichen Natur zurück-
zukehren. Wenn nun dieses das beste ist: so wird notwendig unter
dem uns jetzt zu Gebote Stehenden das beste sein, was jenem am
nächsten kommt, und das heißt einen Liebling zu finden, der jedem
nach seinem Sinne geartet ist. Und wollen wir dafür den Gott, von
d dem es uns herkommt, besingen, so müssen wir ja allerdings den
Eros besingen, der uns jetzt schon so viel Gutes erzeigt, indem er
uns zu dem Verwandten hinführt, für die Zukunft aber uns die
größte Hoffnung gibt, uns, wenn wir nur Ehrfurcht den Göttern be-
weisen, zur ursprünglichen Natur herstellend und heilend, glücklich
und selig zu machen.

[17. Besorgnis des Sokrates und Agathons Herzhaftigkeit]

Dies, o Eryximachos, sprach er, ist meine Rede vom Eros, eine
ganz andere als die deinige. Wie ich dich nun schon gebeten habe,
ziehe sie nicht auf Spott, damit wir auch die übrigen hören, was sie
e alle sagen werden oder vielmehr beide, denn nur Agathon und So-
krates sind noch zurück. Wohl, ich will dir folgen, habe Eryximachos
gesagt, denn auch mir ist die Rede ganz zu Danke gewesen, und
wenn ich nicht wüßte, daß Sokrates und Agathon Meister sind in
Liebessachen, würde mir gar bange sein, ob es ihnen nicht fehlen
möchte, da schon so viel und vielerlei ist geredet worden. Nun aber
habe ich doch guten Mut. – Darauf habe Sokrates gesagt: Du hast
194 a eben deine Sache gut bestanden, Eryximachos; wenn du aber wärest,
wo ich bin, oder vielmehr wo ich sein werde, wenn auch Agathon
erst noch geredet hat: so würde dir gewiß gar bange sein, und du
wärest in allen Nöten, wie ich jetzt bin. – Du willst mich verzau-
bern, Sokrates, habe darauf Agathon gesagt, daß ich in Verwirrung
geraten soll, wenn ich glaube, das Haus habe eine große Erwartung
von mir, daß ich gut sprechen würde. – Sehr vergeßlich müßte ich
b dann sein, o Agathon, habe Sokrates gesagt, da ich deine Herzhaf-
tigkeit und Hochsinnigkeit gesehen habe, als du mit den Schauspie-
lern die Bühne bestiegst und auf ein so großes Haus hinübersahst,

vor welchem du deine Reden darstellen solltest, ohne doch im min-
desten bestürzt zu sein, wenn ich glauben sollte, du würdest jetzt
in Verwirrung geraten vor uns wenigen Leutlein! – Wie doch, So-
krates, habe Agathon gesagt, du glaubst doch nicht, die Bühne habe
mir den Kopf so eingenommen, daß ich nicht wüßte, wie den Ver-
ständigen wenige Einsichtsvolle bänger machen als noch so viele Un-
wissende. – Freilich wäre es nicht wohl getan, o Agathon, habe So- c
krates gesagt, wenn ich von dir etwas Unfeines glauben wollte;
vielmehr weiß ich wohl, daß, wenn du auf solche träfest, die du für
weise hieltest, du mehr aus ihnen machen würdest als aus der Menge.
Aber wir mögen nur gar nicht solche sein. Denn wir waren ja auch
dort zugegen und gehörten mit zu der Menge. Wenn du also auf
andere weise Männer träfest, so würdest du dich wohl vor ihnen
schämen, wenn du etwa glaubtest, etwas schlecht zu machen. Oder
wie meinst du es? – Ganz recht, habe jener geantwortet. – Vor der
Menge aber würdest du dich nicht schämen, wenn du glaubtest, et-
was schlecht zu machen? – Darauf sei aber Phaidros eingefallen und d
habe gesagt: Lieber Agathon, wenn du dem Sokrates Antwort gibst,
so wird er sich gar nichts daraus machen, wie es hier sonst noch wei-
tergeht, wenn er nur einen hat, mit dem er Gespräch führen kann,
zumal einen Schönen. Nun höre zwar auch ich gar gern den Sokrates
Gespräch führen; jetzt aber muß ich dem Eros für seine Lobreden
Sorge tragen und von jedem unter euch seine Rede in Empfang neh-
men. Habt ihr nun beide dem Gotte das Eurige dargebracht, dann
mag er immer Gespräch führen. – Wohl gesprochen, Phaidros, habe e
Agathon gesagt, und nichts hindert mich zu reden. Denn mit dem
Sokrates kann ich ja auch nachher noch oft mich unterhalten.

[18. Die Beschaffenheit des Eros: Er ist der jüngste und zarteste Gott]

Ich also will zuerst sagen, wie ich zu reden gedenke, und dann
reden. Denn alle, welche bis jetzt gesprochen haben, schienen mir
nicht den Gott zu loben, sondern die Menschen selig zu preisen um
das Gute, dessen Urheber ihnen der Gott ist; was für einer er aber
selbst ist, der ihnen dies alles gewährt hat, das hat keiner gesagt.
Die einzige richtige Weise aber eines jeden Lobes für jeden ist, in 195 a
der Rede zu zeigen, welchartig und welchartiger Dinge Urheber der
ist, von dem geredet wird. Auf diese Weise also gebührt auch uns,
den Eros zu loben, zuerst ihn selbst, wie er beschaffen ist, und dann
seine Gaben. Daher behaupte ich, daß, da alle Götter glückselig sind,
Eros, wenn es verstattet und unfrevelhaft ist zu sagen, der glückse-
ligste unter ihnen ist, weil der schönste und beste. Er ist aber der
schönste, inwiefern ein solcher: Zuerst als der jüngste unter den
Göttern, o Phaidros. Einen großen Beweis für diese Behauptung gibt b
er uns selbst, indem er fliehend dem Alter entkommt, welches offen-
bar doch schnell ist, schneller wenigstens als billig ereilt es uns, wel-
ches, sage ich, Eros seiner Natur nach haßt und ihm auch von weitem
nicht nahekommt. Mit der Jugend aber gesellt er sich und gefällt
sich, und ganz recht hat jene alte Rede, daß das Ähnliche immer
zum Ähnlichen sich hält. Daher ich, wiewohl in vielem andern mit

dem Phaidros einstimmend, hierin nicht mit ihm einstimme, daß
Eros älter sei als Kronos und Iapetos. Sondern ich behaupte, er ist
c der jüngste unter den Göttern und immer jung, und jene alten Hän-
del unter den Göttern, von denen Hesiodos und Parmenides reden,
müssen sich unter der Notwendigkeit ereignet haben, nicht unter
dem Eros, wenn anders jene wahr erzählt haben. Denn sie würden
einander nicht verschnitten und in Bande geworfen und sonst vieler-
lei Gewaltsames verübt haben, wenn Eros unter ihnen gewesen
wäre, sondern einander geliebt und friedlich gelebt wie jetzt, seit
Eros über die Götter regiert. Jung also ist er, nächst der Jugend aber
d auch zart, und es bedarf eines Dichters, wie Homeros einer war, um
des Gottes Zartheit anschaulich zu machen. Homeros nämlich sagt
von der Ate, sie sei eine Göttin und zart, wenigstens ihre Füße will
er als zart beschreiben und sagt, «leicht schweben die Füß' ihr, nim-
mer dem Grund auch nahet sie, nein, hoch wandelt sie her auf den
Häuptern der Männer», und scheint mir aus einem guten Grunde ihre
Zartheit zu beweisen, daß sie nicht auf Hartem wandelt, sondern auf
Weichem. Desselben Beweises nun wollen wir uns auch für den Eros
e bedienen, daß er zart ist. Denn weder auf der Erde wandelt er noch
auf Hirnschädeln, die eben nicht sonderlich weich sind, sondern auf
dem Weichsten unter allen wandelt er und bewohnt es. Nämlich in
den Gemütern und Seelen der Götter und Menschen schlägt er seinen
Wohnsitz auf, und auch nicht der Reihe nach ohne Ausnahme in
allen Seelen, sondern begegnet er einer von harter Gesinnung, bei
der geht er vorüber, die aber eine weiche hat, bei der zieht er ein.
Der nun mit den Füßen und überall nur das Weichste der Weichsten
berührt, muß notwendig der Zarteste sein. Und so ist er dann der
196 a Jüngste und Zarteste; überdies aber auch von geschmeidigem Wesen.
Denn sonst vermöchte er nicht überall sich anzuschmiegen und in
jede Seele heimlich sowohl zuerst hineinzukommen, als auch hernach
herauszugehen, wenn er ungelenk wäre. Auch ist von seiner eben-
mäßigen und geschmeidigen Gestalt ein großer Beweis die Wohlan-
ständigkeit, die ausgezeichnet vor allen eingeständlich dem Eros
eignet. Denn Übelstand und Liebe sind immer im Kriege gegenein-
ander. Die Schönheit aber seiner Farben muß schon die Lebensweise
des Gottes unter Blüten zeigen. Denn in einem blütenlosen oder ab-
b geblühten Leib oder Seele, oder was es sonst ist, setzt sich Eros nicht
nieder; wo aber ein blumiger und duftiger Ort ist, da setzt er sich
und bleibt.

*[19. Die Gerechtigkeit, Besonnenheit, Tapferkeit und Weisheit des
Gottes]* Über die Schönheit des Gottes nun reicht schon dieses wohl
hin, wie auch vieles noch zurückbleibt; von seiner Tugend aber ist
hiernächst zu sagen, zuerst das Größte, daß Eros nie weder beleidigt
noch beleidigt wird, weder Gott und von Gott, noch Menschen und
von Menschen. Denn weder widerfährt ihm selbst gewaltsam, wenn
ihm etwas widerfährt, denn Gewalt trifft den Eros nicht, noch ver-
c richtet er so, was er verrichtet. Denn jeder leistet dem Eros jedes
freiwillig, und was freiwillig einer dem andern Freiwilligen zuge-

steht, das erklären «die Könige der Staaten, die Gesetze» für recht.
Nächst der Gerechtigkeit aber ist ihm auch Besonnenheit vorzüglich
zuzuschreiben. Denn Besonnenheit, wird eingestanden, sei das Herr-
schen über Lüste und Begierden, und keine Lust sei stärker als die
Liebe. Sind die andern aber schwächer, so werden sie ja von der
Liebe beherrscht, und Eros herrscht. Herrscht aber Eros über die
Lüste und Begierden, so muß er ja vorzüglich besonnen sein. So auch,
was die Tapferkeit betrifft, kann nicht einmal Ares sich dem Eros
gegenüberstellen. Denn nicht Ares hat den Eros, sondern ihn, den d
Ares, hat der Eros, die Liebe zur Aphrodite nämlich, wie ja die Rede
geht. Der aber hat, ist besser als der gehabt wird, und hat er den
tapfersten von allen übrigen unter sich, so ist er ja notwendig der
tapferste von allen. Von der Gerechtigkeit also und Besonnenheit
und Tapferkeit des Gottes haben wir geredet; die Weisheit aber ist
noch zurück. Soviel nun möglich, müssen wir suchen, auch hier nicht
zurückzubleiben. Und zuerst nun, damit auch ich unsere Kunst ehre
wie Eryximachos die seinige, ist der Gott so kunstreich als Dichter, e
daß er auch andere dazu macht. Jeder wenigstens wird ein Dichter,
«wär' er auch den Musen fremd vorher», den Eros trifft. Was wir
also wohl als Beweis brauchen können dafür, daß Eros ein trefflicher
Künstler ist, jedes hervorzubringen, was zur Kunst der Musen ge-
hört. Denn was einer nicht hat oder nicht weiß, das kann er auch
einem andern nicht geben oder lehren. Und was nun weiter die Her-
vorbringung alles Lebendigen betrifft, wer wollte wohl bestreiten, 197 a
daß es die Kunst des Eros sei, durch welche alles Lebende entsteht
und gebildet wird. Von der Meisterschaft aber in anderen Künsten,
wissen wir etwa nicht, daß, wessen Lehrer dieser Gott gewesen, der
in Ruhm und Glanz gekommen ist, wem aber Eros nicht beigestan-
den, der in den Schatten? Denn die Heilkunde und die Kunst des
Bogenschießens und des Weissagens hat Apollon erfunden unter
Anführung des Verlangens und der Liebe, so daß sowohl dieser für
einen Schüler des Eros anzusehen ist als auch die Musen in der Ton- b
kunst und Hephaistos in der Schmiedekunst und Athene in der We-
berei und Zeus in der Regierungskunst über Götter und Menschen.
Daher auch die Angelegenheiten der Götter sich geordnet haben, so-
bald nur die Liebe unter sie gekommen war, zur Schönheit nämlich;
denn über die Häßlichkeit ist Eros nicht gesetzt. Vorher aber, wie
ich auch anfangs gesagt, gab es vielerlei Arges unter den Göttern,
weil die Notwendigkeit herrschte; sobald aber dieser Gott entsprun-
gen war, entstand auch aus der Liebe zum Schönen alles Gute bei
Göttern und Menschen. Auf diese Art also, o Phaidros, scheint mir c
Eros zuerst selbst der Schönste und Beste, nächstdem aber auch an-
deren vieles anderen solchen Urheber zu sein. Und hier fällt mir ein,
etwas Dichterisches zu sagen, daß er es nämlich ist, welcher bewirkt

«unter den Menschen Fried' und spiegelnde Glätte dem Meere,
Schweigen der Stürm' und erfreuliches Lager und Schlaf für die Sorgen».

d Und dieser eben entledigt uns des Fremdartigen und sättigt uns mit
dem Angehörigen, indem er nur solche Vereinigungen uns unter-
einander anordnet, bei Festen, bei Chören, bei Opfern sich darbie-
tend zum Anführer; Mildheit dabei verleihend, Wildheit aber zer-
streuend, Begründer des Wohlwollens, Verhindrer des Übelwollens,
günstig den Guten, verehrlich den Weisen, erfreulich den Göttern,
neidenswert den Unbegabten, erwünscht den Wohlbegabten, des
Wohllebens, der Behaglichkeit, der Genüge, der Anmut, des Seh-
nens, des Reizes Vater, sorgsam für die Guten, sorglos für die Schlech-
ten, im Wanken, im Bangen, im Verlangen, in Gedanken der beste
e Lenker, Helfer, Berater und Retter, aller Götter und Menschen Zier,
als Anführer der schönste und beste, dem jeglicher Mann folgen
muß, lobsingend aufs herrlichste, in den herrlichen Gesang mit ein-
stimmend, welchen anstimmend er aller Götter und Menschen Sinn
erweicht.

Diese Rede, sprach er, o Phaidros, sei von meinetwegen dem Gotte dargebracht, teils Spiel enthaltend, teils auch ziemlichen Ernst nach bestem Vermögen.

[20. Verschiedenheit der auf das Wahre gerichteten Lobrede des S. vom Scheinlob der andern]

198 a Nachdem nun Agathon also gesprochen, sagte Aristodemos, seien
die Anwesenden alle in lauten Beifall ausgebrochen, wie angemessen
der Jüngling geredet sich selbst und dem Gotte. Da habe nun Sokra-
tes gesagt, zum Eryximachos sich wendend: Dünkt dich nun wohl,
o Sohn des Akumenos, daß ich schon lange um unnötige Not mich
geängstigt habe, sondern nicht vielmehr, daß ich weissagend, was
ich vorhin sagte, gesprochen, daß nämlich Agathon bewunderns würdig
dig reden, ich aber keinen Rat mehr wissen würde? – Das eine,
habe Eryximachos gesagt, scheinst du mir weissagend gesprochen zu
haben, daß Agathon gut reden würde, daß du aber keinen Rat wissen
b werdest, glaube ich nicht. – Und wie doch, du Glücklicher, habe So-
krates gesagt, sollte ich nicht ratlos sein, und jeder andere, welcher
reden sollte, nachdem eine so schöne und reich verzierte Rede gespro-
chen worden? Und wenn auch das übrige wohl nicht alles ebenso be-
wundernswert gewesen ist; aber die Schönheit der Wörter und Re-
densarten am Ende, welcher Hörer ist nicht über diese erstaunt? Denn
ich wenigstens, wenn ich bedenke, wie gar nicht ich imstande sein
werde, auch nur von weitem etwas so Schönes vorzutragen, wäre vor
c Scham beinahe entwischt, wenn ich nur irgendwohin gekonnt hätte.
Denn gar an den Gorgias hat die Rede mich erinnert, so daß mir or-
dentlich jenes Homerische begegnet ist, mir ward bange, Agathon
möchte das Gorgische Haupt, das gewaltige im Reden, am Ende
seiner Rede gegen meine Rede loslassen und mich selbst zum Steine
verstummen machen. Und da habe ich denn gemerkt, wie lächerlich
ich war, als ich euch versprach, wenn die Reihe an mich käme, mit
d euch dem Eros eine Lobrede zu halten, und als ich sagte, daß ich ge-
waltig wäre in Liebessachen, da ich doch gar nichts von der Sache
verstand, wie man, was es auch immer wäre, loben müsse. Ich dachte

nämlich in meiner Einfalt, man müsse die Wahrheit sagen in jedem
Stück von dem zu Preisenden; dies also müsse man vor sich haben,
und das Schönste davon auswählend müsse man es auf das schick-
lichste zusammenstellen. Und ich wußte mir gar viel damit, wie gut
ich reden würde, als verstände ich, was es eigentlich hieße, irgend
etwas loben. Das war aber, was es scheint, gar nicht die rechte Wei-
se, etwas zu loben, sondern darin besteht sie, daß man der Sache
nur so Vieles und Schönes beilege als möglich, möge es sich nun so e
verhalten oder nicht. Und ist es auch falsch: so ist nichts daran gele-
gen. Denn es war wohl vorher festgesetzt, wie es scheint, jeder von
uns solle sich das Ansehen geben, den Eros zu lobpreisen, nicht ihn
wirklich lobpreisen. Deshalb, meine ich, habt ihr alles zusammen-
gesucht und dem Eros beigelegt und sagt, ein solcher sei er und sol-
ches bringe er hervor, damit er nur auf das schönste und vortreff-
lichste erscheine, offenbar nämlich denen, die ihn nicht kennen, denn 199 a
denen, die um ihn wissen, wohl nicht. Und so ist es doch eine schöne
und prächtige Lobrede. Ich aber kannte gar nicht diese Weise des
Lobes, und ohne sie zu kennen, versprach ich, auch in der Reihe ihn
zu loben. Die Zunge hat also versprochen, die Seele aber nicht. Es
unterbleibe also! Denn ich halte nun keine Lobrede nach dieser Wei-
se; ich könnte es auch nicht. Indessen die Wahrheit, wenn ihr wollt,
die will ich euch wohl sagen nach meiner Art, nicht wie eure Reden b
waren, damit ich kein Gelächter bereite. Sieh also zu, Phaidros, ob
du eine solche Rede auch gebrauchen kannst, was wahr ist vom Eros
sagen zu hören, aber in Redensarten und Wortstellungen, wie sie sich
eben fügen wollen. – Phaidros nun, sagte er, und die andern hätten
ihn geheißen zu reden, wie er selbst glaubte, daß man reden müsse,
gerade so. – Noch mußt du mir, o Phaidros, habe er gesagt, auch
erst vergönnen, den Agathon einiges wenige zu fragen, damit ich,
hierüber mit ihm einverstanden, alsdann weiterrede. – Ich vergönne
es, habe Phaidros gesagt, frage ihn nur. – Darauf habe dann, erzähl- c
te er, Sokrates so ungefähr angefangen.

[21. Widerlegende Prüfung des Agathon: Der Eros als Liebe zum Schönen und Guten ist selber dessen bedürftig]

Also, lieber Agathon, sehr gut scheinst du mir deine Rede einge-
leitet zu haben, als du sagtest, zuerst müsse man den Eros selbst dar-
stellen, welchartig er ist, und hernach seine Werke. Dieser Anfang
ist mir gar recht. Wohlan, da du auch das übrige so schön und herr-
lich vorgetragen hast von dem Eros, welcher Art er ist: so sage mir
doch auch dieses, ob Eros auch ein solcher ist, daß er jemandes Liebe d
ist oder niemandes? Ich frage aber nicht etwa, ob er von einem Va-
ter oder einer Mutter ist; denn lächerlich wäre die Frage, ob Eros
eines Vaters oder einer Mutter Liebe ist. Sondern wie wenn ich eben
nach einem Vater selbst fragte, ob ein Vater jemandes Vater ist oder
nicht, du gewiß sagen würdest, wenn du anders ordentlich antwor-
ten wolltest, allerdings wäre ein Vater Vater eines Sohnes oder einer
Tochter, oder nicht? – Freilich, hätte Agathon geantwortet. – Nicht
auch ebenso die Mutter? – Auch das hätte er zugegeben. – Wohl,

e hätte Sokrates gesagt, antworte nur noch ein weniges mehr, damit
du besser verstehst, was ich will. Wenn ich nun fragte: Wie ein Bru-
der? Ist der auch das, was er ist, ein Bruder, von jemand oder nicht?
— Allerdings, habe er gesagt. — Doch von einem Bruder oder einer
Schwester? — Das habe er bejaht. — Versuche denn, dasselbe auch
von der Liebe zu sagen, ist sie Liebe von nichts oder etwas? — Frei-
200 a lich von etwas. — Dieses nun, habe Sokrates gesagt, halte noch bei
dir fest in Gedanken, wovon sie Liebe ist, und sage mir nur soviel,
ob die Liebe das, dessen Liebe sie ist, begehrt oder nicht? — Aller-
dings, habe er gesagt. — Und ob sie wohl schon habend, was sie be-
gehrt und liebt, es begehrt und liebt, oder es nicht habend? — Nicht
habend, wie es ja scheint, habe er gesagt. — Überlege nur, habe
Sokrates gesagt, ob es nicht statt zu scheinen vielmehr notwendig
so ist, daß das Begehrende begehrt, wessen es bedürftig ist, oder
b nicht begehrt, wenn es nicht bedürftig ist. Mir wenigstens, Agathon,
schwebt es gar wunderbar vor, daß dies notwendig so ist. Und dir
wie? — Auch mir, habe er gesagt. — Wohl gesprochen. Wünscht also
wohl jemand, der groß ist, groß zu sein, und der stark ist, stark zu
sein? — Unmöglich nach dem Eingestandenen. — Denn der es schon
ist, wäre ja dessen nicht bedürftig. — Richtig gesprochen. — Denn
wenn ein stark seiender stark sein will oder ein schnell seiender
schnell oder ein gesund seiender gesund: — denn vielleicht könnte
jemand hiervon und von allem dergleichen meinen, daß auch, die
c schon solche sind und dies schon haben, doch dieses, was sie haben,
auch begehren. Damit wir nun nicht irre werden, deshalb eben sage
ich, daß doch diese, o Agathon, wenn du acht hast, jegliches von die-
sen Dingen für jetzt notwendig haben, was sie haben, sie mögen es
nun wollen oder nicht. Und wer könnte das nun wohl noch begeh-
ren? Sondern wenn einer sagt, ich, der ich gesund bin, will gesund
sein, und ich, der ich reich bin, will reich sein und begehre also das,
was ich habe: so würden wir ihm sagen: Nämlich du, der du Reich-
d tum besitzt und Gesundheit und Stärke, willst eben dies auch in der
folgenden Zeit besitzen; denn in der jetzt gegenwärtigen, magst du
es nun wollen oder nicht, hast du es schon. Überlege also, wenn du
sagst: Ich begehre das Vorhandene, ob du etwas anderes meinst als
dieses: Ich will, daß das jetzt Vorhandene mir auch in künftiger Zeit
vorhanden sei; nicht wahr, das würde er zugeben? — Das habe Aga-
thon bejaht. — Darauf habe Sokrates gesagt: Also auch dies heißt
dasjenige lieben, was noch nicht bereit ist und man nicht hat, wenn
einer wünscht, daß ihm auch für die künftige Zeit das erhalten blei-
e be, was er jetzt besitzt. — Freilich, habe er gesagt. — Also auch die-
ser und jeder andere Begehrende begehrt das noch nicht Vorhandene
und nicht Fertige, und was er nicht hat und nicht selbst ist, und wes-
sen er bedürftig ist; solcherlei also sind die Dinge, wonach es eine
Begierde gibt und eine Liebe. — Freilich, habe er gesagt. — Wohlan
denn, habe Sokrates gesprochen, laß uns das Gesagte zusammen-
rechnen. Nicht wahr, Liebe ist zuerst Liebe zu etwas und dann Liebe
201 a zu dem, wonach jemand ein Bedürfnis hat? — Ja, habe er gesagt. —
Hierzu nun erinnere dich dessen, worauf du in deiner Rede sagtest,

daß Eros ginge. Oder, wenn du willst, will ich dich erinnern. Ich
glaube nämlich, du sagtest so ungefähr, daß die Angelegenheiten
der Götter sich geordnet haben durch die Liebe zum Schönen, denn
zum Häßlichen gebe es keine Liebe. Sagtest du nicht ungefähr so? –
Das sagte ich freilich, habe Agathon gesagt. – Und ganz annehmlich
war das gesprochen, Freund, habe Sokrates gesagt. Und wenn sich
dies so verhält, wäre dann die Liebe nicht Liebe zur Schönheit, zur
Häßlichkeit aber nicht? – Das gestand er. – Und eingestanden ist
doch, das, wessen man bedürftig ist und es nicht hat, liebe man? – b
Ja, habe er gesagt. – Bedürftig also ist Eros der Schönheit und hat
sie nicht? – Notwendig, habe er gesagt. – Und wie? Das der Schön-
heit Bedürftige und sie keineswegs Besitzende, sagst du etwa, sei
schön? – Nicht füglich. – Behauptest du also noch, daß Eros schön
sei, wenn sich dies so verhält? – Darauf habe Agathon gesagt: Ich
mag am Ende wohl nichts von dem verstehen, o Sokrates, was ich
damals sagte. – Gar recht magst du daran wohl haben, o Agathon, c
habe er gesagt. Aber die Kleinigkeit sage mir noch, dünkt dich nicht
das Gute auch schön zu sein? – Mich dünkt es so. – Wenn also Eros
des Schönen bedürftig ist und das Gute schön ist, so wäre er ja auch
des Guten bedürftig? – Ich, habe er gesagt, o Sokrates, weiß dir we-
nigstens nicht zu widersprechen, sondern es soll so sein, wie du
sagst. – Freilich wohl der Wahrheit, habe er gesagt, o geliebter Aga-
thon, vermagst du nicht zu widersprechen. Denn dem Sokrates, das
ist gar nichts Schweres.

*[22. Das Zwischen-Sein des Eros zwischen dem Schönen und Häß-
lichen, zwischen dem Guten und Schlechten]* Und so will ich dich denn d
jetzt lassen und eine Rede über den Eros, welche ich einst von einer
Mantineerin namens Diotima gehört habe, welche hierin und auch
sonst sehr weise war, auch den Athenern einst bei einem Opfer vor
der Pest zehnjährigen Aufschub der Krankheit bewirkte, welche auch
mich in Liebessachen unterrichtet hat, – die Rede also, welche diese
gesprochen hat, will ich versuchen euch zu wiederholen, von dem
ausgehend, worüber ich mit Agathon übereingekommen bin, sonst
aber ganz für mich allein, so gut ich eben kann. Es gehört sich also,
o Agathon, wie auch du erklärtest, zuerst ihn selbst zu beschreiben,
den Eros, wer er ist und was für einer, und dann seine Werke. Es e
dünkt mich also am leichtesten, es so durchzunehmen, wie damals
die Fremde, mich ausfragend, es durchging. Denn ungefähr derglei-
chen hatte auch ich zu ihr gesagt, wie Agathon jetzt zu mir, daß Eros
ein großer Gott sei und von den Schönen. Sie aber widerlegte mich
mit denselben Reden, womit ich jetzt diesen, daß er weder schön
wäre nach meinen eigenen Reden, noch gut. Da sprach ich: Wie
meinst du aber, Diotima, ist also Eros häßlich und schlecht? – Und
sie: Willst du dich nicht des Frevels enthalten? Oder meinst du, was
nicht schön ist, das sei notwendig häßlich? – Allerdings wohl. – 202 a
Auch was nicht weise, das töricht? Oder hast du nicht gemerkt, daß
es etwas mitteninne gibt zwischen Weisheit und Torheit? – Was
wäre das? – Wenn man richtig vorstellt, ohne jedoch Rechenschaft

davon geben zu können, weißt du nicht, daß das weder Wissen ist
— denn wie könnte etwas Grundloses eine Erkenntnis sein? — noch
auch Unverstand, denn da sie doch das Wahre enthält, wie könnte
sie Unverstand sein? Also ist offenbar die richtige Vorstellung so
etwas zwischen Einsicht und Unverstand. — Richtig, sprach ich. —
b Folgere also nicht, was nicht schön ist, sei häßlich, noch was nicht
gut sei, schlecht. Ebenso auch vom Eros, da du doch selbst einge-
stehst, er sei weder gut noch schön, glaube deshalb noch nicht, daß
er häßlich und schlecht sein müsse, sondern etwas, sagte sie, zwischen
beiden. — Aber das, sprach ich, wird doch von allen eingestanden,
daß er ein großer Gott ist. — Von allen Nichtwissenden, sprach sie,
meinst du, oder auch von den Wissenden? — Von allen insgesamt.
— Da lachte sie und sagte: Und wie, Sokrates, könnte wohl von de-
c nen eingestanden werden, daß er ein großer Gott sei, welche behaup-
ten, er sei überhaupt kein Gott? — Wer sind doch die? fragte ich. —
Einer davon bist du, sagte sie, und eine ich. — Da sprach ich: Wie
meinst du doch dies? — Und sie antwortete: Ganz natürlich. Denn
sage mir nur, meinst du nicht, daß alle Götter glückselig und schön
sind? Oder hättest du das Herz zu sagen, daß irgendein Gott nicht
schön und glückselig sei? — Beim Zeus, ich gewiß nicht, sprach ich.
— Und glückselig nennst du doch, die das Schöne und Gute besitzen?
d — Freilich. — Vom Eros aber hast du doch eingestanden, daß er aus
Bedürfnis nach dem Schönen und Guten eben das begehre, dessen er
bedürftig ist? — Das habe ich eingestanden. — Wie konnte also ein
Gott sein, der unbegabt ist mit Schönem und Gutem? — Auf keine
Weise, wie es scheint. — Siehst du nun, sagte sie, daß auch du den
Eros für keinen Gott hältst? —

*[23. Der Eros als großer Dämon zwischen dem Sterblichen und Un-
sterblichen; seine Herkunft und sein philosophisches Wesen]* Was
wäre also, sprach ich, Eros? Etwa sterblich? — Keineswegs. — Aber
was denn? — Wie oben, sagte sie, zwischen dem Sterblichen und Un-
sterblichen. — Was also, o Diotima? — Ein großer Dämon, o Sokra-
e tes. Denn alles Dämonische ist zwischen Gott und dem Sterblichen.
— Und was für eine Verrichtung, sprach ich, hat es? — Zu verdolmet-
schen und zu überbringen den Göttern, was von den Menschen, und
den Menschen, was von den Göttern kommt, der einen Gebete und
Opfer und der andern Befehle und Vergeltung der Opfer. In der Mit-
te zwischen beiden ist es also die Ergänzung, so daß nun das Ganze
in sich selbst verbunden ist. Und durch dies Dämonische geht auch
alle Weissagung und die Kunst der Priester in bezug auf Opfer,
203 a Weihungen und Besprechungen und alle Wahrsagung und Bezaube-
rung. Denn Gott verkehrt nicht mit Menschen, sondern aller Um-
gang und Gespräch der Götter mit den Menschen geschieht durch
dieses, sowohl im Wachen als im Schlaf. Wer sich nun hierauf ver-
steht, der ist ein dämonischer Mann, wer aber nur auf andere Dinge
oder irgend auf Künste und Handarbeiten, der ist ein gemeiner. Sol-
cher Dämonen oder Geister nun gibt es viele und von vielerlei Art,
einer aber von ihnen ist auch Eros. — Wer aber, fragte ich, ist sein

Vater und seine Mutter? – Weitläufiger, sprach sie, ist dies zwar zu b
erzählen; doch will ich es dir sagen. Als nämlich Aphrodite geboren
war, schmausten die Götter, und unter den übrigen auch Poros, der
Sohn der Metis. Als sie nun abgespeist, kam, um sich etwas zu erbet-
teln, da es doch festlich herging, auch Penia und stand an der Tür.
Poros nun, berauscht vom Nektar, denn Wein gab es noch nicht,
ging in den Garten des Zeus hinaus, und schwer und müde wie er
war, schlief er ein. Penia nun, die ihrer Dürftigkeit wegen den An-
schlag faßte, ein Kind mit Poros zu erzeugen, legte sich zu ihm und
empfing den Eros. Deshalb ist auch Eros der Aphrodite Begleiter und c
Diener geworden, wegen seiner Empfängnis an ihrem Geburtsfest,
und weil er von Natur ein Liebhaber des Schönen ist und Aphrodite
schön ist. Als des Poros und der Penia Sohn aber befindet sich Eros
in solcherlei Umständen: Zuerst ist er immer arm und bei weitem
nicht fein und schön, wie die meisten glauben, vielmehr rauh, unan-
sehnlich, unbeschuht, ohne Behausung, auf dem Boden immer um- d
herliegend und unbedeckt, schläft vor den Türen und auf den Stra-
ßen im Freien und ist der Natur seiner Mutter gemäß immer der
Dürftigkeit Genosse. Und nach seinem Vater wiederum stellt er dem
Guten und Schönen nach, ist tapfer, keck und rüstig, ein gewaltiger
Jäger, allezeit irgend Ränke schmiedend, nach Einsicht strebend,
sinnreich, sein ganzes Leben lang philosophierend, ein arger Zaube-
rer, Giftmischer und Sophist, und weder wie ein Unsterblicher ge-
artet noch wie ein Sterblicher, bald an demselben Tage blühend und e
gedeihend, wenn es ihm gut geht, bald auch hinsterbend, doch aber
wieder auflebend nach seines Vaters Natur. Was er sich aber schafft,
geht ihm immer wieder fort, so daß Eros nie weder arm ist noch reich
und auch zwischen Weisheit und Unverstand immer in der Mitte
steht. Dies verhält sich nämlich so: Kein Gott philosophiert oder be- 204a
gehrt, weise zu werden, sondern er ist es, noch auch, wenn sonst je-
mand weise ist, philosophiert dieser. Ebensowenig philosophieren
auch die Unverständigen oder bestreben sich, weise zu werden. Denn
das ist eben das Arge am Unverstande, daß er, ohne schön und gut
und vernünftig zu sein, doch sich selbst ganz genug zu sein dünkt.
Wer nun nicht glaubt, bedürftig zu sein, der begehrt auch das nicht,
dessen er nicht zu bedürfen glaubt. – Wer also, sprach ich, Diotima,
sind denn die Philosophierenden, wenn es weder die Weisen sind
noch die Unverständigen? – Das muß ja schon, sagte sie, jedem Kin- b
de deutlich sein, daß es die zwischen beiden sind, zu denen auch Eros
gehören wird. Denn die Weisheit gehört zu dem Schönsten und Eros
ist Liebe zu dem Schönen; so daß Eros notwendig weisheitliebend ist
und also als philosophisch zwischen den Weisen und Unverständi-
gen mitteninne steht. Und auch davon ist seine Herkunft Ursache;
denn er ist von einem weisen und wohlbegabten Vater, aber von
einer unverständigen und dürftigen Mutter. Dies also, lieber Sokra-
tes, ist die Natur dieses Dämons. Was du aber glaubtest, daß Eros
sei, ist nicht zu verwundern. Du glaubtest nämlich, wie ich aus dem, c
was du sagst, vermuten muß, Eros sei das Geliebte, nicht das Lie-
bende. Daher, meine ich, erschien dir Eros so wunderschön. Denn

das Liebenswerte ist auch in der Tat das Schöne, Zarte, Vollendete, Seligzupreisende. Das Liebende aber hat ein anderes Wesen, so wie ich es beschrieben habe.

[24. Eros die Liebe zum Guten in jeder Gestalt, und sie erstrebt den ständigen Besitz des Guten] Darauf sagte ich: Wohl denn, Freundin,
denn du hast wohl gesprochen. Wenn nun aber Eros ein solcher ist,
welchen Nutzen gewährt er den Menschen? – Dies, o Sokrates, sprach
d sie, will ich nun hiernächst versuchen dich zu lehren. So beschaffen
also und so entstanden ist Eros. Er geht aber auf das Schöne, wie du
sagst. Wenn uns aber jemand fragte: Was hat denn Eros vom Schö-
nen, o Sokrates und Diotima? Oder ich will es noch deutlicher so
fragen: Wer das Schöne begehrt, was begehrt der? – Da sprach ich:
Daß es ihm zuteil werde. – Aber, sagte sie, diese Antwort verlangt
nach noch einer Frage, etwa dieser: Was geschieht denn jenem, dem
das Schöne zuteil wird? – Da sagte ich, auf diese Frage hätte ich
nicht sogleich eine Antwort bereit. – Aber, sprach sie, wenn nun je-
e mand tauschend statt des Schönen das Gute setzte und fragte: Sprich,
Sokrates, wer das Gute begehrt, was begehrt der? – Daß es ihm zu-
teil werde, sagte ich. – Und was geschieht jenem, dem das Gute zu-
teil wird? – Das kann ich schon leichter beantworten, sagte ich, er
205 a wird glückselig. – Denn durch den Besitz des Guten, fügte sie hinzu,
sind die Glückseligen glückselig. Und hier bedarf es nun keiner wei-
teren Frage mehr, weshalb doch der glückselig sein will, der es will,
sondern die Antwort scheint vollendet zu sein. – Richtig gesprochen,
sagte ich. – Dieser Wille nun und diese Liebe, glaubst du, daß sie al-
len Menschen gemein sind und daß alle immer das Gute haben wol-
len, oder wie meinst du? – So, sprach ich, daß dies allen gemein ist.
– Warum aber, sprach sie, sagen wir nicht, daß alle lieben, wenn
b doch alle dasselbe lieben und immer, sondern sagen von einigen, daß
sie lieben, von anderen aber nicht? – Das wundert mich selbst, sagte
ich. – Laß es dich nur nicht wundern, sagte sie. Denn wir nehmen
nur eine gewisse Art der Liebe heraus, die wir mit dem Namen des
Ganzen belegen und Liebe nennen, für die anderen brauchen wir an-
dere Namen. – Wie doch etwa? sprach ich. – So etwa, sagte sie. Du
weißt doch, daß Dichtung etwas gar Vielfältiges ist. Denn was nur
für irgend etwas Ursache wird, aus dem Nichtsein in das Sein zu tre-
c ten, ist insgesamt Dichtung. Daher liegt auch bei den Hervorbrin-
gungen aller Künste Dichtung zugrunde, und die Meister darin
sind sämtlich Dichter. – Ganz richtig. – Aber doch weißt du schon,
daß sie nicht Dichter genannt werden, sondern andere Benennun-
gen haben, und von der gesamten Dichtung wird nur ein Teil
ausgesondert, der es mit der Tonkunst und den Silbenmaßen zu tun
hat, und dieser mit dem Namen des Ganzen benannt. Denn dies al-
lein wird Dichtung genannt, und die diesen Teil der Dichtung inne-
haben, Dichter. – Richtig gesprochen, sagte ich. – So auch, was die
d Liebe betrifft, ist im allgemeinen jedes Begehren des Guten und der
Glückseligkeit die größte und heftigste Liebe für jeden. Allein die
übrigen, die sich anderwärtshin damit wenden, entweder zum Ge-

werbe oder zu den Leibesübungen oder zur Erkenntnis, von denen sagen wir nicht, daß sie lieben und Liebhaber sind; sondern nur die auf eine gewisse Art ausgehen und sich der befleißigen, erhalten den Namen des Ganzen, Liebe und lieben und Liebhaber. – Das magst du wohl richtig erklären, sagte ich. – Und so geht zwar eine Rede, sagte sie, daß, die ihre Hälfte suchen, lieben. Meine Rede aber sagt, e
die Liebe gehe weder auf die Hälfte, Freund, noch auf das Ganze, wenn es nicht ein Gutes ist. Denn die Menschen lassen sich ja gern ihre eigenen Hände und Füße wegschneiden, wenn sie, obgleich ihr eigen, ihnen böse und gefährlich scheinen. Denn nicht an dem Seinigen hängt jeder, glaube ich, es müßte denn einer das Gute das Angehörige nennen und das Seinige, das Schlechte aber Fremdes. So daß es nichts gibt, was die Menschen lieben, als das Gute. Oder scheinen 206 a
sie dir doch etwa? – Beim Zeus, mir nicht, sprach ich. – Können wir aber nun schon so schlechthin sagen, daß die Menschen das Gute lieben? – Ja, sagte ich. – Wie? Müssen wir nicht hinzusetzen, daß sie lieben, das Gute zu haben? – Das müssen wir hinzusetzen. – Und, sagte sie, nicht nur es zu haben, sondern auch es immer zu haben? – Auch das ist hinzuzusetzen. – So geht denn, alles zusammengenommen, die Liebe darauf, daß man selbst das Gute immer haben will. – Vollkommen richtig erklärt, sagte ich.

[25. Die Weise des Liebesvollzugs ist Zeugung im Schönen um der Unsterblichkeit willen] Wenn nun die Liebe immer dieses ist, sagte b
sie, auf welche Art und in welcher Handlungsweise gehen ihm nun diejenigen nach, deren Betrieb und Anstrengung man eigentlich Liebe zu nennen pflegt? Weißt du wohl zu sagen, was für ein Werk dieses ist? – Dann würde ich ja, sprach ich, dich, o Diotima, nicht so bewundern deiner Weisheit wegen und zu dir gehen, um eben dieses zu lernen. – So will ich es dir sagen, sprach sie. Es ist nämlich eine Geburt in dem Schönen, sowohl dem Leibe als der Seele nach. – Man muß weissagen können, sprach ich, um zu wissen, was du wohl meinst, und ich verstehe es nicht. – So will ich es dir denn deutlicher sagen. Alle c
Menschen nämlich, o Sokrates, sprach sie, sind fruchtbar sowohl dem Leibe als der Seele nach, und wenn sie zu einem gewissen Alter gelangt sind, so strebt unsere Natur zu erzeugen. Erzeugen aber kann sie in dem Häßlichen nicht, sondern nur in dem Schönen. Es ist aber dies eine göttliche Sache und in dem sterblichen Lebenden etwas Unsterbliches, die Empfängnis und die Erzeugung. In dem Unangemessenen aber kann dieses unmöglich erfolgen; und unangemessen ist das d
Häßliche allem Göttlichen, das Schöne aber angemessen. Eine einführende und geburtshelfende Göttin also ist die Schönheit für die Erzeugung. Deshalb, wenn das Zeugungslustige dem Schönen naht, wird es beruhigt und von Freude durchströmt und erzeugt und befruchtet; wenn aber Häßlichem, so zieht es sich finster und traurig in sich zusammen und wendet sich ab und schrumpft ein und erzeugt nicht, sondern trägt mit Beschwerde seine Bürde weiter. Darum beeifert sich, wer von Zeugungsstoff und Lust erfüllt ist, so sehr um das Schöne, weil es ihn großer Wehen entledigt. Denn die Liebe, o e

Sokrates, geht gar nicht auf das Schöne, wie du meinst. – Sondern
worauf denn? – Auf die Erzeugung und Geburt im Schönen. – Mag
sein, sprach ich. – Ganz gewiß, sagte sie. – Warum aber auf die Er-
zeugung? – Weil eben die Erzeugung das Ewige ist und das Unsterb-
liche, wie es im Sterblichen sein kann. Nach der Unsterblichkeit aber
207 a zu streben mit dem Guten ist notwendig zufolge des schon Einge-
standenen, wenn doch die Liebe darauf geht, das Gute immer zu ha-
ben. Notwendig also geht nach dieser Rede die Liebe auch auf die
Unsterblichkeit.

*[26. Ursache dieses Verlangens: Nur so hat das Sterbliche am Un-
sterblichen Anteil]*

Dies alles lehrte sie mich, als sie über die Liebe mit mir redete,
und fragte mich auch einmal: Was meinst du wohl, o Sokrates, daß
die Ursache dieser Liebe und dieses Verlangens sei? Oder merkst du
nicht, in welchem gewaltsamen Zustande sich alle Tiere befinden,
wenn sie begierig sind zu erzeugen, geflügelte und ungeflügelte, wie
b sie alle krank und verliebt erscheinen, zuerst wenn sie sich miteinan-
der vermischen und dann auch bei der Auferziehung des Erzeugten,
wie auch die schwächsten bereit sind, dieses gegen die stärksten zu
verteidigen und dafür zu sterben; und wie sie sich selbst vom Hun-
ger quälen lassen, um nur jenes zu ernähren, und so auch alles an-
dere tun? Denn von den Menschen könnte man sagen, sie täten dies
mit Überlegung; aber welches der Grund sein mag, warum auch die
c Tiere sich so verliebt zeigen, kannst du mir das sagen? – Und ich
sagte wieder, ich wüßte es nicht. – Da sprach sie: Gedenkst du denn
je etwas Großes zu leisten in Liebessachen, wenn du dies nicht ein-
siehst? – Aber eben deshalb, sprach ich, bin ich ja zu dir gekommen,
o Diotima, wie ich auch schon sagte, weil ich weiß, daß ich Lehrer
brauche. Sage mir also den Grund hiervon und von allem, was
sonst in der Liebe vorkommt. – Wenn du also glaubst, sprach sie,
daß die Liebe von Natur auf das gehe, worüber wir uns oft schon
einverstanden haben, so wundere dich nur nicht. Denn ganz ebenso
d wie dort sucht auch hier die sterbliche Natur nach Vermögen immer
zu sein und unsterblich. Sie vermag es aber nur auf diese Art, durch
die Erzeugung, daß immer ein anderes Junges statt des Alten zu-
rückbleibt. Denn auch von jedem einzelnen Lebenden sagt man ja,
daß es lebe und dasselbe sei, wie einer von Kindesbeinen an immer
derselbe genannt wird, wenn er auch ein Greis geworden ist: und
heißt doch immer derselbe, unerachtet er nie dasselbe an sich behält,
sondern immer ein neuer wird und Altes verliert an Haaren, Fleisch,
e Knochen, Blut und dem ganzen Leibe; und nicht nur an dem Leibe
allein, sondern auch an der Seele, die Gewöhnungen, Sitten, Meinun-
gen, Begierden, Lust, Unlust, Furcht, hiervon behält nie jeder das-
selbe an sich, sondern eins entsteht und das andere vergeht. Und viel
wunderlicher noch als dieses ist, daß auch die Erkenntnisse nicht nur
208 a teils entstehen, teils vergehen, und wir nie dieselben sind in bezug
auf die Erkenntnisse, sondern daß auch jeder einzelnen Erkenntnis
dasselbe begegnet. Denn was man Nachsinnen heißt, geht auf eine

ausgegangene Erkenntnis. Vergessen nämlich ist das Ausgehen einer Erkenntnis, Nachsinnen aber bildet statt der abgegangenen eine Erinnerung ein und erhält so die Erkenntnis, daß sie dieselbe zu sein scheint. Und auf diese Weise wird alles Sterbliche erhalten, nicht so, daß es durchaus immer dasselbe wäre, wie das Gött-
liche, sondern indem das Abgehende und Veraltende ein anderes b
Neues solches zurückläßt, wie es selbst war. Durch diese Veranstaltung, o Sokrates, sagte sie, hat alles Sterbliche teil an der Unsterblichkeit, der Leib sowohl als alles übrige; das Unsterbliche aber durch eine andere. Wundere dich also nicht, wenn ein jedes von Natur seinen eignen Sprößling in Ehren hält. Denn der Unsterblichkeit wegen begleitet jeden dies Bestreben und diese Liebe.

[27. Die verschiedenen Bemühungen um Unsterblichkeit: Leibliche und geistige Zeugung] Über diese Rede nun, als ich sie gehört, war ich verwundert und sagte: Wohl, weiseste Diotima, verhält sich dies
nun in der Tat so? — Und sie, wie die rechten Meister im Wissen c
pflegen, sprach: Dessen sei nur versichert, o Sokrates. Denn wenn du auch auf die Ehrliebe der Menschen sehen willst: so müßtest du dich ja über die Unvernunft wundern in dem, was ich schon angeführt, wenn du nicht bedenkst, einen wie gewaltigen Trieb sie haben, berühmt zu werden und einen unsterblichen Namen auf ewige Zeiten sich zu erwerben. Und für diesen sind alle bereit, die größten Gefahren zu bestehen, noch mehr als für ihre Kinder, und ihr Vermögen
aufzuwenden und jedwede Mühe unverdrossen zu übernehmen und d
dafür zu sterben. Denn meinst du wohl, sprach sie, Alkestis würde für den Admetos gestorben sein oder Achilleus dem Patroklos nachgestorben oder euer Kodros im voraus für die Königswürde seiner Kinder, wenn sie nicht geglaubt hätten, eine unsterbliche Erinnerung ihrer Tugend würde nach ihnen bleiben, die wir jetzt auch haben? Weit gefehlt, sagte sie, sondern nur für die Unsterblichkeit der Tugend und für einen solchen herrlichen Nachruhm, glaube ich, tun alle
alles, und zwar je besser sie sind, um desto mehr, denn sie lieben das e
Unsterbliche. Die nun, fuhr sie fort, dem Leibe nach zeugungslustig sind, wenden sich mehr zu den Weibern und sind auf diese Art verliebt, indem sie durch Kindererzeugen Unsterblichkeit und Nachgedenken und Glückseligkeit, wie sie meinen, für alle künftige Zeit
sich verschaffen. Die aber der Seele nach, denn es gibt solche, sagte 209 a
sie, die auch in der Seele Zeugungskraft haben, viel mehr als im Leibe, für das nämlich, was der Seele ziemt zu erzeugen und erzeugen zu wollen. Und was ziemt ihr denn? Weisheit und jede andere Tugend, deren Erzeuger auch alle Dichter sind und alle Künstler, denen man zuschreibt erfinderisch zu sein. Die größte aber und bei weitem schönste Weisheit, sagte sie, ist die, welche in der Staaten und des Hauswesens Anordnung sich zeigt, deren Name Besonnenheit ist und Gerechtigkeit. Wer nun diese als ein Göttlicher schon von Jugend
an in seiner Seele trägt, der wird auch, wenn die Zeit herankommt, b
Lust haben zu befruchten und zu erzeugen. Daher geht auch, meine ich, ein solcher umher, das Schöne zu suchen, worin er erzeugen kön-

ne. Denn in dem Häßlichen wird er nie erzeugen. Daher erfreut er
sich sowohl an schönen Leibern mehr als an häßlichen, weil er näm-
lich erzeugen will, als auch, wenn er eine schöne, edle und wohlge-
bildete Seele antrifft, erfreut er sich vorzüglich an beidem vereinigt
und hat für einen solchen Menschen gleich eine Fülle von Reden über
c die Tugend und darüber, wie ein trefflicher Mann sein müsse und
wonach streben; und gleich unternimmt er, ihn zu unterweisen. Näm-
lich indem er den Schönen berührt, meine ich, und mit ihm sich un-
terhält, erzeugt und gebiert er, was er schon lange zeugungslustig in
sich trug, und indem er anwesend und abwesend seiner gedenkt, er-
zieht er auch mit jenem gemeinschaftlich das Erzeugte. So daß diese
eine weit genauere Gemeinschaft miteinander haben als die eheliche
und eine festere Freundschaft, wie sie auch schönere und unsterbli-
chere Kinder gemeinschaftlich besitzen. Und jeder sollte lieber solche
Kinder haben wollen als die menschlichen, wenn er auf Homeros
d sieht und Hesiodos und die anderen trefflichen Dichter, nicht ohne
Neid, was für Geburten sie zurücklassen, die ihnen unsterblichen
Ruhm und Angedenken sichern, wie sie auch selbst unsterblich sind.
Oder, wenn du willst, sagte sie, was für Kinder Lykurgos in Lake-
daimon zurückgelassen hat, Retter von Lakedaimon und, um es ge-
radeheraus zu sagen, von ganz Hellas. Geehrt ist bei euch auch So-
lon, weil er Gesetze gezeugt, und viele andere anderwärts unter Hel-
e lenen und Barbaren, die viele und schöne Werke dargestellt haben
und vielfältige Tugenden erzeugt, denen auch schon viele Heiligtü-
mer sind errichtet worden um solcher Kinder willen, der menschli-
chen Kinder wegen aber nie jemandem.

[28. Der Stufenweg in der Erkenntnis des Schönen] Soweit nun, o
Sokrates, vermagst wohl auch du in die Geheimnisse der Liebe ein-
210 a geweiht zu werden; ob aber, wenn jemand die höchsten und heilig-
sten, auf welche sich auch jene beziehen, recht vortrüge, du es auch
vermöchtest, weiß ich nicht. Indes, sprach sie, will ich sie vortragen
und es an mir nirgend fehlen lassen. Versuche nur zu folgen, wenn
du es vermagst. Wer nämlich auf die rechte Art diese Sache angrei-
fen will, der muß in der Jugend damit anfangen, schönen Gestalten
nachzugehen, und wird zuerst freilich, wenn er richtig beginnt, nur
einen solchen lieben und diesen mit schönen Reden befruchten, her-
nach aber von selbst innewerden, daß die Schönheit in irgendeinem
b Leibe der in jedem andern verschwistert ist und es also, wenn er dem
in der Idee Schönen nachgehen soll, großer Unverstand wäre, nicht
die Schönheit in allen Leibern für eine und dieselbe zu halten, und
wenn er dessen innegeworden, sich als Liebhaber aller schönen Lei-
ber darstellen und von der gewaltigen Heftigkeit für *einen* nachlas-
sen, indem er dies für klein und geringfügig hält. Nächstdem aber
muß er die Schönheit in den Seelen für weit herrlicher halten als die
in den Leibern, so daß, wenn einer, dessen Seele zu loben ist, auch
nur wenig von jener Blüte zeigt, ihm das doch genug ist und er ihn
c liebt und pflegt, indem er solche Reden erzeugt und aufsucht, welche
die Jünglinge besser zu machen vermögen, damit er selbst so dahin

gebracht werde, das Schöne in den Bestrebungen und in den Sitten
anzuschauen, um auch von diesem zu sehen, daß es sich überall ver-
wandt ist, und so die Schönheit des Leibes für etwas Geringeres zu
halten. Von den Bestrebungen aber muß er weiter zu den Erkennt-
nissen gehen, damit er auch die Schönheit der Erkenntnisse schaue
und, vielfältiges Schöne schon im Auge habend, nicht mehr dem bei d
einem einzelnen, indem er knechtischerweise die Schönheit eines Knäb-
leins oder irgendeines Mannes oder einer einzelnen Bestrebung liebt,
dienend sich schlecht und kleingeistig zeige, sondern auf die hohe See
des Schönen sich begebend und dort umschauend, viel schöne und herr-
liche Reden und Gedanken erzeuge in ungemessenem Streben nach
Weisheit, bis er, hierdurch gestärkt und vervollkommnet, eine ein-
zige solche Erkenntnis erblicke, welche auf ein Schönes folgender Art
geht. Hier aber, sprach sie, bemühe dich nur, aufzumerken, so sehr e
du kannst.

[29. Die Vollendung des Lebens in der Schau des Schönen selbst] Wer
nämlich bis hierher in der Liebe erzogen ist, das mancherlei Schöne
in solcher Ordnung und richtig schauend, der wird, indem er nun der
Vollendung in der Liebeskunst entgegengeht, plötzlich ein von Natur
wunderbar Schönes erblicken, nämlich jenes selbst, o Sokrates, um
deswillen er alle bisherigen Anstrengungen gemacht hat, welches zu-
erst immer ist und weder entsteht noch vergeht, weder wächst noch 211 a
schwindet, ferner auch nicht etwa nur insofern schön, insofern aber
häßlich ist, noch auch jetzt schön und dann nicht, noch in Vergleich
hiermit schön, damit aber häßlich, noch auch hier schön, dort aber
häßlich, als ob es nur für einige schön, für andere aber häßlich wäre.
Noch auch wird ihm dieses Schöne unter einer Gestalt erscheinen, wie
ein Gesicht oder Hände oder sonst etwas, was der Leib an sich hat,
noch wie eine Rede oder eine Erkenntnis, noch irgendwo an einem
andern seiend, weder an einem einzelnen Lebenden, noch an der Erde,
noch am Himmel; sondern an und für und in sich selbst ewig überall b
dasselbe seiend, alles andere Schöne aber an jenem auf irgendeine
solche Weise Anteil habend, daß, wenn auch das andere entsteht und
vergeht, jenes doch nie irgendeinen Gewinn oder Schaden davon hat,
noch ihm sonst etwas begegnet. Wenn also jemand vermittels der
echten Knabenliebe von dort an aufgestiegen jenes Schöne anfängt
zu erblicken, der kann beinahe zur Vollendung gelangen. Denn dies
ist die rechte Art, sich auf die Liebe zu legen oder von einem andern c
dazu angeführt zu werden, daß man von diesem einzelnen Schönen
beginnend jenes einen Schönen wegen immer höher hinaufsteige,
gleichsam stufenweise von einem zu zweien, und von zweien zu al-
len schönen Gestalten, und von den schönen Gestalten zu den schö-
nen Sitten und Handlungsweisen, und von den schönen Sitten zu den
schönen Kenntnissen, bis man von den Kenntnissen endlich zu jener
Kenntnis gelangt, welche von nichts anderem als eben von jenem
Schönen selbst die Kenntnis ist, und man also zuletzt jenes selbst,
was schön ist, erkenne. Und an dieser Stelle des Lebens, lieber So- d
krates, sagte die Mantineische Fremde, wenn irgendwo, ist es dem

Menschen erst lebenswert, wo er das Schöne selbst schaut, welches,
wenn du es je erblickst, du nicht wirst vergleichen wollen mit köst-
lichem Gerät oder Schmuck oder mit schönen Knaben und Jünglin-
gen, bei deren Anblick du jetzt entzückt bist und wohl gern, du wie
viele andere, um nur den Liebling zu sehen und immer mit ihm ver-
einigt zu sein, wenn es möglich wäre, weder essen noch trinken möch-
test, sondern nur anschauen und mit ihm verbunden sein. Was also,
sprach sie, sollen wir erst glauben, wenn einer dazu gelangte, jenes
e Schöne selbst rein, lauter und unvermischt zu sehen, das nicht voll
menschlichen Fleisches ist und Farben und anderen sterblichen Flit-
terkrames, sondern das göttlich Schöne selbst in seiner Einartigkeit
zu schauen? Meinst du wohl, daß das ein schlechtes Leben sei, wenn
212 a einer dorthin sieht und jenes erblickt und damit umgeht? Oder
glaubst du nicht, daß dort allein ihm begegnen kann, indem er schaut,
womit man das Schöne schauen muß, nicht Abbilder der Tugend zu
erzeugen, weil er nämlich auch nicht ein Abbild berührt, sondern
Wahres, weil er das Wahre berührt? Wer aber wahre Tugend er-
zeugt und aufzieht, dem gebührt, von den Göttern geliebt zu wer-
den, und wenn irgendeinem anderen Menschen, dann gewiß auch
ihm, unsterblich zu sein.
b Solches, o Phaidros und ihr übrigen, sprach Diotima und habe ich
ihr geglaubt, und wie ich es glaube, suche ich es auch andern glaublich
zu machen, daß, um zu diesem Besitz zu gelangen, nicht leicht je-
mand der menschlichen Natur einen besseren Helfer finden könnte
als den Eros. Darum auch, behaupte ich, sollte jedermann den Eros
ehren und ehre ich auch selbst alles, was zur Liebe gehört, und übe
mich darin ganz vorzüglich und ermuntere auch andere dazu und
preise jetzt und immer die Macht und Tapferkeit des Eros, so sehr ich
c nur vermag. Willst du nun, o Phaidros, so nimm diese Rede dafür
an, daß ich sie als eine Lobrede auf den Eros gesprochen; wo nicht,
so nenne sie, wie und wonach du sie nennen willst.

[30. Plötzliches Erscheinen des Alkibiades; seine Bekränzung des Agathon und des Sokrates]

Nachdem nun Sokrates also gesprochen, hätten die andern ihn ge-
lobt, Aristophanes aber sei im Begriff gewesen, etwas zu sagen, weil
Sokrates in seiner Rede seiner erwähnt wegen der Rede. Allein,
plötzlich sei an der äußeren Tür gepocht worden, und es sei ein gro-
ßes Geräusch entstanden, als höre man Stimmen von Herumziehen-
den mit einer Flötenspielerin. Da habe Agathon gesagt: Leute, geht
d keiner nachsehen? Und wenn es von näheren Freunden einer ist, so
nötigt ihn herein; wo nicht, so sagt nur, wir tränken nicht mehr,
sondern ruhten schon. Nicht lange darauf habe man im Vorhause
des Alkibiades Stimme gehört, der sehr trunken schien und laut
schrie, fragend, wo Agathon sei, und fordernd, zum Agathon ge-
bracht zu werden. Sie hätten ihn also zu ihnen geführt, von der Flö-
tenspielerin unter dem Arme gefaßt und von einigen andern seines
Gefolges, er sei aber in der Tür stehen geblieben, bekränzt mit einem
e dicken Kranz von Efeu und Violen, und Bänder in großer Menge auf

dem Kopf, und habe gesagt: Ihr Männer, seid gegrüßt! Ihr werdet
jetzt noch einen schon tüchtig trunkenen Mann zum Mittrinker auf-
nehmen; oder sollen wir wieder gehen, wenn wir erst den Agathon
bekränzt haben, wozu wir eben da sind? Denn gestern, habe er hin-
zugefügt, war es mir nicht möglich, zu kommen; jetzt aber bin ich
da, auf dem Haupte die Bänder, um von meinem Haupte das Haupt
dieses weisesten und schönsten Mannes, wenn ich so sagen darf, zu
umwinden. Wollt ihr mich auslachen als trunken? Meinethalben,
wenn ihr auch lacht, ich weiß doch, daß ich recht habe. Sagt mir also 213 a
nur gleich hier, soll ich auf diese Bedingungen hereinkommen oder
nicht? Wollt ihr mittrinken oder nicht? – Alle hätten ihn darauf
durcheinanderlärmend geheißen, hereinzutreten und sich niederzu-
lassen, auch Agathon habe ihn eingeladen. Und nun sei er gekom-
men, von den Leuten geführt, und habe sogleich die Bänder abgenom-
men, um den Agathon zu umwinden, den Sokrates aber, obschon er
ihn vor Augen hatte, doch nicht gesehen, sondern sich neben den
Agathon gesetzt, zwischen Sokrates und ihn, denn Sokrates sei etwas b
abgerückt, damit jener sich setzen könne. Nachdem er sich nun gesetzt,
habe er den Agathon begrüßt und bekränzt. – Und Agathon habe
gesagt: Leute, entschuht den Alkibiades, daß er hier zu dreien liegen
kann. – Schön, habe Alkibiades gesagt, aber wer ist uns denn hier
der dritte Mittrinker? Und nun habe er sich herumgewendet und den
Sokrates erblickt. Und als er ihn erkannt, sei er aufgesprungen und
habe ausgerufen: O Herakles! was ist nun das? Du, Sokrates, liegst
du mir auch hier schon wieder auf der Lauer, wie du mir immer
pflegst plötzlich zu erscheinen, wo ich am wenigsten glaube, daß du c
sein wirst? Wieso bist du nun auch da? Und warum liegst du gerade
hier? Nicht etwa beim Aristophanes oder wer sonst hier der lustige
ist und auch sein will, sondern hast es wieder so ausgesonnen, daß
du neben dem schönsten von allen hier zu liegen kommst! – Da habe
Sokrates gesagt: Agathon, sieh zu, ob du mir beistehen willst! Denn
dieses Menschen Liebe hat mir schon zu gar nicht wenigem Verdruß
gereicht. Denn seit der Zeit, daß ich mich in diesen verliebt, darf ich
nun gar nicht mehr irgendeinen Schönen ansehen und mit einem re- d
den, oder er ist gleich eifersüchtig und neidisch, stellt wunderliche
Dinge an und schimpft, und kaum, daß er nicht Hand an mich legt.
Also sieh zu, daß er nicht auch jetzt wieder etwas anstellt, sondern
bringe uns auseinander, oder wenn er Gewalt brauchen will, so hilf
mir. Denn seine Tollheit und sein verliebtes Wesen ist mir ganz
schrecklich. – Da ist kein Auseinanderbringen, habe Alkibiades ge-
sagt, für uns beide. Und für dieses will ich dich ein andermal abstra-
fen, jetzt aber, Agathon, habe er gesagt, gib mir von den Bändern e
welche ab, damit ich auch diesem Manne sein wunderbares Haupt
umwinde und er mir nicht Vorwürfe mache, daß ich dich zwar be-
kränzt, ihn aber, der doch in Reden alle Menschen besiegt, nicht nur
neulich einmal wie du, sondern immer, dennoch nicht bekränzt habe.
Zugleich habe er von den Bändern genommen, den Sokrates damit
umwunden, und dann habe er sich niedergelegt.

*[31. Festsetzungen über den Fortgang des Trinkens; Entschluß des A.,
eine Lobrede auf Sokrates zu halten]* Nachdem er zur Ruhe gekom-
men, habe er gesagt: Gut so, ihr Männer. Ihr scheint mir aber nüch-
tern zu sein, das ist euch nicht zu gestatten, sondern ihr müßt trin-
ken; denn darüber sind wir eins geworden. Zum Vorsitzer nun beim
Trunk erwähle ich, bis ihr genug getrunken habt, mich selbst. Also
lasse Agathon einen tüchtigen Pokal herbringen, wenn einer da ist.
Oder vielmehr, auch das ist nicht nötig, sondern geh, Bursche, habe
er gesagt, bringe jene Kühlschale; er sah nämlich eine, die ihre guten
214 a acht Mäßchen hielt. Diese habe er füllen lassen und zuerst selbst aus-
getrunken, dann aber geheißen, sie dem Sokrates vollzuschenken,
und dabei gesagt: Gegen den Sokrates, ihr Männer, hilft mir das
Kunststück nichts; denn wieviel einer nur will, trinkt er aus und wird
deshalb doch nicht berauscht. Sokrates nun habe, wie der Knabe ein-
geschenkt, getrunken. Eryximachos aber habe gesagt: Wie doch, o
b Alkibiades, wollen wir es halten? Wollen wir so gar nichts zum Be-
cher weder reden noch singen, sondern recht wie durstige Leute hin-
untertrinken? – Da habe Alkibiades gesagt: O Eryximachos, du be-
ster Sohn des besten und wackersten Vaters, laß dich begrüßen! –
Auch du, habe jener erwidert, aber wie halten wir es? – Wie du be-
fiehlst, dir muß man ja folgen; «denn ein heilender Mann ist wert
wie viele zu achten». Ordne also an, was du willst. – Höre dann, ha-
be Eryximachos gesagt, wir hatten, ehe du hereinkamst, ausgemacht,
c daß rechts herum der Reihe nach jeder eine Rede über den Eros hal-
ten sollte, so schön er nur könnte, um ihn zu preisen. Wir andern alle
nun haben sie gesprochen; da du sie aber nicht gesprochen und doch
getrunken hast, so mußt du sie nun sprechen, und wenn du es getan,
dem Sokrates aufgeben, was du willst, und dieser seinem Nachbar
rechts, und so die andern weiter. – Das wäre wohl ganz gut, o Eryxi-
machos, habe Alkibiades gesagt; aber daß ein trunkener Mann seine
Rede neben die der Nüchternen stellen soll, wenn das nur nicht allzu
ungleich ist! Und dann, läßt du dir denn vom Sokrates das einreden,
d was er vorhin sagte? Oder weißt du, daß es sich ganz entgegengesetzt,
als er sagte, verhält? Er nämlich, wenn ich in seiner Gegenwart ir-
gendeinen Gott oder Menschen lobe anders als ihn, wird sich nicht
halten können, Hand an mich zu legen. – Wirst du wohl nicht freveln?
habe Sokrates gesagt. – Alkibiades aber: Beim Poseidon, rede mir
nichts dagegen! Denn ich werde niemand anders loben in deiner Ge-
genwart. – So tue das, habe Eryximachos gesagt, wenn du willst; lo-
e be den Sokrates. – Wie meinst du, habe Alkibiades gesagt, dünkt dich,
o Eryximachos, ich soll mich über den Mann hermachen und ihn vor
euch zur Strafe ziehen? – Du da, habe Sokrates gesagt, was hast du
im Sinn? Willst du mich spöttischerweise loben, oder was gedenkst
du zu tun? – Die Wahrheit will ich reden; also sieh zu, ob du das
gestattest! – Allerdings, habe jener erwidert, die Wahrheit gestatte
ich und heiße dir sie zu sagen. – Warum fange ich also nicht an?
habe Alkibiades gesagt. Und du tue so: Wenn ich etwas Unwahres
sage, so falle mir gleich zwischenein, wenn du willst, und sage, daß
ich das lüge. Denn wissentlich werde ich nichts lügen. Wenn ich je-

doch, wie es mir in den Sinn kommt, bald dies, bald jenes vorbringe, 215 a
das laß dich nicht wundern. Denn gar nicht leicht ist es, deine Wunderlichkeiten, so wie ich mich jetzt befinde, fertig und ordentlich hintereinander aufzuzählen.

[32. Vergleich des S. mit dem Satyr Marsyas; seine unwiderstehliche Macht über alle Menschen und besonders über Alkibiades]

Also den Sokrates zu loben, ihr Männer, will ich so versuchen, durch Bilder, er wird nun wohl vielleicht glauben, spöttischerweise, aber gerade zur Wahrheit soll mir das Bild dienen und gar nicht zum Spott. Ich behaupte nämlich, er sei äußerst ähnlich jenen Silenen in
den Werkstätten der Bildhauer, welche die Künstler mit Pfeifen oder b
Flöten darstellen, in denen man aber, wenn man die eine Hälfte wegnimmt, Bildsäulen von Göttern erblickt; und so behaupte ich, daß er vorzüglich dem Satyr Marsyas gleiche. Daß du nun dem Ansehen nach diesen ähnlich bist, o Sokrates, wirst du wohl selbst nicht bestreiten, wie du ihnen aber auch im übrigen gleichst, das höre demnächst. Bist du übermütig oder nicht? Denn wenn du das nicht eingestehst, will ich Zeugen beibringen. Oder etwa kein Flötenspieler? Wohl ein weit bewundernswürdigerer als jener. Jener nämlich be-
zauberte vermittels des Instrumentes die Menschen durch die Ge- c
walt seines Mundes und so noch jetzt, wer seine Werke vorträgt. Denn was Olympos auf der Flöte geleistet, schreibe ich dem Marsyas, seinem Lehrer, zu. Seine Werke also, es mag sie nun ein trefflicher Flötenspieler vortragen oder eine schlechte Flötenspielerin, sind allein hinreißend und offenbaren, wer der Götter und ihrer Weihungen bedürftig ist, weil sie göttlich sind. Du aber zeichnest dich um soviel vor jenem aus, als du ohne Instrument durch bloße Worte dasselbe
ausrichtest. Von uns wenigstens, wenn wir von einem andern auch d
noch so trefflichen Redner andere Reden hören, macht sich keiner, daß ich es geradeheraus sage, sonderlich etwas daraus. Hört aber einer dich selbst oder von einem andern deine Reden vorgetragen, wenn auch der Vortragende wenig bedeutet, sei es nun Weib oder Mann, wer sie hört, oder Knabe, alle sind wir wie außer uns und ganz davon hingerissen. Ich wenigstens, ihr Männer, wenn ihr dann nur nicht glauben wolltet, daß ich ganz und gar betrunken wäre, wollte es euch auch mit Schwüren bekräftigen, was mir selbst dieses Mannes Reden angetan haben und noch jetzt antun. Denn weit heftiger als den
vom Korybantentanz Ergriffenen pocht mir, wenn ich ihn höre, das e
Herz, und Tränen werden mir ausgepreßt von seinem Reden; auch sehe ich, daß es vielen andern ebenso ergeht. Wenn ich dagegen den Perikles hörte oder andere gute Redner, dachte ich wohl, daß sie gut sprächen, dergleichen begegnete mir aber nichts, noch geriet meine Seele in Unruhe darüber und in Unwillen, daß ich mich in einem knechtischen Zustande befände. Von diesem Marsyas aber bin ich
oft so bewegt worden, daß ich glaubte, es lohnte nicht zu leben, wenn 216 a
ich so bliebe, wie ich wäre. Und du wirst nicht sagen können, Sokrates, daß das nicht wahr wäre. Ja auch jetzt noch bin ich mir sehr wohl bewußt, daß, wenn ich nur meine Ohren hergeben wollte, ich mich

nicht würde halten können, daß mir nicht dasselbe begegnete. Denn er nötigt mich einzugestehen, daß mir selbst noch gar vieles mangelt und ich doch, mich vernachlässigend, der Athener Angelegenheiten besorge. Mit Gewalt also, wie vor den Sirenen die Ohren verstopfend, fliehe ich aufs eiligste, um nur nicht immer sitzen zu bleiben und neben diesem alt zu werden. Und mit diesem allein unter allen
b Menschen ist mir begegnet, was einer nicht in mir suchen sollte, daß ich mich vor irgend jemand schämen könnte; indes vor diesem allein schäme ich mich doch. Denn ich bin mir sehr gut bewußt, daß ich nicht imstande bin, ihm zu widersprechen, als ob man das nicht tun müßte, was er anrät, sondern daß ich nur, wenn ich von ihm gegangen bin, durch die Ehrenbezeugungen des Volkes wieder überwunden werde. Also laufe ich ihm davon und fliehe, und wenn ich ihn wiedersehe, schäme ich mich wegen des Eingestandenen und wollte
c oft lieber sehen, er lebte gar nicht; geschähe es aber etwa, so weiß ich gewiß, daß mir das noch bei weitem schmerzlicher sein würde, so daß ich gar nicht weiß, wie ich es halten soll mit dem Menschen.

[33. Offenbarung des inneren Wesens des S. Die Ergriffenheit des A. von dieser Schönheit und seine Bemühungen um sie] Durch sein Flötenspiel also ist mir und vielen anderen so mitgespielt worden von diesem Satyr. Hört aber noch weiter, wie ähnlich er dem ist, womit ich ihn verglichen habe, und wie wunderbare Eigenschaften er an sich
d hat. Denn das wißt nur, daß keiner von euch ihn kennt, sondern ich will ihn euch erst beschreiben, da ich einmal angefangen habe. Denn ihr seht doch, daß Sokrates verliebt ist in die Schönen und immer um sie her und außer sich über sie, und wiederum, daß er in allem unwissend ist und nichts weiß, wie er sich ja immer anstellt; ist nun das nicht recht silenenhaftig? Gewiß sehr. Denn das hat er nur so äußerlich umgetan, eben wie jene getriebenen Silenen, inwendig aber, wenn man ihn auftut, was meint ihr wohl, ihr Männer und Trinkgenossen, wie vieler Weisheit und Besonnenheit er voll ist? Wißt denn, daß es ihn nicht im mindesten kümmert, ob einer schön ist, sondern er achtet das so gering, als wohl niemand glauben möchte,
e noch ob einer reich ist oder irgendeinen der von den Leuten am meisten gepriesenen Vorzüge hat. Er hält vielmehr alle diese Dinge für nichts wert und uns für nichts und verstellt sich nur gegen die Menschen und treibt Scherz mit ihnen sein Leben lang. Ob aber jemand, wenn er ernsthaft war und sich auftat, die Götterbilder gesehen hat, die er in sich trägt, das weiß ich nicht. Ich aber habe sie einmal gesehen, und so göttlich und golden und überaus schön und bewunde-
217 a rungswürdig kamen sie mir vor, daß ich glaubte, auf der Stelle alles tun zu müssen, was nur Sokrates wünschte. Da ich nun glaubte, daß er sich ernstlich Mühe gäbe um meine Schönheit, hielt ich das für einen herrlichen Fund und für ein überaus glückliches Ereignis, weil es nun in meiner Gewalt stände, wenn ich mich dem Sokrates gefällig erwiese, alles zu hören, was er wüßte. Denn ich bildete mir wunder wieviel ein auf meine Schönheit. In diesen Gedanken nun, da ich vorher nicht pflegte ohne Diener mit ihm allein zu sein, schickte ich

einst den Diener weg und blieb ganz allein mit ihm. Denn ich muß b
euch nur die ganze Wahrheit sagen, also gebt Achtung, und wenn ich
lüge, Sokrates, so widersprich mir. Allein also, ihr Männer, waren
wir zwei miteinander, und ich meinte, er sollte mir nun gleich solche
Dinge sagen, wie ein Liebhaber seinem Liebling in der Einsamkeit sa-
gen würde, und freute mich. Hieraus aber wurde gar nichts, sondern
wie er sonst mit mir zu sprechen pflegte, brachte er den ganzen Tag
mit mir hin und ging fort. Nach diesem forderte ich ihn auf, Leibes- c
übungen mit mir anzustellen, und übte mich mit ihm, um dadurch
etwas zu erreichen. Er trieb also mit mir Leibesübungen und rang
öfters mit mir ohne jemandes Beisein. Und was soll ich sagen? Ich
hatte nichts weiter davon. Da ich nun so auf keine Weise etwas ge-
wann, nahm ich mir vor, dem Manne mit Gewalt zuzusetzen und
nicht abzulassen, da ich es einmal unternommen, sondern endlich zu
erfahren, woran ich wäre. Also lade ich ihn zur Mahlzeit, ordentlich
wie ein Liebhaber seinem Liebling nachstellt. Auch das gewährte
er mir nicht einmal gleich, doch mit der Zeit ließ er sich überreden. d
Als er nun zum erstenmal da war, wollte er nach der Mahlzeit fort-
gehen, und damals schämte ich mich noch und ließ ihn. Ein andermal
aber stellte ich es listiger an und sprach mit ihm, nachdem er abge-
speist, bis tief in die Nacht hinein, und als er nun gehen wollte,
nahm ich den Vorwand, daß es schon spät sei, und nötigte ihn zu
bleiben. Also legte er sich nieder auf dem Polster neben dem meini-
gen, wo er auch bei der Mahlzeit gesessen hatte, und niemand sonst
schlief in dem Gemach als wir. Bis hierher nun könnte man die Sache e
noch unbedenklich jedermann erzählen; das folgende aber würdet
ihr wohl nicht von mir hören, wenn nicht zuerst nach dem Sprich-
wort der Wein mit oder ohne Kinder die Wahrheit redete, und dann
auch eine herrliche Tat des Sokrates zu verbergen, wenn man es
übernommen hat, ihn zu loben, mir unrecht schien. Auch geht es
wie den von der Natter Gebissenen gerade auch mir. Denn man sagt
ja, wem dies begegnet sei, der wolle niemandem sagen, wie ihm ge-
wesen, als den ebenfalls Gebissenen, weil diese allein verstehen und
verzeihen könnten, was einer auch alles getan und geredet hat vor 218 a
Schmerz. Also auch ich, der ich noch empfindlicher gebissen bin und
am empfindlichsten Ort, wo nur einer kann gebissen werden — denn
am Herzen oder an der Seele oder wie man es nennen soll bin ich
verwundet von den Reden der Weisheit, die sich an eine junge, nicht
unedle Seele, wenn sie sie einmal ergriffen, heftiger als eine Natter
ansaugen und sie in Wort und Tat zu allem bringen können —, und
da ich hier nur einen Phaidros und Agathon vor mir habe, einen Ery-
ximachos und Pausanias, Aristodemos und Aristophanes, und was b
soll ich den Sokrates selbst erst nennen und die andern alle, denn
ihr seid alle behaftet mit dieser Wut und Schwärmerei der Philoso-
phie: so sollt ihr es auch alle hören; denn ihr werdet Nachsicht ha-
ben mit dem, was ich damals tat und jetzt erzähle. Die Diener aber,
und wer sonst ungeweiht und ungewandt ist, mögen sich den größ-
ten Riegel vor die Ohren schieben.

[34. Austrag der Entscheidung zwischen der Schönheit des Sokrates und der des Alkibiades] Als nämlich, ihr Männer, das Licht nun aus-
c gelöscht war und die Diener hinausgegangen, dachte ich, nun dürfte ich nicht länger Umschweife mit ihm machen, sondern gerade heraussagen, wie ich es meinte. Ich stieß ihn also an und sagte: Sokrates, schläfst du? — Nicht recht, sagte er. — Weißt du wohl, was ich gesonnen bin? — Was doch? sprach er. — Du dünkst mich, sagte ich, der einzige unter meinen Liebhabern zu sein, der es wert ist, und mir scheint, als trügst du Bedenken, mit mir davon zu reden. Ich aber, wie ich gesinnt bin, würde es für ganz unvernünftig halten, wenn ich dir nicht auch hierin gefällig sein wollte und in allem, was
d du irgend sonst von dem Meinigen oder von meinen Freunden brauchst. Denn mir ist ja nichts wichtiger, als daß ich so trefflich werde als nur möglich, und hierzu, glaube ich, kann niemand mir mehr förderlich sein als du. Also würde ich, einem solchen Manne dies nicht zu gewähren, mich weit mehr vor den Vernünftigen schämen als es zu gewähren vor dem großen Haufen der Unvernünftigen. — Als er dies gehört, sagte er ganz spöttisch und recht wie er pflegt: O guter Alkibiades, du scheinst wahrlich gar nicht dumm zu
e sein, wenn das wahr ist, was du von mir sagst, und es eine Eigenschaft in mir gibt, durch welche du besser werden könntest und dann eine gar wunderbare Schönheit an mir erblicktest, die deine Wohlgestalt um gar vieles übertrifft. Wenn du also, dieses sehend, in Gemeinschaft mit mir treten und Schönheit gegen Schönheit austauschen willst: so gedenkst du ja mich nicht wenig zu übervorteilen und suchst für den bloßen Schein derselben das wahre Wesen
219a der Schönheit zu gewinnen und denkst, in Wahrheit Gold für Kupfer einzutauschen. Aber, du Guter, überlege es nur besser, ob du dich nicht irrst und eigentlich nichts an mir ist. Das Auge des Geistes fängt erst an scharf zu sehen, wenn das leibliche von seiner Schärfe schon verlieren will, und davon bist du noch weit entfernt. — Darauf sagte ich: Von meiner Seite steht es so, und ich habe nichts anders gesagt, als ich es meine. Du aber überlege es nun selbst, wie du es für dich und mich am besten findest. — Ja, sagte er, das war wohl gesprochen, und wir wollen von nun an immer nach reiflicher Über-
b legung dasjenige tun, was hierin und in allem andern uns beiden das beste scheint. — Nach dieser Rede und Antwort nun, und nachdem ich meine Pfeile sozusagen abgeschossen, glaubte ich ihn doch getroffen zu haben, und ich stand auf, ohne daß ich ihn weiter zu Worte kommen ließ, warf dieses mein Kleid über, denn es war Winter, und legte mich unter seinen Mantel, indem ich mit beiden Ar-
c men diesen göttlichen und in Wahrheit ganz wunderbaren Mann umfaßte, und so lag ich die ganze Nacht. Und auch das, Sokrates, wirst du nicht sagen können, daß ich lüge. Und obgleich ich dies alles getan, siegte er so sehr und verachtete und verlachte meine Schönheit und trieb Übermut, wiewohl ich doch glaubte, es wäre etwas damit, ihr Richter — denn Richter seid ihr über des Sokrates Hochmut —, wißt es nur, bei Göttern und Göttinnen, daß, nachdem ich so mit dem Sokrates geschlafen hatte, ich aufstand, ohne

etwas weiteres, als wenn ich bei einem Vater oder älteren Bruder gelegen hätte. c

[35. Ausgezeichnetheit des S. über alle beim Feldzug nach Potidaia] Hierauf also, wie meint ihr, daß mir zumute gewesen, der ich mich gekränkt glaubte und doch auch an des Mannes Natur und Besonnenheit und Tapferkeit mich erfreute, da ich einen solchen angetroffen, wie ich nie zu finden geglaubt an Weisheit und Beharrlichkeit, so daß ich weder wußte, wie ich ihm zürnen sollte und mich seinem Umgang entziehen, noch auch, wie ich ihn gewinnen könnte, Rat wußte. Denn das wußte ich wohl, daß er durch Gold noch viel weni- e
ger irgendwo verwundbar wäre als Aias durch Eisen, womit ich aber geglaubt hatte, daß er allein könne gefangen werden, dadurch war er mir doch auch entwischt. Ratlos also blieb ich und in der Gewalt des Menschen, wie nie einer in der eines andern gewesen ist. Dies nun war alles früher geschehen, hernach aber machten wir den Feldzug nach Potidaia zusammen und waren dort Tischgenossen. Da nun übertraf er zuerst in Ertragung aller Beschwerden nicht nur mich, sondern alle insgesamt. Denn wenn wir etwa irgendwo abgeschnitten waren und, wie es im Felde wohl geht, hungern mußten: so war das nichts gegen ihn, wie es die andern aushielten. Und auch wenn 220 a
hoch gelebt wurde, verstand er allein zu genießen, auch sonst, zumal aber im Trinken, wiewohl er es immer nicht wollte; wenn er einmal dazu gezwungen wurde, übertraf er alle, und, was das wunderbarste ist, niemand hat irgend jemand den Sokrates trunken gesehen. Hiervon nun, dünkt mich, wird sich auch jetzt gleich der Beweis finden. Im Ertragen der Witterung aber, die Winter sind aber dort furchtbar, trieb er es bewundernswürdig weit, auch sonst immer, besonders aber einmal, als der Frost so heftig war, wie man sich nur denken b
kann, und die andern entweder gar nicht hinausgingen oder, wer es etwa tat, wunder wieviel Anzug und Schuhe unterband und die Füße einhüllte in Filz und Pelz: da ging dieser hinaus in ebensolcher Kleidung, wie er sie immer zu tragen pflegt, und ging unbeschuht weit leichter über das Eis hin als die anderen in Schuhen. Die Kriegsmänner sahen ihn auch scheel an, als verachte er sie. c

[36. Die Ausdauer, Tapferkeit und Einzigartigkeit des S.] Das wäre nun dieses. «Doch wie er jenes vollbracht und bestand, der gewaltige Krieger», auch damals noch beim Heere, das lohnt wohl der Mühe zu hören. Es war ihm etwas eingefallen, und er stand nachsinnend darüber von morgens an auf einer Stelle, und da es ihm nicht voranging, ließ er nicht nach, sondern blieb immer forschend stehen. Nun wurde es Mittag, und die Leute merkten es und erzählten verwundert einer dem andern, daß Sokrates vom Morgen an über etwas nachsinnend dastände. Endlich, als es Abend war und man gespeist hatte, trugen einige Ionier, denn damals war es Sommer, ihre Schlafdecken d
hinaus, teils um im Kühlen zu schlafen, teils um auf ihn acht zu geben, ob er auch die Nacht über da stehen bleiben würde. Und er blieb stehen, bis es Morgen ward und die Sonne aufging; dann ver-

richtete er noch sein Gebet an die Sonne und ging fort. Wollt ihr ihn auch in der Schlacht sehen – denn es ist billig, ihm das auch nachzurühmen. Als nämlich das Gefecht vorfiel, bei welchem mir die Heerführer den Preis zuerkannten, hat mich kein anderer Mensch
e gerettet als dieser, der mich Verwundeten nicht verlassen wollte und so meine Waffen und mich selbst glücklich mit durchbrachte. Auch drang ich damals darauf, Sokrates, daß die Heerführer dir den Preis erteilen sollten, was du auch weder tadeln wirst noch sagen, daß ich es lüge; allein, wie die Heerführer auf meine Vornehmheit Rücksicht nahmen und mir ihn geben wollten, so warst du noch eifriger darauf als die Heerführer, daß ich ihn erhalten sollte und nicht du selbst. Besonders noch, ihr Männer, war es sehr viel wert, den Sokrates zu
221 a sehen, als sich das Heer von Delion fliehend zurückzog. Denn ich war zu Pferde dabei, er aber in schwerer Rüstung zu Fuß. Er zog sich also zurück, erst als das Volk schon ganz zerstreut war, er und Laches. Ich komme dazu und erkenne sie und rede ihnen sogleich zu, guten Mutes zu sein, und sagte, daß ich sie nicht verlassen würde. Da konnte ich nun den Sokrates noch schöner beobachten als bei Potidaia – denn ich selbst war weniger in Furcht, weil ich zu Pferde
b war –, zuerst, wie weit er den Laches an Fassung übertraf, und dann schien er mir nach deinem Ausdruck, Aristophanes, auch dort einherzugehen «stolzierend und stier seitwärts hin werfend die Augen», ruhig umschauend nach Freunden und Feinden; und jeder mußte es sehen schon ganz von ferne, daß, wenn einer diesen Mann berührte, er sich aufs kräftigste verteidigen würde. Darum kamen sie auch unverletzt davon, er und der andere. Denn meist werden die, welche sich so zeigen, im Kriege gar nicht angetastet, sondern man
c verfolgt nur die, welche in voller Hast fliehen.

Und viel anderes und Bewundernswürdiges könnte man gewiß noch vom Sokrates rühmen. Allein in andern Bestrebungen kann man wohl leicht auch von anderen dasselbe sagen; wie aber er durchaus keinem Menschen ähnlich ist, weder von alten noch von jetzigen, das ist ganz bewundernswert. Denn wie Achilleus war, so könnte man wohl auch den Brasidas und andere darstellen, und wie Perikles, so den Nestor und Antenor, und so gibt es noch andere, und auf
d ähnliche Art könnte man Vergleichungen für andere finden; wie aber dieser Mensch in seiner Wunderlichkeit ist, er selbst und seine Reden, so würde einer auch von fern nichts ähnliches finden, weder bei den jetzigen noch bei den Alten, wenn ihn nicht jemand, wie ich eben tue, mit keinem Menschen vergleichen will, sondern mit den Silenen und Satyrn, ihn und seine Reden.

[37. Die satyrhafte Art der sokratischen Reden] Und dies habe ich gleich zuerst noch übergangen, daß auch seine Reden jenen aufzuschließenden Silenen äußerst ähnlich sind. Denn wenn einer des So-
e krates Reden anhören will, so werden sie ihm anfangs ganz lächerlich vorkommen, in solche Worte und Redensarten sind sie äußerlich eingehüllt, wie in das Fell eines frechen Satyrs. Denn von Lasteseln spricht er, von Schmieden und Schustern und Gerbern, und scheint

immer auf dieselbe Art nur dasselbe zu sagen, so daß jeder unerfah-
rene und unverständige Mensch über seine Reden spotten muß.
Wenn sie aber einer geöffnet sieht und inwendig hineintritt: so wird 222 a
er zuerst finden, daß diese Reden allein inwendig Vernunft haben,
und dann, daß sie ganz göttlich sind und die schönsten Götterbilder
von Tugend in sich enthalten und auf das meiste von dem oder viel-
mehr auf alles abzwecken, was dem, der gut und edel werden will,
zu untersuchen gebührt.

Dies ist es, ihr Männer, was ich am Sokrates lobe, und wiederum
auch, was ich tadle, habe ich mit eingemischt und euch gesagt, wie
er mich gekränkt hat. Und nicht nur mir hat er solches angetan, son- b
dern auch dem Charmides, dem Sohn des Glaukon, und dem Euthy-
demos, dem Sohn des Diokles, und gar vielen andern, die er hinter-
geht, als wäre er ihr Liebhaber, und dann vielmehr sich zum Lieb-
ling aufwirft statt Liebhaber. Was ich auch dir vornehmlich sage,
Agathon, damit du dich nicht von ihm hintergehen läßt, sondern,
durch unsern Schaden klug gemacht, dich hütest und nicht erst nach
dem Sprichwort wie ein Kind durch Schaden klug wirst.

[38. Geplänkel um Agathon]

Nachdem Alkibiades also geredet, sei ein Gelächter entstanden c
über seine Offenherzigkeit, weil er noch verliebt zu sein schien in
den Sokrates. Sokrates aber habe gesagt: Nüchtern scheinst du mir
noch ganz zu sein, Alkibiades, sonst würdest du dich nicht so fein
im Kreise herumdrehen können und das, weswegen du dies alles
vorgebracht hast, zu verbergen suchen, indem du es nur so wie bei-
läufig ans Ende hinstellst, als ob du nicht alles nur deshalb vorge-
bracht hättest, um mich und den Agathon zu entzweien, weil du d
meinst, ich dürfe nur dich lieben und keinen andern, und Agathon
nur von dir geliebt werden und auch nicht von einem andern sonst.
Allein du hast dich damit doch nicht versteckt, sondern dieses dein
silenisches und satyrisches Schauspiel ist gar wohl verstanden wor-
den. Also, lieber Agathon, laß ihn nichts dabei gewinnen, sondern
gib acht, daß niemand mich und dich entzweien könne. – Darauf
habe Agathon gesagt: Du magst wohl recht haben, Sokrates. Ich
vermute aber auch, er hat sich nur deshalb zwischen dich und mich e
gelegt, um uns voneinander zu trennen. Er soll also auch davon
nichts haben, sondern ich will zu dir kommen und mich dort nieder-
legen. – Freilich, habe Sokrates gesagt, komm nur und lege dich
hier unterhalb von mir. – O Zeus, habe Alkibiades gesagt, was
widerfährt mir schon wieder von dem Menschen? Er denkt, daß er
mir überall überlegen sein muß. Aber wenn es denn nicht anders
geht, du Wundervoller, so laß doch wenigstens den Agathon zwi-
schen uns liegen. – Das geht ja unmöglich, habe Sokrates gesagt,
denn du hast mich gelobt und ich muß nun weiter den rechter Hand
loben. Wenn nun Agathon unterhalb von dir sitzt: so soll er doch
wohl mich nicht von neuem loben, ehe er vielmehr von mir gelobt
worden ist. Laß also gut sein und beneide es dem Jünglinge nicht, 223 a
von mir gelobt zu werden; denn ich habe auch gewaltige Lust, ihn

recht zu preisen. – Juchhe, Alkibiades, habe Agathon gesagt, nun
kann ich ja auf keine Weise hier bleiben, sondern muß vor allen
Dingen den Platz wechseln, um von dem Sokrates gelobt zu werden.
– Das sind eben die alten Sachen! habe Alkibiades gesagt, wenn
Sokrates dabei ist, kann kein anderer etwas von einem Schönen ha-
ben. Auch jetzt, was für eine leichte und wahrscheinliche Ausrede
hat er nun wieder gefunden, daß dieser nur neben ihm sitzen muß!

[39. Auflösung der Gesellschaft und Unüberwundenheit des S.]

b Agathon also sei aufgestanden, um sich neben den Sokrates zu
setzen. Plötzlich aber sei eine große Menge Herumziehender an die
Tür gekommen, und weil sie sie offen gefunden, indem einer hinaus-
gegangen ihnen entgegen, wären sie eingedrungen und hätten sich
niedergelassen. Alles sei nun voll Lärm geworden, und ohne alle
Ordnung sei man genötigt worden, gewaltig viel Wein zu trinken.
Eryximachos, Phaidros und einige andere, sagte Aristodemos, wären
fortgegangen, seiner aber habe sich der Schlaf bemächtigt und er
c habe viel geschlafen, wie denn die Nächte damals lang waren. Ge-
gen Morgen aber sei er aufgewacht, als die Hähne schon krähten,
und habe gesehen, daß die andern teils schliefen, teils fortgegangen
wären, nur Agathon, Aristophanes und Sokrates hätten allein noch
gewacht und aus einem großen Becher rechts herum getrunken, und
Sokrates habe mit ihnen Gespräch geführt. Des übrigen nun, sagte
d Aristodemos, erinnere er sich nicht mehr von den Reden, denn er
wäre nicht von Anfang an dabei gewesen und sei auch dazwischen
wieder eingeschlummert, die Hauptsache aber wäre gewesen, daß
Sokrates sie nötigen wollte einzugestehen, es gehöre für einen und
denselben, Komödien und Tragödien dichten zu können, und der
künstlerische Tragödiendichter sei auch der Komödiendichter. Dies
wäre ihnen abgenötigt worden, sie wären aber nicht recht gefolgt
und schläfrig geworden. Und zuerst wäre Aristophanes eingeschla-
fen, und als es schon Tag geworden, auch Agathon. Sokrates nun,
nachdem er diese in den Schlaf gebracht, wäre aufgestanden und
weggegangen, und er wie gewöhnlich ihm gefolgt. So sei er ins
Lykaion gegangen und habe sich nach dem Bade wie sonst den gan-
zen Tag dort aufgehalten und erst abends nach Hause zur Ruhe
begeben.

Vom Geld ist die Rede, von wem noch?

...das waren die Berufe des Mannes, von dem hier die Rede ist. Auf allen drei Gebieten leistete er Bedeutendes, und sein Ruhm war groß. Schon zu seinen Lebzeiten bildeten sich Anekdoten um die fast legendäre Figur. So soll er einmal, die Sterne beobachtend, wie ein Hans-guck-in-die-Luft in einen Brunnen gefallen sein; ein Mädchen verspottete ihn deshalb, weil er zu wissen begehre, was am Himmel vorgehe und dabei übersehe, was vor seinen Füßen liege. Ein anderes Mal hielten Mitbürger ihm seine Armut vor und meinten, all sein Wissen und Philosophieren sei ja zu nichts nütze, da er damit kein Geld verdiene. Der Mann trat den Gegenbeweis an. Dank astronomischer und meteorologischer Kenntnisse sah er eine reiche Olivenernte voraus und mietete schon im Winter sämtliche Ölpressen der Umgebung; als die üppige Ernte tatsächlich eintraf, vermietete er die Pressen wieder und konnte jeden Preis dafür verlangen. Demzufolge wäre er also gewissermaßen auch der Erfinder des Monopols.

Der Mann entstammte einer vornehmen Familie und scheint wenigstens in der Jugend genügend Geld für ausgedehnte Studienreisen gehabt zu haben. In seinen politischen Aktivitäten soll es ihm gelungen sein, seine Vaterstadt von einem verhängnisvollen Kriegszug abzuhalten und sie so vor Zerstörung zu bewahren. Dennoch existiert die Stadt heute nicht mehr; durch Ansandung eines Flusses ist sie landeinwärts gewandert und zum Teil in einem See versunken – als sollte damit eine der Grundanschauungen ihres berühmten Sohnes verdeutlicht werden, der das Wasser für das Urelement hielt, aus dem alles entsteht und in das alles sich wieder auflöst.

Der Mann, der zeitlebens unverheiratet blieb, starb im Alter von 78 Jahren. Von wem war die Rede?

(Alphabetische Lösung: 20–8–1–12–5–19)

BIBLIOGRAPHIE

zum Menon:

Buchmann, K., Die Stellung des Menon in der platonischen Philosophie. Leipzig 1936

Grassi, E., Il problema della metafisica platonica. Bari 1932

Ovink, B. J. H., Philosophische Erklärung der platonischen Dialoge Meno und Hippias minor. Amsterdam 1931

zum Hippias maior:

Soreth, M., Der platonische Dialog Hippias maior. Diss. Marburg, München 1953

Tarrant, D., The Hippias Maior attributed to Plato, ed. with introd. essay and commentary. Cambridge 1928

zum Menexenos:

Huby, P. M., The Menexenos reconsidered. In: Phronesís 1957

Lattanzi, G. M., Il significato e l'autenticità del Menesseno. In: La Parola del Passato 1953

zum Kratylos:

Abramczyk, J., Platons Dialog Kratylos und das Problem der Sprachphilosophie. Breslau 1928

Büchner, K., Platons Kratylos und die moderne Sprachphilosophie. Berlin 1936

Derbolav, J., Der Dialog Kratylos im Rahmen der platonischen Sprach- und Erkenntnisphilosophie. Saarbrücken 1953

Goldschmidt, V., Essai sur le Cratyle. Contribution à l'histoire de la pensée de Platon. Paris 1940

Haag, E., Platons Kratylos. Versuch einer Interpretation. Stuttgart 1933

Warburg, M., Zwei Fragen zum Kratylos. Berlin 1929

zum Lysis:

Galli, G., Due studi di filosofia greca. Torino 1950

Janssens, P. G. M. J., Hoofdbegrippen uit de platonische Dialogen Lysis en Symposion. Diss. Maastricht 1935

Kienzl, P., Die Theorie der Liebe und Freundschaft bei Platon. Diss. Wien 1941

Levi, A., La teoria della philia nel Liside. In: Giornale di Metafisica 1950

zum Gastmahl:

Bury, R. G., The Symposion of Plato, ed. with a commentary. 2. Aufl. Cambridge 1932

Hoffmann, E., Über Platons Symposion. Heidelberg 1947

Kerényi, K., Der große Daimon des Symposion. Amsterdam 1942

Koller, H., Die Komposition des platonischen Symposions. Diss. Zürich 1948

Krüger, G., Einsicht und Leidenschaft. Das Wesen des platonischen Denkens. 2. Aufl. Frankfurt 1948

Ritter, C., Platonische Liebe, dargestellt durch Übersetzung und Erläuterung des Symposions. Tübingen 1931

Robin, L., La théorie platonicienne de l'amour. 2. Aufl. Paris 1933

Gesamtdarstellungen der platonischen Philosophie

Brommer, P., Eidos et Idea. Etude sémantique et chronologique des œuvres de Platon. Assen 1940

Burnet, J., Platonism. Berkeley 1928

Diès, A., Autour de Platon. Paris 1927

Friedländer, P., Platon. 1. Band, Berlin und Leipzig 1928; 2. erw. u. verb. Aufl., Berlin 1954. 2. Band, Die platonischen Schriften. Berlin und Leipzig 1930

Hiestand, M., Das sokratische Nichtwissen in Platons ersten Dialogen. Zürich 1923

Hoffmann, E., Platon. Zürich 1950

Jäger, W., Paideia. 2. Bd. Berlin 1944, 3. Bd. Berlin 1947

Leisegang, H., Platon. In: Pauly-Wissowas Real-Enzyklopädie, 20. Bd., Sp. 2342—2537. Stuttgart 1950

Natorp, P., Platos Ideenlehre. 1. Aufl. Leipzig 1903, 2. Aufl. 1921

Pohlenz, M., Aus Platons Werdezeit. Berlin 1913

Raeder, H., Platons philosophische Entwicklung. Leipzig 1905

Ritter, C., Platon, Sein Leben, seine Schriften, seine Lehre. 1. Bd. München 1910, 2. Bd. München 1923

Robin, L., Platon. Paris 1935

Robinson, R., Plato's earlier Dialectic. 2. Aufl. Oxford 1953

Ross, D., Plato's Theory of Ideas. Oxford 1951

Shorey, P., What Plato said. Chicago 1933

Stenzel, J., Studien zur Entwicklung der platonischen Dialektik. 2. Aufl. Leipzig und Berlin 1931

—, Zahl und Gestalt bei Platon und Aristoteles. 2. Aufl. Leipzig und Berlin 1933

—, Platon der Erzieher. Leipzig 1928

Taylor, A. E., Plato. The man and his work. 1. Aufl. London 1926, 6. Aufl. London 1949

Wilamowitz-Moellendorff, U. v., Platon. 1. Bd. Leben und Werke, 2. Bd.

INHALT

rowohlts enzyklopädie

Eine Auswahl

Gene Brucker
Giovanni und Lusanna
Die Geschichte einer Liebe im Florenz der Renaissance
(kulturen und ideen 466)

Norman Cohn
Das neue irdische Paradies
Revolutionärer Millenarismus und mystischer Anarchismus im mittelalterlichen Europa
(kulturen und ideen 472)

Dieter Düding/Peter Friedemann/Paul Münch (Hg.)
Öffentliche Festkultur
Politische Feste in Deutschland von der Aufklärung bis zum Ersten Weltkrieg
(kulturen und ideen 462)

Jeggle/Korff/Scharfe/Warneken (Hg.)
Volkskultur in der Moderne
Probleme und Perspektiven empirischer Kulturforschung
(431)

George L. Mosse
Nationalismus und Sexualität
Bürgerliche Moral und sexuelle Normen
(448)

Werner Sombart
Der Bourgeois
Zur Geistesgeschichte des modernen Wirtschaftsmenschen
(kulturen und ideen 473)

Hans-Jörg Zerwas
Arbeit als Besitz
Das ehrbare Handwerk zwischen Bruderliebe und Klassenkampf 1848
(kulturen und ideen 482)

rororo

C2340/1